跟老师们谈心

喻旭初 著

南京师范大学出版社

图书在版编目（CIP）数据

跟老师们谈谈心 / 喻旭初著 . -- 南京：南京师范
大学出版社，2024. 12. -- ISBN 978-7-5651-6463-7

Ⅰ. G4-53

中国国家版本馆 CIP 数据核字第 202479DB17 号

书　　名	跟老师们谈谈心
作　　者	喻旭初
责任编辑	孙　沁　姜爱萍
出版发行	南京师范大学出版社
地　　址	江苏省南京市玄武区后宰门西村 9 号（邮编：210016）
电　　话	（025）83598919（总编办）　83598412（营销部）　83598009（邮购部）
网　　址	http://press.njnu.edu.cn
电子信箱	nspzbb@njnu.edu.cn
照　　排	南京凯建文化发展有限公司
印　　刷	盐城市华光印刷厂
开　　本	720 毫米 × 1000 毫米　1/16
印　　张	26.25
字　　数	513 千
版　　次	2024 年 12 月第 1 版
印　　次	2024 年 12 月第 1 次印刷
书　　号	ISBN 978-7-5651-6463-7
定　　价	78.00 元

出 版 人　张　鹏

关于本书，先听我说

我上了 51 年语文课，今年 83 岁。

我始终记住一句话：教书育人。这四个字，人人会说，但教什么书，怎么教，育什么人，怎么育，要真正理解并做好，并不容易。我只是努力按陶行知先生"千教万教教人求真，千学万学学做真人"的教导去做。

我一直不忘两条：①基础教育必须狠抓基础，为学生打好做人的基础，打好知识、技能的基础，不喊口号，不唱高调。②语文教学要突出语言文字的学习与运用。就一堂课而言，目标简简单单，条理清清楚楚，训练实实在在；就能力而言，听说读写都练，力求确有所获。

我长期坚持三点：坚持上课，坚持反思，坚持总结。坚持会转化为一种习惯，习惯成自然，成自然了，就不累，很愉快。

眼下有一种不太好的风气：追求高深理论，忽视平凡真理；花里胡哨盛行，货真价实缺失；玩弄名词概念，不重基础实践。

现在有些学校、有些老师，热衷搞各种活动，总想弄出点动静来，以引起上级重视、同行喝彩，太急切，太功利。这往往远离了教育，违背了规律，实不可取。

我无权教训别人，只能对自己提要求：不吹牛皮，不赶时髦，认认真真教书，老老实实做人。我经常提醒自己：不能违背良心，不能虚度年华。我深切感到：浮躁总跟肤浅结伴，深刻常与冷静同行。我只做我能做的事，不争第一，但求唯一，我就是我。我珍惜自己的精彩，也为别人的精彩喝彩。

本书不是学术著作，只是我 20 年来短文的选集，共分四个部分："谈谈经历"，通过反思，清醒头脑；"谈谈教育"，透过现象，认清规律；"谈谈语文"，举出实例，提供感悟；"谈谈社会"，联系现实，拓宽视野。这些文字，按时间先后排列，没有华丽辞藻，没有空洞说教，都是有感而发，实话实说，因比较率性，故不妥之处，恐属难免，欢迎读者直言指正。我把写作看作是与自己内心的对话，是与友人的坦诚交流，真希望借助本书的谈心，与你成为朋友。

就事业而言，教育是无限的；就个体来说，生命是有限的。我半个多世纪的教育实践，就像萤火虫发出的一点微光；但如果广大老师都发出一点微光，那教育的天幕定然绚丽无比。

求真理，说真话，吐真情，做真人，愿以此跟老师们共勉。

喻旭初

2024 年春末

目　录

三、谈谈语文

四、谈谈社会

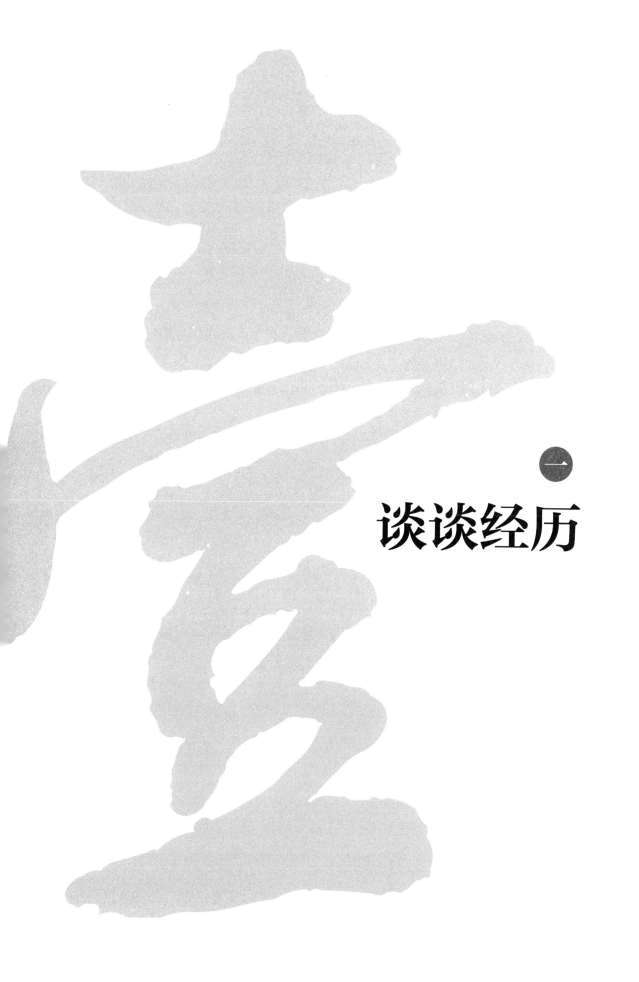

壹

一

谈谈经历

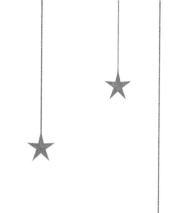

1. 跋　涉
（代“自传”）

一

在这个世界上，原本没有我。78年前，母亲把我送到这个世界，一个极普通的婴儿。听母亲说，我是生在渔船上的。父亲告诉我，是一位和尚给我取的名，因为我是迎着晨曦出生的，所以叫“旭初”，很好。

母亲做裁缝，很辛苦。父亲很少顾家。我是在外婆身边长大的。外婆没文化但很善良，很勤劳，小时候听她讲过不少民间故事。82岁临终前，她仍喊我的名字，我却不在她身边，这成了我终身的遗憾。

小学是在溧阳县和平街小学上的。教我算术的周老师很严厉，教我音乐的彭老师很和善，大队辅导员王孝祥很喜欢我。别的没印象了。

我在溧阳县中读了四年，三年初中，一年高中，高二时转到江苏省溧阳中学。初中时，我的一篇写义务劳动的作文得了奖，奖品是两支铅笔。高二起，我是班上宣传委员，为学生会编印《红与专》小刊物，组稿、编排、刻写、印刷，几乎全是我。印成后分送到各个班，心里很开心。我还在教师办公室的山墙上画了一幅很大的宣传画。我的抒情诗《插上理想的翅膀》居然被《溧阳文艺》刊用，这是我公开发表的第一个作品。在校期间学到了什么，真记不得了，只是感到班上同学都挺不错的。彭定芝、杨保子、蒋迈是最要好的同学。

从小就喜欢画画，特别爱画古装人物，后来练素描。高中毕业时，我想考中央美术学院，但因“色弱”（有两种色彩分辨不清）而作罢，只好改填志愿，最后与周锁法、翟素君考进了江苏教育学院中文系。先是在南京市青岛路1号，后迁到黄瓜园（现南京艺术学院所在地），最后落脚在北京西路77号，系主任钱小云，常州人，教我们现代汉语。他上课，概念准确，条理清楚，板书规范，给我印象很深。教古文选读的武酉山，功底厚实，对字词的讲析非常仔细。诸祖庚教授一口无锡话，上课抽烟、喝茶，吟诵《离骚》别有韵味。系总支书记孟华，军人出身，高个，挺拔，说话干脆。陪我们到毕业的班主任储镜明，好像也是常州人，面善心慈。交往最多的同学是周国汉。他读书多，有才气，好写诗。王兴华也是好读书、有思想的人。我不如他俩。王录祥是南京人，比我大，把我当弟弟，我常去他家。1962年暑假，他带我去上海，住他哥哥家，我们一同去看望了上海同学徐庭耀、王家发。这是我第一次出远门。回宜兴途中，在无锡短暂逗留，身上只剩下了两毛钱。毕业合影用的是135（胶卷），照片洗出来一看，人很小，要很快辨认一个人不容易。没关系，每位同学都在我心里了。

1963年夏，南京市教育局通知我到南京十中（今金陵中学）报到。大学同学基本上都分回了家乡，留在南京的只有几个人，其中多数是南京人。有同学说你是宜兴人，能分在省会，很不容易。后来我才知道，是十中校长李治中向教育局点名要我的。因为我在该校实习了两个月，可能给他留下了好印象。在十中高一（1）班上过两节课，跟语文老师黄滨相处甚好，又多次参与学生活动。实习结束后，班上学生邀请我参加他们的元旦联欢。班上一名叫王卓丰的学生寄给我一张外国明信片，正面是白雪公主图，反面写着——"尊敬的喻老师：您好！有人说过，没有教师，既没有英雄，也没有诗人。祝您新年快乐！您的学生王卓丰"。高尔基这句话给我留下了极其深刻的印象，坚定了我当教师的志愿。

二

我教的第一个班是初一（6）。班主任俞文杰，是讲一口纯正北京话的中年女教师，我是副班主任，跟着她学。这个班的学生，个性鲜明，活泼好动，常在运动会上显身手。接下来我带过刘忠虎、黄端端、尤世荣那个班，他们后来都成了单位的骨干，黄端端已成了优秀女诗人。1965年我改带刚入学的初一（2）班，我计划对每个学生做一次家访，但只走访了五家，就因"文革"开始而中断。

1971年下半年，我因所谓"5·16"问题在校内被关押审查。我的部分同事（有的是我的学生）成了"审问"我的人。我想不通，深夜冒雪逃离南京，"小分队"的人连夜对我进行"追捕"。我从宜兴被抓回后，挨过打，有时不让我睡觉，其间的种种委屈一言难尽。一年多后，历史宣告我无罪，学校为我公开平反。人虽放出来了，但仍不能上课，每天打扫校园，到1973年才重新走上讲台。我没有找那些"审问"我的人"算账"，而是努力工作，以弥补失去的岁月。

从20世纪70年代中期至2004年，我改教高中了。我带过廖晓岚、许志香、张启祥、彭跃宁那个班；80年代，我教过马恒辉、洪伽罗那个班；教过许利民、王蕾、牛磊、王云峰那个班。牛磊高一时荣获联合国"外空探索"作文大赛中国赛区一等奖，许利民现已是优秀律师。我教过谢凌岚那个班，1987年她考了南京文科第一名，圆了她的"北大梦"，现在已是腾讯的专栏作家了。文学社的李雯也给我留下很深的印象。后又教过陈海燕、俞海飞、王俊、李静、施为那个班。90年代，我带过缪峥、王晶卉、袁楠、朱海峰、陈武、黄朋那个文科班。班上女生多，男生少。女生中有几位活动能力很强。学校文艺汇演时，班上的时装表演轰动全场，获得空前成功。作为班主任，我十分激动，在散场时，我向学生鞠躬致谢。王晶卉以优异成绩考入南师大，作为当年新生代表，在开学典礼上讲话。2004年高三（9）班是我教的最后一届学生，班主任是非常敬业的李跃学老师，当年考上了四个清华，翟冠得了全市理科第一名。王欣悦也在这个班，如今成了我的同行，30出头就被评为高级教师。曾经教过的其他班级都记不得了。备课，上课，改作业，循环往复，就这么过了一年又一年。也许我有些课上得还可以，于是不断有人来听我的课，一时间，我在南京中语界也算个"人物"了。1994年，我被评为江苏省语文特级教师。

1981年夏，由袁金华带队，我随南京市教育代表团，赴广西百色地区支教24天。袁和我各上了一节语文课。一名初中孩子，冒着酷暑，赤脚步行20多里，赶到百色来听"江苏老师的课"，令我感动至极。当时的广西太苦了。一天，我们坐的汽车行驶在泥土公路上。我见一位瘦瘦的赤膊的老农，用一头瘦瘦的黄牛，拖着一辆堆满草的破车，缓慢地行进着。我们的车很快超过了他。卷起的灰尘淹没了牛车。见此情景，我不禁双目含泪。同车的老师可能都没注意到我的表情。当时我只是在心里默念：但愿广西早点富起来。

从上世纪80年代后期至2010年，我赴江苏各地讲课，到过40多个市、县的50多所中学，加上南京及郊县的十多所学校，共计有70多所中学。其中多次与一中的孙芳铭老师搭档，他讲阅读，我讲作文，很是愉快。回想起来，我让听课学生学到的东西极有限，管用的可能是我那些带着感情的鼓励性的话语。记不得是哪一年了，我应邀赴苏北某县中上课。学校领导安排我住当地最高级的宾馆，一夜600元。我真不愿住，不就一个晚上吗，住哪里不都一样？但不住不行，不住就是不给人面子，明明是穷地方，还非得摆阔气，这种风气得改。

90年代中期，中国民主促进会南京市委会任命虎世俊为校长，办了所民办性质的开明中学，招收的是什么学校也上不了的初中毕业生。这些学生学习和生活习惯双差。当时已退休的教育局局长、民进老领导罗炳权对我说："喻老师，你能把这些学生教好，才是真正的特级教师。"我心里没底，不敢夸口，只说"我试试，我尽力"。我怀着一颗爱心，带上十二分的耐心，每周去一到两次，不讲课文，只帮助学生积累词汇，学会正常的口头表达，训练基本的书面写作。三年下来，他们的语文基本功增强了，

100%的人通过了高中毕业会考。在开明中学的七年，也许比教金陵中学学生更能体现教育的价值。这也弥补了我只会教好学生不会教"差生"的缺陷，成了我教育生涯中一段独特而难忘的经历。

大概因为我为大家办事比较热心，1995年市中语会换届，50多名与会代表以举手表决方式，选我担任会长。我的"就职演说"极简短："谢谢各位的信任！当这个会长没什么意思，一无权，二无钱，谁想当，我马上让给他。现在既然当了，就让我们一起为全市的语文教学做点实事，希望大家支持！"大家边笑边鼓掌。没想到，这个会长一当就当了18年。差不多与此同时，我又先后被选为苏浙赣三省18校语文研讨会会长和江苏省青少年写作研究会会长。我做了不少我应该做的事，没什么好夸耀的。

有两件事，让我被人"刮目相看"。第一件是在1991年全国中语会学术年会上的发言。一天半的会开得有点沉闷，第二天下午有半小时自由发言，举手被主持人点到的可上台发言，每人限8分钟。主持人终于点到了我。我的发言很简短：先批评了会议话题分散，没有重点；后指出初中面大量广，如何提高初中语文教学质量应引起足够重视；最后说，几位语文专家讲了不少空话，没有什么实际意义，浪费了大家宝贵的时间。3分钟的发言，引来了全场长时间的热烈掌声。散会后，一些外省的语文老师围了过来，跟我握手，说我讲出了他们的心里话。第二件事是2001年的全国中青年好课大赛。我是高中组评委。赛前的预备会讨论了比赛规则。主持人提议，只设一二等奖，不设三等奖，理由是上届大赛因一人不满被评为三等奖而大闹了一场，为避免类似情况发生，故取消三等奖。对此，我投了反对票。我说："只要我们评得公正，就不怕有人闹事。再说，这是全国大赛，能得三等奖就不错了。如果我参赛，能得个四等奖我也高兴。"会场沉默片刻后，主持人只好用举手表决来决定。除我外，其余评委都同意取消三等奖。我只好服从多数，但表示保留意见。这实质上是向追求功利的人妥协让步。

20世纪90年代起，特级教师享受暑假赴外地（包括国外）参观游览的待遇。我接连放弃三次，直至2001年，我随副书记汪笑梅，作为中国南京教育代表团成员，赴日本访问了四所中学。为防忘记，我每天晚上记日记，写下我的见闻和感受。以往都是校领导才有资格出国访问，但都从来不做汇报。从日本返校后，我向书记主动请求向全校教师作访日汇报。得到同意后，我用一小时向老师们实事求是地介绍了我所见到的日本中学教育状况。我趁此机会向校领导提出建议：努力创造条件，让更多老师有机会去国外走走看看，别像我，快退休了，才有机会出去。这赢得了台下不少老师的掌声。

2005年，我颈椎病发，住了三天医院，在家休息了三个月。此后我不再上普通班的课，只为高一高二开"人文精神漫谈"选修课。从2008年至2014年，我任教校内国际部中美班中文。学生已学过高一高二教材，只在中美班一年就去美国。为了让学生成为懂得中华优秀文化传统的中国人，我给他们讲解古诗文名句、中国古代文化常识，训练他们的口语表达和写作。我不会打字，就手写讲义，复印后发给他们。学生惊讶，一个70岁的老人，竟如此认真执教。在班主任"丹丹姐"和同学们的热情支持下，我完成了6年的教学任务。给我留下较深印象的学生有周庄忱、李梦琪、白雪、戴明澄、刘思远、陆瞳彤。在那几年里，尤其是在2011年后，我经常思考一个问题：教了几十年语文，到底教得怎么样？虽然自我感觉尚好，但我对学生真正了解吗？他们怎么看待语文，又是怎么学语文的？他们喜欢什么样的老师？以前忙，现在课时少，有时间了，该好好向学生请教。于是在两年时间里，先后做了"学生阅读状况调查""学生作文状况调查""语文课堂教学调查""学生对语文的认识的调查"。在每次调查所写的书面总结中，我都作了实事求是的反思，这使我对语文的"教"与"学"有了新的认识。

在我执教50周年时，中国民主促进会南京市委会为我开了个会，起先，他们的横幅是"喻旭初老师从教50周年研讨会"。我觉得不妥，要他们把"从教"改为"执教"，把"研讨"改为"座谈"。不上课，只搞研究，都算"从教"，而"执教"必须一直在上课。"研讨"带有学术性，要求太高，我不够格；"座谈"，地位平等，互相交流，比较自由。中语界、新闻界和其他界别共来了40余人。我感谢大家对我的肯定和勉励，但教育局长吴晓茅的过高评价，我无论如何不敢当。

三

几十年来，就教育教学到底写了多少文章，我没有统计。绝大多数文章都是有感而发，实话实说，不是为了发表，而是为了跟人交流。我多次强调的主要观点是：①跟真理是朴素的一样，教育也是朴素的；教育是科学，科学的本质是求真；搞得花里胡哨、深奥莫测，就远离了教育。②基础教育应以人为本，遵循常识，狠抓基础，守住底线，注重实践，稳中求新，不乱提口号，不瞎定要求。③语文学习是慢功，不能拔苗助长，不可急于事功，它就像地下的根，悄悄生长，又像山里的花，静静开放。④对学生学习语文的基本要求是：字要规规矩矩地写，话要明明白白地说，课文要仔仔细细地读，作文要认认真真地完成。⑤作文教学的底线是：把语句写通顺，把事情说清楚，把道理讲明白。理想的终极目标是：作文有鲜明的个性、独立的人格、担当的勇气。⑥课堂教学应提倡：目标简简单单、条理清清楚楚，训练实实在在，学生的感悟真真切切。我对阅读教学的体会，体现在2003年与韩玉洁老师合作的"关于阅读教学"的系列讲座中。南京电教馆将此录制成光盘，在全市发售。我在作文教学方面写的文章很多，主要观点集中反映在《作文教学的几个问题》一文中。

2018年9月6日，我在中国民主促进会南京市委会举办的庆祝教师节大会上有极其简短的发言，再次重申了我对教育的看法。我说："基础教育没那么复杂，它是朴素的，它要求我们回归常识，尊重规律。不需要那么多口号、理念、模式。"讲到此处，不少与会老师发出了笑声。我接着说："搞教育的人，应常怀一颗平常心。学校只做学校该做的事，教师只做教师能做的事。学校应该多一点安静，少一点热闹；多一点务实，少一点口号；多一点清醒，少一点浮躁。"此时，场内响起了热烈的掌声。散会后，有几位老师对我说："你的话虽然很少，但说的全是实话，中听。"这是我追求的风格：实而短。对一线老师来说，听那些空话、套话，有什么用呢？

四

一晃54年过去了。在金陵中学，我有两条算是创纪录的：一是担任教研组长20余年，一是上了51年课。从2014年夏天起，我轻松了，可以做点自己想做的事了。感谢孙夕礼校长、沈方晓书记，给我在学术委员会留了点空间。虽是三人合用一个办公室，但能有一个座位，就足够了。我每天可以在这里看看报，读读书，写写文章。近十年，我每年印一本小册子，其中的每篇文章都是在这里写成的。在这里，我多次接受采访、编辑约稿、校友来访，从某种意义上说，这里成了宣传金中历史，扩大金中影响的一个小小窗口。趁现在头脑尚清醒，我将对教育问题继续做探索，更多的是反思。《我，与思考同行》在检讨自己的不足中前行，就是反思的产物。

最近八年，有几件事令我难忘。2011年，初一（2）班学生为我过70岁生日，他们当时挂的横幅是"祝喻老师永远年轻"；今年校庆130周年，又跟我一道聚餐。陈桂林、侯家福、赵晓勤、符丽娅、王恒发、毕顺秀、陈新建等一批学生都在各自的岗位上为社会做出了贡献。遗憾的是，成了学者的蔡毅因远在日本，未能见面。2011年，由黄端端筹划，初二（1）班学生与我欢聚一堂，到场的都在留言簿上给我写了美好的祝词，又赠我"桃李满天下"的镜框。2016年10月，俞志平给我打电话，邀请我参加初三（6）班学生毕业50周年团聚，我专门为此写了篇文章。2017年10月，在蔡葵、徐昭武的精心安排下，大学部分同学相聚徐州，忆往事，叙友情。真要谢谢我的学生，谢谢我的老同学。这就是缘分，这就是情谊。

五

回顾走过的路，时时想起帮助过我、关心过我、启发过我、促进过我的人。

先说校内。宋家淇先生深厚的国学功底和精湛的教学艺术、杨先园老师简约的风格、沈达信老师灵动的教法，都对我有教学启蒙作用。吴国芳老师的认真态度、曹阳老师的求新精神、彭卫平老师的教改实验、金遵汤老师的潇洒风度、刘涛老师的论文写作、陈柏华老师的教学激情、邓重文和王奎礼老师的教学规范、韩玉洁和卢惠红老师的各具特色，简紫銎、朱德勇、张小路老师的博学多闻，刘凯、王芳、刘红霞老师的刻苦努力，都是我学习的榜样。近几年，吴国锋、王守明、顾健老师在做好行政工作之余，仍对语文教学进行研究，令我敬佩。叶海忠、尹湘江、胡玮琳、陆平等年轻人在快速进步，令我欣喜。这样的氛围，使我不敢懈怠，我也以自己是他们中的一员而感到自豪。

再说校外。我一辈子不会忘记：市教研室特级教师钱任初先生对我备课的指点、市教研室张启老师宽厚待人对我做人的启示、江苏省教委原中教处处长袁金华先生对我的热情提携、江苏省教委原副主任周德藩先生对我的经常勉励、南师附中特级教师王栋生老师的独立思想对我的促进、苏州中学特级教师黄厚江务实的教学研究对我的鞭策、上海市特级教师钱梦龙先生对我的关怀、上海市教研室原副主任陈钟梁先生跟我推心置腹的交流、现任全国中语会理事长顾之川先生对我的关心、江苏省写作学会裴显生、凌焕新两位教授对我的指导、苏浙赣三省18校徐思源、羊刚、纪树墉、张立国、严龙文、周伟、张悦、陶友林、方向慧等一批老朋友对我的支持，民进中央副主席朱永新对我的热情肯定，孙芳铭、蔡肇基、靳贺良、赵志昇、李大全、曹勇军、袁源、徐志伟等一批南京中语界朋友的友好合作。没有他们，绝没有我的今天。我对他们永怀感恩之心。

六

除了求学，我一生主要做了一件事，那就是教语文。我自认是语文教学路途上的跋涉者、学习者、思考者。我不与别人争，只跟自己比，不图第一，但求唯一，我就是我。我有我的特长，别人有别人的精彩，百花齐放，才有满园春色。教师的生命在课堂，教育的成果看学生。看学生不仅看学习成绩，更看他们的为人处世和长远发展。我年轻时有点自傲，经历得多了，方知不足甚多，于是时时提醒自己：浮躁只会与肤浅结伴，冷静方能与深刻同行；不吹牛皮，不赶时髦，干实在事，做普通人。教育很重要，但教育的作用也是有限的。个人作用，更是如此，不过，尽力就好，无愧就行。

在教学之余，作为中国民主促进会会员，为维护公平正义，我积极参政议政。我的力量很微薄，但我尽了一个公民的义务。

今年2月10日，老母去世，享年101岁。她清贫一生，也没有文化；但她的善良、勤劳、俭朴，是对我无声的教育。是她养育了我，是她以微薄的收入供我上大学，是她时时关心我们兄弟三人的成长。她的仙逝令我不胜悲痛。我永远怀念她。

七

这个世上本没有我，若干年后，我又将归于不存在。即使再了不起的人，也逃脱不了这个规律。人，生而平等，死也平等，想到这里，一切坦然。再有权、有钱、有名气，又能怎样？对得起自己，对得起亲人，就行了。我最亲的人，除了母亲，就是我夫人。她伴我至今，吃了许多苦，家中一切全由她操持，为的是让我全身心地投入工作。我衷心感谢她，永远陪伴她。

人，总是老得太快，聪明得太迟。七十大几的人了，才悟出一点做人的道理。一个人，如果能做到"心地诚实，为人老实，做事踏实，生活朴实"那就是个真人，就没有白活。我一直很欣赏这两句歌词："平平淡淡才是真。""平凡的人给我最多的感动。"做人有底线，那就是保持个人尊严，不媚上，不骗人，做对得起良心的人；教学也有底线，那就是尊重教育规律，打基础，讲常识，做对得起社会的事。对我来说，做一个平凡的人，教一辈子书，生命不息，跋涉不止，挺好。

2018 年岁末

2. 永远珍惜母校留给我的财富

从跨进母校那一年算起，至今已整整五十年了。1959 年到 1963 年，四年的大学生活是难忘的。当时的生活条件比较艰苦：同学们按桌次吃饭，早上是稀饭萝卜条，常常有人吃不饱，中、晚餐是干饭加青菜、豆腐，很少吃到肉；八个人一个宿舍，除了共用一张桌子，其他什么也没有。校内设施也很简陋：我们先是在青岛路 1 号两年，后搬到黄瓜园，最后才迁至北京西路 77 号；除了教室，常去阅览室，但规模较小，藏书量也不大。师资配备也不很理想，除了少数几位资深教师外，大都是青年教员；不过，他们都很努力、很认真。

有几位老师给我的印象很深。操一口无锡口音的诸祖庚教授虽然年事已高，但精神极好。他对唐宋八大家，特别是对韩愈有深入的研究，所以教韩愈的文章十分精细。他教完《离骚》后为我们吟诵了这首诗的前半部分。他吟得投入，我们听得专注，师生共享古诗的韵味。他是唯一的一位在上课时抽烟喝茶的老师。大家丝毫不反感，倒觉得上古诗文的老先生就该是这样的。武酉山老师上我们的"古典文学作品选读"课。他对字词的讲解十分细致深入，常穿插一些典故，有时会写几个象形字，详加解释，很是生动。教我们"文学概论"的是当时省教育厅厅长吴天石的秘书。他常常不修边幅，有时甚至一边的裤管卷得很高，而另一只裤管却拖到脚面。他操一口普通话，音色很醇，表达极流畅。在教诗歌一节时，他既让我们品味中国古诗的意境，又让我们欣赏外国著名抒情诗的优美。讲到普希金，他先用中文朗诵了一遍，又用俄语读了一遍，还用俄文板书了四行诗，然后打上重音符号，重新朗读了一遍，让我们去体会诗的韵脚。有时他忽然停顿，靠在窗边，两手抱于胸前，作深思状，仿佛是位哲人，极有风度。教我们现代汉语的钱小云老师，常州人，板书规范，条理清楚，每个语法知识点都讲得通俗易懂。教我们"教材教法"的罗振球老师经常联系具体文章，教我们如何找准并讲清关键字词。他既把关键字词置于特定语境中，又跳出来作拓宽加深，使我获益匪浅。教我们"中国通史"的温广汉先生满头白发，走路有点蹒跚，但一上课堂便全力以赴，有时会挥舞双臂，令人振奋。他几乎不看教材，全凭记忆，真了不起。班主任储镜明老师经常深入到我们中间，跟同学谈心。他对学生的亲切关爱赢得了我们的尊敬。中文系党总支书记孟华是位军人，个子很高，说话却较文雅。当时班上一位同学因毕业实习没通过而未能拿到毕业证书，另有两位同学的档案中有"左"的结论。到了上世纪80年代中期，为了替他们补办毕业证书、去掉档案中的不当结论，孟华书记和储镜明老师到处奔波，做了许多工作，终于把事情一一办妥。孟华书记说："在当时的政治形势下，我们也没办法，说了些'左'的话，可能伤害了一些同学。现在看来，这都是不对的，不对就改嘛。"坦诚之言、爱生之情，令我感动不已。我们为有这些好老师、好领导而深感荣幸。

在人的一生中，求学的时间都是短暂的，但求学期间汲取的精神滋养却是长期的，学校使我懂得必须诚实做人。教过我们的老师都很善良，也很诚实，年长的把我们当儿女，年轻的视我们为弟妹。他们都是平凡的，但给了我们不平凡的思想，以至于在我的教学过程中不止一次地对学生说："不要脱离凡人，但也不要甘当凡人。"我始终教育学生要正派、正直，要有感恩之心，要有社会责任感。母校老师坚持的育人宗旨在我身上得到了传承。母校使我懂得必须努力进取。教我的老师们虽然业务水平有差异，但教学态度都很认真。我发现，他们每节课都有详细教案，且书写工整，副系主任钱小云老师可以说是这方面的典范。几乎所有的老师都勉励我们要刻苦，要敬业，要努力做一名合格的中学教师；这就必须在认真听课之余多读点书。我比较听话，课堂笔记很详细，有些内容当堂记不全，下课后就及时补充整理。我和几位谈得来的同学经常利用星期天，从草场门步行到夫子庙，中午买几个烧饼，边吃边在古旧书店站着看书，一看就是两个小时。贵的书买不起，只好买便宜的。买书、读书的习惯一直保持到今天。到金陵中学任教后，我是当时年轻教师中个人藏书最多的。"文革"中，校内红卫兵到我宿舍"破四旧"，不由分说，拿走了180多本书，说是"审查"，结果不是被烧掉，就是被人占为己有了。这是最令我痛心的一件事，因为其中有几本书现已绝版。我以母校老师为榜样，将读书—思考—实践贯穿于我46年的教学生涯。开头的20年，我常常备课至深夜。有时备完了课，睡意全无，兴之所至，或写诗，或作文，自得其乐。我经常听中老年教师的课，取人之长，补我之短。每教完一篇课文，都要写一篇"教后记"，留住点滴体会，反思存在问题。这使我不断有所悟，有所得。

去年，学校民进支部在民进市委会和金陵中学校领导的大力支持下，为我举办了从教45周年教育研讨会。来自15所学校的同行及各新闻媒体的记者共40余人出席了会议。会上，我只讲了几分钟话，第一是感谢金陵中学对我的长期栽培，第二是感谢包括本校语文组老师在内的中语界朋友对我的热忱关爱。现在还要加一条，那就是感谢母校对我最初的滋养。是母校给我知识，教我做人，潜移默化地影响了我的后半生。不少人以自己毕业于名校为荣，此乃人之常情，无可厚非。每当有人问起我大学毕业于何校，我总是毫不犹豫地回答："江苏教育学院。"母校虽然在诸多方面比不上名校，但它是我步入成功的起点。我始终感念母校的恩情。

跟真理是朴素的一样，教育也应该是朴素的。追求豪华，陷入繁琐，就远离了教育的本质。母校是朴素的。母校的老师和领导，教风朴实，作风踏实，两袖清风，一身正气。他们不炫耀，不张扬，敬业爱生，默默奉献。想到这些，我总是时时要求自己：不吹牛皮，不赶时髦，认认真真教书，老老实实做人。同时经常提醒自己：浮躁常常与肤浅结伴，冷静往往跟深刻同行。朴素是一种态度、一种作风、一种精神、一种品位，也是一种力量。朴素促奋斗，朴素助成长，朴素出成果。在急功近利之风充斥的当今社会，我热切地呼唤朴素教育的回归！

我现在仍在教课，这既是一种情怀，更是一份责任。我越来越体会到：选择教育事业，就是选择崇高；热爱语文教学，就是热爱人生。教育追求理想，教育塑造美丽。母校留给我的财富将永远珍藏在我的心中。

2009 年 11 月 18 日

3. 做好自己该做的事

两年前，我曾写过一篇文章《我跟格非有点像》，说的是我在故乡给我的印象和课堂教学的感觉上，我跟他"有点像"。在 11 月 15 日《报刊文摘》上，读到了格非在华东师范大学 70 周年校庆上的演讲摘要。他说，为了成为一名合格的教师，必须学会理解和尊重每一位学生；凡要学生做到的，自己先做到；要养成终身学习的习惯。总之，要尽到一个"师者的本分"。

对照格非的话，感到有必要好好清点一下自己的教育生涯。执教 51 年，有收获，也有缺憾。45 岁前，自信满满，做事随性，虽取得了一点成绩但不少事没做好。45 岁后到 70 岁，慢慢变得谨慎，日益感到，要教好学生首先要做好自己。所谓"做好自己"，就是做好一个合格教师该做的事。作为一名语文老师，我是这么做的——

努力写好每个字。不求美观，但求规范。无论是黑板上的板书，还是学生作文本上的评语，要么索性不写，要写就一笔一画，决不马虎。我还练写毛笔字，以便为学生做榜样。

努力讲好普通话。我是苏南人，有些字的发音常常不准，我就请学生提醒我改正。有时我读课文，或给某个字注音，出了错，学生就会马上在下面说："老师，读错了，应该是××。"我会立即说："是错了。谢谢你！"

努力学会独立分析文章。备课时，对"教参"的某些内容常有更正或补充，这是我独立思考的结果。有时，我对学生说："这篇文章有点难懂。我先说说我的理解，不知对不对，请同学们跟我一起讨论。"我把我怎么读的、遇到什么问题，老老实实，和盘托出。这样做，学生反而有兴趣，因为我拉近了跟他们的距离。

努力学会写文章。我在认真辅导学生写好作文的同时，自己也写文章，有时在课堂上带着感情朗读自己的诗、文，有时把自己印的短文集放到班上，让学生传阅，听取他们的意见。听到学生的肯定，很受鼓舞。最近十年，每年把写的随笔汇集起来印成一本书。

坚持读书看报。主要读《论语》《学记》，读陶行知、叶圣陶、苏霍姆林斯基的书和教育专业书。即使教务繁忙，也常看《语文教学通讯》《中学语文教与学》《语文学习》等刊物，及时了解语文教育改革的新动态（信息），学习各地教师的好经验，并把他们的有些好的做法运用到自己的教学实践之中。

　　坚持向同事、同行学习。在校内学宋家淇老师的生动表达，学杨先园老师的语言干净，学沈达信老师的善于启发。在校外学上海于漪老师的感情充沛、钱梦龙老师的提问技巧、陈钟樑老师的求异思维，学北京程翔老师的清晰条理、连中国老师的写作理念，学苏州黄厚江老师的求实作风，学宁波张悦老师的当代意识，学人之长，补己之短，不断鞭策自己稳步前行。

　　坚持道德修养。在校际关系上，学习杭州曹文趣老师的用友谊促事业的交际之道。同时，从袁金华、钱任初等前辈和当代优秀语文教师身上学习严于律己、踏实做事的良好品质，尽量使自己成为一个求真理、说真话、有爱心、明事理的人，这是一辈子的事。

　　以上所述，都是常识，都是基本功，没什么秘诀，没什么深奥。我在长期的实践中逐步加深了对基础教育的理解。中学语文教育应该是朴素的、基础性的、守底线的。立足现实，实事求是，不好高骛远，不人为拔高，定能行稳致远。

　　人们常说，要想把事做好，首先要学会做人。其实，做事与做人是不分先后的。口头上懂得应如何做人，却不去实践，"做人"就成了一句空话。从某种意义上说，做人的本质是做事。好好做事，把事做好，集中反映了人生态度、能力素养。做好自己该做的事，既是安身立命之本，也是幸福快乐之源。把该做的事做好了，是对社会的最好交代，也是对自己的最大安慰。

　　自己该做的事没做好，就没有资格去评判别人。把自己该做的事做好了，又虚心向人请教，那就既能学到更多的东西，也能赢得他人的尊重。这就是人生，这就是福分。

2021 年 11 月 23-24 日

4. 在回顾中继续缓缓前行
——读学生回忆短文

2023 年 12 月 19 日，我向 14 位学生发了"征稿"信："今年是我从教 60 周年，为了全面回顾半个多世纪的教育生涯，请你为我写点回忆文字。（一）内容：喻老师给我印象较深的一句话（一段话）、一件事。一句话，可以是对一个词语的讲解、对一篇课文的总结、对一篇作文的评点、对一名学生发言的评价、对一种社会现象的议论，等等；也可以是对一篇课文的错误解读、对一名学生的不当批评，等等。（二）要求：①标题统一为《当年的喻老师》，下一行注明哪一届哪一班。②不要用形容词，不要作评价，只要用直白的语言如实呈现当时的情景即可。③200 字左右。④元旦前用短文发给我。希望得到你的支持。喻旭初。"

截至 2024 年元月 5 日，共收到 31 篇短文，其中刘桦 2 篇，另有编外学生史慧琴和本校语文老师张小路各 1 篇。多数人只写了一件事，6 人写了两件事，2 人写了三件事。

回忆短文中提到的事，按次数多少排列如下：①提到作文训练的 11 人；②提到老师人品的 8 人；③提到字词的 6 人；④从写作中悟出做人之道的 5 人；⑤提到口语训练的 3 人；⑥提到朗读的 2 人；⑦提到课文讲析的 1 人。

虽然 31 篇短文远不能反映我教育活动的全貌，但学生全都给我回复，就已令我深感欣慰了。他们来自社会各个领域，有教师、编辑、军人、律师、医生、科研人员，有从政的，有经商的，也有搞技术的。他们的话具有一定的代表性，绝对可信。在校时所学的东西，对他们的工作、生活有用，他们会长期记住，如词语积累、口语训练。在学语文、练写作中领悟做人的道理，对他们印象最深，所以被提到的次数最多。看来，在指导写作的过程中，教师的人品至关重要。

由此想到，要做一名合格的好老师，除了需要不断丰富专业知识、提高业务能力外，必须在做人上多下功夫。平时大家常提到人文精神、人文情怀、人文素养。人文，

"人"在前，"文"在后。人，就是人品、人格。人品要端正，人格要独立。半个多世纪的教学实践告诉我，要教好语文，要有好的人品。我的底线是：不吹牛皮，不赶时髦，认认真真教书，老老实实做人。具体说：①作风正派，为人正直，坚持说真话、求真理。②尊重学生，平等待人，对学生既严格要求，更热情鼓励。③踏实做事，低调做人，不居功，不自傲。④以身作则，事事垂范，不违背良心，不虚度年华。⑤承认不足，不断改进，向前辈讨教，向同事学习。⑥坚持反思，经常总结。我不聪明，但还算勤奋，除了公开出了5本书，还每年自费印1本册子，以供交流。越学越思越觉不足甚多，也许这就是人生。

我能有今天这点进步，除了感谢我老师的教导、语文前辈的指点、历届校领导的鼓励、本校语文组同事的帮助，特别感谢我教过的历届学生的支持。他们都各有所长，都在各自的岗位上为社会做出了贡献。他们的朝气、热忱和认知水平都值得我终身学习，也让我永怀一颗青春之心。当年我心里装着学生，眼下学生还能记得我，这是一种幸福。今年我已83岁，虽然精力不如以前，但仍想通过阅读、思考、写作，为基础教育、为语文事业做一点力所能及的事，以不枉此生。

可敬的同学们，我再次深深地感谢你们！

2024年元宵节

附：学生回忆短文

上世纪60年代学生

当年的喻老师

六七届初二（1） 郑国栋

当年喻老师的语文课，绘声绘色，使我们不由自主地跟他一同进入课文。

喻老师尤善剖析字词，讲解字词的由来。记得在《天上的街市》一课中，他说："缥缈"是一种朦胧的感觉，与"纱"有关，因此，"缥"不能写做"漂"也不能写做"飘"。随后他在黑板上画出一截逶迤的线段，进一步解释道：纱是由丝织成，绞丝旁就是这样象形而生动。

生动、形象、细致，让我们更好地理解了课文，也更热爱方块字，亲近了我们的祖先。

当年的喻老师

六七届初二（1） 黄端端

喻老师正式在金陵中学（原南京十中）做班主任所带的第一个班级就是我们1967届初中（1）班，我这个中央路小学的中队学习委成了喻老师的语文课代表，接触自然多起来。喻老师刚开始工作就做有心人，他经常找我按照他的统一规格抄写他所满意的我的作文。他有时找别的同学做这种布置，对我会说："不用我来跟你讲了吧，你常抄写，是知道怎么一个格式的。"可惜的是，后来"文化大革命"，这些他精心收集以备今后教研的资料也被销毁失散了。今年，他向自己教过的一些学生收集当年的作文本，我都还保存着，交给他以后，他很开心，用了我的两篇和我女儿张子端的一篇编入他的书中，告诉我说，这书中只有我们母女俩作文一同被收进去，并且也只有我一个被收入了两篇。

我母亲的一个朋友是外地的老中学教师，到我家来时翻看喻老师的作文批语，就说：这个老师批阅很仔细，而且很有水平。他的话给我留下深刻印象！

我津津有味地阅读喻老师每次对我作文的详细眉批，我母亲也提醒我仔细领会。这些眉批是分析我这样写有什么好处。其实，我当时写的时候往往是下意识的，并不一定是刻意这样写的。老师加的眉批就点醒了我：啊，原来还有这样的好处！潜移默化，可能由不自觉到自觉，同时增加了写作文的兴趣。记得老师布置了一个作文题目，我凝视教室里一张宣传画，是几个少先队员敬队礼的。我细细观察体会，写到了作文里。喻老师经常找我谈话，并且来我家家访，就提到了这件事，说在课堂上布置写作文后注意到我久久观察这幅画。

我还一直记得喻老师很注意改标点符号，比较喜欢打句号。联系到作家老舍在书上提出的写短句，到现在我都很注意标点符号的正确使用。

当年的喻老师

六七届初二（1） 刘桦

50多年前，喻老师给我们上过的语文课中有一篇课文是叶圣陶先生的《记金华的两个岩洞》。之后喻老师布置我们写篇作文，我写的是《记宜兴的善卷洞》。喻老师给我的批语是："可以看出你处处都在模仿记金华的两个岩洞，但又毕竟不是金华，文章好就好在这里。"

喻老师的话给了我很大的启发，在我后来从事多年的技术工作中，无论是解决制造工作中出现的技术问题，还是新产品的研发，我都努力做到模仿而不抄袭、继承而又有改进，从而取得了很好的工作成绩，并获得过多项国家发明专利。

当年的喻老师

六七届初二（1） 董德林

在初一下学期，正值春暖花开的季节，学校组织学生参加农业劳动。我们几个同学运送肥料，其中有粪肥，气味很臭的。劳动之后喻老师布置我们写一篇作文，我记得我的作文题目是《没有臭就没有香》，记叙了劳动过程，并表达了劳动光荣和没有粪肥的臭就不会有稻米香的看法。喻老师在点评我的作文时说，这篇作文中表达的观点有一点哲理。写文章不仅仅是单纯地记叙，能够通过记叙表达出自己的思考才能进步。虽然是普通的一堂语文课，但喻老师简短的几句话，却使我至今记忆犹新。

当年的喻老师

六七届初二（1） 魏宁

记得有一次喻老师给我们上语文课的时候，朗诵了一首他写的《登紫金山》的散文诗。一句"我站在高山之巅"，顿时让我心生钦佩之情：我们的老师还是诗人！自那以后，我也慢慢喜欢上了文学。但是仅隔一年，"文革"就开始了，那时很想看一些文史方面的书，可是新华书店已经很少这方面的书，于是就买了一些鲁迅的杂文，似懂非懂地看了起来。及至"文革"结束，1980年我顺利进入南京师范大学夜大中文专业学习，这为我后来在公交公司从事文字工作打下了基础。同时我偶尔也参加一些有奖征文活动，写了《我为市民学堂喝彩》(市委宣传部和南京日报主办)和《中年的感悟》(太平人寿主办)均获优秀征文奖。

现在回想起来，以上这些都和喻老师对我的文学启蒙和言传身教密不可分，其中也包括那句"我站在高山之巅"。

当年的喻老师

六八届初一（1） 刘红娅

1965年9月，一位身形稍许消瘦的年轻老师，着浅灰色中山装，带着微笑走进教室，给我们上语文课。

他站在讲台上，并没有让我们打开课本，而是转过身去，在黑板上书写了8个大大的粉笔字：文房四宝 笔墨纸砚。老师说，要学好语文，首先要了解祖国的文化，我们今天的课就从这四件物品开始……

这是喻老师给我们这群刚入初一的新生上的第一节语文。

58年过去了，这一幕永远在我脑海中定格，至今依然清晰鲜活。

当年的喻老师

六八届初一（1） 李小兵

半个世纪前，老师在课堂上为我们讲述知识，我们还是不懂事的小孩子；今天，老师对我们谈人生哲理，讲做人之道。我们老了，步入古稀，老师依然硬朗潇洒帅气！步入十中时，我是个成绩中等，缺乏自信害羞的小女生，老师把我一篇住院经历的记叙文作为范文，到几个班讲评，给了我90以上的高分，大大提升了我的自信心和对语文课的兴趣（我记得初一期间，我的作文有好几篇都是90分以上）。中学有限的一年求知经历，老师为我们打下的扎实的语言文字基础，使我在其后18年的部队生涯，转业后30多年的银行职场，无论是发言、工作总结、演讲、征文以及专业文章，我都是自己动脑动笔，这对工作的顺利开展，职业生涯的发展提升，真是受益匪浅。今天，想对恩师道一声：谢谢您，喻老师！我们有幸遇到了最好的语文老师，传授知识、播种希望，让我们受益终身！

当年的喻老师

六八届初一（1） 米寿江

喻老师在语文课上说过的两句话，使我受益终身。"语文课应该包括语言和文字表达，既要能说也要能写。"语文课是培养说和写两种能力的课程；"好记性不如烂笔头"。记忆会随着时间的流逝而模糊，但笔记不仅可以留下珍贵的资料，更能永恒地记录下我们的思考和感悟。后来我成了一名高校老师，之所以授课学员爱听，著作有人爱看，都得益于说、写能力的培养和爱做笔记的习惯。

当下的喻老师

六八届初一（1） 黄士鹏

今天班上同学相约小聚，特邀喻老师为嘉宾，由我去接他。我预约了出租车8点20分在市法院门口等。正想着一路顺利，手机响了，告诉我出租车发生了交通事故，司机协调改由其他车来。我有点急眼了，一边跟司机电话落实，一边赶往老师家。电话刚打完，信息来了，是喻老师的，说他已到法院门口了。我回头一看，只见喻老师站在法院门口路边上，手里拎了一个包，挺沉的，应该是准备送给同学们的书。我忙走过去，接过老师手上的包，一边说："老师您好，不好意思啊，我没安排好，让您这么热的天走这么多路。"老师说："别客气，走这点路我还是行的。这条路上车多，人等车，就不会影响别人了。"我跟老师说了前一辆出租车遇上交通事故的事。还没说完，车来了。老师上车还没坐稳，就问出事故的那辆车的情况，得知只是小碰擦，这才放心地坐好，并深情地说："你们开出租车的司机也真不容易啊！"司机听了，回过头来看我。我看见老师脸上慈祥的笑容，对司机说："这是我老师。"

当年的喻老师
七九届高二（2） 罗平凡

2009年7月一个炎热的夏天，作为喻老师的学生，有幸受邀参加了一个同学聚会。曾经文科班、理科班的十几位同学围坐一堂和喻老师谈笑风生，无拘无束，兴奋地回忆在学校时的各种趣事。聊到情绪高涨时大家不禁高呼："老师伟大！"喻老师开心致谢，随口回复金句："同学万岁！"大家先是愣了一下，随即沸腾！回想当年，老师从来都是带着微笑走进课堂，宛如春风，清新、和煦，带着暖意。从未见过老师在教室板脸发脾气，总是温和地有时略带自嘲地与学生交流，平等、尊重、欣赏。讲课仿佛在聊天，不经意间知识和道理已深入人心。

当年的喻老师
七九届高二（2） 李东培

喻老师作文课重视对把握主题的训练。他认为开头很重要，他在课堂上说的让我至今记忆深刻的一段话是："开头千万不要洋洋洒洒、下笔千言、离题万里。"关于作文，喻老师在讲评一篇学生散文习作时提到"在文章关键的地方，连续使用排比句，表达了情感，效果非常好。"喻老师的教学很注重发自内心的情感认同，他在课堂上说的让我至今仍有印象的另一段话是："性情愉悦，四个字都有竖心旁，陶冶性情、愉悦身心，都是要用心的。"

当年的喻老师
七九届高二（2） 章晓明

大约是1977年11月份，文理分科后备战高考。喻老师在给我们授课前专门介绍了自己，其中说到他在"文革"后期所遭受的隔离审查挨斗等不公正待遇。说着说着，他在黑板上奋笔疾书了夏明翰的诗句：砍头不要紧，只要主义真……

46年来，每当想起喻老师，脑海中首先浮现的是他身穿深灰棉袄、脖系浅灰围巾、右手执笔、目光深邃、身形清癯的文学家形象，言行举止似鲁迅又非鲁迅，是喻老师，确是喻老师。

当年的喻老师

七九届高二（2） 孙载铭

当时喻老师30多岁，身材消瘦，精神矍铄，讲课时声音洪亮。老师每堂课都要精心准备，讲课时全身心投入，绘声绘色，经常和同学互动，力求达到最佳效果。给我印象比较深的是讲授鲁迅的《孔乙己》一文时，老师把孔乙己的形象讲述得非常到位，回字的四种写法，"不多了，多乎哉，不多也"表述得栩栩如生，惟妙惟肖。

老师特别注重让学生学到有用的知识，灵活运用知识，反对死读书读死书。虽然面临高考，但老师布置的作业并不很多，从不搞题海战术。还鼓励同学大量阅读课外书籍，特别要求大家多读国内外名著。他告诉我们，这些名著教会如何做人、如何待人、开阔眼界，是会让大家终身受益的。老师还鼓励大家注重锻炼身体，必须有一个强健的体魄，才能坚持学习，进而为国出力。

上世纪80年代学生

当年的喻老师

八一届高二（1） 洪伽罗

记得有一年陪着从美国回来探亲的同学带着一双儿女去探望老师，一晃又是好多年过去了。那天谈了很多，特别讲了老师对学霸和"学渣"的理解。讲了我们与下一代的相处之道。讲了我们这一代的机遇和挑战，还表达了对现实教育的一些看法。自1981年从金中毕业至今，老师的教导一直陪伴着我，并把他的关爱也传承给了我们的下一代。清楚地记得他逐字逐句地分析过我女儿的作文，关心过女儿的身心健康，至今仍记得老师当时对女儿说的一句话："如果不想去补的课，可以不去，今天喻老师给你做主！"

几天前，收到了老师的一张近照，照片上的喻老师仍是那么清瘦儒雅，虽然背不像以前那么直了，还挂上了拐杖，但那熟悉的微笑还是那么让我感到温暖和可靠。他就是我永远的老师——喻旭初。

当年的喻老师

八四届文科班 许利民

1984年的夏天是我们的高考季。我们文科班的语文是喻老师教。大约提前一个学期甚至更早一点，他就要求我们去读成语词典，每天要看若干个成语，他会定期抽查。

记得一次他在黑板上照例写出几个需要填字的成语，其中一个是"（ ）尘不染"。

我们都没当回事地填好就交上去了。但意料不到的是，他上课时挺不高兴，这在他身上，我是第一次看到。原因是我们大部分人都填上了"一"。他说我们太不认真，居然都不去想想，如果高考出现这种情况，出题者难道就希望我们填个小学生都认识的"一"？我们全班只有一个同学填出"纤"。这个才是准确的答案！

从此，我就发现原来"准确"和"正确"还是有距离的。

他也讲过，以前很多"女"做偏旁的字，大多寓意不好，如"嫉妒、奸"，还有"妄"……说明女人在封建社会的社会地位低下。我之所以印象深刻，是因为工作以后曾有机会去讲婚姻法，当时为了给学生举个例子，我的脑袋里就闪过喻老师说过的字，当时还静下心来认真去看看到底有多少个这样的字。结果还有新的发现，很多和家庭亲属关系有关的字也是"女"字边：娘、姨、娃、姥、姑……

因为自己工作后也去做老师，觉得"认真"也许得了喻老师一点真传。

当年的喻老师
八四届高三（5） 郝红军

喻老师上课天马行空，不走寻常路，上下五千年，纵横两万里，内容涉及非常广泛，观念也是独树一帜，比较"叛逆"，非常符合我们那个年代年轻人的诉求。

喻老师很喜欢和学生交流，没有架子，话题也很开放。在一次课间，红蕾同学给他提意见，寒假作业里古文阅读的题材有歧视女性的倾向，因为选了几篇离奇的妇女犯罪笔记。喻老师说，中国文字里面本身就存在歧视女性的情况，带"女"字旁的很多字是贬义词。红蕾同学反击说，"好"字也是女旁。他说"那得生了儿子才能叫好。"这样的交流既风趣幽默，又蕴含着丰富的文化内涵，对我们以后走上社会，树立独立思考的精神，起到了潜移默化的作用。

当年的喻老师
八四届高三（5） 韩昕

喻老师非常注重我们中文写作能力的培养，比如成语的学习与应用。他经常在给我们上语文课时，首先让我们听写成语。我家里给我保留的中小学作业里，有一本注明为高二（文）的方格簿。最近打开一看，里面有很多抄词作业，都是从所学课文里挑选的成语和词汇，每个按喻老师的要求抄写五遍。这些成语和词汇来自秦牧的《花城》、朱自清的《威尼斯》、鲁迅的《狂人日记》、莫泊桑的《项链》、莎士比亚的《威尼斯商人》等。我们那时已十六七岁，不再是小学生了，但喻老师依然要求我们每个成语和词汇抄写五遍，难字还要标注上拼音，而且也要标注五遍。现在人们常说重要的事要说三遍，我们当年可是要练五遍。每篇作业喻老师都批改打分，欣喜地看到我大多得了优或 100 分。还有一本作文簿，里面有一篇我当年写的《阳山碑材》，我在文中使用的每个成语，喻老师都在底下划圈连线，有"大兴土木、气喘吁吁、胆战心惊、好大喜功、精疲力竭、津津有味"等。本篇作文喻老师打分 80，在喻老师手下算不低了。我还保留有其他几本高二下和高三的作文簿，仔细一看，喻老师几乎在所有我使用的成语下都画圈连线，以示表扬与鼓励，可见他对成语的重视。

今年是喻老师从教 60 周年，特在此感谢他 40 年前的教诲，给我打下了坚实的中文写作基础，虽身在海外亦受益匪浅。20 世纪 80 年代是一个让人留恋的美好时代，喻老师的身影铭刻在我对那个时代的记忆中，历久弥新。

当年的喻老师
八七届文科班　谢凌岚

1984 年我从金陵中学的初中部考入高中部，分在高一（2）班，从那时起喻老师就是我的语文老师，一直到毕业。

讲演训练是喻老师在语文课上设计的一个节目：每次上课，开头十分钟留给同学上台讲演，每人两三分钟。讲什么不重要，讲得好不好也不重要，不打分，旨在让同学们站在全班同学面前正式地开口说话。这个讲演节目，记得是从高一下学期开始，一直延续到高三我进入文科班。

同学中口才好的，可以滔滔不绝说上好几分钟。但苦了我这种口拙的人，一上台就心慌，说话结结巴巴。记忆中喻老师从来没有批评或者挖苦过我的笨嘴，他只是耐心地期待下一次我能讲得更好。

现在回想起来，这是我平生唯一一次讲演训练，历时三年，宝贵的三年。"素质教育"这个词在中国要到十年后才开始提出，我真是佩服喻老师的教育远见。

上世纪 90 年代学生

当年的喻老师
九〇届文科班　尹辉

喻老师留在我脑海中最深刻的一句话是：要做个大写的"人"。

到现在尤觉得非常荣幸的是，喻老师朗读过我写的文章《一个知识分子的故事》。

记忆深刻的是喻老师对我写的对以后理想工作的点评。我当时希望能做一个能赚点钱又能用到英语的工作。喻老师点评：很实际的想法。

现在我差不多就这样实现了。

当年的喻老师

九〇届文科班　王颖

在我的精神世界里，喻老师谆谆师长的形象早已定格在30年前，而我在喻老师面前永远是那个懵懂的少年。

喻老师是宜兴人，说话有吴语的腔调。有一次在朗读古诗时，有一句的结尾是"水"，喻老师说这个"水"不能用现代普通话的发音shuǐ来读，否则就不合前面的韵脚，正确的读音是sī，而这正是吴语里"水"的读音。喻老师进一步解释道，中国历史朝代和都城更替频繁，官话的基础和发音也随之变化，不能以今天的视角来解读过去的史实。喻老师微言大义，对我产生了长远的影响。

喻老师很推崇同乡徐悲鸿，认为骏马图中彰显出奋发向上、自立自强、不畏天命的强大精神张力，而我认为这也是喻老师自我的精神追求。在喻老师的语文课上，除了讲解文章的立意、修辞，重点是推进一步，阐述其背后的人文精神。喻老师永远把人的美好放在第一位，应该成为什么样的人，人性中本质的核心是什么，如何在平凡中成为不朽。这些是喻老师教给我最重要的认知。喻老师表面上看上去是一位江南书生，而本质上是一个有强大和丰富精神世界的挺拔站立的人，其后现实世界发生的一些事情，也印证了这一点。

喻老师当年朗读朱自清的《背影》，读到文中的父亲艰难而努力地爬上月台的情景，他深情而感伤的声音犹在耳边。

记得当年喻老师经常会在作文课朗读一些同学的优秀作文，练明澄、高昌莉、俞海飞的文章很好，经常朗读；偶尔也会选到我的作文。喻老师一边读，一边评，对他认为写得好的地方大加赞赏。能够得到喻老师的称赞，对我是极大的激励。我原本喜好文学，自此更为投入，成为终身的习惯和爱好。

当年的喻老师，现在的喻老师，在我心目中永远都是那个慈爱的师长，他手执明灯指引着前路，回头笑着对我们说：这是光明大道，你们向着前方去吧。

当年的喻老师

九〇届文科班　高昌莉

年过半百，往事随风逐渐淡忘，但是关于喻老师的记忆，却格外灵动有趣。

和喻老师的师生情谊，始于1988年高二下分科进入文科班。记得文科班第一次语文课，70多人的大教室，施施然进入一位中年男子，一身白西装，清新雅致。喻老师的首次亮相，极具当下流行的仙侠剧男主风采，在那个灰不溜秋的年代，很是振聋发聩。

喻老师更有一颗有趣的灵魂。记得喻老师在第一堂课上，就说"不要叫我同志，谁跟你志同道合？我有权利保持我的想法。"一群十六七岁的孩子哄堂大笑。喻老师的高贵坚持，只有经历风雨之后仍然知行合一的高尚人格才能体会并认同。

喻老师偶尔也会教诲学生们不要早恋，理由独树一帜："现在的候选人只有班上的几十个，进了大学会有更多的候选人。"当时的我们貌似被说服，但是过了几年十几年，"单身狗"们略有后悔，"风物长宜放眼量"并非放之四海皆准，毕竟金陵中学候选人的素质普遍还是蛮高的。

有一种幸福和幸运，是在人生最美好的年龄，在金陵中学受教于喻旭初老师。

当年的喻老师

九〇届文科班　王俊

（一）

那还是我初三的时候（我当时求学的初中属于人们心目中印象很"差"的南京四十七中）。有一天，我初中的语文授业恩师朱茵老师居然把喻旭初老师请到我们学校开了一个讲座。那时的我对喻老师的名气尚不清楚，只记得那堂讲座上，喻老师居然当众点评了我写的一篇阅读梁启超《少年中国说》后的读后感。尤其对文中用那句"乳虎啸谷，百兽震惶"来比喻我毕业后立誓要报考重点高中的"雄心壮志"竖起大拇指点赞，还说了句"这位同学有志气，好！"要知道，在我们那样的"三流"学校，要想考取如南京十中（后来的金陵中学）那样的重点高中，在人们眼里实如天方夜谭一般，但我"不吃馒头争口气"做到了，是喻老师给了我极大的鼓励。

（二）

说起喻老师的语文课，给我印象最深的是他给我们上的一篇古文解析课。古文的题目早忘了，说的大概是一名官员治理一个地方，其中有一句"三年言其要"。喻老师要大家谈谈对这个"要"字的理解。班上大多数同学都认为是"概要""大概的情况"等意思。我结合上下文，举手发言，认为应理解为"归属"、"所有权"。记得当时喻老师对此大加表扬，并非表扬我的理解是正确的，而是肯定我敢于说出别样的理解。这就是喻老师的教学风格。就语文教学而言，它不像数学，答案非 A 即 B，而是只要能解释得通就行。这个观点让我受益一生。

当年的喻老师

九二届文科班　王晶卉

喻老师是我们的班主任兼语文老师。他学识渊博，思想深刻，上课时最不喜爱照本宣科。每每兴至所来，他把课本一放，双手一背，便开始侃侃而谈，论时事、评现象，天马行空又收放自如，为我们写作文带来了丰富的素材，更让我们于课本之外拓宽了视野，增长了见识，树立了辩证思维。

那个时候，喻老师的作文教学已经在南京的中学界享有盛誉，几乎每学期都有作文公开课，教室里常常有前来取经的老师坐着旁听。喻老师的作文课很精彩，往往把一个题目抽丝剥茧地展开解析，从不同体裁、各种角度、多个层面进行写作上的引导，发人深省，茅塞顿开。在喻老师的教学启发下，我们班的作文水平提高很快，令其他班级的同学羡慕不已。

印象很深的是，喻老师很注重写作基本功。他经常说：字要清清楚楚地写，话要明明白白地说。他告诉我们，写作贵在一个"真"字，不矫揉造作，不堆砌辞藻。这些写作的真谛，引导着我们树立正确的写作观，直到毕业后从事文字工作，也在一直影响着我。

作为班主任，喻老师属于抓大放小的类型，不会琐琐碎碎地啰唆小事，给我们自由生长的空间。但是他对品格的塑造，一直非常重视。记得有一次，他开班会时表扬了我们的班长："有一天放学，大家都走了，我看到她一个人在默默打扫教室，这种做好事不张扬不留名的人，是真正的道德模范，值得大家学习。"这句话、这件事、这个人给我留下了深刻的印象，在我的成长历程中一直提醒我：但做好事，莫问名利。

还有一个让我受益终身的教学方法。每节语文课开场，喻老师会留几分钟时间，让我们按学号依次上台演讲，可以说说最近看到的知识、故事、新闻，也可以谈谈身边的人和事，以及体会和感悟。从刚开始的一上台就脑中一片空白、说话语无伦次，到后来的流利自如、大方自然，我在一次次的上台锻炼后，不断进步，演讲能力得到了很大的提升，也为我日后每逢上台发言的时候能够保持定力不怯场，打下了重要的基础。

当年的喻老师

九二届高三（4） 朱海峰

喻老师为人认真、朴实，接地气，是一位令人敬仰的老师。毕业多年，我仍经常回母校看望他。

记得大概十多年前，他已退休多年，我和几位同学回学校看望他。我们一边走一边聊。喻老师很关心地询问我工作如何，最近在做什么。我向他如数家珍般地一一汇报，心中还有一丝得意之情。他耐心地听完后，却很严肃地对我说，"你是在基层为老百姓服务的，工作千万不能口惠而实不至啊，一定要实在！"接着他还解释了"口惠而实不至"的意思。从此，我将"不能口惠而实不至"作为工作、生活的信条，并努力践行。

当年的喻老师

九二届高三（4） 孙巍

当时喻老师都具体说过哪些话，上过哪些课，内容细节都记不清了，但一直记得喻老师在教室里上课的画面和同学们认真聆听的氛围，还有紫藤花架下和每个学生讨论高考志愿的情景。印象中喻老师一直是风度翩翩，求真求实，敢说话。这种印象在我毕业后很多年，又和喻老师联系上，碰上面，并且年年看到喻老师整理成书的文章后，不断加强。

不过喻老师说了，今年是他从教60年，不要形容，不要做评价，只要当年的客观事实，哪怕是一次失误。这下倒难住我了。我想来想去，回忆中只有美好正面的感受，但具体都记不清，只有一件可能是喻老师的"失误"的事：当年我们高考成绩出来后，喻老师说我班语文成绩最高的是当时担任语文课代表的同学，但其实当时我已经问了一圈，觉得我应该是班上语文分数最高的。那时我并没有进一步求证，觉得其实也无所谓，只是心里嘟囔了一句：大概喻老师还是觉得语文课代表的水平更高些吧。哈哈哈，这种心思还记得，想必心底还是期望喻老师能够更加认可和偏爱我吧。

当年的喻老师

九六届高三（7） 乔争月

喻老师给我最深的印象是，他有一次上课说自己的侧面很像鲁迅，然后转过脸给我们看，确实很像呢！喻老师上课的语言也有鲁迅的文风之妙：简练精到、幽默生动，有时带点讽刺批判精神。多年以后，他讲课的神采还在眼前，十分难忘。喻老师对我们作文的批改指点很到位，他鼓励独立思考的观点和富有真情实感的文字。跟喻老师高中学习三年，我打下了比较扎实的语文基础，对于后来的英文专业学习写作也很有帮助。

当年的喻老师

九五届开明中学 魏莉

在喻老师授课的高三一年时间里，关于议论文写作，喻老师倡导独立的精神，真实地表达，去繁从简，这对我有极大的鼓舞。高中毕业以后，有几年我保持着回学校看望老师，每一次喻老师都会抽出时间跟我深入交谈，并送我一本书，扉页总有寄语。在《哲学的故事》上，喻老师写："不要脱离凡人，不要甘做凡人，懂点哲学，学会分析。"一直记得，喻老师恳切叮嘱我：不管做什么工作，要保持写作，笔不要停。很惭愧，没有做到。今年喻老师从教60周年，笔耕不辍，秉持求真，真正言传身教，作为学子，幸甚至哉。

当年的喻老师

二〇〇四届高三（9） 王欣悦

最珍贵的记忆恰恰来源于日常的点点滴滴：每当铃声响过，他总是扬起眉毛向下打量一番，说"好，上课"，然后用一个标准的九十度鞠躬回应我们的"敬礼"。课上，他平和且准确地讲解每一个要点，提问、讲评波澜不惊，当心满意足地结束内容时，同桌掐过表——还有 20 秒下课！他从不看表，课堂随性地把握时间，已入化境。他备课所写的字极小，又屡见草书，常被同学们戏称为"密码字"，但板书却规范和工整。对一堂课的总结，他总是一笔一画地将各项要点写满一黑板，令人踏实安心。

当年的喻老师

二〇〇四届高三（9） 翟冠

毕业后"语文课"再未重复于我的生活，但"喻老师"却在诸多起承转合的节点出现。离开中学校园近 20 年，喻老师的很多场景仍然可以在脑中像幻灯片一样重复播放，在作文讲评课上对我们提出的要求更是言犹在耳。

还记得某次校园公开日，很多其他地区的语文老师慕喻老师的名而来，甚至坐满了教室外的走廊。每逢这样的公开课，喻老师总是喜欢挑出一些作文出来进行讲评。"作文并不一定需要大量的名言警句，也未必需要华丽辞藻，重要的是真实地表达，表达真实的观点和情感。""首先要人格独立，对任何事情都要有自己的思考和观点，不盲从权威，永远保持批判精神。"这些话既是对我们说的，其实也是对听课的老师们说的。

喻老师教会我的，远远不止语文。

当年的喻老师

编外的学生 史慧琴

我是金陵中学 66 届初三（2）班学生。我们上学时校名是"南京十中"。喻旭初老师不是我们的语文老师，在校期间我从没听过喻老师的课，但我们都对老师印象极其深刻，以至离校 30 多年后的某天偶尔在《金陵晚报》上看到喻老师将在某天在南京书店举办高考语文讲座的消息，于是迫不及待地欣然前往聆听。在老师进入提问流程时，我第一个举手提问，首先自报家门是金中校友，这引起了喻老师的特别关注。讲座结束后，我依然很兴奋，要了老师的手机号，还和老师合影留念。20 多年来，与老师一直保持联系，成了沟通无障碍的亦师亦友。

要说老师给我印象最深刻的一句话，那就是常听老师在辅导讲座中经常引用的陶行知先生的话：千教万教教人求真，千学万学学做真人。对学生而言，简言之，就是要做受人欢迎的人。这句话成了我的座右铭。多年来，我用老师这句最朴素的话规范自己的一言一行和所作所为，活到老，学到老。

当年的喻老师

张小路（现执教于金陵中学河西分校）

2002年，我刚来到金陵中学，那时候还是一个年轻的高中语文老师，为了面对新学生，适应新学校，就提出向喻老师学习，进他的课堂听课。喻老师没有犹豫就答应了。课的具体内容是什么，已经记不清楚，只记得是一首新诗。喻老师回顾了"新诗初写时"的社会情况，回顾自己参与的诗歌活动，说了不少关于这首诗的"题外话"——课后回味，想一想，这才是真正的"题内话"。我作为一个年轻老师，书读了几本，自认为对新诗也有一些了解，但大多是从诗歌到诗歌，从评论到评论，对诗歌背后更为强大的精神世界，以及这个精神世界与现实的妥协、退让或者呐喊、冲突、对抗，也只是书面上的，从来不会在现实生活中有更深的领悟。简单地说，对课文的解读我是自信的，而课文作者表达的丰富的内涵，我不知道，也领会不到：怎样让课文与"精神之我"产生联系，怎样在不同的时代里领会作品的超越时空的深邃，我做不到。但喻老师打开了我教学思考的一扇门——不是窗，是门：经典作品，是从生活到生活体认，而不是从纸面到口头的背诵——循此径以入，真有一种"登堂入室"的感觉。

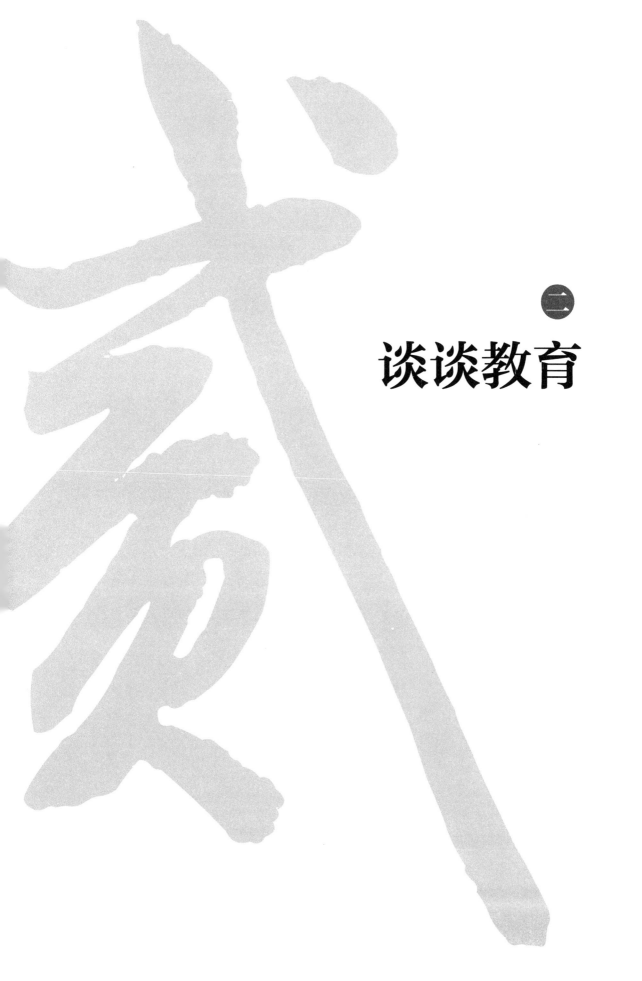

贰

二

谈谈教育

1. 基础教育 ABC

近 20 年，随着国家改革开放的深入，人们的视野日益开阔，观念不断更新，由此推动了社会的进步。这是非常可喜的。但也出现了一些令人担忧的现象，那就是浮躁带来的浮夸。

以教育为例，踏实地进行实验的人少了，虚浮地关注理论的人多了；有些新概念让人眼花缭乱，有些新模式令人无所适从。教育越来越远离本源，理论越来越脱离实际，以至于很多老师尤其是刚参加工作的老师不知该怎么上课。建房要先打牢地基，教育应先懂得常识。常识都不懂，却一味求"新"求"高"，教学很难有实效。下面，我根据自己的实践，跟青年教师谈谈教育的常识。也许有些人不屑于这些"老生常谈"；不过，也许对很多人还是有用的。

教育是什么

教育是一种事业。有学者说，教育是未来的事业。就是说，它关系到个人的未来、民族的未来、国家的未来，可见它是一种长远的事业。

教育是一项工程。它派生出两枚硕果，一是科学技术，一是伦理道德。前者属物质文明，后者属精神文明，可见它是一项伟大的工程。

教育是一门科学。它是了解人、理解人、培育人、发展人的一门科学。人培养不好，直接影响社会进步，可见它是一门重要的科学。

教育的核心是"以人为本"，其宗旨是培养心态正常的、身体健康的、能用所学知识造福社会的现代公民。

基础教育是教育的初级阶段，其任务是打好做人的基础和知识技能的基础。相对于高等教育，它所教的是最基本的、最普通的内容。它面对的是全体学生。它不培养天才，只培养正常人。不要把教育过于神圣化，但决不能低估教育的社会地位，这是每位教师应有的心态。

什么是职业道德

跟其他领域的"劳动"相比，教育有其自身的特点。

劳动对象：是没有定型的青少年。他们可塑性大，且不断变化。这决定了工作的艰巨性。

劳动产品：是人而不是物。从理论上说，它不允许出废品。这就决定了工作的严肃性。

劳动过程：农业是人与自然的关系，所以农民比较散漫。工业是人与机器的关系，它要求守纪律、遵规则，但不很强调职业道德。教育是人与人的关系，它包括与学生的关系、与家长的关系、与同事的关系等多种关系。教育既要慎重，又讲技巧，既要言教，更要身教，所以它强调职业道德。这就决定了工作的复杂性。

劳动周期：教师几乎不分上班、下班，晚上别人娱乐或休息，他还得备课、改作业，甚至进行家访。教师要参与教育对象成长的全过程。这在很大程度上靠自觉，靠职业道德。这就决定了工作的长期性。

职业道德也可以说是底线道德，是必须做到的。中国人好讲抽象道德，具体的道德规范往往不兑现。我们强调底线道德，是起码的道德，它包括：①讲规则。在教师岗位上就必须遵守教师规则，做教师该做的各种事情，决不能马虎敷衍。②讲责任。你教这个班，就要对该班的每个学生负责，对学生的家长负责；出了错，就要追究你的责任。

我们不需要古人那种封闭式的道德修炼，去当"道德圣人"，但教师必须是有基本道德修养的人，首先要懂得尊重人、体谅人、关心人，总之要有爱心。

怎样进行日常教学

（一）怎样备课

备好课是上好课的前提。怎么备？第一，要仔细读教材；要认真想学生。这两头都搞清楚了，课才算备好了。先说备教材。千万不要教材还没有仔细读，就急着去翻教学参考书。正确的做法是：仔细读完教材后，要好好想一想，然后带着问题去看教参；看完教参后还得想一想教参上的分析是否都有道理；如果仍有困惑，再查看相关的其他资料。总之，自己要先把教材弄懂。"以其昏昏，使人昭昭"是肯定不行的。

再说备学生。教材备好后，要想一想哪些知识是学生已经学过的，哪些内容是学生首次接触的，学生读教材可能会遇到什么问题，再想一想，采用什么方法去解决学生可能出现的疑难。总之要多想想怎样才能使学生学有所得。

工作五至八年的老师都应该写教案。多数课可以写"简案"，而一些重要的课应该写"详案"。"简案"包括：①教学目的（解决什么问题）；②教学步骤（先讲什么后讲什么）；③作业布置。"详案"包括：①教学目的；②教学重点、难点；③教学安排（如果两课时以上，则须分课时写出每课时的教学步骤和所使用的教学方法）；④作业布置；⑤教学后记（教完后写）。我写了好几年"教学后记"。它包括：这节课的成功所在、失误之处、理性的反思、改进的设想。我有今天的成绩，跟开头几年坚持写"教学后记"不无关系。

（二）怎样上课

1. 什么是常态的好课

所谓"常态课"，就是平时不加任何"包装"的课。它不是公开课、观摩课、评优课、比赛课。要上出常态下的好课，应努力做到：

①教学目的比较明确，并能将所定的目标贯穿教学全过程。②教学思路比较清晰，先讲什么后讲什么，很有条理。③教学方法比较恰当，能突出学生主体，能注意启发引导，能重视师生互动。④教学效果比较明显，该记的记住了，该理解的理解了，该完成的练习完成了。

真正的好课，还应该有较为独特的表达方式和鲜明的个性色彩，但必须首先做到上述四条，至少要做到前两条。

2. 教学中应注意的几个问题

（1）向学生提出的问题要明确。教师所提的问题要让每个学生都能明白你要他们思考什么、回答什么。有时可把问题重复说一遍，并问一句："都听清楚了吗？"

（2）要面向全班听学生回答。虽然每次只能请一位学生起来回答，但实际上是要全班学生思考的，所以不能只是站在回答问题的学生身边听他一人讲，而应该请该学生大声回答，让全班都听到。

（3）实事求是评价学生的回答。重视调动学生积极性是对的，但不能不管回答得对或不对都说"不错""很棒""非常好"。这是消极认同，不可取。对就是对，错就是错，在充分肯定学生回答中的合理部分的同时，应如实指出其不足或错误，以养成学生科学的求知态度。

（4）教学语言要讲究。教学语言既要以当代日常口语为基础，又要根据教学需要加以提炼。第一要清晰，不能含糊。第二要简明，不能啰唆。第三要控制节奏，既不能语速太快，使学生思维跟不上；也不能语速过慢，令学生提不起精神。语文老师范读课文要抑扬顿挫，富有感情。第四要讲普通话，这是教师尤其是语文教师的基本职责之一。教学效果的好差跟教学语言的运用是否恰当直接有关，不可小视。加强语言表达修养是每位教师须长期坚持的"必修课"。

（5）板书设计要合理。多媒体是先进的科技手段，不用可惜，但滥用就不好了，尤其是语文课。应该有板书。板书要设计，什么内容写在什么地方，用什么符号，要合理布局，不能信手乱写。作为语文老师，板书的字要规范，这既是文化，也是艺术。好的板书对学生来说是无声的榜样。

（6）冷静处理偶发"事件"。有时，学生提出的问题是老师没有想到的，不要慌。如果学生所提的问题跟本课内容有关，且有价值，你能回答就马上回答；如一时说不清楚，可发动学生讨论；讨论还是不能解决，你可以这样说："首先我们要感谢XX同学提了一个很好的问题，其次要感谢同学们刚才的积极思考。看来这个问题有一定难度，我们的讨论暂时告一段落，请大家把这个问题带回去继续思考，看下节课上谁能首先解答它。我课后也会查资料、请教人，到时候跟大家做一次交流，好吗？"

（7）重视礼仪文明。学生起立后，老师应还礼，然后说"请坐"。叫学生起来回答，学生回答完了，要说"请坐"。上课时要带着愉悦的面容，说话语气要平和。要始终面向全班，目光中包含着对每个学生的尊重。这些虽属细节，却是对学生的文明熏陶，它在潜移默化中影响着学生。

（三）怎样听课

听课的目的是取人之长，补己之短。至少一周听一节，有时可连听两节。应写听课笔记，充分看到对方教学上的强项。要记下别人的好思路、好教法和好的表达；也可以记下疑问（自己没有听懂的内容），经思考后跟对方交换意见。如果对方是位经验比较丰富的老教师，你应该谦虚地说："上次听课过程中有个问题我没弄明白，想继续向你请教。"经常听课，勤于思考，定能促进你教学水平的提高。

（四）如何对待学生

在社会心态浮躁、功利色彩浓厚的现状下，教育已偏离了科学轨道。家长对老师要求很高，老师压力很大。现在，不少学生嘴皮子好，自尊心强，刻苦性差，不好教。怎么办？首先要调整好自己的心态。不妨从以下几方面入手：

（1）胸怀爱心。要善待学生，爱护学生，多用理解的心情与之对话，让学生喜欢你。

（2）经常鼓励。要及时肯定学生的点滴进步，使他们看到自己的长处，有时可有一点适当的奖励。

（3）严格要求。在宽容的同时，要对学生提出严格的要求，培养他们良好的行为习惯（懂礼貌、讲卫生、有爱心、乐于助人等）和学习习惯（专心听课、认真书写、积极思考、按时并独立完成作业等）。

（4）讲究方法。要尽可能用学生能接受的方式进行教学，有时也不妨来点调侃。讲课要努力做到：突出重点，讲清难点，精选习题，决不拖堂。

怎样提高自身修养

每个人都有自己的性格、爱好、追求以及与之相适应的生活方式。每个人都有自己的活法。这是每个人的自由和权利，应该得到充分的尊重。我这里所说的"自我修养"，是从教师职业的角度提出的。我提出三点建议：

1. 要提高文化修养

长期以来，人们对知识与文化的理解存在误区。尤其是近些年来，知识成了获取利益的重要手段，因而越来越多的人重视知识的汲取和积累，重视学历的提高，却很不在意文化的养成，以致使人生观、价值观发生偏移，作弊造假、学术腐败、唯利是图等丑恶行径应运而生。

那么，知识与文化是什么关系呢？知识与文化有密切的联系，但二者之间决不能画等号。知识是文化的基础，而文化的层次比知识要高。知识是一种技能、一种本领，而文化是一种精神、一种涵养。杨航征在《知识不等于文化》一文中说："文化塑造的是一个完整的、有健全人格的人，是一个注重自身行为与社会、环境关系的理性的人，而不是具备了某一方面的知识，就可以称得上有文化。"他还说："如果说知识是一个人的血肉，文化素养则是骨骼，缺少文化的人是不能站立的。"这段话对我们从事教育工作的人极具启发意义。提高学历固然重要，但提高文化修养更重要，它是一辈子的事。具体说，至少要做到两点：①坚持读点书。每年读一至两本有价值的书，充实精神生活，提高人文品位。不读书是教不好书的，尤其是语文老师。②经常看报刊。订一至两种报刊，了解最新信息，学习先进经验，始终与时俱进。

2. 要发挥自身优势

对自己要始终充满信心。西方有句格言"自信是力量的源泉"很有道理。我一直用它激励自己。当然，自信不等于自傲。学习别人长处是永远需要的，但决不能丢弃自身的优势。

十全十美的教师是不存在的，每个人都有自己的强项和弱项。弱项要弥补，强项要保持并加以深化。每门学科所包含的内容都很丰富，每位教师在认真教好本学科全部基础知识的同时，应在某些方面有过人之处。要在教育规律指引下，通过不懈的教学实践，将自己的过人之处发挥到极致，逐步形成自己的教学特色和个人风格。要做到这一点，宜分三步走：①了解他人成果。通过经常阅读专业杂志，及时了解本学科的最新教研成果，以便不重复别人的经验。②探索新的途径。要不断探索本学科某个具体领域中的新教法，并在实践中长期坚持、反复改进。③进行理论提升。要对自己长期坚持的有效做法加以理性的总结，写成文字，形成一套完整的操作体系。

3. 要注意劳逸结合

当教师很辛苦，语文教师尤其辛苦。先苦后甜，苦尽甘来，固然不错；但苦也得有个"度"，超过了"度"，往往得不到预想的结果。所以，既要努力工作，也要重视保健。失去了健康，一切都没有。工作再忙，也要留一点时间给身体；工作再忙，也要留一点时间给家人；工作再忙，也要留一点时间给心灵。工作是工作，生活是生活，千万别把工作等同于生活。身心健康，家庭和谐，才能没有后顾之忧，才能张弛有度地正常工作。我建议：①培养一种爱好。或艺术，或体育，调节生活，增添情趣。②适当参与社交。交几个好朋友，沟通交流，愉悦身心。时任江苏省教委副主任周德藩先生曾对我说过四句话，我觉得非常好，现转赠给大家："读万卷书，行万里路，交社会友，成智慧人。"既读书，又实践，有朋友相依，享人生之乐，多么惬意，又何等幸福！

作为一名教师，尤其是语文教师，不能仅仅满足于上好课，而应该热爱生活，关心社会，提高修养，健全人格，努力做一个受欢迎的好教师，做一个有良知的文化人，做一个现代的好公民。

基础教育 ABC，说起来简单，要真正做到却并不容易。我愿与广大教师一起，以快乐的心情，在实践中细细品味其深刻的内涵。

2007 年初稿，2009 年改定

2. 教育是朴素的

　　真理是朴素的，搞得深奥莫测，常常背弃了真理。教育是朴素的，搞得花哨繁琐，往往远离了教育。

　　育人的核心是育心。育心就要深入学生的心灵，这就要从小处入手，循循善诱，润物无声，使学生真正有所思，有所悟，更有所得。眼下的育人，仍习惯于搞大活动，说大道理，满足于口头表决心，纸上抒豪情。活动往往追求规模，讲究排场，看上去热热闹闹，实则收效甚微。

　　课堂教学应该目标明确，重点突出，条理清楚，简洁明了，使学生学有所得。基础教育就是要抓基础，要求须适中，训练要科学。眼下的课堂教学，尤其是公开课、示范课、竞赛课，目标好多条，什么都讲到，又是小组讨论，又是多媒体展示，让人眼花缭乱，应接不暇。此类课堂往往课上热闹，课后忘掉，效率不高。而且课前多次"彩排"，费时费力，失去常态，毫无推广价值。

　　对教师、学校的评价，应该是社会对其长期了解后的公认。现在无须"长期"，只要"近期"，各种评比种类繁多，数次频繁。教师要评二级、一级、高级、市青优、市学科带头人、特级教师、教授级、市名师、省名师，而且要求越来越高，条件越来越多，一句话：繁琐。拿教授级的评选来说，八项条件有两项是极难做到的：平均每年开市级以上讲座三次，主持省级课题并已结题。不少教师课上得很好，很受学生欢迎，但因没有机会出来开讲座、没有省级课题而不能申报。最后，名额都落在极少数学校的极少数人头上。这对大面积的教师有何促进？这样的评选又有何意义？很好笑的是，有些学校制定人才培养计划，明确提出要在三至五年内培养 X 名特级教师。众所周知，特级教师和所有优秀教师一样，是在长期的教学实践中自然形成的，岂可突击"培养"？京剧界的"四大名旦"也不是评出来的，而是社会公认的。再说课题，从国家级到省级到市级，甚至到学校，都有课题；几乎所有的课题都很宏观、很有理论色彩，但真能解决教育教学中的实际问题的课题却很寥寥。眼下的做法往往是：找几个会写文章的，每人写一篇"论文"，最后汇成一本书，就算结题了。这是为课题而课题，是伪课题。对学校的评比也不胜其烦，除了市重点、省重点，又搞什么三星、四星、五星，此外还评什么"文明学校""示范学校""绿色学校""某学科基地"等等，等等。有的学校门口挂了20多块牌子，牌子太多等于没有牌子。

校园建设应该简朴，只要干净、清静，是个读书的地方就行。我先后到过江苏50多所中学。近几年这些学校都面貌一新。一个共同特点是，都讲究豪华、注重气派、追求规模。校内不少场所的装潢都很高档。地面是光滑的大理石（这很危险，因为学生好动，万一摔倒摔伤了怎么办？），不像学校，倒像宾馆。改善教学条件是应该的，但超过了"度"，很容易走向反面。

教育应该是朴素的。这里的朴素不仅指物质，更指精神，它包括办学理念、教学方式、行为习惯，等等。它要求尊重规律，讲求效率，使学生都成为有理想、有文化的正常人。至于他们能否成为有用的甚至是出色的人才，那完全由他们在离开学校后自己的努力来决定。

教育虽有讲究艺术的一面，但它首先是科学。什么是科学，1983年4月3日《中国青年报》刊登的杨沛庭的文章说："科学包括两个方面：事实和规律。科学精神也有两个：实事求是和按规律办事。"他说得十分简洁明了。科学的特点之一是简洁明了；而简洁明了正是朴素的体现。朴素是一种品格、一种精神，也是一种力量。

我深深反感教育的浮躁与奢华。

我大声呼唤朴素教育的回归。

2009 年

3. 再谈"教育是朴素的"

2009 年，我曾写过一篇文章《教育是朴素的》，今读有关季羡林先生的一则短文，不禁又想起了这个老话题。

季老卧病的 2007 年 1 月，在自己刚出版的《病榻杂记》中昭示天下："请从我头顶上把'国学大师''学界泰斗''国宝'三顶桂冠摘下来。"这充分显示了季老的高度谦逊，着实令人钦佩！

季老是东方学家、梵语语言学家、教育家。他在国外教书 10 年，国内 57 年，桃李满园，著作等身。他很少引用别人的话，尤其是外国人的话。他的大量随笔，好似与朋友谈心，清新自然，沁人心脾。其"假话全不说，真话不全说"更是广为流传的朴素的至理名言。

由季老我想到了教育家叶圣陶。他自 1912 年当教师起，一生从事文化教育工作 76 个春秋。他小学、中学都教过，最后当上了教育部副部长。他虽学贯中西，却从不追求教科书式的抽象和静态的理论构建，而是始终扎根于中国社会变革和教育改革实践的土壤，不断地提出、探索和回答教育现实中的重要问题，总结、提炼教育改革的实践经验。在谈及基础教育时，他说："中学教育的目标不外乎给学生处理生活的一般知识，养成学生处理生活的一般能力，使他能够做一个健全的公民。"教育是什么？他的看法是："往简单方面说，就是要养成良好的习惯。""教任何功课，最终的目的都在于达到不需要教。"

两位大家都有个性，各有所长，但有一点是相似的，那就是朴素。他们说的都是实在的话，是大家都能听得懂的话。拿叶老来说，他有关教育的谈话、书信和文章，都紧密联系实际，并以朴素的语言表达，极富亲切感，影响很深远。

由此又想到眼下辛勤耕耘于教学一线的广大语文老师。他们大都也是朴素的，无论是为人还是教学，苏州中学的黄厚江老师是其中突出的代表。黄老师潜心学习叶老的教育思想，不断从中汲取丰富的营养，坚持在听说读写中训练和提高学生的能力，是叶老语文教育思想的积极践行者。他不玩空洞的概念，不做无意义的理论建构，而是始终匍匐大地，以最原始的方式躬耕于田野，坚持自己的行动研究。这里的"行动研究"是指：立足于课堂教学实际，以切实有效的课案来回答教学实践中遇到的各种问题。他看不惯花里胡哨的语文教学流派招式，认为语文应以本色、自然的面目示人。他出的书，都是他自己教学实践成果的生动展示，无论是《语文的原点》还是《作文课的味道》，其书面语言，一如他的教学语言，质朴自然，通俗易学。

黄老师的朴素是公认的，他的徒弟、苏州工业园区教师发展中心教研员徐飞说："农民的出身加上务农的经历，成就了师父一生不变的质朴底色。……虽然是名师大家，但他不端架子，始终以一种谦卑的态度待人、处事、做学问。"不像有些人，当上了特级教师就不上课了，甚至迷恋仕途，真让人遗憾。而黄老师则不同，他一直坚持上课，在教学中探索，在探索中反思，在反思中提升，孜孜不倦，矢志不渝。我每年都跟他通短信，他敬业的精神、朴素的理念、务实的作风，是我学习的榜样。

我在谈到上述三位时，都用到了"朴素"，那什么是朴素呢？朴素，可以指生活方式，如讲节约、不奢侈；也可以指生活态度，如不浮夸，不虚假。前者可引申为一种作风，后者可引申为一种品质。上述三位的朴素，都是其精神品质的体现。这种可贵的品质在充斥浮夸、追求奢华的当下，显得尤为稀缺。

就基础教育中的语文教学而言，广大教师最需要的是符合中国国情的、朴素的、有效的理论指引。但在过去半个多世纪里，我们都程度不同地迷失在各种外国理念中。20世纪50年代，全国都学苏联凯洛夫的教育学，改革开放后又一度盛行系统论、信息论、控制论，近10多年又推崇结构主义、解构主义，弄得大家云里雾里，就是不见中国自己的教育学。其实，中国的语文教育有着悠久的历史和优良的传统。仅拿文字来说，其字形之优美、含义之丰富、内涵之深厚、运用之灵活，堪称世界之最。这种独特性，决定了中国语文教育决不能生硬地照搬国外的理论，它应该有鲜明的民族特色。我之所以再三强调朴素，因为它是中国语文教育的本色特征之一。从孔子到朱熹，从叶圣陶到当代不少优秀教师，他们的理念和表达是一种珍贵的财富，对此，我们要好好总结并使之发扬光大；不能动不动就用外国理念忽悠人，也不能动不动用新潮模式迷惑人。现在需要的是遵循教育的普遍规律，尊重本国语文的特点，首先从切实提高学生运用语言文字的能力做起。

人生是朴素的，生活是朴素的，真理是朴素的，教育也是朴素的。搞得深奥莫测，往往背弃了真理；搞得花里胡哨，可能远离了教育。提倡朴素，并不排斥多样化。世界的多彩和文化的多元，决定了我们必须放眼全球，虚心学习一切对我们有用的东西。我呼吁多一点朴素，无非是希望语文教育不忘好传统，不做无用功，真真切切，踏踏实实，不添油加醋，不浪掷虚名。

2016 年 10 月 9-10 日

4. 从意想不到的事说起

大概是 2003 年。傍晚，有人敲我家门。开门一看，是位陌生人，我问："请问你找谁？"回答说："找你。"我说"我不认识你"，他说他从电视上认识了我。我问他找我有什么事。他说他女儿由南京转学到启东上高三，会考两门没过，请我帮忙找人辅导。我说："我无法马上答应你，我还要找人，还要看人家愿不愿意、有没有时间。"他突然潸然泪下："算我求你了！如果我女儿会考通不过，就没资格参加高考。我也不指望她能考多好，只要能考了大专就行了，不然，我们全家就没有希望了……"说着说着，咚的一下跪了下来。一个一米八左右的彪形大汉，就这么跪在我面前，我大为震惊！"男儿膝下有黄金"，按老传统，男子汉是不能轻易下跪的，而这位家长，为了孩子，竟在一个陌生人面前下跪，可怜天下父母心啊！我赶忙把他扶起来，连连对他说："你不能这样，有话站起来慢慢说。"我请他留下联系电话，答应第二天到学校找相关老师商量。我校一位物理老师、一位生物老师听说这事后深为感动，愿意为他女儿辅导。后来，她女儿会考补考终于过关了。这件意想不到的事给我的印象太深刻了，留给我的思考也很多。

还有件意想不到的事。大约 2007 年，我校把被提前录取的 20 多名保送生单独编了个"0"班。"0"班表示前一阶段任务的完成，又象征新的起点。校领导安排我教该班语文，教学内容由我自定。我在给他们上的第一节课上提了三个问题：①"你们对我喻老师刚才向你们九十度鞠躬的还礼，有什么看法？"没有人回答。②"到目前为止，你认为自己存在的主要缺点是什么？"有二人答"不知道怎么跟同学搞好关系"，有二人答"离开父母不知道怎么生活"，有一人答"我缺少人生经验"，有一人答"我比较懒"，还有一人答"我还没有想过这个问题"。③"你们刚才的回答有个共同点，请问，这个共同点是什么？"没有人站出来回答。于是，我对他们说："不知道怎么跟同学搞好关系，属人际关系问题；离开父母不知怎么生活，属自理能力问题；懒、没有想过自己的缺点，属自我认识问题；老师向你们九十度鞠躬，属文明礼貌问题。你们学习成绩优秀，是本届高三学生中的佼佼者，受到表扬理所当然；但你们有个共同的缺憾，那就是人文精神缺失。"对此，在座的所有学生没有公开表示异议。在另一节课上，一进教室，我发现几乎每位学生都在埋头做练习或看书，黑板上全是上节课老师的板书却没人去擦。我没有说话，而是走过去把黑板擦得干干净净，然后转身面向同学说："老师当然可以擦黑板，问题是，为什么你们没有一个人想到上来帮老师擦？"没人说话，我严肃地宣布："你们在今天的测试中全部不及格。"下面有人小声嘀咕，似乎有点不高兴。我接着说："你们学习成绩好，值得肯定，但你们缺乏责任感。退一步讲，不说责任感，站在你们面前的是一位60多岁的老人，从尊敬师长的角度，把黑板擦一下，总应该吧。看来，除了文化知识和考试，你们该学的东西还很多。"此时，室内一片寂静。

上述第一件事使我看到当下，第二件事让我想到未来。目前，多数家长是功利的，他们要孩子通过上学找到个人出路，进而改变家庭命运，这很现实；但教育又不能只讲功利，它必须在育人中创造民族的未来。但如果学了不少知识，能上一个好学校，却缺乏人文精神，没有责任感，也不可能有美好未来。世俗的价值观，合情；理想的价值观，合理。我该作何选择？而对现实，我只能做到：在"求真"的前提下，努力在两者之间寻求平衡点。

2009 年—2010 年

5. 由学生的评价引发的思考

2010 年秋，我在所教的国际部中美班期中语文试卷中出了这么道作文题：

　　写出本班每位中方教员给你印象最深的一点（或外貌，或举止，或语言，或教法）。要求：对每位教员不必平均使用力气，可有所侧重，少则一两句，多则五六句，力求真实、得体。

　　本想通过这道题检测一下学生的书面表达是否简明，顺便了解一下每位老师给学生留下什么样的印象。阅卷后发现，学生不仅写出了每位老师留给他的印象，还对每位老师做了评价。这在我以往的教学实践中是没有过的。学生对我的评价基本上是可信的，这是因为：①他们来自全省各地六七个城市，还有一名外省的，以前对我不大了解，对我的评价主要来自直觉；②我不是班主任，不给他们写毕业鉴定，他们对我不会有什么顾忌；③他们不参加国内高考，除了听我的课，对我无所求，不必讨好我；④我本身很民主、很开朗，一贯教育他们要讲真话，他们比较信任我。正因为如此，所以他们对我的描述和评价少了许多狭隘的功利色彩，体现了较大的可信度。也正因为如此，他们的评价就成了我总结、反思自己教书育人成效的重要依据。按所写内容进行分类，学生对我的评述大致有这几个方面（原文摘录）。

一、行为细节

喻老师给我最深的印象是声音，低沉但中气很足，特别有凝聚力。（王心怡）

脸上总有亲和力的笑容，让同学们看到他就想亲近。（张杨舒仪）

他总是穿着一件得体的西装或衬衫来上课，十分讲礼貌。（周士奇）

他要求我们上下课都要行礼。（谢威洋）

当他站在讲台上说第一句话，我眼睛一下子就亮了，精神！（孙业鸣）

即使是复印的讲义（注：由我自编、手写、复印后发给学生的讲义），一个个有棱

有角的方块字，也印着深深的中华魂。（谢可）

写得一手刚劲有力的好字，让我顿生佩服之情。（夏月）

二、品性为人

他和往常的老师不同，他是一个真实，同时又相当正直的人。（李蔓）

语文老师的话都是真话，是我到现在最尊敬的一位老师。（丁戈果）

我最敬佩的是老师那份赤诚的爱国之心。面对社会的阴暗面，老师就和鲁迅一样，以此作武器，毫不留情地予以揭露。在现代人人都唯唯诺诺的社会，敢于直言是多么的难能可贵呀！（叶帆）

他的思想与时代并驱，同学们有问题会找他，请他分析。（张杨舒仪）

本该在他与学生之间的隔阂，因为他的友善、没有架子、平易近人和博学公正而消逝不见。他会关心班上每一个同学，也会为正义而战。最重要的是他让我看到了活到老、学到老、快乐生活的榜样。（宋鑫森）

他有超越年龄的心态，这是我最敬佩的。（卞海明）

对待学生，他从不以资格老而自傲，而是温和谦虚。淡泊明志宁静致远，说的便是喻老师。（徐阳洋）

如果把喻老师说成是老顽童，恐怕有点不合适，但我总觉得喻老师的心态很年轻，有些话题也能与我们打成一片。（夏月）

他对金中有很深的感情，这种感情源于在金中授课、又超出了作为一个老师的情感。这是一种对校园、对过去、对人生的回忆。（徐紫嫣）

三、教学状况

极好的涵养似乎就是喻老师的代名词。（张鹏天）

他的语文水平很高，造诣很深。（张杨舒仪）

喻老师的教学观念让我对中国教育的万年不变找到了希望。崇尚言论自由，尽情表达自己的情感，做学问不做作。如果更多的老师能这样，学生定是幸福的。（季子薇）

每周都来给我们上十分有深度的语文课。（张梓琦）

他正直的讲话使我们这群即将赴美的愤青们为之喝彩。他的严格的演讲风格绝对不是我们所喜欢的，但也绝对是以后不可不学、不可不用的。（孙业鸣）

喻老师的课充满激情，学生上课的积极性被充分调动了起来。（曾远）

老师的和蔼与幽默，让他的课堂变得生动有趣，学生与老师之间总会产生很好的互动。（蒋琪）

在高一时（注：该生是本校学生，我在高一代课时她听过我的课），喻老师花了约3/4的上课时间，让我们精读一篇文章。在许多人看来，这是一种浪费时间的行为。但我认为，只有这样，才能在老师赏析时体会到文章的真正含义，而不是表面意思。（刘心仪）

您从来不教我们作假，写虚情假意的文章。在您的课堂上，我们可以自由大胆地发言，阐述我们真实的想法。您对我们的教育，从书本走向了人生，给我们的道德行为带来了影响。（陆白洁）

他让我们在作文中写真实的事，而非假惺惺的赞颂。（李蔓）

我最喜欢您讲话一直不急不慢，不失条理。（杨明磊）

富有经验与情感的内心，让我们透过文字体会到人生的真谛。（李铨）

语文课增添了许多人文色彩，这是我在别的学校所不曾见到的。（杨之洲）

四、总体评价

年迈的智者形象。（王心怡）

一个博学的老师的形象。（张杨舒仪）

我不在乎他是否是校长，也不在乎他是什么特级教师，他的思想和精神便足以打动我。（孙业鸣）

中国文人一向以天下为己任，摸着良心做学问。语文老师兴许正是这样的人。这在当代中国实为不可多得。（杨之洲）

我不想用"老师"二字拉大我和他的距离，而是以晚辈的身份向长辈请教。……他爱在上课时给我们讲丰富的人生经历、不同民族的文化、中华民族文字的神奇，以及民族精神的力量。他不是阳光也不是风，而是温柔可爱的老爷爷。（王慧君）

从他踏进教室的那一刻起，就能感受到一种非凡的气度。我想这种旁人很难通过精细打扮所学来的气度，定是那日复一日的文字阅读和博大精深的中华文化熏陶出来的。……这位老人并没有输给时间，他努力地在三尺讲台上证明对生的渴求与希望，用自己的人格魅力去影响一代又一代的金中人。（孙榕）

每位老师都希望得到学生的认可，希望听到学生的赞许。我也不例外。不过，我始终记得古人的一句话："知人者智，自知者明。"人无完人，贵在有自知之明。尤其是到了我这个年龄，一切都应平静对待之，不然就枉活了70年。35岁至50岁，我嘴上不说，心里是挺自负的，对自己的为人和教学，自我感觉极好。随着接触的人增多，我慢慢发现，自己在许多方面不如人，于是日益感到以往的轻狂与浅薄。

每个人都应该有自信，西洋有句格言叫"自信是力量的源泉"；但作为一个理性而成熟的人，又不能太过自信。我记得鲁迅说过：我的确时时解剖别人，但我更多的是毫不留情地解剖自己。他甚至承认自己心里有股鬼气，非得将它赶出去不可。正因为他经常解剖自己，加上他不朽的作品，所以他成了伟人。作为一名教师，也只有经常反思自己的不足，不断战胜"自我感觉特好"的顽症，才能不断进步，从而成为受学生欢迎、对社会有用的人。

学生对我的评价，是对我的莫大鼓励，更是对我的有力鞭策。根据学生的期望，结合自己 47 年的教学实践，我体会到，要做一名合格的、受学生欢迎的教师，必须具备以下条件。

①有思想，有个性，有独立的人格和精神的追求。②能以丰富的知识给学生多方面的启迪。③口才好，表达生动，不乏幽默。④十分注重培养学生的自主学习能力。⑤工作责任心强，对学生既严格要求，又很有人情味儿。⑥平易近人，能一视同仁地关心爱护每一个学生。⑦能不断进修，不断提高，与社会的发展同步。⑧充满朝气，富有激情，始终保持年轻的心态。

对一名合格的语文教师来说，既要能说，又要会写，还得有手好字，能成为学生读与写的榜样。

这 8 条要求是很高的，但又确实是学生所期望的，一下子全做到不可能，但首先要做到⑤⑥两条，然后是③④两条。其他的则要经过长期磨炼。

始终精神饱满，始终孜孜以求，始终严于律己，始终坚持实践，并在实践中不断攀升。这是我的目标，虽然我已年近七旬，但在未来的岁月里，我将做以下努力：

第一，向书本学习，丰富储备

我并不像学生所说的那样"知识渊博、通古博今"。我读的书不多，虽然翻翻知其大概的书很多，但认真而完整地读完的书只有十二三本，需要补充的文化营养太多了。我打算再读几本文学作品，尤其是散文名著；再读一两本哲学与教育理论书；甚至再读一点语文专业知识方面的书，以不忘最基本的 ABC。现在不少人明明所知有限，眼界却极高，满口都是新术语，却丢掉了起码的常识。我决不做这号人。同时，我要经常阅读一两种语文专业杂志，以及时了解别人的最新教研成果。总之，要通过读书，不断提高自身的人文素养，丰富自己的精神内涵。

第二，向学生学习，永葆激情

眼下的学生有不少"时代病"，缺点不少，但优点更多。他们的朝气，他们的敏感，他们的新视角，他们的新思维，他们的生活情趣，都值得我学习。在他们"出格"时，我会骂他们，但更多的时候是爱他们。我要做他们的好朋友、"忘年交"，努力与他们打成一片，从他们身上汲取精、气、神。要使教学有效果，就要了解学生，尊重学生，并在向他们学习的过程中，永远拥有一颗年轻的心。

第三，向同行学习，补己之短

本校的同事中有不少优秀的人，在本市、本省的同行中有许多出众的人。他们都有自己的特长或优势。以我之长比他人之短，只会滋长自傲；以我之短比他人之长，才能头脑清醒。我不放弃属于自己的精彩，我更为同行的成就大声喝彩。我在回顾、总结自己教学的同时，一定多向同行学习，以便使自己不至于成为落伍者。

第四，向实践学习，探寻规律

规律客观存在，但要把握住它，恰当地运用它，却并非易事。这需要时间，需要实践，需要思考。我虽教了 47 年书，但我真正懂得语文教学规律了吗？不敢说。学生说我"水平高超"，我感到脸红。我只能说，我经历了不少事情，初步知道了哪些是有用的，哪些是无效的。学无止境，教也无止境。教育的规律还需要在今后的实践中继续探寻。真正掌握规律了，我就进入"自由王国"了。

在撰写本文的过程中，我总感到班上几十双学生的眼睛在看着我。他们尊重我，同时更对我充满期待。我无权要求别人，我只能督促自己。人哪，庸庸碌碌是一辈子，兢兢业业也是一辈子，路靠自己走。我不想留下太多的遗憾，我只想做好我能做的，以不辜负学生和社会对我的期望：

做一个真实而正直的人。

做一个热爱教育、关心社会的人。

做一个活到老学到老、快乐生活的人。

2011 年正月初五至初八

6. 说不尽的"情"

由"情"组成的词太多了，情感、情调、情趣、情味、情怀、情缘、情愫、情致、情韵等等。按"情"的内容分，有爱情、亲情、友情、乡土情、家国情等。按"情"的程度分，有钟情、深情、痴情、忘情等。

爱情是真挚的、浓烈的，有时是不顾一切的，但这种情况往往是短暂的。专情于一个人的时候，能使人痴迷、变傻，所以有人说热恋中的人都是弱智。浓烈的爱情冲动过后，有两种结果：一种是彼此结合，步入婚姻殿堂；一种是相互分手，或好聚好散，或形同陌路。婚姻是爱情的常态化，时间一长，就是"过日子"。社会上的多数人均如此。我与夫人风雨同舟40余年，有许多欢乐的共享，也有不少苦难的分担。最难忘是同游峨眉山。在登山途中，她跟一批人先上去了，我陪一位年长的教师慢慢爬。她到山顶后等了我好久，没见我人影，急坏了，最终在山下重聚。《语文报》的两位年轻编辑对她说："你的喻老师是丢不掉的。"逗得大家笑声一片。这两年，我身体不如以前了，走路慢了。过马路时，她总是一边拉着我的手一边喊"快"。乘公交车，如果只有一个空位，她总是让我坐，她站着。烧了好吃的，总让我先尝。怕我在外发病，她陪我去常州、淳安开会。相比之下，我为她做得太少了。只是有时为她捶捶背、捏捏肩。几十年的相伴，彼此信任，互相依靠，不离不弃，早年的爱情渐渐成了浓浓的亲情。

亲情是亲人之间的情谊，它由血缘维系，主要表现为父母与子女之间、兄弟姐妹之间的相互关心和支持。母亲养育了我们，我们兄弟三人永远对她感恩。今年3月27日，我们特地为她办了隆重的百岁寿宴，她高兴，大家都高兴。春节期间，她在吃饭时对我说："你吃饭没有以前多了。"还说："你两边的头发都白了。"她观察这么细，表明对我的由衷关切，这令我无限感动。在她眼里，我们始终都是孩子。我的两位弟弟都是善良勤劳的人，都吃了许多苦。最近十年来，母亲虽然每年来我处住几个月，但更多的时间是由两位弟弟照顾的，我非常感谢他们。我们兄弟三人每年见次面，互致问候。这是永恒的手足之情。

友情是朋友之间的情谊。它存在于同学之间、同事之间、师生之间、语文界的同仁之间、民进成员之间。真正的友情是纯真的、不带功利的。多年的老朋友，因为经常沟通、彼此了解，所以能相互理解、相互尊重，有时甚至能患难与共，此时的友情已近乎亲情了。

同学情深，莫过于国汉了。他是我大学同学中最热情、最真诚的人。当年，我俩一起逛书店，一起登台朗诵，一起在夕阳下散步；毕业后，书信不断，无所不谈；在我被打成"5·16"分子时，只有他敢来看我。他不仅跟我相交甚好，还经常关心我的家人，是我平生少有的几位知己之一。

说到同事，本校的韩玉洁性格爽直，请我吃过饭，去年还送我一根漂亮的拐杖，供我行走不便时使用。卢惠红传统而稳重，待人诚恳，每当我生日，她都致以祝贺。我永远记住她们两人的美意。刘凯算是我徒弟，对我一向很好。德勇是我从华电中学"挖"来的。他心地善良，乐于助人，为人低调，术有专攻。2005年我发病时，为我联系病房，我至今感激。陈柏华、王奎礼是从外地转来的，都正派厚道，各有专长，令我尊敬。胡玮琳也算是我徒弟，逢年过节都发短信问候我，还给我小孙子送衣服。小陆虽才来几年，却随我多次参加三省十八校语文年会。他不会客套，只是实在做事，我俩合作修订了一套语文读本。组里其他人对我都很关心，都是我的好同事。

师生之间交流之多，莫过于王欣悦了。她开朗、上进，跟我什么都谈；以往每年都给我家送秦淮灯会参观券，真是个有心人。对了，我还是她的证婚人呢。许利民无疑是我学生中的活跃人物，每年都来看我，去年还为我照相。我从她那里了解到不少社会境况，真得感谢她。洪伽罗是我的课代表，几乎每年来看我一次，有时送来很多食品，让我很过意不去。翟冠是2004年市理科"状元"，朴实、踏实，至今仍保持联系。史慧琴不是我学生，但她热爱金中，敬重老师，非常热心，为我打印了两本书稿，我永远感谢她。李雯曾是校文学社社员，爱好读书，感情丰富，文章漂亮，也为我打印了两本书稿，我不会忘记她付出的辛劳。

语文界的同仁也是一个足以让我温暖的朋友圈。曹勇军每年都给我寄贺卡，虽只有一两句话，却体现了他的一片心意。孙芳铭更是多年合作的老朋友。王夫成老师听说我要整理以前的讲座稿，他特地把当年看我教学录像的记录打印给我，令我深受感动。徐飞原先在我校，现任中华中学书记，但仍教一个班语文。我听过他的课也看过他的教学实录和几篇论文，相当不错。我们每年都有几次联系。他性格沉稳，谦虚好学，前景十分看好。苏州的黄厚江是最令我敬重的外地同仁。我俩每年都要通几次短信，我从中受益匪浅。他的科学务实态度永远是我的榜样。原在浙江丽水、后执教于中国美院附中的方向慧为人极好。有一年我去绍兴讲课，她发现我流鼻涕，马上找来药给我服，有一年还把她画的画寄给我看。杭州高级中学的周伟、湖州中学的羊刚、宁波的张悦、金华的邢旭梅、上饶的纪树塘等人都是我的好朋友。

民进中的石尚群、吕鸣亚等几位老主委，都对我很关切，都给过我不少教益。现任民进市委主委陈华、副主委陶琪办事细心，待人和善，几次来看望我，令我感动。

我还有几个忘年交。民进省委会的小季，正直坦诚，工作踏实，每次在我办公室的交谈都十分愉快。她为我打印过许多文章，谢谢她。原在译林出版社、现任江苏文艺出版社编辑的孙茜，在编印"中外名著学生版"的过程中，跟我有多次合作，是位很谈得来的年轻人。她知识面宽，思想活跃，真好。还有赵灵霄，从我校毕业后每学期都来看我。他话不多，很有个性，时有新见，我喜欢。

我在政界没什么朋友，只有一人例外。即将卸任的市教育局局长吴晓茅，原本是语文老师，又是民进成员，先前有不少交往。每年春节前，他都以朋友的身份来看望我。我们在完全轻松自由的气氛中畅谈，很亲切。谢谢他始终没有忘记我这个老朋友。

这种情，那种情，贵在纯，贵在真，只要是纯真的情，就值得珍惜。有真情，就有温暖；有温暖，个人才有幸福，社会才能美好，失去真情，就没有希望。从这个意义上说，纯真的感情是生命的最佳滋补品。不过，要获得纯真之情，首先自己要尊重他人。"敬人者，人恒敬之。"这是至理名言。我对我的亲人和好友都深怀敬意，没有他们的信任和扶持，就没有我的今天。

情满人间，快乐无限。这是包括我在内的所有善良人的共同心愿。

2016 年 4 月 28-29 日

7. 我牢记这些常识

51年来，特别是近十几年来，我经历了许多事情，观察了许多现象，领悟了不少道理，也产生了不少困惑。静下心来，梳理一下，深感懂得常识的重要。有时犯迷糊，就因不懂常识；有时出差错，也往往由于忽视了常识。

什么是常识？普通的、常用的知识，或者说，是公认的原则、道理。它虽不是法律，但它比法律更深入人心；它虽不是规律，但它比抽象的规律更容易让人接受。

关于教育尤其是基础教育，我积累并记住了以下常识：

教育的宗旨是育人，是启蒙，是唤醒。古话说："读书明理。"读书是手段，明理是目的。明什么理？明做人之理、处世之理、科学之理。

教育是公益事业，需要社会、家庭、学校共同关注。教育的问题，从来不单是学校的事，学校最多只承担1/3的责任。

教育注重过程，讲究周期，不能急于事功，不能搞突击。"欲速则不达"，一味强调发展速度，往往事与愿违。

教育关乎民族和国家前途，作用巨大，非常重要；但教育并非万能，否则就不需要警察和监狱了。

基础教育不同于高等教育。中小学基础教育就是要狠抓基础，就是要为学生打好做人的基础和知识技能的基础。既是基础，要求就不能高。

往简单里讲，基础教育就是培养各种好习惯，如遵守纪律的习惯，文明礼貌的习惯，卫生保健的习惯，生活自理的习惯，坚持阅读的习惯，认真做作业的习惯，独立思考的习惯，有错即改的习惯，等等。习惯成自然，好习惯养成了，能力也就有了。

基础教育要面向全体学生，而不能只关注少数尖子；它只培养正常人，不培养天才。

教学是教与学的双边活动。老师要因材施教、量力而行、从易到难、由浅入深、循序渐进、师生互动、逐步提升。

"大爱无言。"教师对学生的爱，不能只是挂在嘴边上、写在文章里，还应真心实意地落实在点点滴滴的日常教育过程中。

教师的教，最终不是为了成就自己，而是成就自己的学生，使他们学有所得、学以致用。

身教重于言教，喊破嗓子，不如做出样子。要学生做到的，老师首先要做到。这样，学生就会"亲其师，信其言"。

对老师来说，上好课是第一位的，写论文、搞课题是次要的。不必争第一，但求是唯一。在敬业的前提下保持自己的个性，形成个人的风格，就与众不同。不赶时髦，坚持实践，适当学些理论，不断进行反思，就离成功不远了。

教师的工作很辛苦，也很平凡。不过，能把平凡的工作真正做好，就不平凡；能把简单的事认真办成，就不简单。

教师很光荣，责任很重大；但教师也是普通人，不要把教师神圣化。教师也有苦恼、无奈、纠结，他们面对的是几十名甚至一百多名学生，家长不宜对教师提出过于功利的要求。

每个孩子都是独特的生命个体。他们有共性，但各有个性和特长，所以决不能简单攀比。某个孩子能做到的事，其他孩子未必能做到。不能把几个孩子的"优秀"个例强加给所有孩子。教师的责任是，尽量调动所有孩子的积极性，让每个孩子都有展示自己"亮点"的机会。

刻苦用功，成绩优秀的学生值得尊敬；但只是学习好，却不知感恩父母的养育、不知感激老师的教导、不知感谢朋友的帮助，这样的学生是有严重缺陷的；只是成绩好，却自命不凡，缺乏对高尚精神追求的学生，很难有大的作为。

要尊重孩子的人格，让他们自己选择自己的人生道路，做他们自己想做又能做好的事。孩子的幸福主要取决于他自身的努力和修养，是否成功，由他自己定位，而不在于旁人的评价。

孩子有可塑性，通过正常的教育和科学的训练，绝大部分孩子都能成为有用之才，但也确有极少数孩子是教不好的，这主要是受不良家庭环境的影响。"没有教不好的学生"是对老师的苛求。

语文是学好各科的基础。它涉及生活的方方面面。学好语文，终身受益。

学语文是慢功，主要靠长期的、点滴的、多方面的积累，性急不得，要有耐心。

语文素养的提高需要一个较长的熏染过程，这是一个潜移默化的过程，就像地下的根，悄悄生长，又像山里的花，静静开放。心态浮躁、急功近利，无法形成良好的语文素养。

基础教育阶段的语文学习，其主要任务是培养学生正确理解、运用祖国语言文字的能力，并进行有效的听说读写训练，决不能给语文教学附加过多的其他功能。

　　平平淡淡才是真，轰轰烈烈可能假。学校不宜用频繁搞活动来吸引人眼球，而应在安静的环境中让学生健康成长。

　　有个成语叫"过犹不及"，做事超过了限度，就像没有做事一样。就基础教育而言，好的理念、好的方法很多很多，但决不可把所有的好东西一下子全落在"起点"上或某个阶段上，这就"过"了。什么好东西放在什么年龄段最合适，要仔细考量。任务过重，要求太高，虽是好东西，但超越了师生承受力，就很难实现预期的目标。

　　古人云："大道至简。"真理往往是简洁而朴素的，搞得深奥莫测，就远离了真理；教育也是朴素的，搞得花里胡哨，就远离了教育。

　　师生都要勤奋刻苦，这是教与学成功的必要条件，但健康始终是第一位的，一定要劳逸结合，有张有弛。"要拼着命干！"精神可嘉，但不宜提倡。命都拼掉了，还能干什么？敬畏生命，珍惜生命，让生命之花灿烂，应是教育的最高准则。

　　你认可上述这些常识吗？我是确信无疑的，它使我始终保持了一份清醒，减少了失误。眼下，有关教育的新理念、新观点很多。对于经过实践检验的先进经验和理念，我们要及时而认真地学习；对于那些似是而非的观点，我们要做实事求是的分析，切勿被诱人的词句迷惑，受漂亮的口号干扰。脱离基础教育实际的"理论"往往是苍白的，因为它无法回答并解决教育实践中的现实问题。

　　我真诚地希望苦战在一线的老师们对我所述的常识加以修正和补充。这也是一项基础性工作，做好它，或许对推动基础教育的正常发展不无助益。

2016 年 9 月 22-23 日

8. 对有些"好"保持警惕

大家都喜欢"好",如好人、好事、好书、好歌、好诗、好字、好心、好意……但有些"好"就未必真的好,得做一番分析,然后决定取舍。

好听,听起来舒服,甚至令人陶醉。这可以指说的话,也可以指唱的歌。这里我主要讲一讲"说的话"好听。它可以指表达得简明、流畅、生动,所以好听;也可以指投其所好、逢迎拍马,专挑你喜欢听的说,听的人当然觉得好听;还可以指某些人的炫耀,这种人用优美的词句、高端的"理论"忽悠人,听起来似乎很丰富、很深刻,所以觉得好听。第一种应予提倡,也值得听者学习。对第二种则须提高警惕,特别是对当权者,因为这种"好听"可能是精心设计的,是另有所图的,弄不好要上当。对第三种需要保持清醒,辨别真伪,否则很可能被对方的"学问"所误。

好看,既可指某个景、物的赏心悦目,也可指某个人的漂亮帅气。有时候,有些华丽的外表很好看,但实际情况到底怎样,需要看它的背后。比如某些公开课,师生互动热闹,课堂花样迭出,很好看,但实际效果如何,须作深入了解。有些人,尤其是女人,很好看。这至少有两种情况:一种是人品好,人也美;一种是缺乏素质,只是外表漂亮。前者可以深交,后者则需防范,因为她也许是条"美女蛇",引你上钩,拖你下水。

好吃,多指美味佳肴,味道鲜美,让人垂涎。这固然可以满足人的口福,但也很容易因为过于油腻而引起"三高"(高血压、高血脂、高血糖),损害健康。

好玩,内容广泛,形式多样,就看你玩的是什么、怎么玩了。正当的爱好,高雅的情趣,怎么"玩"都可以,它可以增长知识,提高修养。不良的嗜好,低俗的趣味,弄不好就玩物丧志,沦为庸人。玩手机也要有限度,整天低头玩手机,小则耗费宝贵时间,影响正常工作,大则可能酿成包括车祸在内的各种不幸。

俗话说,萝卜青菜,各有所爱。有人喜欢"好听"的、"好看"的、"好吃"的、"好玩"的,那是他的自由,别人无权干涉。问题是,现在有些人受利益驱动,过分强调"好听""好看""好吃""好玩",诱惑多多,陷阱重重。影响所及,浮躁成风,奢侈盛行,戕害文化,腐蚀心灵,其危害不可小觑。我主张对某些"好"保持警惕,怀一颗平常心,以冷静的头脑面对现实中的不堪,同时加强学习,提高识别能力,尽可能使自己成为一个健康而有品位的人。

2017 年 2 月

9. 培养文明习惯，要从细节入手

　　教育的核心是育人，除了引导学生有理想、有知识、有爱心，还要引导他们成为守法的人、文明的人，因为未来社会既是法治社会，更是文明社会。

　　读到一篇短文，说的是日本人的一个生活习惯"离座三确认"。日本人参加集体活动，当活动结束起身离去时，要做到三个确认：确认有无遗忘的物品，确认是否有散落的垃圾，确认是否把椅子等使用过的东西放回原处。这确是非常小的几个细节，可以说都是举手之劳，但它却反映了一个人的修养与文明程度。

　　目前中小学的思想品德教育，多半习惯于开大会、表决心之类。这当然也有必要，它可以造声势，聚人心。但光靠这些，学生是很难成为文明人的。将思想品德教育生活化，把培养文明习惯落实到各种细节上，才能深入人心，收到实效。

　　下面这些细节必须让学生学会并付诸行动。

　　遇到人要主动打招呼并说："您好！"别人帮了你忙应及时说"谢谢"，无意中碰了人或东西应说"对不起"，别人对你表谢意应说"不客气"，等等。

　　进办公室要喊"报告"，老师跟你谈话后离开前应说"谢谢老师"；值日生下课后要及时擦黑板；见到地上有废纸、杂物，要随手捡起放入废物桶内；教室里没有人时要关灯；用完水后要随手关好水龙头；要爱护校园里的一草一木。

　　回到家中要说一声"妈（爸），我回来了"；要尽可能主动替父母分担家务；家中有客人，要大方地跟客人打招呼；去别人家要先敲门，得到允许后再进门；见到亲友要热情地说"叔叔好""外婆好"，等等。

　　跟人交谈时先要说："请坐。"对方讲话时要脸带微笑耐心倾听；交谈时不要问对方年龄、婚姻、收入、健康等各种个人隐私（除非对方主动告诉你）；结束交谈后起身送对方离开时要说："听您说话很愉快，欢迎您有机会再来。"对方应回答："谢谢您的热情款待，请您留步。"

　　文明细节远不止这些，要使它落到实处，需要全社会的关注，学校的校长、教师要率先垂范，做出榜样。若干年前，我与几位大学教授在一起开会，我校一位老师对与会的东南大学某教授说："您女儿毕业于我校，她很优秀，老师们都很喜欢她。请问您是怎么教育她的？"他说："我就对她一个要求：你要努力做一个受欢迎的人。这就是说，要做一个尊重人懂礼貌的文明人。基础教育的一个重要任务之一，就是要从小培养学生的文明意识，濡染文明的文化，养成文明的行为习惯，做一个受人欢迎的文明人。"

坐有坐相，站有站相，睡有睡相，吃有吃相。这里的"相"就是文明的模样。文明习惯的养成需要一个过程，在这方面，我们还有许多事要做，还有很长的路要走。

2017 年 9 月

10. 如何听课、评课

在日常教学中，同一年级，同一学科的老师互相听课，评课是经常有的事。因为都是同事，所以听课后的评课大都能有啥说啥直言不讳，彼此在探讨中都有不同程度的收获。对外开课，尤其是观摩课、竞赛课，情况就不同了：开课者多多少少带有经多次"彩排"的表演成分，听课者为了开课者的面子，在评课时往往好话说得很多，不足却几句带过。这就起不到相互学习，共同提高的作用。

从本校到全市，从省内到全国，我不知听了多少课。为了使听课、评课真正有利于教学研究的深入和教学质量的提高，我对日常教学中应该如何听课、评课说点个人的看法。

如何听课

（一）听什么?（或者说"看什么"）

第一，看教学目标是否明确，第二，看教学重点是否突出，第三，看教学方法是否恰当，第四，看教学训练是否到位。最后看学生是否真有收获。

拿语文学科来说，应着重看教者是如何紧扣课文引导学生学习与运用语言文字的。因为这是语文课的主要任务，也是它区别于其他学科的特质所在。把语文课上成了政治课、历史课或其他什么课，那是最大的失败。

（二）怎么听?（或者说"怎么看"）

（1）看常规。一看是否说普通话，二看表达是否清晰，三看教态是否自然，四看是否文明礼貌。对一线的普通教师来说，"常规"是必须坚持的，从中可以看出开课者的基本素养和规范意识。

（2）看取舍。一堂课时间有限，容量也有限，不可能也没必要面面俱到，应根据本节课教学目标的需要有所取舍。拿语文课来说，有的可以少讲甚至不讲，有的则必须详细而认真地讲。

可以少讲甚至不讲的有：①已有注释的词语；②学生熟悉的作家生平；③通俗易懂的词、句、段；④通过学生讨论能解决的问题。

必须认真讲清的有：①没有注释、学生难以理解的词语；②能帮助学生理解作者写作意图的相关背景材料；③跟课文主旨有关的难以理解的句子；④学生不易体会到的课文某个部分的写作技巧；⑤对学生提出的跟理解课文主旨有关的有价值的问题的解答。

看取舍，最终是看整堂课的重点是否突出。

（3）看实效。以语文课为例，看该读的是否认真读了，该背的是否会背了，该理解的是否真懂了，该当堂写的句子或短文是否写好了，看大多数学生的学习积极性是否被调动起来了，等等。

如何评课

开课者要虚心聆听评课者的发言，要有雅量听取对自己的批评意见，以便日后改进。评课者也要虚心，要虚心学习开课者的长处，同时注意以下几点：

（1）要充分看到闪光点。比如：重点内容讲得特别出彩，课文朗读极有感情，板书设计十分规范，某个教法运用得相当巧妙，某个问题提得既适时又很有启发性，整节课的安排很有创意，等等。

（2）要如实指出不足处。比如：某些词、句没有讲清楚，甚至讲错了；某个教法的运用不妥当；对某个问题的解释值得商榷，等等。如果一堂课面面俱到而重点不突出，更应指出。

（3）要想想自己怎么教。针对开课者的某些不足，不妨设身处地想一想：如果我来教，会怎么做？用什么方法教比他有效？评课不能只从理念出发，尽说些空对空的概念；评课不能只讲好话或是光挑毛病，应从课堂情况出发，对开课者做出客观公正的评价，目的是使教者教有实效，使学生学有所得。

结束语

再优秀的教师，上课也总有遗憾；再负责的评课，也难免有欠缺。为开课而开课，为评课而评课，都不可取。大家都能接受的做法是：对于开课者的优点要说得实实在在，但决不要夸张；对开课者的不足也要说得实实在在，但态度要诚恳，用语要平和，并尽量使用商讨语气。同时，开课者也可以对评课者的发言提出不同看法，在民主的氛围中展开平等的对话。这样做，有利于共同寻求教育规律，从而促进教学质量的提高。

我由此想到，如果每所学校的语文教研组都能像我上文中所说的那样，每个月认真地而不是敷衍的搞一次听课、评课，每位老师都能轮到一两次，那么我敢断言，用不了几年，这个语文教研组的整体水平定能得到较大的提升，因为这是基于教学实践的基本功训练，是看得见、摸得着的教学研究。这比到外地"取经"，走马观花地听一两堂课要管用得多。

2017 年 9 月 13 日

11. 向长期坚守在教学一线的老师致敬

友人告诫我，去医院看病，千万别看大厅里的"名医介绍"。那些头衔很多的"名医"，可能论文写了不少，但看病水平不一定高；要看病，还得找临床经验丰富的医生。也就是说，好医生首先要会看病。这话有相当道理，不过也未免绝对，因为"名医介绍"栏中的名医也有很会看病的。由此想到好教师首先要会上课。

眼下，不少老师认真钻研教材，全身心地投入教学，课上得很好，学生获益颇多。这些老师理所当然地受到欢迎，就像好医生受到患者欢迎一样。不过，也有一些老师，课上得不认真，教学效果不理想。还有少数教师，曾上过一些好课，有了点名气，特别是被评上"带头人"或"特级"之后，就吃老本，不再下功夫，甚至不再上课了。这种老师过不了几年就被人遗忘。要知道，作为一名中学老师，认真上好每一节课，是最起码的职责。

在教育实践中，长期辛勤耕耘的教师，生命之树长青。苏州中学的黄厚江老师，课上得很扎实、很成功，但他仍不断探索、改进。上海复旦附中的黄玉峰老师，课上得很精彩，虽已当了校长，有时仍在课堂教学方面坚持思考。他们都是好样的。

再举个外国的例子。68岁的美国经济学家萨金特，正要乘车去普林斯顿大学为研究生上课。妻子接到瑞典的电话后告诉他，他荣获了2011年诺贝尔经济学奖。他没有停下脚步，只是平静地回了妻子一句："我的学生在等我上课，这比任何奖都重要。我最宝贵的财富就是学生。"到了教室门口，他接到朋友的祝贺电话后说："虽然我得了诺贝尔奖，但讲不好课，学生是不会饶恕我的。"课上了近三个小时，结束时，满黑板的板书。在他拍掉手上的粉笔灰向门口走去时，学生们起立为他热烈鼓掌。

大家都知道基辛格，他是美国著名外交家。他从国务卿位置上退下来后，想回哈佛大学当教授，希望母校能"收留"他。校长是基辛格的好友，但得知他不想上课、只搞研究后，仍拒绝了他："不用讲您也知道，哈佛有诸多诺贝尔奖得主以及世界各种奖项的得主，他们都无一例外要给学生上课。作为哈佛大学的教授，首要任务是从事教学工作，将自身的学识传授给学生，这也是哈佛长盛不衰的最根本原因之一。"基辛格听后，惭愧不已，只好打消了回哈佛的念头。

看来，认真上好每堂课，无论对教师个人，还是对整个学校，都是十分重要的。搞研究、写论文，都必须建立在认真上好课的基础上。大学尚且如此，更不必说中小学了。作为一名中学老师，如果课都上不好，就很难写出能解决教学实际问题的论文；即使写成论文，多半也是空洞苍白的大道理。那些长期坚守在第一线、认真上好每堂课的老师，承担着培养社会所需合格人才的艰巨任务，他们劳苦而功高，我向他们致以崇高的敬意！

2018 年元月

12. 什么是"有教养"

常见到这样的场景：几个孩子在一起玩，小孩甲打了小孩乙一拳，或踢了一脚，小孩乙的妈妈往往会对小孩甲大声说："你这孩子怎么能打人呢？没教养！"在成人世界里也有类似情况：几个人在一起聊天，因话不投机，甲突然就对乙爆粗口，甚至骂爹骂娘。这时乙往往会说："你干吗说我爹妈，真没教养！"

那么，什么是教养呢？一般指文化、品德的修养。有教养必须有文化。不过有没有文化，不能只看读书的多少、地位的高低。

先说读书。一名大学生听教授讲课，他不同意教授的观点，就拂袖而去，嘴里还骂了一句："放屁！"已经是个大学生了，书应该读了不少，但你能说他有文化吗？

再说地位。一名官员，明明是自己儿子在学校胡作非为，却跑到学校耍威风，说他儿子很优秀，为什么老挨批评，对老师一口一句国骂。他算是有地位了，但你能说他有文化吗？

看一个人有没有文化，一个比较简单的办法是，看他会不会羞愧。会羞愧的人，一般都知书达理，不会乱来。眼下，知道羞愧、真有教养的人不是很多。知道羞愧常被人看作是软弱，会吃大亏。相反，脸皮老厚、不知羞耻的人，却颇为吃香。此等错误认识，也直接影响到对孩子的教育。请看——

某家亲友团聚，很热闹。其中一个孩子胆子大，桌上好吃的都最先抢到手，爷爷奶奶不允许，他也抢着就跑，还说谎是别人吃了。另一个孩子老实听话，如果爷爷奶奶不点头，他决不动一下。于是众人评论：敢抢的孩子机灵，将来有出息，能挣大钱；老实的孩子不行，干不了大事，一辈子受人欺。

面对上述评论，有人感慨道："如果敢抢的孩子将来比老实的孩子混得好，那不客气说，我们整个社会都没文化。"我基本同意这个看法，但现实比这个推论要复杂得多。从人类历史发展看，社会在一步一步走向文明。有文化、有教养，是文明的体现。但文明的推进是一个漫长的过程，随时伴有跟各种不文明行为的博弈。这就需要持续不断地学习。学什么？首先学会生存，其次学习知识，并用所学知识去提高生活质量，进而慢慢提升文化品位和精神境界。

从纯理性角度看，随着社会的发展越来越文明，就需要每个人越来越有知识、有文化、有教养。这是历史发展的必然。那么知识、文化、教养三者是什么关系呢？

有知识才能有文化，这是常识；但知识不等于文化，文化是一种积淀、一种涵养。有文化才能有教养，这也是常识；但文化不等于教养，教养是一种修炼、一种气质。

说某人有教养，一个总的原则是：既维护自己的尊严，也尊重别人的人格。落实到行为细节，可区分为对己、对人两个方面。

对己要做到：①有自知之明，常思己之不足。②有仁爱之心，常怀众人之愿。③懂得羞耻，知错必改。④谦虚谨慎，为人低调。⑤心态乐观，做事踏实。⑥不说粗话，不玩噱头。⑦说话和气，举止大方。⑧控制欲望，甘于平凡。

对人要做到：①孝敬长辈，爱护孩子。②理解别人善意，常学他人之长。③不打听别人隐私，不干扰别人说话。④女性面前不轻佻，权贵面前不献媚。⑤不抬高自己，不打压别人。⑥真心待人，不搞欺骗。⑦多夸别人优点，不在背后议论。⑧承诺的事，一定兑现。

还可以列出许多条。要做到这些，就要严于律己，不断修炼。"教养是一种不用说出来的美好。"（美国作家凯鲁亚克）。我愿跟广大老师一起，努力去这么做，既为了自身，更为了学生。

知识靠学，文化靠养，教养靠练。这里的"练"，是实践，是磨炼。做个有知识的人，不是很难；做个有文化的人，就不容易；做个有教养的人，得下苦功。从某种意义上说，教育就是让学生最终成为有教养、受欢迎的人。

至今，我们还时时会遇到缺乏教养、蛮不讲理的人，这不奇怪。对这种人首先要教育，以理服人；但也要学会一点自卫本领，否则，文明很可能败在野蛮手下。这是整个社会需要正视的事。不过，在讲道理、讲法治的今天，我们有理由相信，文明一定战胜野蛮，有教养一定受人尊敬。

2018 年 2 月 26 日

13. 由创可贴想到教育

据说，这是个真实的故事。

20世纪初的一天，在一个小城里，一个10岁的小男孩，捏着一枚一美元的硬币，沿着街上的一家家商店询问："请问有上帝卖吗？"店员要么说"没有"，要么认为他是捣乱，都把他赶走了，天快黑时，小男孩顽强地向第69家商店开了口。老板是个60多岁的头发银白的老头。小男孩问："请问有上帝卖吗？"老板笑眯眯地问："你买上帝做什么？"小男孩见到有人回应，激动得哭了。他说，他父母早就去世，是叔叔养着他。叔叔在工地干活，从脚手架上摔了下来，至今昏迷不醒。医生说，只有上帝能救他。小男孩想，上帝一定是非常奇妙的东西，我一定要把上帝买回来给叔叔吃了，伤就会好。听完小男孩的叙述，老板眼圈湿润了。他问小男孩："你有多少钱？""一美元。""刚好。"老板接过小男孩手里的一美元硬币，从货架上拿了一瓶名叫"上帝之吻"的饮料递给小男孩，说："你叔叔喝了它就没事了。"小男孩喜出望外，抱着这瓶饮料，直奔医院。一进病房，他就对叔叔大嚷："叔叔，我把上帝给你买来了，你喝了它就会好了。"

第二天，一个由各地顶级医生组成的小组，乘飞机来到这个小城，给小男孩叔叔会诊。不久，小男孩的叔叔就治好了。但看到医院开出的天价账单，叔叔差点晕了过去。不过，医院告诉他，医疗费用已有人给他付清了，医疗小组也是这位好心人用重金请来的。小男孩的叔叔得知这位好心人是亿万富翁邦迪，便决定要当面向他道谢。那家卖给小男孩饮料的杂货店是邦迪的祖产，他有时会在这里打发时光。店员告诉小男孩的叔叔，老板出远门了，但留了一封信。叔叔打开信，上面写着："不用感谢我。所有的一切，你侄儿已经付清了。我要说的是，你有这么个侄儿是太荣幸了。为了救你，他用一美元，到处询问购买上帝。感谢上帝，他挽救了你的生命。但你一定要永远记住，真正的上帝是人们的爱心。"

若干年后，那个小男孩考上了医学院。为了感谢那位救了他叔叔的亿万富翁，也为了救治更多意外受伤的人，他发明了创可贴，就把它命名为"邦迪"，为的是让大家不要忘记邦迪的善举，以便将爱心一直传递下去。

这个小故事我看了三遍，感动之余，引发许多感慨。小男孩的感恩、大富翁的慈善，核心是一个"爱"字。更可贵的是，他们都努力"将爱心传递下去"，以便使社会更美好。

在中国的传统文化中，有爱心的人是仁者。"敬人者，人恒敬之；爱人者，人恒爱之。"每个从事教育工作的人，应永远牢记这句古话。

教育的宗旨是育人。靠什么育人？用爱心。有爱心的老师总是对学生充满关怀，总是全身心地把学生培养成同样具有爱心的人。我周围的许多老师都是这么做的，这构成了教育的主流。不过，白岩松所说的"道德赤字，人性亏损"现象也确实存在。

我们当老师的责任，就是要在加强自身修养的同时，不满足于对学生传授知识，而应着力培养学生的爱心，让学生爱父母、爱师长、爱同学、爱友人，进而爱人民、爱人类、爱世界。怀有爱心的人，就会行善事，就会"老吾老以及人之老，幼吾幼以及人之幼"。在校内，校长要爱老师，老师要爱学生，师生要爱校长，没有什么比"爱的阳光普照校园"更让人愉快的了。

爱心需要培养。学校要加强语文、历史、地理、政治、艺术等人文教育，并将其渗透到教学的方方面面。应该使每个师生都有尊严地生活着，不仅有知识、有文化，更要有爱心、有教养，并能"将爱心传递下去"。

要使人不是在口头上，而是在行动上有爱心、有教养，是个缓慢的过程，心急不得，需要耐心和积淀。这个任务很艰巨，但极其光荣。社会上有千千万万个像小男孩那样的人，我们才能真正迈入文明强国之列。

2018 年 8 月 4-5 日

14. 使无数人感慨的碑文

在伦敦闻名世界的威斯敏斯特大教堂地下室的墓碑林中，有块极普通的墓碑。它上面没有姓名，没有生卒年月，但这块无名氏墓碑却名扬全球。它上面的话震撼世人：

当我年轻的时候，我的想象力从来没有受到过限制，我梦想改变这个世界。

当我成熟以后，我发现我不能改变这个世界，我将目光缩短了些，决定只改变我的国家。

当我进入暮年后，我发现我不能改变我的国家，我的最后愿望仅仅是改变一下我的家庭。但是，这也不可能。

当我躺在床上，行将就木时，我突然意识到：如果一开始我仅仅去改变我自己，然后作为一个榜样，我可能改变我的家庭；在家人的帮助和鼓励下，我可能为国家做一些事情。然后，谁知道呢？我甚至可能改变这个世界。

许多世界政要和名人看到这段碑文时都感慨不已。有人说，这是一篇人生的教义；有人说，这是灵魂的一种自省。

据说，年轻的曼德拉看到它时，深受启发，声称自己从中找到了改变南非甚至整个世界的金钥匙。回到南非后，他从改变自己、改变自己的家庭和亲朋好友着手，经过了几十年，终于使自己的国家有了改变。

就碑文本身而言，其语言表述有如下特点：①用词准确。以第四段为例，因为"行将就木"，不可能再有任何行动，所以只能用"如果"；正因为如此，所以下文没有使用"肯定"，而是连用三个"可能"，表示不确定性，非常客观。②叙事完整。四段话概括了认识改变的全过程，连贯而真实。③文风质朴。没有丽词佳句，全是平实之言，而所表达的内容却发人深思。

这段不满 200 字的碑文启示我们：立志须务实，切忌好高骛远。其实，真正做好自己也不容易，需要虚心好学、懂得做人、脚踏实地、不避平凡。歌中唱得好："平凡的人给我最多感动。"世上 99.9% 的人都是凡人，凡人就做好凡人的事。即使伟人，他也是从做好凡人的事开始的。在家做个好孩子，在校做个好学生，长大了做个好丈夫、好妻子、好公民，果能如此，社会能不美好吗？我就是个凡人，一辈子就做一件事——教语文，我尽了自己的努力，做到问心无愧，不也很好吗？一味说大话、喊口号，听起来很伟大，想起来很激动，但因缺乏扎根现实的具体实践，最终只能一事无成。

对年轻人来说，豪情壮志应该有，但请时时铭记这段碑文。

2018 年 6 月 23 日

15. 由两组对比看教养

近些年来，随着改革开放的深入，人民的文明程度也在提高，有爱心的人多了，车上让座的人也多了，讲礼貌语言的人多了，志愿为大家服务的人多了。这是社会的进步，令人欣喜。但同时也要看到，仍有许多人文明素质较差，甚至很差。

一位四十六七岁的女性，住她楼下的邻居找到她，说她家卫生间漏水了，请她尽快修一修。她一口拒绝，说丈夫病了，在家休息，不能施工。邻居急了，说："你丈夫病了，我家就活该变成水帘洞吗？"她恨那邻居吵到她丈夫，就把邻居赶了出去。过了一段时间，她丈夫去世，她觉得这跟邻居吵到她丈夫有很大关系，就下楼质问，差点打了起来。幸亏其他邻居赶来劝阻，并报了警，她仍越想越气，就找到派出所。民警问她："你为什么防水没做好，漏到楼下了，是不是该由你家负责修啊？"她说："道理是这样，但我家有特殊情况。"问："怎么特殊？"答："我丈夫病着呢，不能动工啊，那会吵到他。"又问："你丈夫去世后，你动工了吗？"答："我丈夫去世后，我心情不好，怎么动工？"民警忍不住问了："按你的逻辑，你永远都有理由，你永远有特殊情况，人家住在楼下就活该倒霉。人活在世上不能太自私了吧？"她跳起来吼道："我就是有特殊情况！你是不是认识他家，这么偏袒他家！"你看，简直就是个不可理喻的泼妇。

下面是个英国故事。

一对在英国爱丁堡工作了一辈子的退休老夫妇，准备卖掉房子到西班牙去养老。他们在西班牙看中了一套房子，但需在两周内付款。他们就在爱丁堡房屋中介挂牌"急卖"。

一对年轻夫妇正好在爱丁堡找了工作，急需买房。看见中介所急卖的房子，就电话联系中介："可以优惠吗？"那对老夫妇因急需在西班牙付款，就答应"可以"。房价被砍了一刀。年轻人觉得还有降价的空间，于是在签购房合同前两天，说房价太高，不买了，除非价格再降一个较大幅度。没想到老夫妇居然同意了。

搬进去那天，很多朋友来帮忙。一进院内，绿草如茵，鲜花盛开，就像主人刚刚离开，一切保持原貌。推开房门，房里一尘不染，窗明几净，桌上还有鲜花，花瓶压着一张纸条，上写："非常欢迎你们入住这座记录了我们几十年幸福生活的房子。希望你们接下来的生活也像我们一样幸福安康！"

走进厨房，打开冰箱，里面吃的喝的都有。冰箱上也压着纸条"冰箱里给你们准备了一周的食物。超市要开车出门左拐再左拐，大约20分钟可以到达。"

再看电表箱上也有字条："我们已经为你们预留了至少一个月的电费，这个时间，可以帮到你们办理相关更名手续。在英国，办理这类手续是非常麻烦的。"

年轻人愣住了。他站在那里待了许久。这是多好的一对老夫妇啊，为别人想得如此周到！

为亲人着想，为爱人着想，为朋友着想，这是我们可能做到的；能为素昧平生的人着想，这种素养，我们落后人家太多了。

改革开放后，国家大力发展经济，人民的物质生活水平是提高了，却忽视了精神文明建设，导致道德滑坡。眼下一些国人，有了点钱就炫富摆阔，却忘了应有的文明修养。在飞机上打架，在酒店里豪饮，在旅游区喧哗，诸如此类，时有所闻。你再有钱，人家也看不起，因为你缺乏教养。

物质文明与精神文明都要抓，都要硬，否则，我们只能跛足而行。看一个国家是否强大，除了物质基础，更看人的素质。要提高素质，不能只喊口号，而应重视细节。我有不少学生与友人去过国外，他们对我说，虽然国外也有不文明行为，但人家的规则意识、礼貌意识、卫生意识、互助意识、节约意识、环保意识，都值得我们学习。这是需要花大气力，通过反复引导加以纠正的。

细节很多，除了首先管好自己，在人与人的关系上，不妨从"尊重别人人格、不打扰别人生活、不给别人添麻烦、尽量为别人着想"等方面做起。我们国内那位死活不肯处理漏水问题的中年妇女，实在没素质；那对英国老夫妇尽可能为别人着想的做法，实在令人感动。

多一份谦让，就多一份和谐；多一份互助，就多一份温暖。切勿小看细节，有时候，"细节一小步，文明一大步"。加强道德修炼，提高文明素养，我们每个人必须努力践行。

2018 年 5 月 24 日

16. 把对学生的尊重放在首位

读完一位高中生的《教育小议》，伴随着我的是难过与沉思。其实，类似学生作文中所说的那位老师的做法，绝非个例，至今仍有老师动辄挖苦学生，或当众羞辱学生，或厉声训斥学生，或变相体罚学生，这都是不能容忍的。

近些年来，很多老师认真学习教育理论，不断改进教育方法，既教书更育人，取得了不少令人鼓舞的新成果。但同时我们也要看到，仍有不少学校只注重办学规模的扩大、教学设施的改善、学校名次的排序，却忽视了教师素养的提高、学生品德的培养和教育实践的反思，有时竟不知教育为何物。

教育是什么？真懂教育的人不用翻书本、引名言，他会响亮地回答：立德树人。立什么德？为人处世之美德。树什么人？对社会有用之人。核心是什么？爱，用真诚的爱去满足学生健康成长的各种需求。

爱，不是抽象的，它需要通过各种行为细节去尊重学生、关心学生、引导学生。尊重，就是把每个学生当人看，而不是当成物件。学生在文中提到的那位老师，就没有把学生当人看待。她的做法是反人性、反教育的，是应该受到谴责的。

不过，我同时必须指出，现在极少数野蛮学生侮辱甚至殴打教师的事时有发生，这也是不能容忍的。教师的人格也必须得到尊重，对有暴力倾向的学生应该给予必要而合理的惩戒。这是另一个值得讨论的问题，但不是本文重点，故不作展开。

学生有时难免犯点错误，犯错不可怕，改了就好。老师的责任，应该用爱的方式去加以引导，让学生在诚心汲取教训中养成良好习惯，在这方面，老师要有足够的耐心，要以自身的涵养给学生以爱的温暖。

作者对基础教育的质疑与忧思，反映了当下相当一部分人对教育弊端的不满。在对同班同学的冷漠深感遗憾之余，作者表达了对"人格塑造"的热切期盼，希望每个受教育的人都能"挺直了脊梁"而决不从属于"权威"。这就向每一位老师提出了一个沉重而必须回答的问题：如何培养有独立人格的人？

要回答好这个问题，每位老师就必须把对学生的尊重放在首位，让一切类似文中那位老师的做法永远成为过去，就必须做到时时目中有"人"，处处心中有"人"，以育人为神圣天职，使自己和学生最终都成为"大写的人"。我们要用充满人性的教育，使学生绽放独立人格的美丽之花。这需要每一位老师严于律己，长期修炼。面对高高飘扬的教育旗帜上那个"人"字，我们任重而道远。

2018 年 5 月 10 日

17. 由一篇小学生作文引发的思考

我在 5 月 13 日的微信里看到一位 9 岁小学生的作文，全文如下：

我长大后想当

我长大后想当长兴县县长。如果我当上了县长，就可以让我的爸爸不用经常加班，就可以有时间多休息，多陪陪妈妈。

我的爸爸是一名警察，曾经我很羡慕，也很自豪，因为他立过很多功，得过很多奖，抓过很多坏蛋，是我心中的英雄。可他太忙了，根本没时间陪我吃饭、睡觉、写作业，更没有时间陪我出去玩。我觉得当警察一点都不好！

妈妈说县长可以管很多人，那么我当县长后就可以让所有的警察叔叔减少工作压力，多陪陪家人。

该生的语文老师看了作文后，不仅给她打了五颗星，还把它分享到自己的朋友圈，引来不少家长的点赞。

这件事引起我诸多思考，很值得一议。

首先引发一个教育话题：如何评判作文？

先说这篇作文，这是孩子的真情流露，且语句通顺、标点正确、书写规范，是篇好文章。

她不说假话，毫无矫情，是个诚实做人的好孩子；她的文章倾注真情，明白如话，是值得提倡的好文风。这对基础教育阶段的学生尤为重要。

再说那位老师，不仅在为爸爸感到自豪的几个句子下画圈，还在文末打上五颗星充分肯定，热情鼓励；不仅对文章评价正确，还及时发到朋友圈里，与大家分享正能量。这是一位值得称道的好老师。

其次引发一个社会话题：如何看待"太忙"？

忙补课，忙教学，忙加班，忙出差……"简直忙死了！"这是普遍现象，谁都没有去多想什么。现在是到了对"太忙"好好做一番的分析的时候了。

无论个人还是社会，忙是必须的，不忙就没有成果，不忙就没有进步。这是常识，谁都不会否认。

"太忙"则是另一回事了。它既可以看作是社会充满活力的表现，也可以说是经济不发达的反映，为了求生存、求财富、求地位，不得不苦，不得不拼。

造成"太忙"的原因很多，大致有两种情况：一是出于自愿。对这类人，我们只能劝劝他，不要累坏了自己，为了健康，为了家人，多多保重，凡事适可而止。二是出于被逼。"太忙"会快出成果，也极易酿成恶果；如果是后者，那就要追问各级领导，让下属"太忙"是否符合客观规律，谁承担出现恶果的责任。

"太忙"，有时是出于临时的特殊需要，偶一为之，实属无奈。"太忙"，更多的时候是忙于开会，忙于形式，或忙于应付上级、讨好上级。这两种情况必须改，因为它耗费了人力资源，占用了宝贵的时间，耽误了许多正事。

现在的会实在太多，其中多数是可开可不开的、说大话套话的、没有实效的会。这种顽固陋习应随着国家由强调速度向注重质量的转变，而尽快改变。

再回到教育话题上来。

当下，学生太忙，老师太忙，家长太忙，大家都太累；而多数的太忙，是忙于灌输知识的重复劳动，忙于答题技巧的反复操练，却普遍忽视师生能力与素养的提高，忽视独立人格的培养。积习已久，大家都趋于麻木了。9岁孩子的求实态度、朴素文风和那位老师的热情鼓励，应成为我们教育的常态。

教育是慢工，不能"太忙"，他应该在安静中按自身规律去促成学生的健康成长。但愿这个常识能被每位校长和老师铭记于心。

2018 年 5 月 15 日

18. 爱，从爱母亲做起

　　傍晚放学时，见校门口有两排学生手拿鲜花，不知何事。一男生看到我，赶忙迎上来，送我用卡片夹着的一朵花。我问："这干吗？"他说是母亲节献给母亲的礼物。哦，原来如此。回家后，我打开卡片，上面是献给母亲节的一段话。我把花送给老母，告诉她这是学校搞活动送的。她笑了笑。第二天，我在校门内右侧看到一长排宣传牌，上面全是学生写的献给母亲的诗。有的写得很动情，而有些则是应景之作。不过，不管怎样，这个"洋节"还是很有意义的。学校门外的梧桐树间拉了两幅大标语，上面全是学生的签名。其中一幅是："母亲，最伟大的人；母爱，最无私的爱。"如果每个学生都能真正认识到这一点，那将是"最暖心的事"。愿这种一年一次的活动变成日常生活中的具体行动。

　　由此我想起了上世纪80年代中期的一件事。当时，苏联教育家苏霍姆林斯基的事迹及著作刚介绍到国内。我读到有关他的一个故事。在苏氏任校长的那所学校，学生走进校门，首先映入眼帘的是正面墙上的一条标语："要爱你的妈妈！"有人问苏氏，为什么不写"爱祖国、爱人民"一类的标语，他答道："对孩子的教育要从具体认识入手。如果一个孩子连他的妈妈都不爱，他还会爱别人、爱家乡、爱祖国吗？"我很受教育，于是就叫学生以此为材料，联系身边实际，写篇作文。部分学生从苏氏的话谈起，批评了国内许多学校的空洞说教，阐述了思想教育"从具体认识入手"的必要。我挑了两篇写得较好的，推荐给《全国中学优秀作文选》，主编徐棐看后，笑着说："写得好。"我接着说："那你就尽快登吧。"他说："我同意学生的观点，但不适合公开发表。"我很无奈。这跟当时突出政治、强调爱国的环境有关。如果放在现在，早就发表了。这说明我们今天的思想教育有了很大的进步。

　　但社会上不爱妈妈的大有人在：有的子女自身不努力，一味"啃老"；有的子女，为多得财产，逼着母亲提前写遗嘱；有的子女，把母亲赶出家门，流落街头；有的子女，母亲病重在床，却不肯照顾；更有甚者，怨恨母亲给钱少，用刀刺杀母亲……这虽然是极少数，但跟正在走向文明的社会格格不入。他们有的受到道德谴责，有的受到法律制裁，都属理所当然。

看来，爱妈妈的教育应从小抓起，从日常生活的细节抓起。小时候，一声"妈妈"、一次拥抱，都是对母亲的报答；成人后，常回家看望，为母亲分担点家务，人之常情；母亲年迈了，为她喂药，听她絮叨，多一点陪伴，多一份问候，就是尽孝。岁月会留下你温暖的感恩。

我的母亲已走过百年，跨入了 101 岁。她头脑清醒，饭量很好，生活基本自理，真让我高兴。我每天按时给她服药，晚上陪她看电视，回答她简单的问题，听她讲述故乡旧事，挺好。我的夫人虽然自己手脚不太灵便，但仍坚持帮我母亲洗澡，适时为她换洗被子。这让我心里感动。

"母亲，最伟大的人"，不应只是句口号，我们每个做子女的都应将这份伟大铭刻于心。从某种意义上说，教育的核心就是"爱"。每位合格的教师都应教育学生爱亲人、爱家乡、爱学习、爱思考、爱实践。就让我们按苏霍姆林斯基所提倡的，从"爱妈妈"做起。

2018 年 8 月

19. 对"如何当好校长"的思考

　　2016年第12期《华人时刊·校长》杂志上刊登了刘岳楠的《漫谈校长该如何做》。他讲了很多实话："学生成绩上不去是校长的责任，师德不好是校长的责任，同学之间的纠纷乃至引起家长之间的纠纷也怪校长，如果再发生什么安全事故，校长更是罪责难逃……学生要讲公平，人事要阳光，财务要公开，学生、家长、教师不仅维权意识比较强，稍不如意，冷不丁背后放一枚冷箭，造个谣发个帖子，臭臭你，让你灰头土脸还有口难辩。……做校长就是要遭罪的。怕遭罪，想得好处，就不必当这个差。"总之，当校长有不少纠结，有许多苦衷，实属不易。他还根据自己的经历和见闻，摆出了一些校长令人担忧的做法，现摘要归纳如下：①盲目创特色。有特色的拼命宣传，没特色的拼命包装。②理念不明确。什么是理想的教育，什么是理想的学校，真能想明白的不多。③决策不民主。一些不重要的决策往往充分民主，真正重要的决策往往一两个人说了算。④一味讲"和谐"。往往该抓的不抓，该管的不管。⑤十分重形式。认真地做对上级检查考核"有用"，但对学生、老师不仅没用而且还是负担的东西。据他观察，关系型、老好人这两类校长较为普遍。针对存在的问题，他提出校长应做到：一要办真教育，二要讲真民主，三要有大担当，四要有大智慧。他自己是努力这么去做的，但有无真正做到，不知道，毕竟现在他已不当校长了。不过，这四条想法还是很有道理的。

　　这篇文章引发了我对"如何做校长"的思考。在我45岁至70岁的20多年里，因赴江苏各地讲学，又每年参加苏、浙、赣三省18校语文年会，我见过的校长不下50位。他们给我的总体印象是：第一，很忙。忙什么呢？忙抓升学率，这是当下学校的"生命线"；忙应付上级的检查，这是学校的"面子"；忙自己的职称和荣誉，这是"个人资本"。第二，会讲。讲什么呢？讲先进的教育理念，讲学校的发展规划，讲取得的骄人成绩。他们之中不乏有真才实学者，有拼命苦干者，有无私奉献者，有受人爱戴者；但确实也有夸夸其谈者，急功近利者，以权谋私者。同时我还发现，就江苏而言，经济欠发达地区的人特别想当校长，把校长当"官"做，一旦当上，往往比较专权。

在我执教51年的生活中，有不少校长令我敬重。以下几位尤其让我佩服。

我刚工作时的校长是李治中。他早上起来的第一件事，是跟当时住校的年轻教师在操场上跑步；白天经常在各办公室转转，了解教师教学情况，常常不打招呼就进课堂听课；晚上在校长室看书读报至10点钟；在校会上经常提问题让学生回答；在教工集中学习时经常让有经验的老师谈教学体会。退休后路遇我还问："你现在在研究什么？你这个年龄（当时我40多岁）应该出成果了。"他始终置身于师生之中，始终在思考如何提高学校教育质量。

比我早一年到金陵中学的岳燕宁原是一位优秀的物理教师，后当了校长。他为人正直，工作踏实。他坚持按教育规律办事，决不搞花里胡哨的一套。他认为中小学教育没什么复杂，什么阶段做什么很明确，老师们把各自该做的事做好就行。他曾在教工大会上说"我们每次开会，第一要准时，第二要限时。说好40分钟，如果超时了，你可以离开。"他的表达简明扼要，布置工作明确而具体。他是一位讲效率、肯苦干的好校长。

20年前，我认识了江苏省锡山高级中学的唐江澎老师，现在他已当校长多年了。他继承了锡山中学原有的好传统，并结合社会发展的新需求，努力开创新局面。他以开放的视角，引导全校师生不断探索教改之路。他坚持上课，并在实践中逐步形成了自己的语文教学理念和具有个性特色的教学方法。他是优秀的教育研究型校长。

我与成都的李镇西有一面之交，现如今，他已从一名出色的语文教师成了在全国颇有影响的校长。他热爱学生，尊重教师，视野开阔，重视实践。他由批判现行教育的弊端，逐步走向对建设科学教育体系的思考。近年来，他对目前诸多教育现象的评析都较为客观公允。

特别值得一提的是程红兵。30多年前，我在苏、浙、赣三省18校语文年会上认识了他。当时他还是个小青年。后来他闯荡上海没过几年，由于教学业绩突出，被评为特级教师。去年我恢复了跟他的联系。他在给我的信中说："我是2013年从上海市浦东新区教育局副局长、浦东教育发展研究院院长的岗位提前退休，南下深圳办学，因为我喜欢在一线，不太适合在机关工作。我喜欢和孩子们在一起，今年第四年了。创办一所12年一体化的学校，很辛苦，但也有许多乐趣。这是我工作的最后一站，我在尽心尽力地完成职业生涯的最后一笔，希望能画得圆一点。"他一贯坚持"以人为本"，心里始终装着孩子，在认真学习各地好的办学经验的基础上，在课程设置、教师任用、教学方法、评价机制等诸多方面进行尽可能合理的设计，竭尽全力要办出一所理想的学校。他从不唱高调，更不吹牛皮，而是跟他的团队一起，经常思考现实问题的解决途径。这是一位敬畏教育、忠于职守、立志办大事的优秀校长。跟我当年见到他时相比，他老了许多，我心里禁不住一阵辛酸。我衷心祝愿他心想事成。

再说说我见过的日本校长。2001年，学校派我随汪笑梅副书记赴日本参观访问。在那里，我先后到过四所中学，见到了五位校长（包括一位退休后被请回来参与接待的）。他们给我的印象是：一是年龄都偏大，二是举止很儒雅，三是说话少而精。为何年龄偏大？因为在日本能当上校长至少要具备两个条件：一是有丰富的教学经验，二是当过5年以上"教头"（相当于我们的教导主任），懂教学管理。这两条决定了在日本当校长必须在50岁以上。我想这也是有道理的，把学校交给"善教学、懂管理"的50岁以上的人比较让人放心，至少这样的人较为稳健，不会乱来。说到日本校长的言谈，我很有感触。中国的许多校长在接待来访时，往往从先进理念讲到学校规划，滔滔不绝，容光焕发。而日本校长，你不发问，他不会主动跟你说什么，你问了，他的回答大都简单明了，决不多说。对此，我很赞赏。

苏联教育家苏霍姆林斯基在一所普通中学当校长当了20多年。他热爱孩子，钟情教育，着力培养孩子健全的个性，促进孩子全面发展。他常年深入教学第一线，与孩子相互交流，跟老师一道研究。他能喊出一两百个学生的名字。仅此一点，就很不简单，说明他对学生很熟悉。他勤于思考，善于总结，他提炼的《给教师的建议》一书，在全球产生了巨大的影响。

大约20多年前，我在报上看到一篇短文，说的是英国的一位中学校长。该校因教育质量较高而经常有人去参观学习。校长从不参与接待，而是由助理介绍学校情况。介绍也简单，只是请来访者看一段5分钟左右的录像。有时，来访者问："你们校长在哪里？"助理回答："他肯定在校内某个教室听课，至于在哪个教室，我不知道。"

上述若干位中外校长以自己的现实表现，给我们留下了诸多启示，值得校长们认真咀嚼。

前面我已经说过，中国的中学校长们都很忙，其中许多人非常努力，他们对基础教育的某些方面有独特的贡献，历史不会忘记。但也确有不少校长，"不求有功，但求无过"，在平庸中度日。其认识水平有待提高，工作方式亟待改变。

在过去的20多年里，中国的校长尤其是重点中学的校长，都曾外出参观、出国访问、参加培训，但到底学到了什么，对本校发展有何促进，则需认真总结。从一名执教半个多世纪的老教师的眼光来看，我认为，中学校长应首先明确这几点：第一，不能把校长当"官"做，而要当"事业"去办；第二，不能把校长当"利"去谋，而要当"理想"去求；第三，不能乱提口号，而要按规行事；第四，不能随意折腾，而要静心办学。要想成为一名好校长，须具备下列条件：①懂规律。懂育人规律，懂教学规律，并坚持按规律办事。②讲政策。讲用人政策，讲管理政策，并坚持规范办学。③通人性。敬重教师，关爱学生，并坚持以心暖人。④善自控。控制自己情绪，控制个人私欲，并坚持负责到底。这些要求也许高了些，但优秀的校长应朝这个方向不懈努力。这就要潜心学习，学科学理论，学别校之长；同时要重视实践，重视自己的教育实践，重视校内各学科的教学实践，在实践中及时总结有效经验，并使之成为可持续的好传统。

当一名好校长，除了自身的修炼，还需要有来自方方面面的理解和支持。首先，教育行政部门要适当放权，只要是按国家教育法规和教育规律办事，就要给校长拥有充分的办学自主权，同时减少评比、检查和各种低效甚至无效的会议，让校长有充分的时间去专心办学。其次，家长们要充分理解校长办学的艰辛，只要是真正关心学生成长的，就要全力配合校长的工作，少指责，多补台。我没有当过校长，可能"看人挑担不吃力"，如果让我来当，也未必能当好。但我真心希望每所中学都能有一位好校长，因为一所学校能否办好，跟校长好不好关系较大。我的想法很实际，也很简单：要么别当这个校长，既然当了就要当好。当然，我也想到，同是校长，但能力有大小，性格也各异，要求每位校长都优秀，也不现实，那就各尽所能，做最好的自己。能力强的校长，可以在力所能及的范围内努力创新，不断开辟学校教育改革新局面；能力一般的校长，至少要保住学校原有的好传统不丢失。

校长确实不好当，但我衷心希望每位校长都好生想一想：校长到底该干些什么？如何才能成为一名好校长？我做得怎么样？如果我们江苏乃至全国能有越来越多的好校长，那我们基础教育的未来定会春光无限。

2018 年 9 月

20. "人"不见了

推开办公室门，见王鼎宏老师在里面，很高兴。他已好长时间没来了。我俩很快就聊上了。

他问我，教育是为了什么？我说"育人"。他立即说"对"。我接着说："问题是培养什么人。"他兴奋地用手指着我说："对啊！"接着，他谈起了马克思主义。他说《共产党宣言》是马克思的早期著作，到了晚年，他与恩格斯的思想都有改变。我插话说，马克思主义的核心是"解放全人类"，是对人的高度尊重。他同意我的看法，并深入地说，马克思在谈到生产关系与生产力时明确指出，人是决定的因素。马克思希望看到的人，是"全面发展的自由人"，一是"全面发展"，二是"自由"，他应该是幸福的。教育不是培养人去做官，去发财。教育培养出来的人，首先要自食其力，要凭自己的劳动吃饭，不剥削他人，不欺骗他人，也不压迫他人，人与人平等。你再有知识，却养不活自己，那就不行，那就是孔乙己，光知道"回"字有几种写法，有什么用？我们现在的教育，是培养现代版的孔乙己。

听到这里，我笑了。虽然王老师这个说法有点夸张，但确有道理。我们的学生虽然学了不少知识，但生活不能自理，连填志愿都让家长包办，这还是个独立的人吗？

由此想到易中天教授曾说过的话。他说，大家都望子成龙，望子成材，望子成器。龙是什么？是怪兽。材是什么？木头。器是什么？是东西。就是要你成为怪兽、木头、东西，就是不要成人。最应该"以人为本"的是教育。我们的口号应该是望子成人。什么人？真正的人，第一真实，第二善良，第三健康，第四快乐。

又想到人民教育家陶行知对学生讲演中的话：要做一个"整个的人"。什么是"整个的人"？是完整的、独立的、全面发展的人。我理解，这与马克思的观点、易中天的说法，其基本精神是一致的。

当下的教育，"人"不见了，全被知识、技术、考试、分数、培训淹没了，急切的功利需求几乎遮蔽了一切，人被严重扭曲了，甚至被异化了。正因如此，所以，著名的资深学者资中筠说，教育再不改变，人种都要退化。怎么改？一句话：培养全面发展的自由人。这需要一个艰难的过程。这是马克思所追求的理想，也应该是所有教育工作者的共同理想。

王老师笑着对我说："我俩刚才的交谈，在有些人看来，一定会感到好笑，这不是两个疯子吗？是啊，一般人谁都不会去关心培养什么人的问题。"我说："总要有人关心，因为这是个根本性问题。但愿关心该问题的人日益增多，但愿我们辛辛苦苦培养的人能成为真正大写的'人'"。

2018 年 7 月 2 日

21. 我，与思考同行

　　思考的重要性被越来越多的人理解。我身边的不少老师都在思考中实践，在实践中进步。不过，社会上"一窝蜂""随大流"的现象仍经常发生：有人说某种解题方法"很管用"，于是许多学生不假思考都去学；有人说某种补药"很有效"，于是许多老人不假思考都去买；有人说某本书"很好看"，于是许多人不假思考都去阅读；有人说某个人物怎么了不起，于是许多人不假思考都去追捧，等等，"一窝蜂""随大流"就是盲从，盲从源于不思考，这是懒惰的表现。不思考，只能听命于人，很难有真正的进步。

　　人与人的不同，除了外貌、性格，主要看有没有自己的思想，而思想来自思考。古今中外，一切有成就的人，都是勤于思考的人。思考，使人敏锐，使人深刻，使人始终清醒而不随波逐流，使人人格独立而富有创见。一个民族、一个国家，如果拥有一批勤于思考的人，那必定拥有美好的未来。反之，如果很多人不愿或不屑于思考，只是盲目地跟着别人走，很可能走得越快，离正确的目标越远。这些人就是我们所说的"芸芸众生"。

　　思考很重要，但也得注意方法。首先，思考应从现实需要出发，而不能一味空想，也就是说，思考是为了解决问题。其次，对思考的问题要进行筛选，不能无重点地思考太多的问题，不然，很可能因精力分散而无功而返。第三，思考要尊重规律，要科学地思考，而不能只凭主观想象去瞎想。第四，思考要注意劳逸结合，不能过于劳累，而应有张有弛有节奏地进行，否则会因健康受损而难以持续。

　　我经常思考，一是思考跟教育有关的问题，二是思考人生与社会。我的做法是：①把思考与求知相结合，思考不下去了，就去读书，读了些书，让心平静下来再去思考。②把思考与请教相结合，每当思考受阻，就找好朋友聊天，听听别人的看法，这往往受到有益的启发。③把思考与实践相结合，把思考过的内容用之于语文教学。我有些课之所以上得有点特色、被人肯定，大都得益于课前的认真思考。④把思考与写作相结合，思考过了，有所体悟了，就把它写下来，写下的文字再拿去跟朋友交流，以便使思考更全面、更辩证。

当下，许多人常说，工作太忙，没时间思考。其实，我们不是因为忙碌而没有思考，而是因为没有思考而忙碌。只要想思考，时间永远都有。

2018 年 10 月

22. 沉重的向往

2018年12月16日，扬子晚报A4版以整版篇幅，报道了由作文大赛《窗外》的小学生作文引发的反思。

"作业！又是作业！""让我放松一下紧张的心情，哪怕只有几秒也可以。可惜，窗户是紧闭的，我的心也是紧闭的。""烦死了困死了，让我再睡会儿！"在数万篇《窗外》作文中，竟有数千篇小学生的作文，通过真实生动的文字，将当下孩子连轴转般的学习节奏和疲惫的生存状态，一股脑儿都呈现了出来。记者随机选取了其中500篇提取高频词。做题、补课、培训、奥数、作业、郁闷、烦、忙、累、困、压抑、麻木、无奈、头疼、泪水等词语频频出现。

请看看学生的现状：

"我在沉重的书包下弯了腰，在一大堆书本中戴上了眼镜。我只想着学习、学习、再学习，已没有时间去与星星对话、与鸟儿谈心。""窗外是秋天，可是现在出不去。仿照《北大荒的秋天》写吗？可是这儿是江南，不能张冠李戴。""渐渐发现，我活得有些压迫，从前的好脾气也变成了现在的坏脾气。静静地看着窗外越来越发现我需要新鲜'氧气'""窗外秋意正浓，……但我此刻却无心看风景，书桌上的习题堆积如山，我只能像一台刷题机一样不停地做题、做题再做题。"

再听听他们的心声：

"真想变成鸟儿、小鱼、野马以及一切拥有自由的生物，即使我知道不可能，可是我还是非常向往这种自由的生活。""鸟儿飞得多自信，一会儿飞成'一'字，一会儿飞成'人'字形……它们那么自由自在，真叫人羡慕。"

读到这些文字，评审的专家们很心疼，家长心里很纠结，我的心情很沉重。

当然，"窗外现象"有其复杂性。对此，小学语文学科带头人周峰，作了较为客观的分析。他认为，出现"窗外现象"有两个原因。一方面，可能因为孩子们思路狭窄；另一方面，也是深层次的原因，那就是课业负担过重引发了孩子们的共鸣。他说，只有真正减轻孩子的负担，给他们走进生活的机会，他们的选择才能更丰富，写作的角度也会更多样。

上述分析仅限于写作，其实还应该再深下去想：我们的教育到底出了什么问题？为什么会出这样的问题？

我认为，首先是我们的观念出了问题。这涉及教育观、人才观。大家都知道，教育的宗旨是育人，这就要以人为本，把学生当作人，使其成为人，而不是物。易中天教授有个关于教育的讲话，听起来很刺耳，但说的是实话。他说，中国的家长和老师都"望子成龙"，龙是什么？是怪兽；都"望子成材"，材是什么？是木头；都"望子成器"，器是什么？是物件。教育应"望子成人"，说得真好！要让孩子成人，就要懂人心，讲人性，就要按孩子成长的规律去进行教育，就要使孩子心地纯净，心灵自由，健康成长。最终要把孩子培养成什么人呢？基础教育不培养天才，只培养正常的普通人。"学而优则仕""吃得苦中苦，方为人上人"等传统观念，都指望孩子做光宗耀祖的官，做"人上人"的精英。为达此目的，就通过不断加压，把孩子都赶到激烈竞争的跑道上狂奔。这么做，就眼前来说，损害了孩子的健康；从长远看，断送了民族的希望。这绝非危言耸听，而是必然结果。一定有人会说："孩子负担重一点，也是出于无奈，是为他好，人总是往高处走嘛。"这话听起来也没错，问题是这个"高处"高到什么程度；再说，能走到"高处"也要有相应的水平和能力；更重要的是，并非每个孩子都想走到"高处"，因为每个人的兴趣不同、追求不同，最终都得取决于孩子自己的选择，他感兴趣的，愿意做的事，他内心一定是愉快的。上北大、清华，毕竟是少数人，能成为社会"精英"，也是少数人。绝大多数都是普通人，家长们也都是普通人，那为什么不能接受孩子成为普通人呢？

其次，我们目前的考核评价标准有问题。把高考神圣化，把分数看得高于一切，把社会需求的多样化，变成了职业选择的单一化。这种不合理的僵化思维，需要通过制度性的变更去打破。这需要时间，更需要勇气。

2018年岁末，教育部和发改委等9个部门联合向省级政府印发了中小学减负措施的通知，从政府、学校、校外培训机构、家庭四个层面，提出了30条措施。这表明了中央政府对中小学减负的高度重视，是大好事。但能否真正管用，难说。类似的通知，在过去几年里也有过，大多半途而废，无功而返。我想，除了观念的改变，关键还是要提高中小学校本身的教学质量。

面对无情的现实，经常听到人们说："没办法。"是真没办法还是没有去想办法？我们不是常说"办法总比困难多"吗？只要真正去想了，办法总是有的。最根本的办法是，切实提高每堂课的教学效率。该讲的讲清了，该练的都练了，该达到的目标达到了，学生还需要去校外培训吗？在有限的课时内，既学到了知识、掌握了技能，又不增加负担，考试成绩也很好，这样的老师各校都有，但从不宣传，更不推广，真是可惜。教育行政部门发现这样的老师，要通过经验交流，扩大其影响，让更多的学生受益。这可能比规定若干条原则更管用。不信，可以一试。

作为家长、教师，我们再不能眼睁睁地看着我们的孩子以沉重的心情去向往窗外自由的天地。我们必须维护孩子的尊严，尊重孩子的志趣，尽可能让他们做自己喜欢做的事，努力把他们培养成身心健康的、生活快乐的、有知识有教养的现代人。

2019 年元月 10 日

23. 由一份调查想到的

最近，由经合组织（OECD）发起的 2018 年全球"老师教学国际调查"结果公布。该项调查每四年搞一次，以初中教师和校长为主要调查对象。上海作为中国师资队伍的代表，在此次调查中显示了一定优势，多项指标位居世界第一。那么，是否据此就能说中国教师已属世界一流呢？并不尽然。华东师范大学教师教育学院院长周彬就此接受了记者专访。

周院长说，中国学生对于知识的掌握非常扎实，但是在批判精神、创造能力方面是有欠缺的。一般说来，研究生比本科生更有批判思维，研究问题也更深入。要提高中国教育的层次，就需要更多高学历的教师去帮助学生超越课堂知识，培养学生发现问题、解决问题的能力。他从教学目标、对学生的评价、老师教育素质三个方面，提出了改进建议。他对教师教育素质提出了三条要求：①必须具备更深层的文化底蕴和更丰富的教育内涵；②对学科知识有更深刻的理解；③掌握更先进的教学方法（他只说了信息技术手段）。

周院长的话无疑都很有道理，体现了他的开阔眼界、全球意识和理性追求。可惜他对所说的每一条都未能深入展开。从实践的角度考虑，每一条都需要细化："深厚的文化底蕴"指什么？"丰富的教育内涵"又指什么？怎样做才算"对学科知识的更深刻理解"？除了信息技术，还有哪些是"先进的教学方法"？我觉得周院长的想法太过理想，要求偏高。教育活动当然需要用理想来引领，但必须从现实出发去思考解决问题的可行性途径，才有效果。眼下，广大一线教师的现状是：①课时很满，负担很重，身心俱疲。②没时间读书，更缺乏独立思考。③分数决定绩效，教师难以摆脱。这些问题不解决，教师根本无法达到周院长所提要求的高度。

长时期以来，从中央到地方各级教育行政领导，对教育都非常重视，有些举措也产生了一定的效果，但不少举措未能落到实处。原因是多方面的，其中一个重要原因是，在理论认识上往往过于宏观，过于理想，要求太高，不切实际。古语云：过犹不及。超过了"度"，事情往往适得其反。解决问题的根本办法是四个字：实事求是。

就提高教师教育素养，我提出如下建议：①国家制订教师职业行为细则。可分为基本要求（底线要求）和发展要求（较高要求），每一种要求都要有若干条十分具体的内容；每位教师首先达到基本要求。②有计划、分步骤实施细则。根据各地的经济文化发展水平，规定实施细则的不同时限，有的三四年，有的五六年；不要急于求成，一切从当地实际出发，不搞一刀切。③各省、市设置专门的教师培训基地，组织在校的30至40岁的部分教师分批进行脱产培训，时间三个月或一学期，在此期间，让他们读一点书，听一点讲座，参观一些学校，搞点社会调查，开展专题研讨，反思自己的教学：不要像以前那样只是听几个专家讲座就了事。④确保高等师范院校的师范属性。学校除了开教育学、心理学课程，还应开"教材教法研究"课，训练学科基本功；同时还得学习国家课程改革标准，加强对教育实习的指导，要让每个师范毕业生不仅能写论文，也能把课上好。

由于目前教师教育素养参差不齐，为确保课堂教学质量，应大力发挥集体智慧。具体说，就是要加强学科教研组和备课组建设。眼下，不少学校的教研组已被淡化，很少开展活动，这是令人忧虑的。备课组的情况也不很令人满意。这种状况亟待改进，对每位教师来说，上好课是第一位的。要把课上好，首先要认真钻研教材，其次也需要教师之间的切磋，它包括：教学目标的设置，重点难点的确定，教学方法的选择，课堂练习的设计，等等。在个人充分准备的前提下，同一备课组的人在一起交流看法，取长补短，这对提高课堂教学效率大有好处，对青年教师的帮助尤显重要。这已被不少学校的经验所证实。

民族的希望在教育，教育的希望在教师，教师的希望在素养提高。教师教育素养的提高是个系统工程，需要各方面的支持和促进。各级教育行政领导和教育专家在考虑这一问题时，一定要立足教育实践。在制订规划、提出要求时，一定要多做调查，了解现状，考虑可行性，否则很可能口号很响却难以成事。

教育是慢功，教师的提高也是慢功。只有戒除浮躁，尊重规律，循序渐进，方能有效。

2019 年 8 月 20-21 日

24. 两位伟人的共同追求

近日整理过去的书、刊，翻看《鲁迅图传》，便想起了鲁迅。记得上世纪 60 年代，我买了两个陶瓷人物头像，一是鲁迅，一是马克思。头像虽小，只有 3 寸多，但形象逼真。半个世纪过去了，这两位伟人依然是我心中最敬仰的人。可以找出他俩在许多方面的不同，但有两点是共同的：一、他们都是人，不是神；二、他们都是思想家，都谈到"人"。

马克思的学说，多数人都说是无产阶级专政的学说，是"斗争"的哲学；其实，马克思学说的核心是有关"人"的学说。他立志"为人类福利而劳动"，主张"每个人的自由发展是一切人的自由发展的条件"，而且认为"无产阶级只有解放全人类，才能最后解放自己"；而"解放全人类"就是要给人自由，给人尊严，使人幸福。

鲁迅揭露"非人的世界"和封建统治者"吃人"的本质，反对瞒和骗，反对一切虚伪，高喊"救救孩子"，希望青年一代冲破黑暗，走向光明，做自由、幸福的人。

其实，古今中外所有的思想家都在寻求"人"的幸福，这是人类的共同目标。现如今，提倡"以人为本"，是对历代圣贤优良传统的继承，没什么新鲜，更不足拿来夸耀。

问题是，如何看待"人的幸福"。人有两个属性，一是自然属性，一是社会属性。就其自然属性而言，人与其他动物一样，只要有吃的、能繁殖，就是"幸福"。从社会属性来看就不同了。人因会思考、能创造而完全不同于其他动物。他决不满足于有吃的、能繁殖，他需要精神生活，需要个人的尊严和思考的自由，否则人与其他动物无异。

……

鲁迅的"救救孩子"的呐喊仍在耳边回响，马克思的"解放全人类"仍是个遥远的理想。虽如此，但他们二位永远值得我敬仰，因为他们的主张体现了科学的价值观，是人类精神追求的最高境界。

我至今仍被马克思在毕业论文中的话深深感动："如果我们选择了最能为人类福利而劳动的职业，我们就不会为它的重负所压倒，因为这是为全人类所做的牺牲；那时我们感到的将不是一点点自我而可怜的欢乐，我们的幸福将属于千万人，我们的事业并不显赫一时，但将永远存在；而面对我们的骨灰，高尚的人们将洒下热泪。"我们普通教师不可能有马克思、鲁迅那样的胸怀和境界，但始终不能忘记教育的最终目的是给学生幸福。少说空话多做实事，尽自己所能，努力把学生培养成有思想、有追求的人，而不是机器，我们就问心无愧了。要做到这一点并不容易，那就先让自己活得是个真正的人。

2020 年 10 月 13 日

25. 简单往往平和

江苏海门一名初三学生在《大师的简单》的作文中说，日本动画大师宫崎骏的作品"简单中洋溢着伟大"（《扬子晚报》）。他还说，处在科技迅猛发展的时代，"我们不敢放慢脚步，只能任路边的花儿自顾自地开放、枯萎；我们不敢抬头望一望已不湛蓝的天空；我们更没有时间和勇气去直面内心的空洞"。忧心之余，小作者希望人们去寻找"内心深处的那一份最初的简单"。我不想对这篇作文作全面评点，我只想说，一名初三学生，不像其他学生那样人云亦云地说大话，也不像有些学生那样追求语言的华丽，而能写出上述那些令人深思的话，不简单！

眼下，人们把许多本该简单的事搞得复杂起来。这会给社会带来什么，我说不清，但会给人生带来什么，似乎可以说上几句。有人说，一个物品，构件越多，功能就越多，品质越容易下降，也越有可能损坏。人也一样。人越简单，心态就越平和。

上面这段话并非真理，但有相当的道理。简单的人，往往心地单纯，表里如一，过得轻松，活得坦然。

不过，别把人的简单误认为是粗糙、马虎、懒惰。人的简单首先是内心平静，不急不躁，冷静处事；其次是目标单一，没有杂念，专心做事；再次是方法简易，不图表面，注重实际。还有一条，不贪不占，更不炫耀，有了成果，与人分享，心情愉悦。简单的人往往不求物质的充裕，而求精神的丰满。

写到这里，提笔细想，上述这些话虽然都对，但要求偏高，很难做到。9月26日在报上读到谈于漪老师家风的文章，很受教育。于老师生于兵荒马乱的年代，父母文化水平都不高。父亲做点小生意，母亲是普通家庭妇女。家里有5个孩子，一家人艰难度日。于老师说："我母亲也说不出什么大道理，常告诉我们两点：第一，要善良；第二，要忍让，多想着别人。她自己也是这么做的。其实，家庭教育就是家长做好自己，给孩子示范。就这么简单。"说得再通俗不过了。我套用于老师的话，就学校教育来说，就是"教师做好自己，给学生示范"，就这么简单。

看看眼下的现状，要真正做到上述简单，也并不简单。这是由主客观条件决定的。主观上，这往往跟自身追求的目标有关，甚至跟年龄有关。像我这个岁数的人，多半希望凡事越简单越好，而年轻人则不然。客观上，时代发展迅疾，社会心态浮躁，它要求每个在职的人快干、多干、拼命干，轻松不得，简单不了。这是没办法的。

作为个体生命，人的一生，时间有限，生不带来，死不带走，就很简单。这个想要，那个想得，最后什么也得不到。我们都是普通人，懂得简单，学会取舍，集中精力，做好自己想做又能做好的事，家庭平安，亲人和顺，就很幸福。

还是简单一点好。

2019 年 9 月 29 日

26. 课堂的价值

从狭义上说，课堂专指供教师上课的地方。从广义上说，课堂则指整个社会大环境。本文只谈狭义的课堂。

我第一次进课堂上课，是 1962 年 11 月在南京第十中学（现在的金陵中学）的高一（1）班。当时我是实习老师。上课预备铃响起时，我站在教室门口，心怦怦跳，颇有点紧张，但走进教室，班长喊了"坐下"，我开始讲话时，心里反而平静的。当我说完开场白并板书完课题后，我听到第一排的两个男生小声说："这老师讲话声音真好听。""字也写得好。"我的内心更平静了，没想到第二年我被分配到该校正式任教。

执教的头几年，课堂对我来说，很新鲜，但基本上是学习中老年教师的做法，后来慢慢有了表达欲望，总想在课堂上充分表达自己对课文的理解；独角戏唱多了，又渐渐滋生了交流的欲望，总想在跟学生的相互交流中获得精神的充实。长期的实践使我越来越觉得，课堂应该是美好的，它必须具有：

（1）仪式感。上课前，老师要检查装束，保持端庄，力争优雅。讲课开始前和上完课后，教师要与学生互致敬礼，以示礼貌，课堂是文明之地。

（2）责任感。在课堂上，教师既要传授知识技能，更要教导如何做人。无论教书还是育人，都要有责任感；对知识要诚实，对育人要真诚。

（3）生命感。师生双方围绕所学内容，进行感情的交流、心灵的碰撞，使课堂洋溢青春的活力，使生命得到充实。

（4）神圣感。师生双方通过课堂上的共同学习，既增长了新知，又净化了心灵，既塑造了人文情怀，又提升了精神境界，充分体现了教育的神圣。

这样的课堂值得每一位视教育为崇高事业的教师为之奉献终身。但这样的课堂只是纯理性的追求，在现实中要真正做到几乎是不可能的。近二十年来，由于功利和浮躁，不少课日益看重形式、热闹和作秀，这使课堂逐渐变了味。要让课堂真正体现其应有的价值，就必须使它回归本真，就要用教育规律去引领，用辛勤汗水去浇灌，用精益求精去塑造，用冷静反思去提高。

在过往的岁月里，我上了许许多多的课，有成功的，有一般的，也有失败的。在退休后被返聘的十年里，我总是在想，要成为一名受欢迎的老师，就要上好每一堂课，做不到尽善尽美，至少要尽心尽力。我对课堂有感情，我珍惜每一堂课，因为每堂课都是我教育生涯中的一个点，点点相连，铺就了我生命的轨迹，也决定了我自身的价值。我的始终务实、长期坚守和不断反思，使我敢于面对课堂说：虽然我有不足，但我没有辜负你。

课堂是体现我生命活力的地方，它永远令我留恋。

2020 年元月

27. 朴素与做人

一位署名"淮风"的人写了篇《朴素无敌》的短文。标题有点夸张，朴素能"无敌"吗？不过，文中有些话还是颇有道理的。比如：朴素、平常的人"认为没有必要把一些事情搞得'浓墨重彩'的，事情本来面目是怎样就怎样。所以他们'离真实和真理最近'。一个人境界越高，他往往也越朴素。因为，他们的内心足够丰富，不需要借助任何繁华或者复杂来显示自己的强大"。

因为朴素的人"离真实和真理最近"，而"求真"是做人的核心，于是，朴素就跟做人很自然地联系起来了。做人就要做个真实和诚实的人，追寻真相和真理的人。做个真实、诚实的人，这是起码条件；当掌握了一定知识、担负了一定社会责任后，那就要侧重追寻真相和真理。

做真实的人，首先要对自己真实。莎士比亚说："对自己真实才不会对别人欺诈。"对自己真实，就是心地纯洁，不骗自己。这种人，心灵最自由；相反，口是心非的人，其实是心灵负担最重的人。"君子坦荡荡，小人长戚戚。"说的就是这个道理。

作为合格的教师，必须对自己真实。所谓"对自己真实"，就是自己对学生传授的知识、所宣讲的做人道理，自己是真懂的、是完全相信的。如果自己并没有懂，并不完全相信，却硬在那里灌输，那你就是自欺欺人了。时间长了，又不加更正，就会害人害己害社会。无知的人往往"无畏"，好像样样都懂，说起来滔滔不绝，这很可能是骗子。自己不懂的、自己做不到的，我绝对不敢对学生说。这是我坚守的"朴素"。

追寻真相与真理的要求比较高，允许有一个学习、思考、探索的过程。追寻真相涉及面广，有学术真相、人物真相、历史真相等等。追寻真相与追寻真理有时是同步的，搞清了真相，就接近了真理。优秀的高中教师应在"对自己真实"的同时，尊重事实，尊重规律，不断培养学生的质疑能力和批判精神，使他们在不断有所发现中健康成长。

朴素的人离真实和真理最近。坚持做真人、说真话、求真知，定能成为学生做人的榜样，做到不易，但它应是我们努力的方向。

2020 年 9 月 13 日

28. 做个有"工匠精神"的教书匠，挺好！

自从 2016 年李克强总理在政府工作报告中提及"工匠精神"以来，"工匠精神"引起广泛关注，联系教育谈"工匠精神"的文章也不少。

什么是"工匠精神"？先得把"工"和"匠"的意思搞清楚。《现代汉语词典》对这两个字的解释分别为：工，精致，精巧；匠，在某方面很有造诣。合起来可理解为：工匠，是制作的东西很精致在某方面很有造诣的人。平时人们所说的"能工巧匠"就属此类。我认为，"工匠精神"的核心是"爱＋责任心"。爱，就是爱自己的工作，爱自己的声誉，爱自己的作品；为了确保质量，专心致志，反复琢磨，精益求精，孜孜不倦，锲而不舍。责任心，是指：所制作的东西，要对使用者负责，要对整个社会负责。这样的工匠，令人叹服，受人尊敬。

长期来，人们对"教书匠"似乎没什么好感，多半含轻蔑之意。在心态浮躁、急功近利的当下，不少人不愿做"教书匠"，要当"教育家"。往好的方面说，这是积极上进的表现，无可厚非。问题是有些一心想当"教育家"的人，连个"教书匠"都没当好，徒有"先进"理念，缺乏实践成果，更不愿长期坚守教育教学第一线。其中有些人，用大话以唬人，借炒作以求名，始终立于高端，不时指手画脚；所说的话，概念堆砌，表达玄虚，花里胡哨，哗众取宠，既缺"工"之精致，又少"匠"之造诣。这些人不是真正搞教育，或为了做官，或为了捞钱。这是产生各种教育乱象的根源之一。对这些人，要保持警惕。

倒是工作在第一线的许多老师，勤勤恳恳，兢兢业业，令人感佩。他们敬畏教育，关爱学生，备课专心致志，上课精益求精，教法反复琢磨，训练锲而不舍，规律始终坚守。这不就是"工匠精神"吗？当然，墨守成规，不思进取，只是为了谋生的"教书匠"，是不可取的；但具有"工匠精神"的"教书匠"值得点赞。

著名作家冰心，以其祖父是"教书匠"而感到自豪。其实，许多真正的教育家，如陶行知、叶圣陶、朱自清等一批人，都曾经是"教书匠"。特级教师李镇西说得好：

"如果一个教师能够在教育方面'很有造诣',在实践中匠心独运,最后能成为教育巨匠,这将是他个人的自豪和我们民族的光荣。"他还说:"一个教师一辈子都是教书匠一点都不可耻,这只能说明他一直坚守课堂,教学技艺越来越精湛。"对此我很赞同。

我教了51年语文,就是个教书匠。我始终没有离开课堂,始终坚持学习、实践、反思、总结。我要求自己:不吹牛皮,不赶时髦,认认真真教书,老老实实做人;不违背良心,不虚度年华。我一直在坚守底线中迈小步、不停步,力争每年有进步。几十年来,我既不自卑,更不自傲,而是尽量做好我该做的、能做的事,虽然辛苦但很充实,也很快乐。作家刘震云有句话很值得深思:简单的事重复做,你可能成为专家;重复的事认真做,你可能成为大家。我认为,"认真做"就是一种"工匠精神"。联系教育来说,"认真"就是要尊重规律,讲究方法,注重过程,确保效果。

拒绝空头"教育家",甘当有"工匠精神"的"教书匠",挺好!

2021 年 2 月

29. 浅谈教学语言

在教育实践过程中，教师对学生无非是"言传身教"，最终体现"立德树人"的宗旨。"言传"就是用说话来传授知识技能，用说话跟学生进行交流。"言传"是教师履行职责的重要条件和基本手段。教育教学效果好不好，跟执教者会不会说话，口才好不好，有直接的关系。一个口才不好的教师，其教学效果一定不会理想，甚至十分糟糕。从现实效果看，教学的成败，并不完全取决于教师学问的多少，教学语言水平的高下时常起着关键作用。

眼下，一谈起教学语言，就会很自然地把它跟"优美""深刻"联系起来。其实，这是一种误解，至少是一种片面的认识。教学语言能做到优美、深刻，当然很好，但真能做到的老师极少。教学语言首先要注重规范和科学。规范包括两条：一是要用普通话，不能用方言土语；二是要符合语法规则，不能用词不当、语句不通、颠三倒四、啰里啰唆。科学，主要指：说话要有逻辑性，做到概念准确，表意简明，不能向学生传播无用甚至错误的信息。

真正做到上述两条并不容易，这需要不断修炼。修炼的关键是用心。目中有学生，心里有学生，把对教育事业的满腔热情倾注到学生身上，用真切的感情跟学生交流，那你的教学语言一定是最合适的。这个修炼过程是不能间断的，它需要在持续中逐步提高。修炼的方法：向同行学习，向学生学习，向语言表达得好的一切人学习。20世纪60年代，南师大中文系鼓励学生利用周末和周日去听王少堂先生说书，目的是学习他的生动表达。

不过，博采众长固然重要，保持个性更为重要。有的老师的语言感情奔放、生动感人，有的逻辑严密、语言隽永，有的质朴明快、平易近人，有的庄重典雅、令人玩味，等等。以语文课为例，在一堂课中老师往往不只运用一种语言表达形式，而是根据课文语境和当时课堂的特殊氛围，灵活运用多种表达方式，目的只有一个：有助于学生理解，有利于提高实效。

个性化的教学语言完全由教师的性格、习惯、兴趣决定。我就喜欢用质朴简明的语言。我从不故作深沉，更不用美丽的词句忽悠人，而是坚持在自然、本真的前提下，跟学生对话，与学生一道跟课文的作者对话。这体现了我的个性，也成了我的风格。

努力提高教学语言水平，是每位老师的本分，但要防止两种偏向：一是引经据典，卖弄"学问"，没有几句自己的话；二是卖嘴皮子，玩弄噱头，缺少人文品位。我们要用规范、科学的教学语言去有效地提高教育教学质量，切勿过于看重形式。如果缺乏真情，一味追求语言形式的"美"，那就失去了教学语言应有的感人力量。

顺便说一下校长的语言。多数校长仍在教学一线，其中不少人的教学语言水平是较高的。我这里想说的是，校长在对师生发表讲话时，千万不要过于宏观，贩卖新概念，更不要博人眼球而煽情，而应尽可能使语言有现实感、亲切感，使师生能受到实事求是的鼓励。

2021 年 3 月 2 日

30. 禁止弄虚作假

近日，有人把2015年7月20日"微博谈"上的一则消息在微信群里进行了转发："国外教育专家到我们的师范小学听课。课堂气氛极其完美。老师每提一个问题，全班学生齐刷刷地举起了右手，做争先恐后状。答案也很标准。老外们听完课后，问我们得意洋洋的校长：'孩子们都已经知道了，真搞不懂你们为什么还要上课。'"这则消息来自何地，是否属实，我无从核实，但类似的现象确实存在，且各地皆有。

我想，转发这则材料的人，一定不满意这种做法，而且一定发现此类做法至今依然存在而希望不再有此类情况发生。这是对基础教育的善意提醒。

由此我想起了两件事。

10多年前，一位朋友来看我时说了一件事：某小学一名老师对班上学生说："明天区里领导来检查工作，要听我们班的课。大家要踊跃发言，不管会不会，都要举手，会的五指并拢，不会的大拇指与四指分开。"孩子们都乖乖照办。

前几年，两位退下来的老领导去听我校分校一堂初中语文课。某学生发言，谈及母亲生病时她如何如何难过，说到伤心处，声泪俱下。两位听课者非常感动。课后问那位学生："你母亲现在身体怎样？"回答是："那是我编的。"两位老领导听后惊愕无语。

课该怎么上，一线老师各有各的做法，但有一条是共同的：实事求是地按教育规律办。像微信中师范小学的那堂课就不实事求是，正如老外所说"既然孩子们都已经知道了"，还用上什么课呢？那不是以炫耀"成功"而弄虚作假吗？至于那个为了感动听课人而"声泪俱下"的孩子，更是弄虚作假到了极点。当然，这种情况毕竟是少数，广大一线教师都在"既传授知识，又重视育人"方面进行积极的探索，并取得了许多可喜的成绩。不过，忽视引导学生学会做人的老师仍然不少，实在令人遗憾。

看到一则材料，说的是以色列。全世界的犹太人总共只有1700万，而他们得诺贝尔奖的人数竟占了全球诺奖人数的23%。哈佛大学中1/3是犹太人。除了其他因素，这跟以色列的教育有关。以色列的中小学，决不逼孩子学习，而是鼓励孩子提问、辩论。在小学课堂上，经常吵吵闹闹、争论不休。以色列没有高考，上完高中后服兵役三年，然后发钱给他们周游世界，在开阔眼界之后，由学生自由选择上什么大学。写到这里，顺便说一个问题：关于世界观。我们常对学生进行世界观教育，这当然是必要的，问题是，连世界是个什么样都不清楚，谈什么世界观？只能是空话。相对而言，以色列人的世界观教育是建立在观察、了解世界的基础上。这很值得我们学习。

当然，由于历史背景、文化传统、国家体制等等的不同，我们无法也没必要照搬以色列的做法。虽然我们有自己的国情，但尊重教育规律是必须坚持的。我们的课堂应保持常态，少一点整齐划一，多一点自由活动；少一点标准答案，多一点独立见解；少一点形式上的热闹，多一点思想上的活跃。要禁止弄虚作假，提倡求真务实。教育上的任何虚假，都后患无穷。"千教万教教人求真，千学万学学做真人"，要实现这一目标，需要我们做出艰苦而持久的努力。

2021 年 3 月 5 日

31. 说"度"

"度"是个常用字，它跟一些字搭配，可组成许多常用词语，如温度、程度、速度、尺度、强度、力度、高度、宽度、厚度、气度、刻度、适度，等等。把"度"置于前，可组成：度量、度数、度假，等等。通常情况下，这些词的含义是一看就懂的。

近些年来，"度"用在一些短语中，由于缺乏科学的解释，其含义就颇让人困惑，比如生命的长度、生命的高度、生命的厚度、生命的宽度。"生命的长度"大概是指人的寿命，那"生命的高度"是指什么呢？生命的"厚度""宽度"又是什么意思？有人把这些"度"用在教育上。什么是"教育的高度"？它的"宽度""厚度"又是指什么？虽然也有人对上述这些"度"做了点解释，但多半是从概念到概念，十分玄乎，说不清楚，这类文章写了有何用？

拿生命来说，首先要的是正常的"温度"，温度太高，头脑发热，身体内热，是要危及生命的。

拿教育来说，首先要讲的是"适度"，合适的教育是最好的教育。它讲常识，讲规范，讲方法。什么年龄学什么，达到什么程度，要培养哪些应具备的好习惯，讲清并做到就可以了，无需说多么高深的理论。

现如今，动不动就提升"高度"，增强"力度"，加快"速度"。……

在现实社会里，基础教育不可能一点不讲功利，但过于功利，就丧失了教育的本真。教育注重过程，注重人的培养，它必须静一点，慢一点，稳一点。

不少领导和教师，一贯追求"高标准"，普遍习惯于用成年人的一套去要求学生，用"高大上"的形式去装点门面。这多半是做给"上面"看的，是为了应付检查评比。请问，什么是"高标准"？为什么要"高标准"？"高"到什么程度？这样做会产生什么后果？能静下心来这么去想一想的人不多。为了"高"，宁可累死累活，也极少去考虑如何去减负增效，以致走进了恶性循环而不能自拔。

该是正确对待"度"的时候了！广大一线教师十分辛苦，但为了让基础教育走上正轨，我们应尽力做到：校园安安静静，目标简简单单，要求清清楚楚，训练实实在在。要去掉一切偏难偏繁、机械重复的各种练习，提高每堂课的教学实效，让学生多一点自由，多一点闲空，多一点笑容。

我执教 51 年，长期的实践告诉我：不遵规律，行事"失度"，一味求"高"图"快"，必然既有损事业也毁了人才。实事求是，坚持"适度"，循序渐进，定能行稳致远，有益莘莘学子和整个民族的未来。这是再平凡不过的真理。

2021 年 5 月 3 日

32. 向袁老致以崇高的敬意

2021年5月22日是个让国人永难忘却的日子，因为袁隆平、吴孟超两位院士不幸离世。这两位都跟人的生命相连，前者给人生命，后者挽救生命。

吴孟超院士从医78年，救治了1.6万名患者。九旬高龄仍然坚守在门诊、手术室和病床前。他说，能倒在手术台下是最大幸福；又说中国缺少的是把自己给出去的人。这种无私的献身精神令我感佩万分。

我想重点说说袁隆平院士，一是因为他解决了亿万人的吃饭问题，二是他中学是在南京读的。

23日，在长沙送别的队伍绵延3公里，自发前往殡仪馆悼念的超过5万人。老奶奶在雨中向袁老画像鞠躬；小男孩向袁爷爷行少年队礼；很多群众主动给淋雨维护现场秩序的警察打伞；数百辆出租车和部分公交车自愿停运一天，为赶来送别袁老的市民和外地民众提供免费乘车服务；吊唁厅外被一层又一层花海包围。有人说，这种场面堪比45年前十里长街送总理。

为什么人们对袁老如此崇敬？

因为他是一辈子专心做事的勤奋人。他不怕失败，尊重科学，一辈子在田间地头，用自己的技术为人类造福，一生的追求是让所有人免于饥饿。平日，他除了在家，就是在田里，或正在走向田地的路上，辛苦一辈子，无怨无悔。

因为他是一辈子敢讲真话的清醒人。他敢于说自己的亲身经历，敢于说困难时期饿死了很多人。他批评"文革"把国家搞得乱七八糟，希望人们反思。杂交水稻研究成功后，他敢于说："中国的粮食根本就不够吃，还需要进口，如果不进口，就要饿肚子。"

因为他是一辈子淡泊名利的独立人。他曾几次被拒之于院士门外，他无所谓，他说这说明自己水平不够，我要好好学习。但学习是为了科研，而不是为了当院士。他独善其身，不整人，不害人，活得真实，活得自在。

因为他是一辈子生活朴素的平凡人。他生活节俭，衣着简朴，国家安排他住进青岛的院士"豪宅"，他把它当成了实验室。成名之后，他从不利用自己的身份和名气做广告、搞营销。他既是科学家，更是平凡人，而"平凡人给我最多感动"。

我国的院士中还有不少人为国为民做出了重大贡献，都值得敬重。不过，也确实仍有如饶毅所说的"对科学没兴趣，对做官有兴趣"的人。我对科技界了解甚少，不好说什么，我只能说说教育界。

在基础教育界，就"名师"而言，有一辈子献身教育的，有在实践中不断改进教学的，有胸怀爱心认真育人的，他们是我的榜样。但同时也有这样的"名师"：不是专心做事，而是干出了一点成绩就想当官；好说大话、套话，喜欢制定宏伟规划、提出似是而非的各种口号；为了邀功，常常夸大成绩，甚至弄虚作假；喜欢别人奉承，更乐意被媒体宣传报道。对照袁老，这些人应该汗颜。

学习袁老，说到底是要学他有一颗为民之心。我们当教师的应该有一颗爱生之心。心心相通，何事不成？

我等普通人，因个人所受教育不同，所学专业不同，所处环境不同，不可能都有袁老那样的贡献，但只要专心事业，诚心工作，踏踏实实做好自己分内的事，就是对袁老最好的告慰和纪念。

袁老走了，精神永存。长沙民众说得好："碗中有米，心中有您""他把人民放在心上，人民把它高高举起"。

袁老不朽。

2021 年 5 月 25 日

33. 20年，40年

2021年6月4日，接到一个电话，我耳背，听不清，请对方给我发短信。很快，短信来了，原来是魏莉。她是我在开明中学兼课时的学生，1998年，她的《说"套话"》一文荣获当年南京市高三作文一等奖。她通过微信发来了三段她保存较久的、跟我有关的视频，很珍贵。还发来一张照片，是她毕业后来看望我时，我送给她的一本书，上面有我的题词："不要脱离凡人，不要甘做凡人。懂点哲学，学会分析。"她告诉我，现在江北新区工作，说"太想见您了"。6月5日，我在学校传达室接待了她。我把《我这样教写作》一书送给她，书中有她那篇获奖作文。她非常高兴。我们一起回忆了当年开明中学的一些往事，也议论了当前一些社会现象。最后，我们在校门口合影。

回去后，她发来一句话："做喻老师的学生幸运又幸福，终身受益。"同时告诉我，正在"开始有意识补一点大部头来读"。我回复说："能有意识地读点大部头，很好。建议更多地读一点鲁迅、季羡林、周国平的文章。"她表示接受。此后，我们常互发帖子。一日她发来一句话："对社会保持诘问，是知识分子的责任使命吧。"我回："是的。要维护社会的公平正义，要关心弱势群体，要促进社会文明。"她说："向喻老师学习，保持对社会的关注，保持思考和反思，这是这次我见到您所感受到的。"7月10日，她看了我发给她的视频后，回了一段话："知识边界越打开，越发现自己的局限，所以保持谦虚，才能保持开放与吸收的心态。大师大家都谦虚又真诚，这是特别动人的人格魅力所在。喻老师也是，一直保持自己跟学生在一起，跟社会近距离。"谢谢她的鼓励。她工作之余仍坚持读书，并做思考。这一点，我要向她学习。

从学校宣传橱窗中看到对优秀党员刘华的介绍，很兴奋。她毕业后，我一直没见过她。她是我教过的好学生之一，很想念。后得知，她一直在上海，2016年调到南京的江苏省人民检察院。经陈建华老师从中帮忙，我终于跟她联系上了。7月7日，她在检察院图书室接待了我和陈老师。

她还是先前那个样子，只是多了一份沉稳和从容。她请我喝茶，并进行了话题广泛的交谈。我因耳背，不少话没听清。我把《我这样教写作》一书和《跟你交个朋友》的小册子送给她，告诉她书中有她两篇作文。她笑着表示感谢。离开前，她跟我在楼下大厅里合影，并派车送我和陈老师回家。

　　当晚我给她发了短信："刘华好！阔别四十年，今日相聚，感慨良多。与你无拘束地交谈，亲切而温馨，谢谢你！你很忙，送给你的书没必要全看，有空看看打√的即可，如发现不妥，敬请指正。恭祝夏安！"她很快回了个短信："今天见到老师好高兴！您为我带来整个中学时代的美好回忆。于我，您是恩师，我会写点小文章，与您当年的指导和鼓励有很大关系。您和十中的老师们依然那么执着和敬业，为我们当年这些熊孩子传道授业解惑。我们最喜欢听您的课，生动有趣，记得您神采飞扬朗声大笑的样子。今天见您精神矍铄，真是欣慰。与您的交谈很愉快。您的赠书我正在阅读，多谢老师。祝老师健康长寿，幸福快乐！学生刘华"。短信的字里行间充满真情实意，令我感动。眼下，她肩负着维护公平正义的重任，工作很忙，不便再打扰她。

　　魏莉毕业于20年前，刘华毕业于40年前，岁月隔不断师生情，言真意切慰我心！

2021 年 7 月

34. 说说"总有理"

儒家提倡中庸，不偏不倚，均衡平和。但在很多时候，作为一个普通人，有些事难免偏执，能不走极端就不错。不过，现实生活中却有不少人好走极端、做错了，总能找到理由为自己辩解。

为表达坚强决心，说"好男儿宁死不屈"，一旦失败又宽慰自己"大丈夫能屈能伸"。类似的话还有"宁可玉碎，不能瓦全""留得青山在，不愁没柴烧""狭路相逢勇者胜""退一步海阔天空"，等等。劝别人安心平凡工作，就说"三百六十行，行行出状元"，对自己子女却说"万般皆下品，唯有读书高"。劝别人时说"金钱不是万能的"，而自己却十分相信"有钱能使鬼推磨"。劝别人时说"靠人不如靠自己"，而自己总希望"一个好汉三个帮"，等等。

一边痛恨作恶："善有善报，恶有恶报"，一边又不愿行善："人善被人欺，马善被人骑"；一边表明不先动手："人不犯我，我不犯人"，一边又随时准备先下手："先下手为强，后下手遭殃"；一边让人要大度："得饶人处且饶人"，一边又时时想着"有仇不报非君子"，等等。

为展示豪迈气势，总说"人定胜天"；遇到灾害，又说"天意难违"。为表明自己磊落，就说"明人不做暗事"；背地里又说"兵不厌诈"，等等。

例子不少，不再列举。往好里说，这叫"具体问题具体分析"；往坏里讲，这叫诡辩式"总有理"。

人生在世，会遇到各种事情，有些事处理不好实属难免，如能冷静反思，总结教训，以免再犯，就不失理性。这对个人，有利进步；这对政府，有益民生。

纵观古今，世上不乏充满自信的人，但没有一贯正确的人。坚持总有理，就是不讲理。实践告诉我，无论对人对事，都要辩证分析，坚持实事求是。在特定时空条件下，能承认好就是好，坏就是坏，胜就是胜，败就是败，决不"甩锅"，决不护短，就是个真人好人。

2021 年 10 月 8 日

35. 快慢须得宜

关于快与慢的问题，我在过去几年写的随笔中多次提及，都是提倡快慢适当。但眼下的现实是，什么事都丝毫慢不下来，上面动不动就提"加快速度""加大力度"。前几天看到清华大学一位教授的帖子，其中有这样的话："整个社会陷入了一场'忙碌症'。"他还说："按理说，速度时代的到来可以为我们创造更多闲暇，但事实上却引来了更大程度的匆忙。生活速度越来越快，究竟是好事还是坏事，真说不清。"对此，大家定有同感。快与慢，本无所谓好坏，也说不上对错，都出于特定需要，有时仅是一种愿望。

对当权者来说，"加快"是为了迅速改变面貌，促进社会发展，改善人民生活，其出发点绝对没有错。但是，一直加快，且越来越快，那就有问题了。因为太快、太忙，所以很少甚至没有时间进行思考，以致在"加快"中迅速损伤人力，在"加快"中迅速耗费资源。因为"快"，就容易"急"，因为"急"，就容易"乱"。虽然有时也会"急中生智"，但多数时候，"急"都没有什么好结果：开车，"十次肇事九次快"，车祸频发；看病，"病急乱投医"，耽误治疗；做事，"急于求成"，难以如愿；等等。"快"也能出成果。城乡面貌鲜亮了，经济指标上去了，但隐患不少，有些后果要若干年后才能看出来。

至于"慢"，只要不是拖拖拉拉，磨磨蹭蹭，正常的慢是好事。生命有过程，教育有过程，建设有过程，成长有过程，创造有过程……慢，就是承认过程，尊重规律，讲究步骤。古人云："事缓则圆。"又曰："欲速则不达。"匠人说："慢工出细活。"专家说："快是艺术的大敌。"百姓说："不要急，慢慢来，总能成。"总之，正常的慢，事情稳妥，成功率高，且能持久。

一味求"快"则相反，不重过程，违背规律，不符合条件，结果往往质量得不到保证，发展很难持久，就像开车，速度太快，容易翻车。"快"多半出于"争"，凡事总想争面子、争第一、争当老大，最后弄得大家过于忙碌，活得很累。

看过一段话，我觉得很不错。特摘录如下："马上得到的东西，幸福感相对有限。失去的不仅是耐心，还失去了对许多事物刨根问底的兴趣。人们如蜻蜓点水，掠过所有的表面，在获得丰富的同时，失去了深入体察事物的时间。"很多"表面"都"点"到了，看似很"丰富"，却失去了深入研究问题的宝贵时间。可惜呀！

该快则快，该慢则慢，快慢结合，张弛有度，有节奏地前行，才是科学发展之道，人民幸福之源。

2021 年 12 月 9 日

36. 可以沉默，但决不说谎

最近从报上得知，百岁老人马识途出了本新书《那样的时代，那样的人》。他在书中深情回忆了在过往岁月里让他难忘的"值得书写的人"，包括鲁迅、巴金、闻一多、冰心、杨绛等等。

巴金在世时，把自己新出的《再思录》赠给马老。马老回赠了自己的杂文集《盛世微言》，扉页上题了这样的话，"巴老：这是一本学着您说真话的书。过去我说真话，有时也说假话，现在我在您面前说，从今以后，我定要努力说真话，不管为此要付出什么代价。"他承认说过假话，勇气了得；他表示今后一定"努力"说真话，不管要付出什么代价，决心了得！在谈到冰心时，他说："她是一个顶较真的人，一个敢说真话的人，一个嫉恶如仇的人。"书中提到了一事：有一年，有领导去向她贺寿，她说："我这个人有五不怕，不怕打棍子，也不怕死。"90岁后，她对访问她的人说："我现在90多岁，什么都不怕了。"这段话告诉我，"打棍子"的人还存在，说真话还是很不容易，只是因为已90多岁了，什么都不怕了。由此，我想起了叶圣陶。他跟冰心是好朋友。晚年，每隔一段时间就要相约见次面，聊聊天，并合影。交谈是无拘束的、绝对自由的，说的全是真话。这多么令我羡慕！

这些前辈有个共同点：求真。陶行知也属那个时代的人。他的"千教万教教人求真，千学万学学做真人"，是我等一线教师经常挂在嘴边的一句名言，但要真正做到，谈何容易。想到此，就深感惭愧。

曾看到一句话："我们成年人在谎言的世界里穿行，却一本正经教育孩子诚实。这是多么荒诞！"确实荒诞；不过，这句话也说得有些夸张，我们的世界里也并非全是谎言，越是普通人往往越诚实，普通人的生活决定了他没有必要说谎。……

20多年前，路遇我的一位学生。她首先问候我、关心我，接着当面说了句大实话："当年，你教我们的那些话，不少是骗我们的，现实社会并不像你所说的那么好。"我当即说"是是是"。我完全可以说："我一个普通老师，只能按上级的要求去说，没办法。"但我没有为自己辩解、开脱，而是在内心检讨自己当年的胆小懦弱。

我今年已81岁了，是否就能像冰心那样什么也不怕了呢？真不敢说。不过，求真之心不会变，但要付诸行动，还得像马老那样要"努力"才行。我做不到凡事都说真话，但我决不会不分是非地随波逐流。我可以沉默，但决不说谎。

愿人世间越来越多的人都说真话、做真人。

2022 年 3 月

37. 说"崇高"

"他崇高的品质是我们学习的榜样。"这类话语时有耳闻。这里的"崇高"是褒义词。几十年下来，人们只会也只能说"崇高"的话，做"崇高"的事，在宏观与微观、理想与现实、长远与眼前等关系的处理上，总是充分肯定前者而忽视后者。这当然是有道理的，因为"小道理要归大道理管"、"有了崇高的理想，就能产生伟大的力量，就能创造辉煌的业绩"。但是，半个多世纪的经历告诉我，一味追求"崇高"，未必是好事。我们确实取得过巨大的成就，但不少失误甚至灾难，也正是在"崇高"的名义下发生的。

事物都有两面，过于强调一个方面而忘却另一方面，很容易简单化，也容易犯错误。强调理想而忽视现实，就容易说大话、套话、废话，成为不解决问题的空谈家。同样，强调道德而忽视规则，就很容易成为有嘴说别人、无嘴说自己的伪君子。现在，越来越多的人认识到：在分析宏观与微观关系时，既要看到"大"的重要，也应想到"大事是由小事组成"；在分析长远与眼前的关系时，既要看到长远的启示作用，也应想到"没有眼前就谈不上未来"；在分析理想与现实的关系时，既想到理想的激励功能，也应想到"仰望星空的同时不忘脚踏实地"。

从纯理性的角度看，教育是最需要讲理想，因为它最需要用正确的精神追求去引领人们走向美好的未来。问题是，在讲教育理想的同时，往往忽视了支撑理想的现实条件。我所说的"现实条件"是指普通的常识、基本的规范、底线的要求。如果缺少这些，理想教育的大厦就很容易坍塌。

对学生，我们要求他们要志向远大、勤奋刻苦，要向英雄学习、向名人看齐，这些都有道理；但首先应该让他们脚踏实地、打好基础、学会做人。对教师，我们要求他们师德高尚、教学精湛，要有一流的水平、优秀的业绩，这也都有道理；但首先应让他们了解教育规律，遵守职业道德，要学生做到的自己首先做到。政府总是要求老百姓热爱祖国，顾全大局，克己奉公，这当然也没错；但我认为，首先应让百姓了解自己的权利和义务，遵纪守法，互爱互助。对小孩子，要求他们成绩好、有出息，也没错，但首先应教他们讲礼貌、懂规矩。

社会永远需要用崇高来引领、用理想来激励，但崇高的、有理想的人终究是极少数。崇高决不能自封，也不可人为拔高。真正崇高的人，完全出于本心。他乐于助人，甘于奉献，勇于担责，且能长期坚持。其精神、品质永远值得歌赞，但不宜以此为标准去要求每一个人，因为一般的人做不到。一个正常的社会，只要求每个普通人懂得常识、遵守规则，做好本职工作，就行。

行文至此，想起了王小波。如果他能活到今天，该是70岁了。在他离世的25年间，社会发生了巨大的变化。他曾说过："崇高并不都是对的，低下的一方有时也会有些道理。……现在又有人在提倡追逐崇高，我不知道是在提倡理性，还是一味煽情。"……人们之所以至今仍怀念他，是因为他用实话抒发真情，用文学对抗虚伪。

真正崇高的人，无私无畏，为民谋福，人们永远敬仰他们，永远不会忘记他们。……

眼下，"高"很走红，很吃香，什么高起点、高速度、高标准、高水平、高品位，等等。这多半是急功近利的产物，都或多或少违背了事物发展的规律。讲心里话的普通人，才是真实的世界；习惯了讲崇高的话，最终就不会讲人话。一个理性的世界，应让"高"放下身段，回归正常。

我确信：实事求是，终成大事；不唱高调，岁月静好。

2022 年 5 月

38. 教学研究应提倡争论

现今的中小学教学研究在不少方面推动了教育改革，有助于教育质量的提高，其功效应予肯定。不过，也有讲排场、图热闹的现象，尤其是有些报告会，动辄数百人参加，却不重视实质性问题的切磋，更缺少就具体问题展开面对面交锋。

再看看眼下日常的教学研究：评公开课，只说好话，即使有不同看法，也多半轻轻带过；讲座，只听到主讲人一个人的声音，几乎听不到提问、质疑；专题论坛，基本上是各说各的，极少当面辩论；杂志上的教研论文，极少就某个问题展开争鸣。

我的经历也很说明问题。20世纪90年代，我多次参加全市公开课的点评。我坚持实事求是原则，就课论课，既充分肯定开课老师的优点，也指出其需要改进之处。不止一人出于好心，要我今后评课不要再提人家不足，至少不要说得那么具体。我心想，评课就该从实际出发，有啥说啥，不然还叫什么研究呢？

之所以出现上述现象，"面子"是重要原因之一。大致是两种情况：不提问题，是怕提错了遭人笑话，怕被人说"没水平"，丢了面子；不提问题，是怕伤了对方面子，影响彼此的关系。在现实生活中，"面子"是要讲的，但过于看重面子，会淡漠是非观，助长功利心，不利于形成真正的研究。

其实，真正有效的教学研究是离不开提问，离不开争论的。我建议：

集体备课，对课文的理解，对采用的教法，应允许有不同意见，鼓励"八仙过海，各显神通"。

校内教研活动，评课要允许有不同评价，同时可以有意识地组织对某个专业问题展开讨论，各抒己见，畅所欲言。

名师开讲座，在讲完后应留出一些时间，回答听众提问，彼此切磋，共同提高。

报刊上的教研文章，应经常组织对教育上某些重要问题展开争鸣，通过比较，以求共识。

对课题总结和实践成果，要允许有人提出质疑，以纠正偏失，使其完善。

要做到上述这一切，并非易事。因为在许多行政部门和老师们的头脑里，比较习惯"定于一尊"，某个领导下了指示，某个专家发了话，就"定论"了，即使有不同看法，下面的人也不说了。这种状况必须改变。

当然，提倡争论必须注意方式方法：第一，就事论事，不人为拔高；第二，平等相待，不看重地位；第三，实事求是，不夸大缩小。要少引经据典作空泛说理，多联系实际作具体分析。一时达不成共识，可求同存异。要懂得，争论是一种交流，是切磋，是探索。心平气和的充分争论，往往会擦出创新的火花，推动研究的深入。争论的终极目标，是寻求真理，认清规律。

但愿基础教育领域的研究在争论中出现新气象，开创新局面。

2022 年 7 月 5 日

39. 少说多做

初中语文课本中《闻一多先生的说和做》一文，赞颂了闻先生"只做不说""做好了也不说"的务实作风，给我印象很深。

而在现实生活中，"只做不说"的人却常常遭到冷落。拿教育界来说，有些老师上课认真，工作负责，既传授知识，又重视育人，考试成绩也不错。他们认为这是自己应尽的职责，没什么好说的。但因为不说，不声张，不汇报，不仅受不到表扬，有的连职称也没及时晋升。这是有失公允的。要知道，"只做不说"的老师占了教师队伍的绝大多数，他们是教学的中坚，是学校的基石，没有他们默默地付出，学校就没有任何成果，也难有任何进步。但有些校长往往只把眼光落在"骨干"和"名师"身上，不太在乎"只做不说"教师所做的努力。这需要纠正。

其实，对"骨干"和"名师"也要做具体分析。他们中的许多人也都"只做不说"，淡泊名利，为人低调，谦虚谨慎，不断探索，他们是大家学习的榜样。不过，也确有少数"名师"说得多、做得少，甚至"只说不做"。这种"名师"应该冷静下来，认真反思，在"做"中重新学习。

教育，尤其是中小学基础教育，最看重过程，最注重积累。什么年级学什么、怎么学、学到什么程度、怎样才有效果，都很具体，来不得半点虚浮。我提倡少说多做；说，要实事求是，科学合理；做，要踏踏实实，讲求实效。说到这里，我想起了一个人，曾执导《青春万岁》《围城》的著名女导演黄蜀芹曾说，自己最大的本事是不说话。作家张弦回忆说，黄蜀芹话很少，但常常"寥寥数语，句句中的"，可见表达之简洁。这跟当下有些人漫无边际的海侃神聊形成了鲜明的对比。普通的生活，平凡的日子，哪有这么多话？多半是没话找话，说的是多余的话、没意思的话。

常言道："说"容易，"做"不易。基础教育没有多少高深的理论，只要尊重客观规律，面向全体学生，打好基础，守住底线，就行。校长们要静下心来，俯下身去，少在"说"中做表面文章，多在"做"中练过硬功夫，带领师生在减负增效的道路上稳步前行。

2022 年 7 月 14 日

40. 礼，不能过分

　　中国是礼仪之邦，一贯重视"礼"，有制度层面的大礼，有日常生活的小礼。"礼多人不怪"，这是人之常情；但是"礼"过多，过于繁琐，也有负面效应，会滋长做表面文章的形式主义，甚至会助长浮夸风。我以"礼"的表现形态之一的仪式为例，说说我想到的一些问题。

　　近些年来，不少仪式日益频繁，也越来越隆重，如奠基仪式、开工仪式、落成仪式、揭牌仪式、签字仪式、祭拜仪式，各种"节"的开幕仪式、各种比赛的启动仪式，等等，都既费时又费钱。

　　受社会风气影响，学校也日益注重仪式。有些仪式是必不可少的，如严肃的升旗仪式、庄重的毕业典礼。但有时有些仪式过头了，如成人仪式、校庆仪式。尤其是校庆。除了广发预告，还要请领导、请专家、请媒体。领导，级别越高越好；专家，名气越大越好；媒体，档次越响越好。事先还要准备许多礼物，分送给嘉宾和校友，另有专场演出、校内参观，少则半天，多则一天，非常耗费精力、财力，效果却很难说，只是"自我感觉良好"。

　　由校庆仪式延伸到做招生广告。近年，为了争取"好的生源"，不少学校都通过报纸做招生广告：有美丽校景、优秀学子的照片，学校办学成果、历届骄人校友的介绍，一搞就是半张报纸，甚至整整一版，无非是自卖自夸。这反映了相互攀比的功利心和浮躁气。

　　礼不能忘，仪式也永远需要，但是要控制好"度"，过分了，很容易走向反面。学校办得好不好，最终看校风，看口碑，看质量。质量，既要看学生的品行和水平，也要看教师的师德和能力，而且不能只看一两年，需要长期观察，才能做出正确判断。靠形式主义，靠自我标榜是不行的，办教育还是取科学的老实态度为好。

2022 年 7 月 17 日

41. 小议"好教师"

某地以"推动教师专业成长"为议题搞了个论坛，其中有些设想、有些发言，很精彩，至少给人有益的启示，很好。但有些内容令我费解，比如会上发布了"智慧教师8条约定"，什么是"智慧教师"？又如，会上介绍了某所学校一项特色课程，提到教师的"文化气质"（人格美的引领者，学科美的践行者、生活美学课程的开发者、合作美的示范者、美好生活的创造者），概念不科学，要求太高，尤其是"美好生活的创造者"，很不现实。教育是科学，它重视脚踏实地的实践，要少一点新名词，多一点大实话，要少一点排比句、多一点真功夫。须知，光靠好听的"美言"是解决不了实际问题的。

使我感兴趣的是与会老师围绕"好教师"的讨论。一共三个问题：心目中好教师的样子、成为好教师面临的挑战、如何成为好教师。有老师说："好教师是真实而有温度的。"对此，我非常赞同。

10年前，我在所教的班出了道作文题，要学生写出班上每位老师给自己印象最深的一点。作文批完后，我对他们所写的内容作了归纳，以下这些是老师使他们喜欢的原因：①有独立的人格和精神追求。②充满朝气，富有激情，始终保持年轻心态。③平易近人，能一视同仁关爱每一个学生。④始终以微笑面对学生，给人以亲切感。⑤口才好，表达生动，不乏幽默。⑥穿戴合体，很讲礼貌。⑦对学生要求严格，又很有人情味，⑧能以丰富的知识给学生多方面的启迪。⑨总是及时而热情地表扬学生的点滴进步。⑩十分注意学生自主学习能力的培养。我想。这就是"好教师的样子"。要求是很高的。但它确实是学生期望的，一下子全做到决不可能，那就由易到难，一步步接近它。

从评价规则看，好教师无非包括师德、师能两个方面。师德很难具体化，更难量化，主要看他（她）的为人处世，看他的人品。首先看他（她）有无职业道德，它包括规则意识、责任意识，等等。师能，就是要有良好的专业技能。

我重点说说师能。它包括拥有的专业知识、具有的教学水平和自我磨炼的修养。平时，大家最看重的是教学水平，它包括书写能力、表达能力、传授能力、组织能力、应急能力、独立命题能力，等等。其实，自我磨炼的业余进修也很重要，它是"加油站"，决定一个教师有没有后劲、能不能持续发展。它包括继续读书、参加培训、能在继续学习中培养反思意识（看到自身不足，注意不断改进）。从某种意义上说，好教师正是在不断纠正偏失中产生的。

　　一名教师是否是好教师，要全面、整体地看，不能仅凭几节课或一两篇论文，而要看一贯的表现，听取同事的评价、学生的反映、家长的意见。同时要注意，不要把评好教师跟评特级教师等同起来。应该说，多数教师都是好教师，如果不承认这一点，那学校还怎么办下去？标准要有，但要求不能太高。"做个好教师"，应成为每位老师的自觉要求；"培养好教师"，应是校长的重要使命之一。

2022 年 8 月 18 日

42. 教育断想

不妨来点"失败教育"

芬兰的孩子从四五岁起就学滑雪，第一堂滑雪课是练习跌倒。老师亲身示范，整个人跌倒后，再一点点爬起来。这宝贵的第一课让孩子们懂得：在成长的道路上，充满意外与挫折，有时跌倒很正常，只要勇敢地爬起来，就是胜利者。芬兰老师认为：不盲目自信，不能觉得自己样样比别人强，要看到自己的短处，要永远对成败怀有一颗平常心，这应是人生的必修课。

在社会越来越迷恋"成功学"的当下，适当地对孩子来点"失败教育"，有利于鼓励他们走出舒适区，从而收获取得成功的更多可能性。

留点"空白"有好处

眼下的孩子从小就认字、识数、背古诗、学外语，有的还要弹钢琴、学跳舞，课程排得很满。在许多家长看来，这"很有意义"，但在孩子看来，不少事却"没有意思"。因为他们失去了观察、感知、探索的能力，没有一点属于自己的时间。

中国画很看重"留白"。给孩子的生活也应"留白"，让他们有一定的独处时间和想象的空间，让他们学会面对大自然、面对真实的自我，从而发现大自然的奥秘和自己真实的内心。千万别把孩子的生活安排得太满。"留白"会使孩子更自立、更健康、更聪明。不信，我们不妨放手一试。

"癖"不可少

明代的张岱有段话："人无癖，不可与交，以其无深情也；人无疵，不可与交，以其无真气也。"意思是说，一个人如果没有任何爱好（"癖"，癖好，爱好），对什么都不感兴趣，既没有"深情"，也没有"真气"，活得像一潭死水，这样的人不值得交往。

他说的是文人墨客、风流雅士之交往，但对当代基础教育也不无启发。

真要让孩子学有所成、健康快乐，就要让他有"癖"，也就是说，应让他有自己的爱好、兴趣，并始终保持。如果"无疵"，没有一点毛病，这就有点像活死人，谁愿与之交往呢？从某种意义上说，教育就是激发兴趣，培养好奇心，使学生有"深情"与"真气"，这才是符合人性的真教育。

"直接经验"是最重要的

当代技术把苦活、累活、难活都干掉了，人们可以坐享成果，多好啊！但问题也来了：人们都只享受结果，不再能感知产生结果的过程，我们的感受也变得日益稀薄，各种实际能力也随之衰退。从今年秋季开始，中小学增设"劳动课"，是否与此有关，我不知道，但让孩子从事一点体力劳动，是完全必要的。

人的进步，有的来自直接经验，有的来自间接经验，有的兼有两种经验。随着科学的发达和社会分工的精细，事事靠直接经验是决不可能的；不过，直接经验对许多事情来说，仍是不可缺少的。如文学创作，尤其是小说的写作，其内容很多是来自作家的直接经验。再如多数精美的工艺品的制作，很难用科学方法完成，而只能靠匠人的直接经验。

当下的孩子，除了学文化，做作业，其余几乎什么也不会。应让孩子学会做点家务，搞点手工制作，参加点志愿者活动，等等。不然，人可能退化。对现实的观察、对生活的自理、对社会的接触、对器物的运用、对环境的适应，都需要直接经验，直接经验产生感性认识，而感性是理性的基础。基础教育，尤其是小学教育，应该感性多于理性，一切从具体问题入手，引导孩子逐步把感性上升为理性，而不能颠倒了次序，这是常识。

2022 年 9 月 21 日

43. 对学生的要求要具体、可行

在金陵中学钟楼后面的柏树林中，有块石碑，上刻"初心"二字。字是校友、著名经济学家厉以宁写的。立碑至今大约 20 年了。这是厉老对在校学生的勉励，提醒他们不要忘记求学开始的地方，不要忘记自己最初的理想。至于在校期间能学到什么，能成为一个什么样的人，除了个人的努力，还得有正确规则的引导。

教育是"立德树人"，要"立"要"树"，就要有规则。拿基础教育来说，中小学有中小学生守则，但单凭这个远远不够。有些中小学根据本校的传统和实践经验，制订了立德树人的具体要求，取得了良好的效果。

这使我想起了古代的书院。当时的书院相当于现在的大学或研究生院。清乾隆十三年，王文清任岳麓书院山长（大抵相当于院长）。他修订了书院的学规。这些学规多数都很具体：有涉及读书方法的，"读书必须过笔"，不动笔墨不读书，眼到手也到，用笔圈点；有涉及思维训练的，"疑误一定要力争"，有疑问一定要辨明是非，据理力争，以求真知；有涉及生活方式的，"服食宜从俭素"，穿衣吃饭要节俭朴素，"气习各矫偏处"，矫正各自行为中的偏执，养成与人和谐相处的习性；有涉及社会实践的，"通晓时务物理"，了解社会实情，懂得事物的相关原理；还有涉及伦理道德的，"时常省问父母"，经常反省自问，检查对父母是否孝敬。总之，其学规重务实，不虚言，难怪岳麓书院后来的学生魏源、曾国藩、谭嗣同等人都对它推崇备至。

当然，对正在接受基础教育的中小学生来说，不宜完全仿照岳麓书院的学规，而应从青少年实际出发，制订符合他们年龄特征的、切实管用的规则。在这一点上，叶圣陶先生的"培养好习惯"是很好的主张。他说的好习惯，包括求知、做人两个方面。求知，包括仔细读书、认真写字、独立完成作业、及时订正错误、学会自主学习，等等；做人，包括注意个人卫生、礼貌对待他人、与人和睦相处，等等。没有大道理，全是行为细节，很值得我们借鉴。每位求真务实的教育工作者，应从最基本的做起，首先让学生做一个具备各种好习惯的、受人欢迎的普通人。

2022 年 9 月 22 日

44. 要好看，更要耐看

报上有段话很好："世人爱花，却更离不开果实。花是点缀，是华丽的外衣；果实是生命，是生生不息的希望。阅历渐丰之后明白：好看的总是无法长久，而耐看的总是历久弥新。发现了深藏其中的美，耐看的事物会变得越来越好看。"

眼下，好看的事不少，如精心准备的公开课，热热闹闹的教研论坛，等等。而耐看的事不多，如确有实效的常态课，总结规律的短文章。

耐看的教育要讲究方法。达尔文说："最有价值的知识是关于方法的知识。"方法不对，努力白费；方法找对，事半功倍。好方法往往有"简、巧、妙"的品相。简是首位，就是要简约、简要、简洁。现在的教育，往往繁琐，理念很多，花里胡哨。

武汉大学原校长刘道玉说："好的教育可以造就英才，而坏的教育将毁掉可造之才。自中国进入现代以来，由于教条主义、形式主义、功利主义、浮夸风、虚荣心等泛滥，严重污染了圣洁的教育。一个好的学风，让人受益无穷，反之，一个坏的学风，将殃及几代人。……出路在于使教育回归到真正的本源上来。"

刘校长说的是大学，其实，中小学也同样如此。我理解，使教育回归本源，就是按教育自身的规律办教育，就是让教育做自己该做的事。对中小学来说，就是要简化头绪，在做人、求知两个方面培养好习惯，为日后的成长、发展打好基础。基础打得牢，越看越耐看；基础打不好，可能一时好看，却难以持久，越看越难看。要爱花，更要爱果实。

2022 年 11 月 8 日

45. 简要说几句（两则）

关于"差异"

看到一个视频，是上海市建平中学原校长冯恩洪的一段话。他说：课堂，对有些学生是接受，对有些学生是享受，对有些学生是忍受，对有些孩子是难受。为什么会这样？这是因为用无差别的教育去要求有差异的学生。他认为，对有些孩子提出无差别的高要求，是无法实现的。应该让有焦虑、恐惧感的孩子找到他的"最近发展区"，让他跳一跳能够到目标、看到进步，变"要我学"为"我要学"，让他在点滴进步的积累中产生成就感，这就对了。

冯校长讲了个至今没有完全解决好的问题，那就是教育的差别化。好的教育，应该承认学生的差异，坚持因材施教。但目前的班级制做不到，别说教两个班了，即使只教一个班，四五十个学生，要考虑差异，精力不够。从道理上讲，世界是多元的，可以无限兼容，有差异才丰富，有差异才有创新。但从操作上看，难度很大。我们只能尽量做到不用一把尺子去衡量所有学生，保护差异，尊重个性，因"异"施策，同时成立各种社团，丰富课余活动。更好的办法，靠大家去想。

关于"读书"

对于读书意义的理解，至少有三种：一是"万般皆下品，唯有读书高"，这是传统观念，把读书看得高于一切；一是"读几本有用的书就行了"，读书是为了实用；一是"读书能当饭吃吗？"，这是读书无用论，在物质生活普遍得到改善的今天，已极少有人说了。

读书的类型很多，有理解性阅读、研究性阅读、鉴赏性阅读、消遣性阅读，等等。目的不同，读书的方式也不同，有深阅读，有浅阅读，一切从实际出发，自行选择。

快速的、碎片化的阅读，不专注，不系统，对搞研究的人来说不可取，对普通的人可以接受。缓慢的、完整的阅读,有深度,有趣味,有助于提高自身文化品位;但对忙上班、忙打工的人来说,时间少,做不到。

我认为,对"读书"的要求要实事求是。对普通人,读书是出于喜欢,不带功利,没有计划,有空就读,随心所欲,只要有兴致、能坚持,就很好。对中学生,首先读好课文,再选读一部分如教育部推荐的书,就行。课文要仔细读,尤其是经典的古诗文;选读的书,数量多,读不完,每本书要"整本书阅读",更做不到,略读、浏览,即可。学生迟早要步入社会,为了适应现实生活,应该既"读书",又"行路"。

对老师来说,尤其是语文老师,当然要多读书,但也并非越多越好,关键是看有没有真正读进去,有没有消化,会不会运用,能不能"使所读的书活起来"(鲁迅语)。书呆子的老师是不受欢迎的。

2022 年 11 月 13 日

46. 说好"信言"

《道德经》最后一章中有这么句话："信言不美，美言不信。"什么叫"信言"？可靠的话。什么叫"美言"？漂亮的话。真实可靠的话，因揭示了事物本质，往往不好听；优美漂亮的话，往往因掩盖真相而不可信。

在现实生活中，"美言"永远需要，看你说的是什么、对什么人说。美好的事物、可贵的品质、取得的成就，都值得用"美言"去赞颂。但如果"美言"用错了对象、地方，可能蒙上功利色彩，甚至带有欺骗性。现今的网络，有人在发表评论时，往往站在道德制高点上，把自己看作完人，一味对人说教，在语言表达上太过情绪化，偏激中包含煽动；有人用"美言"粉饰太平，有人用"美言"歪曲历史，有人用"美言"自吹自擂，有人用"美言"虚构蓝图。这都是违背实事求是原则的不良文风。

"信言"能把高深的道理讲得通俗易懂、深入人心；越是满嘴"美言"，故作高雅，越显得浅薄可笑。

古人还有一句话很实在："小人话杂而虚，君子话简而实。"小人的话杂乱而虚妄，君子的话简明而实在。由此想到"言"与"行"的关系。明人吕坤说："实言，实行，实心，无不学人之理。"说话诚实，办事踏实，为人真心，就没有不使人信服的道理。既说实话，又办实事，此乃君子之风。对此，自古至今，备受推崇。

报纸上有人对如何说好"信言"（尤其是官员），提出了三条建议：第一，要通俗易懂讲白话；第二，要简明扼要讲短话；第三，要言之有物无空话。这是"信言"的要义，是说话之道，也是日常写作之道。对此，我举双手赞成。

对中学生来说，应让他们坚持说"信言"，用真实可靠、简明扼要的语言，去反映生活、表达思想、抒发感情；同时教育他们言行一致，言必行，行必果。这应是为师之道。好说"美言"的大环境一时很难改变，但作为一名立德树人的教师应带头用"信言"讲课，用"信言"写作，为学生树立榜样。

2022 年 11 月 26 日

47. 订计划从"小目标"做起

很多人，尤其是当领导的，好谈大格局、大境界，大胸怀、大发展、大提高，显得很有志向，很有追求，很有气魄。总之，目标宏大。其精神值得肯定，因为它多多少少能产生一种动力。但如果计划只停留在"大"的层面，却忽略"小"的基础，最终可能事与愿违。

看到一则短文，其中有这么一段话："我倒希望把目标定得小一点，近一点。……不时刻操心未来，反而会有更好的未来。这不是忽视长期，只是不拿它来折磨自己。"他主张把长期目标分成一步步的短期目标，能做到一分，心里就踏实一分。我很赞同这个观点。

我读高中、上大学的时候，总喜欢订计划，特别是到了暑假，要读几本书，并写笔记，但几乎没有完成过一次，能读完一本就不错了。

执教后的头二十年，也喜欢订计划，每年要做成什么什么，但往往因教务繁忙和一些社会活动的干扰，而很少完成既定的目标。

50岁以后，每年有目标，一年写出两篇3 000字左右的教研文章，因为目标小，又很具体，大多数年份都能完成。

退休后被返聘，每月有个目标，后改为每周有个"工作备忘"，具体到这一周内哪天干什么，完成一项打个√，基本上都能实现（少数没实现，是因为情况临时有变）。

最近十年，虽不再上课，但阅读、写作没有停。像返聘期间一样，每周头一天就列出"本周要做的事"，哪天读什么，哪天写什么，哪天接待什么人，很清楚。结果，所有目标全都完成，每年出了一本随笔。

实践告诉我：无论是搞教育，还是从事其他工作，最好都把大目标切分为解决当下问题的一个个小目标，每个目标实现了，离大目标就近了。

拿语文教学来说，应按语文新课标（核心素养）的大目标去办，但最好把它切分为一个个小目标去做，排个先后次序，一步步来，先抓好"语言的建构与运用"，然后再抓"思维发展与提升""审美鉴赏与创造""文化传承与理解"。语言的运用是语文教学最基本、最重要的任务，务必抓实抓细。这一条做不好，后面的几条就没有基础。就一线语文教师而言，在新课标大目标的指引下，要先练基本功。把话说好（说普通话，说流畅的话）、把字写好（写得正确，写得规范）、把课备好（既备课文，又备学生）、把作业改好（改得准确，改得及时），最最要紧的是，努力把每节课上好（目标明确，条理清楚，练习到位，具有实效）。就这么从小目标做起，一步步走这么几年、十几年，必然有较大收获。如果订计划时只有大目标，听起来很美好、很宏伟，却不知道它确切指什么，那充其量只是一个"愿景"而已。

那到底该怎么做呢？这让我想起了一位老作家。他在回答别人采访时说："我哪有什么诀窍，如果一定要说点体会，那就是用心用情用功去写，始终以平常心看待结果。"这位老作家是我的榜样，也是广大青年教师的楷模。不追求宏大，而是忠于当下每一天，把大目标切分为一个个小步骤，用"心"去做，用"情"去做，用"功"去做，就尽到了职责，就能收获甜果。

作为一名教了五十多年书的一线老师，我看重的是实际，决不贩卖概念。如果话说不好，字写不好，课上不好，只会吹大牛，我还能算合格的语文老师吗？

2023 年元月 5 日

48. 跟有些"热"保持距离

北京的陈年年老师在他的文章中说："我有一个小小的困惑，为什么教学有这么多概念。讲授法、讨论法、自主学习、合作学习、翻转课堂、任务驱动、情境教学，情感教学、思维导图教学……光是为了解决语文阅读一个问题，就从篇章阅读到单元阅读，又到专题阅读，再到学习任务群。任务群内部，则有整本书阅读、跨媒介阅读、思辨性阅读、文学性阅读、实用性阅读等概念。在教学建议中，又有主题阅读、比较阅读、专题学习、项目学习一串具体的教学开展方式。"

这使我想到作文教学，概念也挺多的，有风格作文、情境作文、个性化作文、快乐作文、创意作文、快速作文、新概念作文、读写结合作文、三位一体作文、语言思维作文，还有生命作文、绿色作文，等等。

以上不少概念曾是某个时期的"热"，影响了一大片教师。还有另一种"热"，什么某种教学的"高峰论坛""名师讲座"，某种教学的"启动仪式"，还有评选活动、颁奖典礼，等等。有时搞得热闹非凡，不少人为此趋之若鹜。

太多的概念，太多的活动，让人觉得这就是方向，不跟就落伍了。这让我很迷茫，也很焦虑。

我决不无端的反对"热"。热度，反映的是关注度。看看大家在关注什么，是人本能的好奇心，也是普通人了解世界的一个窗口。多彩的世界必然产生各种热度，问题在于，这是真实的热度还是"虚假的繁荣"。当下，"虚假的繁荣"的"热"迷了不少人的双眼。有些"热"是故弄玄虚，有些"热"是哗众取宠，有些"热"是自我炫耀。跟这些"热"保持距离，才能头脑冷静，冷静之后才有清醒，才不会被概念绑架，才不会被媒体炒作忽悠，才有理性思考的空间，也才能真正找到解决问题的可靠途径。

概念过多，"热"度过高，变化过快，使一线老师眼花缭乱，无所适从，不利于经验的积累，也无助于规律的总结，最终很可能概念既没有真正搞清，事情也没有切实办成。……

对一线广大教师来说，我的基本观点是：①要弄清基本概念，但不必成为逻辑专家，只要不犯常识性错误就行。②要学习理论，但不必进行纯理论研究，只要老老实实按教育规律办事就行。③要与时俱进，但不必刻意求新，只有首先解决好当下的现实问题，才能有美好的未来。④要努力成为名师，但不必太过功利，先做一名合格的、受学生欢迎的普通好教师就行。上述一切基于一个现实：中小学是基础教育，基础教育就要抓基础、保底线。教师的任务是：在育人的总前提下，通过引领和指导，使学生能读、能写，能跟人进行正常的交流。

跟某些"热"保持距离，冷静地做好眼下能做到的事，一步一个脚印地稳步前行，这才是求实的作风、科学的态度。

2023 年元月 9 日

49. 首先要解决实际问题

《中国新闻周刊》的一则报道让我吃惊不小——"医学生培养了八年为何还不会看病"。苏州大学原校长熊思东说，现在很多高校的医学教育"眉毛胡子一把抓，求高贪大"。广州医生张曼说，想要晋升，更多看的还是论文，临床操作水平在考核中不占优势，"名头很大的医生，可能手术做得一塌糊涂"。中国科学院院士、中国科技大附属第一医院院长葛均波还是很了解下情的，他说："对县医院来说，没必要一定要考核医生的论文水平，或将学位门槛设得很高。老百姓看病，80% 到县医院。对县级医院而言，看好病更重要。"

这使我想起了一位友人对我说过的一段话："你去看病，不要看墙上挂的专家介绍，他们论文不少，头衔很多，但不一定会看病。你要私下打听一下，找那些真能看病的医生。"这话虽有点绝对，但有些专家不一定能看好病，却也是不争的事实。过于看重科研论文，轻忽临床经验，是造成上述现状的重要原因之一。

学校也有类似情况。近些年，中学招聘教师，日益看重学历。有的学校连本科生都不要了，要研究生、博士生，以显示学校师资队伍的高水平。对应聘者的水平应做全面考察，有的学历高教学能力也强，而有的学历虽高但教学能力较差。有一年，我参加对应聘教师的考核。其中一位是博士，但上的课实在不敢恭维。其他几位评委请我表态，我说："他学历很高，有科研能力，但不懂怎么给中学生上课，讲解一个字用了几乎半堂课，完全没说到点子上。我们要看学历，更要看解决问题的能力。对学校来说，我们要的是能上课的人，而不是写论文的人。"大家同意我的观点，最终没有录用这位博士。

任何领域都一样，要有人研究理论，更要有人解决实际问题。长期以来，出于鼓舞人、振奋人的良好初衷，总喜欢"高大上"，目标要宏伟，用词讲漂亮。时间一长，助长了形式主义，习惯做表面文章。高质量、高标准、高起点、大目标、大手笔、大发展之类的口号满天飞，却往往忘了没有低就没有高、没有小就没有大。"万丈高楼平地起"，"平地"是基础；"千里之行始于足下"，"足下"是起点。离开了最基本的，就不可能真正把事办成。

最近正在热播的电视剧《人生之路》中有这么个情节：高加林留在当地农村当小学代课教师。有一次，他在黑板上设计了一道填空题：我爱（　　　），我喜欢（　　　），我要（　　　）。他自己填的是：我爱太阳，我喜欢阳光，我要歌唱。他说，这样填，既美好又有诗意。他叫一名家境极其贫困的名叫满囤的孩子来填，那孩子答：我爱干活，我喜欢玉米，我要交学费。高加林愣住了，怎能这么填呢？满囤妈对高加林说："你要先教他最有用、最想说的。"高加林一听有理，给孩子打了 100 分。孩子妈的话质朴而实在，既教育了高加林，也给我深刻的启迪。

再回到前文所说的。口号要有，形式也得讲，但一定要摒弃不实的大话，抛开虚幻的美好。医生首先要会看病，教师首先要会上课。凡事首先要解决最迫切的现实问题，这就要认真练好基本功，基本功扎实了，就能在解决一个个实际问题的过程中一步步提高，直至巅峰。

这是常识，如果连这个道理也不懂，那不是傻子就是狂徒。

2023 年 4 月 10 日

50. 从教师现状谈起

我虽已退休多年，但仍关心当下的语文教育。为了不说空话，我最近做了一点调查，对象有普通中学初中的三位老师和重点中学高中的两位老师，年龄分别是20多岁、30多岁和40多岁。现将调查结果简述如下：

（一）初中

1. 课时：多数人教两个班，每周16课时；初三每周10课时，外加班主任。

2. 作业：初二有评价手册、补充习题、大小读写本、各种试卷；初三有抄写本、默写本、读写本、作业本、评价手册、阶段检测卷。每天批作业花2-3小时。

3. 睡眠：多数在晚上11-12点睡觉。

4. 阅读：有点时间看书、杂志，但做不到每天看。一般只看跟备课有关的文章或教学实录，理论性长文很少看，甚至不看。

5. 学校统一组织学习新课标。

（二）高中

1. 课时：大多数人教两个班，每周16课时；另有晚自习值班。

2. 作业：周周练、练字本、作文本、跟教材配套的练习。教两个班的，每天备课加改作业，一天的时间就占满了。

3. 睡眠：一般都在晚上11点以后。

4. 阅读：有时间看点书，但时间很少，自由思考的时间更少。

5. 高三老师遇到一个问题："学生渴望有见解的好老师，但面对高考压力，很多时候，学生显得比老师更应试、更功利。甚至老师拉着他们多阅读、多思考，但拉不动，他们更想要'有用'的东西。两难：自由了不行，学生觉得'用处不大'，要应试；真应试了，他们又觉得'很无聊'。"

上述调查因调查人数极少，无法涵盖一线教师现状的所有方面，但最基本的情况大致如此。我看到，无论初中还是高中，老师们都是爱岗敬业的，对工作都是认真负责的，对提升水平都是有追求的。他们负担很重，工作很累。他们用辛勤的劳动默默地为基础教育做出了贡献。我们应向他们表示由衷的敬意。当然，他们的业务能力和教学水平仍需提高，但也离不开外力的帮助和推动。为了有助于教育改革的深入和教学质量的提高，我向校长和专家们提出如下建议。

（一）对校长

1. 要坚持上一点课，不要热衷于开大会、搞活动、迎来送往。上点课才能了解老师甘苦，才能跟老师们有较多的共同语言，才能把工作抓到点子上。

2. 要抓好教师队伍建设，着力抓好中青年教师的培养，要制订具体措施，为他们的提升、发展创造各种条件。

3. 要关心老师的健康、婚恋、家庭，了解他们的诉求，解决他们的困难，使他们无后顾之忧，一心一意投入工作。

（二）对专家

1. 要了解教师：怎么备课的，备些什么；怎么上课的，多数情况下效果如何；怎么批改作业的，花多少时间；有没有时间读书、看杂志，主要看些什么；业余有没有时间进修，有没有时间跟人做自由交流；等等。

2. 要了解学生：怎么听课的，有没有提问或跟老师讨论问题；每天完成语文作业要多少时间；课余有没有时间进行拓展阅读；对学好语文有何建议；等等。

总之，不要习惯于开讲座、做报告，要眼睛向下，多做调查，经常到学校去听听课、开开座谈会，跟一线老师共同寻求解决实际问题的可靠途径。

我相信，只要上下一心，相互理解、尊重，彼此支持、配合，充分调动广大一线教师的积极性，基础教育就一定能取得实实在在的成绩。过于功利，过于急切，办不好事情。只有咬定目标，重视细节，持续努力，方能见效。

2023 年元月 21 日

51. 教育行政人员应精简

  2023年3月11日在微信里看到一个帖子，摆出了当前教育存在的七个问题，其中一条是："学校行政化，各级领导太多，且不少人不懂教育。"这句话的前半句，没说错；后半句说"不少人不懂教育"，不妥。搞教育的人不懂教育，当然很遗憾，但外行领导内行也是常有的事。不懂没关系，只要肯学习，外行可以变内行；如果不懂装懂，不虚心请教，那就很容易坏事。

  "各级领导太多"是普遍现象。时下，一所学校除了书记、正校长外，副校长往往有好几个。稍大一点的学校，还设校长助理和"校办"。中层设教导处、学生处、后勤处，有的还设教研处或教师发展中心。每个处只有几个人，却仍有正、副主任。有的学校还设年级组，配年级主任。七七八八加起来就有20多人。每个部门都有权决定一些事，都有权开各种会。有时，一天有好几个会，弄得下面很累。

  对有些领导来说，工作就是开会。其实，如何开会，尤其是如何开好与会人数较多的会，是很值得研究的。多数情况下，开会并不能解决什么问题。坐了一屋子人，你敢说真话吗？每个人都会掂量掂量，自己真正想说的话会不会得罪人？会不会显得我没水平？这么一想，说真话的人就很少，时间长了，就不会说真话了。大多数情况下，最后都由领导说了算，不少问题并未取得共识。这样的会，有什么效果呢？

  会肯定要开，但一定要少开。要开有准备的会、能真正解决问题的会。务实的有用的会，往往是小范围的探讨。应把要讨论的问题事先通知与会者，让其有备而来。在这样的会上，大家敞开心扉，有啥说啥，促膝交谈，如有分歧，求同存异，一切为了解决问题。能用手机说清的事，就不要开会。能一次说清的事，就不要开几次会。

  再说人员的减少。"领导"多了，人浮于事，"会"出多门，老师们无所适从，既累了身体，也无效率可言。

  机构精简了，会议减少了，从上到下，有更多的时间与精力去解决各种实际问题，就有望使教育按规律办事，从而促进中小学基础教育的健康发展。

2023年3月16日

52. 研讨，是既严肃又愉快的事

2023 年 7 月 17 日《报刊文摘》上登了一篇短文《"虚热"的研讨会该降温了》，其中有这么一段话："近期，11 部门联合出手，在全国范围内部署开展论坛活动专项清理整顿，引发业界和社会关注。……研讨会、论坛、学术会议等'虚热''泛滥'现象近年来颇有扩大之势，但'虚热'表象下隐藏的问题不少。"

这使我想到教育界的研讨会和论坛。我虽已退休多年，但仍一直关心业内的各种研讨会和论坛。我虽未身在现场，但我几乎每天都看电视台的教育新闻，所以对现状还是比较了解的。有些研讨会、论坛还是很有质量的，或传播了正确的新理念，或交流了有用的新经验。但确有不少研讨会、论坛效果很不理想，其表现形态有：一人唱独角戏，名师或专家念着没有新意的讲稿，念完就完；数人围坐，各说一套，说完了事；过于追求规格，很重视嘉宾的"光环效应"；过于注重排场，会场高档，布置豪华；有的研讨会还给嘉宾和与会者送礼品，成了迎来送往、请客聚会的"交际场"。其共同问题是：脱离实际，内容空泛，不仅浪费了教育资源，也助长了不良风气。

"虚热"的研讨不能搞，那正常的研讨该怎么搞呢？研讨，大致分两类：一是着眼于理论的深入探讨，二是立足于现实的教育实践。本文专说第二类。在我看来，研讨是件既严肃又愉快的事。说它严肃，因为它要尊重科学，要负责任，不能乱来；说它愉快，因为它有质疑，有互动，有开悟，有收获。

要使研讨收到好的效果，必须努力做到：①要定好目标。一次研讨确定一个主题，不枝不蔓，始终扣住一个重点展开。②要有针对性。每次研讨，或探讨一线老师普遍关心的某个问题，或研究某个亟待弄清的新观念，等等。③要有新构想。这既指对现有认识的突破，也指表达方式的改变。总之，不能满足于过往的陈旧套路。

上世纪八九十年代，我曾在江苏多地开教学讲座，多数还是比较受欢迎的。就内容而言，我对自己提出如下要求：自己说不清的不说，自己未必相信的不说，自己以前说过的不说，自己做不到的不说，跟本次主题无关的不说，居高临下教训人的话不说，尽量少引用名人的话，要说的都是自己想说而又能说清的话。讲完后我都留时间让听讲者提问，我即席作答。有的问题我回答不了，就直接说："很抱歉，你这个问题我回答不了，请允许我回去查查资料。"这不丢脸，这是求实态度。谁也不是万事通。

说到提问，我想起两件事。20年前，著名经济学家吴敬琏在母校金陵中学为高一学生开讲座。他讲了40分钟后，请大家提问。一时无人举手，我打破沉默，向吴老提问："吴老好！你在香港浸会大学曾发表过'高擎科学与人文的旗帜'的演讲。请问，为何将这二者并列？在中学里，你认为该如何体现人文精神？"他对老师带头提问表示赞赏之余，以自己的成长为例，简明阐述了人文精神对青少年成长的积极作用，使在场学生很受教。30年前，在全国中语会学术年会闭幕式的自由发言阶段，我举手要求发言，我用4分钟左右的时间，指出了本次年会存在的3个不足，其中说到某专家的讲话脱离实际，毫无新意，浪费了大家的时间，并对今后如何开好年会提出了两条具体建议。可能我的发言引起了绝大多数与会者的共鸣，所以，我刚说完"谢谢"，全场就响起了长时间的热烈掌声。坐在我桌旁的《江苏教育》编辑朱老师笑着对我说："喻老师，你是不鸣则已，一鸣惊人！"我说："学术年会就是要研究并解决一些实际问题，说些没用的话，有什么意思？"

在各类研讨中，受一线教师欢迎的做法是：既开课又评析。在这方面，南京市教研室语文组有比较丰富的经验。每学期总有几次分年级的教研活动。先由来自两所学校的两位老师各开一节公开课，然后由两位老师讲讲自己为何作这样的课堂设计，最后由一位资深教师进行评析。听课老师也可发言，谈谈自己学到了什么。这类教研活动切合一线教师的现实需求，看得见，摸得着，受启发，有收获。

相对而言，最管用的研讨是每所学校的集体备课和对教研组内部公开课的评议。我担任金陵中学语文组长期间，组织过许多次公开课。我的做法是：①目标明确。每次开课，有明确的主题，或如何设计课堂提问，或如何激发学生的兴趣，或如何紧扣文本字、词、句，或如何体现人文精神，或如何教好某种文体，等等。②轮流上阵。不能老是两三个人开课，应让多数青年教师都有锻炼机会。这次是高一老师，下次就是高二，轮流上阵。③评议充分。课后的"大家评"，既充分肯定优点，又实事求是指出不足，特别欢迎从"如果我来上这篇课文"的角度，提出自己的教学设计。我提倡：教学内容要重点突出，教学方法则"八仙过海，各显神通"。教研组的公开课搞得好不好，集体备课抓得实不实，是课堂教学质量能否提高的重要保证。

有时，学校也会邀请大学教授来校开讲座。不过，对主讲人应进行挑选。有人写文章、写书，很有水平，但口语水平不理想，不请。请来的专家一定要能说普通话，要有较好的口才，口齿要清楚，说话要流畅。

研讨，就是既要研究又要讨论，要少唱高调，多干实事。对广大一线老师来说，不宜把研讨搞得高不可攀，也不能让活动流于形式。对教师个体来说，如果既认真参加校内教研组的研讨，又积极参与市里组织的相关活动，既上好每一节课，又能坚持学点理论，那就一定能不断成长，持续进步。

2023 年 7 月 20-22 日

53. 学知识也要讲"度"

在多数人的头脑里，进学校就是为了读书，读书就是为了学知识，似乎知识全在书里。说到底，知识来源于各种实践，实践出真知。书上的知识是要好好学，生活中的知识更要学。

老实说，书本上的许多知识对我们是无用的。有些知识，他有，我没有，你也没有，这有没有影响我们各自的生活呢？没有。任何一个人，根据他掌握的独有的知识，出 100 道题目，去考下面的人，保证可以考倒所有的人。因为他所知道的知识，我们都不知道。这是否就证明他比我们水平高呢？是不是他的生活就比我们好呢？什么也不能证明。眼下，各类知识竞赛中的多数题目是无聊的，它很冷僻，跟当下生活毫无关系，你即使都不会，也没关系，你会，也不能证明什么，顶多表明你的记忆力强。

我曾两次在我以往的短文中提到庄子的一段话，因为他说得确实在理，所以我再次引用。庄子说："吾生也有涯而知也无涯，以有涯随无涯，殆已。"他的意思是，人的生命是有限的，而世上的知识是无限的，一个人想用有限的生命去学习、弄懂无限的知识，你就累死了，就废了。我很认同他的观点。我们学知识的目的，从根本上说，不只是为了知识的积累，而是为了培育正常的心智和提升认知水平。好的教育，应该使学生在获取一些必备的知识的同时，能通过独立思考，得出正确判断，明辨是非善恶。

爱因斯坦得了诺贝尔奖，首次赴美国访问时，有人出题刁难他："你知道声音传播的准确速度吗？"他淡淡地回答："我不知道，我也无须知道，因为这些只要能从资料上查到的东西，我都不喜欢去做这种记忆。"他说，真实的世界考验的，不是你记忆了多少事实，而是你是否有用事实训练出强大的思考能力。

无独有偶。多次访问南京的诺贝尔奖得主丁肇中教授，对记者们涉及经济、社会等问题的回答，都是"不知道"三个字，因此被有人戏称为"一问三不知教授"。有一次，他对此作了解释。他说，我的精力全放在我的物理专业上，其他事情我不了解，不知道。

这两位大师级人物的"不知道",反映了他们严谨求实的科学态度,也告诉我们,人生在世,不必什么都知道,也不可能什么都知道。应该给休息、娱乐和自由活动留足时间。从这个意义上说,中小学生不必背诵太多的古诗,只要记住最有名的就行;对广大一线教师来说,也不必死记那些"能从资料上查到"的知识,只要记住教学中最常用的即可;不过,必须边教边学新知,以便与时俱进,不断提高。

实践告诉我,真正优秀的教师,未必是读书最多、记住的知识最多的人,而是能跟学生一起提升认知能力的人,是能与学生一道分析并解决实际问题的人。这就是"知行合一"的人。

做任何事都要把握好"度",超过了"度",往往事与愿违。学知识也是如此,一切实事求是。

2023 年 8 月 7 日

54. 有感于"好为人师"

　　每天都要从书报上读点文章，从微信中看点视频，都有一点收获，也都有一点困惑。

　　微信，只要你想看，几乎什么都能看到，诸如学习方法、养生方法、锻炼方法，为人之道、处世之道，林林总总，丰富得很。不过，稍一细想，就觉得几乎所有的"法"与"道"，包括我在内的绝大多数人都很难做到。有个视频说，要让孩子经受"人生九练"，练自信、练脸皮、练气场、练胆识、练口才、练心智、练表达、练沉稳、练阅历。气场、胆识、心智、沉稳、阅历能练吗？怎么练？讲锻炼，要多少个动作，每个动作多少下，每天多少分钟，有几个能坚持？讲中药，什么多少克，要服多少天，又有几人能做到？至于做人之道，说得都很好听，但都很虚，没法操作。同时，宣传这个"法"那个"道"的人，往往少不了加一句"保证你"怎么怎么。我发现，人都程度不等的有"好为人师"的毛病，都喜欢教育别人、训导别人。其实，不少"好为人师"者教育别人的那些，他自己也做不到，只是装样子做给人看的。最有讽刺意味的是，"养生大师"50多岁就死了。遗憾的是，人生的许多时间是在相互忽悠中度过的。

　　当然，对"好为人师"者也要作具体分析。有些"好为人师"者，出于善意，想以自己所学，在某些方面帮别人解决些问题，这是应予褒奖的。另有些"好为人师"者，自己所知有限，却摆出无所不能的样子，对别人进行滔滔不绝的"指导"。这种人什么大话都敢说，什么"保票"都敢打，对这种人要保持警惕，不要被他骗了。

　　孔子可不敢随便说话。他有四个不说、四个拒绝，只教人四样。具体说：①"子不语怪、力、乱、神。"孔子不谈论怪异、暴力、叛乱、鬼神这类不靠谱的东西。他要人们有理性，不然，很可能走火入魔，胡说八道，甚至胡作非为。②"子绝四：毋意，毋必，毋固，毋我。"孔子杜绝四种缺点，不胡乱猜测，不搞绝对化，不固执己见，不自以为是。虽然这四条很难做到，但他凡事不能过分的主张，是完全正确的。③"子以四教：文，行，忠，信。"孔子用四个方面的内容教育学生：君子修养，道德实践，忠诚意识，诚信思想。总之，教人怎么做人。现实生活中的好为人师者，有必要学一学《论语》，反思一下自己是否说了不靠谱的话，是否过于自信而固执己见，是否夸大其词而有失诚信。回想起来，50岁前，我也好为人师，不少时候都是居高临下地对学生进行说教。50岁后，渐渐稳重了，说话也谨慎了。近20年，我写了不少文章，检查一下，多多少少仍有"教育人""指导人"的成分。并不是说不可以"教育人""指导人"，而是必须考虑所说内容的可靠性和所持态度的可接受性。

上了51年课，就凭经验，觉得自己有资格教育、指导别人。这种想法，近日有了改变。7月12日，《南风窗》微信号上有篇题为《一个不肯媚俗的人，走了》的文章，讲的是20世纪最重要的小说家米兰·昆德拉。他1984年版的《生命中不能承受之轻》轰动世界文坛。他的后半生极其低调，甚至经常沉默，既不炫耀前半生的辉煌，更不去教育指导别人。这令我由衷敬佩。在他面前，所有自视甚高的人都黯淡无光。

除了以上所说，我还想到一个问题。当年，老师指导我们做物理实验，常有一句话："在理想状态下"。意思是只有具备了"理想状态"，实验才能真正成功。这是实话。要想教育、指导学生取得实效，也得具备"理想状态"。这就是"知己知彼"：一要知己，看看自己有没有水平和能力使学生不断提高；二要知彼，看看学生有没有求知的主动性和积极性。每个生命个体各有特色，只有符合其个性所需，教育才起作用。即使具备了为人师的条件，也要因材施教，顺其自然。

世界多彩而复杂，知识丰富而无限，而每个人的所知所能都是十分有限的。由此我想到：要想成为受欢迎的教育者，既要学孔子的谨慎，又要有昆德拉的低调。永怀谦虚之心，说话实事求是，绝大多数人都做不到的事最好别说，这应该是一切"好为人师"者必须铭记的常识。

2023 年 8 月 24-26 日

55. 教育到底为了什么？

　　教育到底为了什么？这似乎不是个问题，但现实却让我困惑。我们先看看现状吧！

　　作家池莉说："一不小心，教育被弄坏了。我们被片面追求升学率的教育模式弄得不知所措、无所适从。现在的教育之坏，已经不用举例说明，这是人人亲为，家家亲历的事情。我们所有人都无可奈何地被教育奴役着，心有余而力不足地看着我们的孩子被毁坏。"

　　网上有个视频说：现在的教育教的全是你在社会上用不上的东西。教育就是把人分出三六九等，你去工厂，你去公司，你去当文员，你去当老板。大量低学历的当了老板赚了钱，而高学历的大学毕业生却找不到工作，只好去送外卖。这样的教育有何用？

　　一位临退休的高中教师发了个自我反思的帖子，其中有这么一段："讲课枯燥乏味时，学生会心烦意乱，昏昏欲睡，摧残与煎熬的是学生们的身心；讲法不当时，自己滔滔不绝，学生却如坠云里雾里，不知所云，依然是精神的折磨与时间的浪费……这些都会成为一个有良知、有理想、有追求的教师心中永远的苦与痛。"

　　……

　　造成上述现状的原因，可从经济基础与上层建筑两个层面去分析。

　　先说经济基础。物质是第一性的。就一个家庭来说，"物质"就是整个家庭的经济状况。如果绝大多数家庭都比较富裕，不仅不愁吃穿，而且教育、医疗、住房、养老都有保障，那就无须考虑孩子上什么学校、从事什么职业，因为大家的收入都差不多，没有后顾之忧。而眼下的情况是，多数家庭"砸锅卖铁"也要让孩子上大学，为的是想借此改变现有的生活。这说明，我们国家现在仍很穷，仍需要拼命挣钱并指望孩子毕业后能赚更多的钱。不要讨厌谈钱，没钱有时寸步难行，这是眼下的现实。要解决这个问题，就要尊重规律，继续大力发展经济，切实解决好各种民生问题。这是解决目前教育弊病的根本之策。

再说上层建筑。上层建筑的内涵极其丰富，我这里单说文化。我认为，"学而优则仕"的官本位、森严的等级观念，是造成眼下教育现状的重要原因之一。在儒家思想的长期熏陶下，绝大多数家长都指望子女"出人头地"成为"人上人"。这就形成了无穷无尽的攀比：学生跟学生比，教师跟教师比，学校跟学校比，地区跟地区比。比什么？比分数，比"状元"，比升学率，比哪个学校"成功人士"多，比得学生、教师、家长身心俱疲；却几乎从来不比孩子是否成了真正的人，是否有理想、有追求、有教养、有担当。

要解决问题，就必须上述两个层面彼此协调，同步推进。这需要一个很长的过程。具体怎么做，需要做深入细致的探索，谨慎地走好每一步。

池莉有这么一段话："教育真没有那么复杂。把你有兴趣的事情尽着才能做好，把你喜欢的人儿尽着力气爱好……虽然我们外在的躯体渐渐衰败，我们内在的生命却日日更新。这应该就是教育的意思了。"这是从生命的角度，对教育的期待：使内在的生命日日更新。

有人说：教育是一种理想，要引导孩子走向真、善、美，要培养孩子良善、友爱、宽容、互助的精神，不能散布偏见，更不能灌输仇恨。这是从人性的角度，对教育寄予的希望。

作为个体的教育工作者，绝无能力去改变现状、扭转乾坤，只能结合教育实践，做些力所能及的事。我认为，在从"经济基础"与"上层建筑"两个层面做出努力的过程中，必须始终促进人们观念的转变。一是要宣传科学的世界观。要大力宣传马克思以"解放全人类"为己任的伟大思想，宣传他"人的全面发展"的理念，努力把自己和孩子都培养成人格健全的人。二是要学习现代的教育观。要学习陶行知的做完整的人和"千学万学学做真人"的教育理念，同时学习叶圣陶"养成各种好习惯"和培养现代社会合格公民的教育主张。

上述两条不仅要渗透到学校工作的方方面面，还应通过各种渠道，对广大家长做宣传。要让全社会逐步形成共识：教育不是为了分数，不是为了赚钱，更不是为了做"人上人"，而是为了促进孩子的全面发展，使其最终成为对社会有用的真正的人。

2023 年 8 月 30 日

56. 开学典礼，校长该讲什么（外一篇）

近几年，高校毕业典礼上的校长讲话，引人关注。为何有些讲话被视为"金句"广为流传？大致有三种情况：或推心置腹谈体会，亲切；或联系现实提建议，管用；或运用哲理说人生，深刻。

当下，有些中学校长也学大学校长，但没有真正学到手，最大的不足是不看对象。前两天，我从网上看到了来自三省一市七所中学校长在开学典礼上的讲话。京城某名校校长，以"向前"为开头，用了三个排比段，结束语是："祝你们在新的学年用行动让自己闪闪发光!"另一名校校长讲了两大内容：一志存高远，勇担责任；二博学笃行，拼搏奋进。还有一位校长的结束语，要求学生立大志，明大德，成大才，担大任。

河南某名校校长讲了三点：一点燃梦想，超越自我；二刻苦奋斗，成长自我；三砥砺品格，完善自我。

浙江某名校校长提出：坚持不渝，挑战不惧。另一所名校校长要求学生"用知识、兴趣而产生的持久热爱去寻找信仰的力量""人民有信仰，国家有力量，民族有希望。对国家、民族来说如此，对于一所学校、一个人来说也是如此。"

必须承认，这些校长的出发点都很好，所说的每句话都是有道理的，但有个共同的缺憾：大话多，要求高。信仰、志向都是好东西，都值得提倡，问题是，从哪儿起步，该怎么做，必须具体而可行，因为听讲的对象是刚入学的中学生。

浙江宁波效实中学校长张悦在开学典礼上的讲话与众不同，别具一格，让我眼前一亮。她先是"三问"，一问是否劳动，二问是否思想，三问是否锻炼。后是"三思"：一思，要学生远离"浮词赘语"，夸夸其谈的不说，缺乏根据的不说，攻人短处的不说，低三下四的不说，妄自菲薄的不说，努力成为"语言管理者"；二思，要学生"不累于俗"，不累于物质与功利，努力成为"庸常的超越者"；三思，要求学生见人行礼问好，走路缓步让道，说话轻声慢语，待人彬彬有礼，为别人的进步欢喜，为自己的不足难过。问责于自身，功归于他人，低处安身，高处立命，努力成为"君子之道的践行者"。

她提的要求也不低，但她化大为小，去虚求实，教学生怎么懂礼，行什么礼，教学生怎么说话，说什么话。总之，大话较少，实话很多，有助于继承传统美德、增强文化自信，值得点赞！如果说得更通俗点，篇幅再短点，那就更好了。

校长的讲话会影响学生，必须认真对待。你说大话，学生也会跟着你说大话；你说实话，学生也会随着你说实话。空对空，一场空；实打实，必成功。要校长们一句套话、大话也不说，不现实，但千万记住伟大的人民教育家陶行知的话："千教万教教人求真，千学万学学做真人。"

少一些热闹

时代真是变了。我上小学、中学那会儿，开学了，就背个小书包到教室里上课，没有典礼，十分安静。现如今，开学要搞典礼，统一服装，统一队列，校长致辞，师生代表发言。有的学校还特地布置一个几十米的美丽通道，让学生逐一穿过"入学门""成长门"，一旁的家长，则带着喜悦之色，频频拍照。不可谓不隆重，不可谓不热闹。

搞个开学典礼也不是不可以，但不宜过分。如果让学生习惯了、适应了太重形式、缺乏内涵那一套，就很可能助长他们的浮躁之气，那就糟了。

我们处在一个科技迅猛发展的时代，同时处在一个追求表面光鲜的时代，相当一部分人都不愿平凡安静地度过每一天。这种氛围很不利于教育工作按规律办事。

学校应该是个安静的地方。学生在这里静静地学知识，默默地学做人，慢慢地成长，悄悄地成熟，最终成为有文化、有教养的有用之才。学校应该少一点热闹，努力按规律办事，让学校真正成为洁净的圣地、人才的摇篮。

2023 年 9 月 10 日教师节

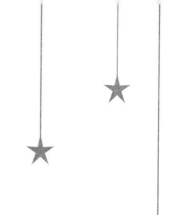

57. 教育随感（两则）

一、不要老是"整词儿"

吴敬琏是著名经济学家，因为他是我们金陵中学校友，所以有关他的消息，我都很关注。从 2023 年 12 月 5 日微信中获悉，由中国企业改革与发展研究会、网易财经智库联合主办的网易经济学家年会上，93 岁的吴敬琏荣获"2023 年最具影响力经济学家"称号。我为吴老骄傲，更为他几年前所写的文章感动。他在《国家养那些"整词儿"的专家有何用》一文中说："中国经济研究中的'整词儿'现象值得注意，什么框架、重构、供给侧、需求侧，等等，过一段时间就出现一堆新词儿，但问题还在那摆着。……为什么整词儿？因为要'显得深奥'，用大家或领导过去没听说过的'词儿'，以表示自己的研究是深刻的，学问是渊博的，但整完词儿就有解决方案吗？"他严肃指出："这是中国经济研究的悲哀——理论到了无视现实的程度。"

我不懂经济，但他所说的现象，使我联想到教育界的"整词儿"。一是课程标准中的新词。七年间，课标改了三次，2022 年的语文新课标中冒出了不少新词，如核心素养、大单元、任务群、专题阅读、整本书阅读等等。二是地方教育行政部门提出的新词，如教育集团化、全域高新，等等。三是基层学校把教师分为骨干教师、优秀教师、出色教师，甚至还有领衔教师、卓越教师。四是对教师的评价出现了一堆虚头巴脑的词，如春风化雨、沉心笃定、步履坚定，等等。我想，整出这些词的专家和领导，其初衷肯定是好的，都是为了"与时俱进"，把教育发展引入"新阶段"。问题是，这些新词儿的含义是否清晰，表述是否准确；更主要的是，新词儿出来了，问题还在那儿摆着，并没有解决。

众所周知，没有调查就没有发言权。不知制定新政策、新规则的人有没有对基础教育现状做过认真的调查。我记得，上世纪 70 年代末，面对十年"文革"留下的文化滑坡和即将到来的改革开放，语文教改之路到底该怎么走，大家一时不知所措。当时的人民教育出版社，花大力组织了一次规模空前的调查，组织专家出了一套包括语文知识、阅读、写作的试题，对两个省、几十所中学（城乡都有）进行测试，最后将阅卷结果汇编成一本书，向全国发行，让大家了解学生存在的问题，以及改进、提高的途径。这为以后十年以上海、北京为代表的语文教育改革热潮的兴起创造了良好的条件。这个经验值得记取。

眼下不少人，沉不下心来，什么事都想速成，都想搞得热闹，生怕别人不知道，更怕别人说自己没水平，这是一种时代病，更是搞教育的人最忌讳的做法。我认为，不管整什么新词，提什么要求，事先一定要做一番调查，看看是否符合实际，是否能推行。比如"整本书阅读"，这无疑是值得提倡的，但真要做到，学生有时间吗？一线老师又是怎样处理的？如何保证效果？再如"任务群"，这个概念本身有没有不妥？学生知道是怎么回事吗？老师又是如何操作的，存在什么问题，如何改进？"整词儿"并非绝对不行，但是不能让理论无视现实。现实是什么？现实是绝大多数人的实践经验和他们所掌握的常识。常识不变，观念也基本上不会变。真正的高手，不是整词儿，而是敢于并善于把复杂问题简单化，并能提出解决问题的可靠办法。

教育是慢功，急不得；教育重过程，靠积累。切勿把精力花在整词儿上，而应从师生实践出发，走稳走好每一步。

二、不必有特色，但求能正常

杨东平是著名教育专家、国家教育咨询委员会委员。有人采访他，请他谈谈对日本教育的看法。他说，日本的教育就是正常的教育，或者叫教育正常化。"中小学教师都是公务员，都一视同仁。没有什么特色，也不主张什么特色。没有标语口号，没有评比检查，所有这些都没有。我们中国学校司空见惯的名牌学校、创优，所有这些都不存在。日本是一个严格的依法办学的国家，没有把学校分为三六九等，没有重点学校这一说。它特别体现在一种制度设计。校长、教师每6年轮换一次，由教育委员会重新分配，所以学校没有自己的目标，就是日常的、正常的学校。相对而言，教学设施比较陈旧，现代化程度、先进程度，远远不如我们现在中国大城市的学校。它的每所学校就是朴素自然的面貌。我觉得这一点很重要，但我们却忽略了。"谈到学校要不要搞特色，他说："基础教育，你的培育目标、教育内容、教育大纲，都是国家统一规定的，为什么每个学校还要另搞一套，还要搞自己的特色呢？这不是很合理。"他主张，让教育本身正常一点、简单一点，让学校回归朴素和自然。22年前，我曾访问过四所日本中学，所得印象跟杨先生所说完全一致。总的来说，日本的基础教育很规范，很朴素，很正常。我只想补充两点：一是日本很重视体育，在严格的苦练中培养孩子的意志力和纪律性；二是日本很注重规矩，如严格遵守时间、讲究文明礼貌。这都值得我们借鉴。

中国的基础教育，因国情而带有自身的特点。基础知识与技能的学习和掌握，是很有成绩的，但教育理念、办学方式存在不少缺憾。我们标语口号太多，评比检查太多。说得不好听，我们许多中小学是在不断地折腾中持续地折磨自己，弄得众人身心俱疲。

就拿"评"来说，花样就多得很。①对学校的评：有重点学校、非重点学校；评了三星级，又评四星级、国家级；学校之间什么都比，比设备、比环境、比历史、比教师学历、比升学率，等等。②对教师的评价：有二级、一级、高级，然后是评学科带头人、特级、正高级、省市名师。有些老师评上特级后，办起了"工作室"，上课少了，甚至不再上课，当起了行政领导，这样的特级教师要他何用？③对课堂教学的评价：有校内公开课、市（区）观摩课、示范课；有市级赛课、省级赛课、全国赛课，眼下有的地方还搞什么"超级语文课"。有些老师因赛课获奖而被评为特级，以致不少老师不重视平时的课而专注于赛课。20年前的赛课设一二三等，后来，三等奖不过瘾了，被取消，而增设特等奖。许多学校在上述各种"评比"中花费了很多精力，投入了大量资源，累得很。不少学校设备先进了，环境优美了，级别上去了，但教育质量并未得到实质性提高，却使学校失去了应有的朴素和正常。当然，这也不能一味责怪学校，因为社会上充斥了"评比热"，不评出个三六九等，决不罢手。学校的问题，根子在社会，缺"制度设计"和"依法办学"。

回到题目上来。每所学校，只要按照国家规定的去做就行，不必搞什么特色。使学校简单一点、朴素一点、自然一点，一切回归正常，重视人的全面发展，应成为我们追求的目标。

2024年2月

58. 始终不忘坚守底线

最近10年来，我一直在思考一个问题：基础教育的任务到底是什么？

早在上世纪80年代中期，我就在南京教育学院举办的中学教师业余培训班上说，中国教育的最大弊端是不实事求是，要求太高，脱离实际。这在当时很难被人接受。

2007年我写了《基础教育ABC》一文，开头就说："教育越来越远离本源，理论越来越脱离实际。教育应先懂得常识。常识都不懂，却一味求'新'求'高'，教学很难有实效。"在第一部分"教育是什么"中，我明确指出："基础教育是教育的初级阶段，其任务是打好做人的基础和知识技能的基础。相对于高等教育，它所学的是最基本的、最普通的内容。它面对的是全体学生。它不培养天才，只培养正常人。"

2009年，我在《教育是朴素的》一文中说："课堂教学应该目标明确，重点突出，条理清楚，简洁明了，使学生学有所得。基础教育就是要抓基础，要求要适中，训练要科学。"教育有讲究艺术的一面，但它首先是科学。什么是科学？1983年4月3日《中国青年报》刊登的杨沛庭的文章中有过解释，"科学包括两个方面：事实和规律。……科学精神也有两个：实事求是和按规律办事。"他说得简洁明了。简洁明了正是朴素的体现。朴素是一种品格、一种精神，也是一种力量。

2010年，我在本校开放日的评课时提出，语文教学应返璞归真。针对不少领导和专家动辄"起点要高"，我说："什么是起点？起点是开始的地方。它能高吗？教育应实事求是，应遵循规律。语文教学要返璞归真，做语文该做的事。你上课的效果主要体现在学生身上，学生真正学到了东西，就是好课，你就是好老师。"

2013年，我在《基础教育的问题及出路》一文中，摆出了目前基础教育好攀比、追时髦、行政化等种种弊端，并从教育行政和基层学校两个层面，提出了改进建议。在文章第四部分我有这样的话："跟经济建设相似，教育界也不断提出'加快速度''加大力度''跨越发展'，这不是"大跃进"时代的思维方式吗？'人有多大胆，地有多大产''不怕做不到就怕想不到''一天等于20年'，革命豪情有余，科学精神缺失，使国家蒙受巨大损失。"

同年，我在对学生做了一次调查后，写了《语文课靠什么给学生留下深刻印象》。在"对调查结果的思考"部分，我有这么一段话：我们的语文教学"要使学生真正学到有用的东西。有用的东西是哪些呢？中学属基础教育，基础教育要使全体学生打好'基础'，所以'有用'的要求不能高，它应该'看得见，摸得着'。就一节课而言，或补充了词汇量，或记住了一首诗或一段美文，或了解了一种和语文有关的新知识，或学到了阅读某种文体的方法，或懂得了口语交际的一种技巧，或掌握了书面表达的一种方法，或领悟了一个做人的道理，等等。就语文学习的总体而言，就是要最终使学生能独立而正确地读懂文章，能独立而恰当地用文字表情达意，能独立而文明地跟人沟通。这些会对学生终身受用的东西，应该落实到日常教学的每堂课中。"

2014年，我在《教育应回归常识》中说："教育是需要改革，需要创新，但它首先要符合常识。教育决不能为标新立异、吸人眼球而乱提口号、瞎定要求。教育是朴素的，它的本质是求真、简约。我们应该抛弃功利之心，摈弃浮躁之气，坚持基本的常识，遵循教育的规律，追求简约，轻装上阵，让教育最终回归促进学生健康成长的本真。"

2015年，我在《"三老"教导声犹在耳》中说："我们必须尊重教育规律，根据学生的年龄特点，从课文实际出发，讲得少一点、精一点，练得踏实一点、有效一点。当然，真正做到这一点并非易事，这需要每位老师加强自身修养，抑制浮躁心，拒绝伪深刻，不避平凡，重视基础。"

2016年，我在读了报刊上约20篇文章后，搞了个"对两年来语文课堂教学有关问题的综述"，题目是《语文教学要返璞归真、打好基础》。同年7月，在苏、浙、赣三省18校语文年会上，我对中学作文教学发表看法，其中有这么一段话："首先要坚守底线。底线是什么？三句话：把语句写通顺，把事情说清楚，把道理讲明白。其次要做到三个不忘：①不忘我们搞的是基础教育，那就要面向全体学生，就要狠抓基础。②不忘我们训练的对象是中学生，不是文人，不是作家，那就要让学生说学生该说的话，而不是年轻人说成年人的话。③不忘写作水平的提高是需要一个过程的，不能性急，更不能搞突击。总之，不要高大上，不搞假大空。"

大家都说，教育要与时俱进。什么是与时俱进？就是与时代的发展步伐保持一致，这无疑是正确的。这就需要不断出新，否则就僵化了，就失去生命力了。就教育而言，"出新"体现在教育内容的更新、教学方法的改进。但"出新"的前提是保"本"。保本，就是把握事物本质，遵循客观规律。这就是我多年来所强调的"底线"，也就是最基本的要求。教育的宗旨是育人，按传统说法就是"读书明理"。读书的目的是明理，明做人之理、处世之理。这是常识。教学的原则是因材施教、量力而行、由易入难、循序渐进。这也是常识。拿语文教学来说，其主要任务是引领学生正确理解与运用祖国的语言文字，通过合理的训练和持续的积累，提高语文素养进而充实精神生活。这也是常识。如果抛弃这些根本性的东西，就可能出现似是而非的"理论"，就很容易用花里胡哨的东西遮蔽甚至取代教育的本质。"在教育被各种貌似深刻的'理论'折腾得面目全非的当下"（钱梦龙语），基础教育要少玩概念，少提口号，少搞热闹，努力摈弃不切实际的高要求。正确的做法是：以人为本，遵循常识，保住根本，坚守底线，注重实践，稳中求新。

近日读六六的《只有岁月不我欺》，很受教育。文中有这么两段话："人自以为聪明，越玩弄越繁杂，越看不懂越偏离本源。""那些曾经热闹一时的，与本源相违背的人造出的疯狂，最终都会被岁月淹没。"我相信，这对广大从事基础教育的人来说，是极有启发的。

2024 年 3 月

59. 教育随想（二则）

一

前不久，看到苏州十中前校长柳袁照写的一篇文章，他竭力主张学校应该日常化。对此，我非常赞同。

眼下，许多学校"特殊"的日子不少：考前誓师日、招生宣传日、隆重校庆日、对外开放日、迎接检查日、领导视察日、合作挂牌日、专家讲座日，等等。每逢这些日子，往往全校动员，不能丝毫懈怠。我决不反对学校搞些必要的活动，问题是不能过度；凡事一过度，就不正常，不正常就收不到预期的好效果。

柳校长提倡学校要"日常化"，天天如此，一贯如此，在日常中前进，在日常中发展。什么是日常？对教师来说，要备好每次课，上好每堂课，批改好每次作业，关爱每一个学生，总结好每学期的工作。对学生来说，要认真听好每堂课，及时完成好每一次作业，上好每天的课间操，积极参与学校组织的每一次活动。学校要安静，要自然，要朴素，总之，要日常，能持久。

南师大附中、金陵中学这样的名校、老校，之所以至今被社会认可，不是靠各种"特殊的日子"，不是靠搞徒有形式的活动，而是数十年如一日，坚持日常化，一切按规律办。胡百良校长、岳燕宁校长都坚持上课，且上得很好，同时经常下去听课，及时跟老师交换意见。老师们都努力上好自己的课。还有一点值得一提。拿附中语文组来说，不少老师爱读书，爱买书，书卷气很浓。这两所学校在办学理念上，都很开放，很自由，不攀比，不乱为。

要使学校日常化，关键在领导，尤其是各级教育行政官员。要少开空对空的务虚会，少搞评比检查，多下基层，多搞调查，及时推广好经验、好办法，促进各个学校在日常化中取得实实在在的进步。这是教育科学化的要求，也是广大师生的共同心愿。

二

学习到底为了什么?《论语》开篇便是《学而》。孔子说:"古之学者为己,今之学者为人。"他的"为己"是说,学习的目的在于提高自己的修养,完全是出于内在的兴趣。"为人"就不同了,学习的目的是向别人炫耀自己的学问。为己,是为了自身人格的独立和完善;为人,仅仅是为了获取与生命无关的外在的知识。学以为己,是一种人文主义的博雅教育。

可惜,历代统治者出于其政治目的,把孔子正确的教育主张严重歪曲了,学习是为了做顺民、当奴才,所谓"学而优则仕"也是为笼络"仕"者为自己服务。时至今日,大多数家长仍认为,孩子的学习仅仅是为了获取知识,今后有个好工作,却不知学习的根本任务是为了人自身的快乐成长和健康发展。

看来,有两种理念需要纠偏。一是多数家长的"有出息"论。他们要孩子实现自己未实现的"理想",总希望孩子能出人头地,成为自己的骄傲。这固然有符合常情的一面,但却不切实际。能出人头地的毕竟是极少数,普普通通才是主流。首先要让孩子成为自己的主人,使生命有尊严。二是许多学者的"自私"论。在他们看来,为己就是自私,就是个人主义。这是没有弄懂"为己"真正含意的非理性偏见。从广义上说,"为己"适用于所有的人。做好自己,管好自己,努力做个有道德的、心地纯真的人,是人的一生中最重要的。

当下,老师们,尤其是校长和教育行政部门的官员,常对学生提出各种不切实际的高要求,以示自己有追求、有境界。在这个位子上说点这种话也可理解,但务必在心中问问自己:"我能做到吗? 我有独立人格吗?"自己做不到,就别对他人提要求,至少要慎言。多关注每个学生生命的质量,尊重他们的兴趣,尊重他们的个性,尊重他们的人格,比什么都重要。

2024 年 5 月 28 日 –6 月 3 日

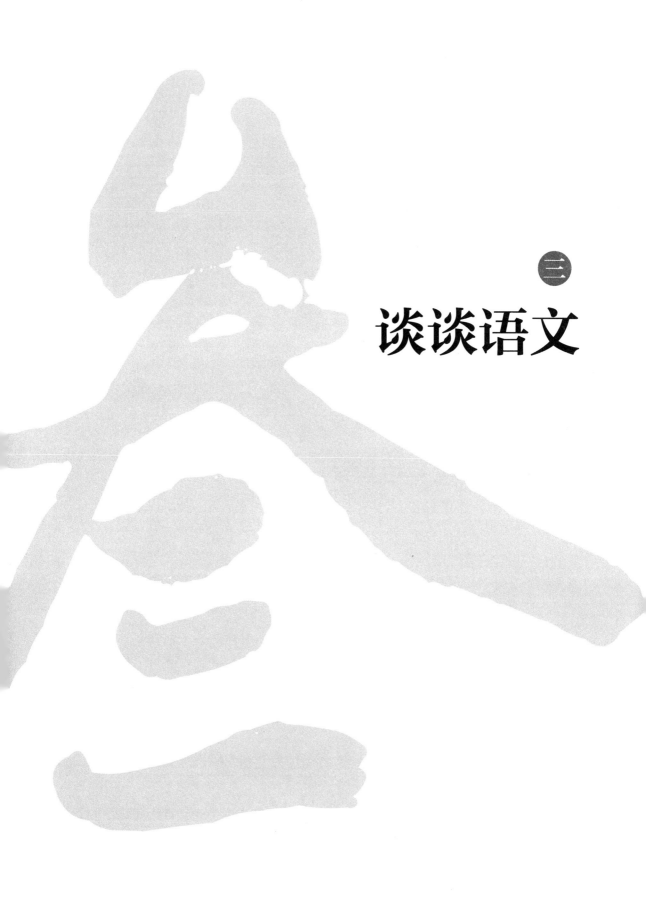

三

谈谈语文

1. 母语，我们民族的骄傲

我们所教的语文是母语，它是我们伟大祖国的语言文字。从狭义上讲，它是学好其他学科，跟每个人的学习、工作、生活息息相关的一门基础性学科。即使从课堂教学这个更小的角度看，语文学习的对象也是多方面的：从知识类型看，有语法、修辞，还有逻辑；从能力训练看，既要训练读和写，又要训练听和说；从所学课文的体式看，有论述类的、应用类的，也有文学类的；从课文涉及的内容看，古今中外，天文地理，人物传记，学术论文，几乎无所不包。这充分显示了语文学习内容的丰富性。从广义上讲，它更是一门综合性学科，因为它集语言能力、文化修养、思维品质、智慧灵气和人格道德于一体。它除了能培养孩子的语言文字基本能力外，还能丰富孩子的精神世界，提高他们的审美能力和探究能力，帮助他们认识自然、社会和人生，从而为他们的终身学习和有个性的发展奠定基础。更重要的是，学好母语有利于养成孩子的民族文化心理，增强民族自豪感。从孔子、朱熹到蔡元培、鲁迅、陶行知、叶圣陶，母语以其博大精深的内涵为我们的民族培育了一代又一代的文化巨人和杰出的教育家，给我们留下了灿烂的民族文化遗产。母语在传承中华文明的进程中起了并仍在起着伟大的历史作用。母语，是我们民族的骄傲。从这个意义上说，对自己的母语缺乏感情，不想学习或学得很糟，就不配称作中国人。

现在社会上有一种怪现象：找工作、评职称，对英语的要求很高，母语倒反而无所谓；不少人母语尚未学好，却热衷于学英语，弄得结结巴巴，不伦不类；有的地方的小学甚至要求语文课用英语来教，美其名曰"双语教学""与国际接轨"，这简直荒唐！别忘了，世界是丰富多彩的多元体，要想成为"世界的"，首先必须是"民族的"。而现在我们有些人对自己的母语如此不重视，真是莫大的悲哀！眼下还有一种现象值得引起大家的关注：随着电脑的普及，上网的人越来越多，上网的时间越来越长，许多人出于方便，不再写字，动辄从网上下载文字材料，久而久之，有些字都不会写了，即使写，也很不像样。这也是一种悲哀。要知道，练书法也是母语学习的内容之一。

它不仅反映一个人的学习态度，而且它本身就是一种文化、一种艺术。

诚然，我们的母语确有难学的一面；但唯其如此，才更需要我们认真对待，需要我们花功夫去学好。同时，我们母语教学中的某些陈旧方法也确实需要改革。不过，这些都不能成为漠视、冷淡母语的理由。当然，随着时代的发展，我们也应该用一种开放的、多元的心态去接纳别的民族的文化，这是毋庸置疑的。但首先要学好自己的母语，因为它是我们民族文化的载体；而一个缺乏文化的民族是注定要被人看不起的，也很难拥有美好的未来。

我热爱教育事业，更对自己的母语情有独钟。我为自己是一名语文教师而感到光荣、自豪。苦不苦？苦，但精神很丰富；累不累？累，但思想有光辉。虽然已执教40年，但为了捍卫母语的纯洁和尊严，我将在继续学习的同时，跟广大同行一道，去努力纠正日常教学中和报纸上、电视上、广告上的种种语言不规范现象，以不辱语文教师的神圣使命。

2004 年 4 月 3 日

2. 语文阅读教学与教师专业发展

语文新课标颁布已六年。江苏省实施新课改也已三年，且经历了实施新课改一轮后的首次高考。回顾情况，总结经验，改进不足，对推动中学语文教学改革，对促进中学生语文素养的提高，是大有裨益的。

语文新课标的宗旨是以人为本，强调能力培养，重视实践活动，大力鼓励创新，从而有利于学生素质的提高。这个出发点很好。几年实践下来，广大教师对新课程观念有了初步的认识。在课堂教学中，教师的角色有了初步转变，不再居高临下，以自己为中心，而是努力建立一种互动的师生关系；教学的方式不再是教师的一言堂，而是努力体现师生合作探究，学生自主学习的积极性得到了一定程度的调动，课堂显出了生气和活力；不少教师开始从课内课外两个方面重视对学生语文素养的培养。课改实验区各地自编的教材内容新颖，各具特色。各地都有一批教师按新课标精神，在课堂教学改革上进行了有益的探索，积累了不少宝贵的经验。这些都是令人欣喜的变化。

随着实施新课改地区的扩大和改革的不断深入，在取得一些可喜成绩的同时，也出现了一些值得研究的新问题。

一、新课标实施过程中的一些误区

（一）认识上的误区

有些教师对语文学科的性质缺乏基本的把握，将人文性与工具性对立起来，将知识与能力分割开来，误认为强调基础知识、基本技能，就是走老路，把必要的训练等同于"做练习题"，于是反对训练。认为注意了人文性才是新课标，于是不分文体，不管具体内容，时时处处贴人文标签，好像不如此就不足以体现人文性，就算不得新课改，以至于"泛人文""假人文"盛行。

（二）实践上的误区

相当一部分教师只重形式，不重内容，盲目模仿一些新的教学模式，而对文本的解读、语言的品味、写法的探究，只是蜻蜓点水，一带而过。对文本的理解，满足于外在的信息量（如搜集跟文本相关的各种资料），而对文本内在的美却领会得很不够。从去年 10 月到今年 6 月，我先后听了初、高中的课 60 多节，其中有日常课，也有评优课。一方面，我从中学到了不少鲜活的东西，另一方面也发现了一些问题。近一个月，我读了点书，看了些文章，想了好多天。就课堂阅读教学而言，我觉得以下问题应引起注意。

1. 文本解读不细不深

许多教师备课时花在资料搜集上的多，花在构思如何教学上的多，花在设计练习上的多，而花在阅读研究文本上的偏少，有的教师甚至不先读文本，而是先看"教师用书"。为了体现学生的主体性，动不动就组织学生对文本的思想内容展开微言大义式的讨论，其实学生连一些基本的词语都没学会，连一些重要语句的含义都没搞清。要知道，离开了对文本的认真研读，任何提问、讨论都是没有意义的，也是没有实际效果的。有一点要特别提一下：有的教师为了突出"个性化阅读"，不作恰当的引导，盲目鼓励学生找文本的问题。一上来就"找碴"，本身就不是科学的态度，而是一种不良心态，久而久之，学生就会形成不良的学习习惯，就不会冷静、全面地看问题。

2. 小组讨论流于形式

眼下，很多老师把分组讨论看作是合作学习、相互探究，几乎每节课都搞，表面上热热闹闹，实际上收益甚少。有些时候，学生放羊式的随便说，海阔天空，无限联想，其中有的回答很有见解，有的部分正确，有的毫无道理，而老师对学生发表的看法，不是从问题本身出发，而是仅从学生心理承受力考虑，对每个发言都说"很好"，这是一种消极认同。长此以往，学生对问题的理解就会停留于表面，不愿对问题做深入的、辩证的思考，不利于学生良好思维品质的形成。有些课，发言高达几十人次，但发言面并不广。自己不用准备，多数学生在课堂上的多数时间里是在看别人"表演"，不必思考，只是陪着几个"尖子生"上语文课。这样的讨论，没能从根本上调动起大面积学生学习的积极性，时间长了，极易造成两极分化。

3. 教学流程趋于僵化

有些课，特别是评优课，教师的教学流程基本相同：一、"一读课文—再读课文—三读课文"；二、"初读—品味—鉴赏"；三、"导入—自读—质疑—探究—拓展"，尤以第三种用得最多，似乎这是新课标精神在课堂教学中的最好体现。而且每个步骤都用多媒体打出来，生怕听课的人不知道他（她）的意图。刚上课，都要设计一段文辞优美的导语；下课前一两分钟总要联系时代或人生，或引用一首诗词，或摆出几句名言，设计一段颇富哲理的结束语，且多半以"让我们……吧"收尾。听起来很深刻，也很有味，其实与文本没有多少直接的关系，人为拔高，哗众取宠，主要是说给评课人听的，毫无实际意义。老是这种套路，会给学生造成负面效应，使他们不知不觉中像老师一样，说"美话"，说大话，最终丧失了自我，远离了本真。

4. 音像展示过多过滥

多媒体的运用使语文课变得生动，但作为音像的文本与作为文字的文本是有区别的。前者虽比较直观，但停留于感性，难以引起深度思考；后者则有较大的思考、探究空间。现在很多教师，只要有人听课，就大量运用多媒体，往往用图像展示代替教师讲解，代替学生的阅读思考。教师没有板书，学生不读课文、不记笔记，始终围绕多媒体内容转。教学浮躁，教风花哨，反映了迎合时尚的浅薄和低俗。这种一味追求社会某种价值取向的做法，使人文精神显得尴尬。其实，流行未必时尚，时尚未必高尚。多媒体是个好东西，但一定要用得恰当，用得过多过滥肯定是灾难。因为语文课不是地理、历史课，也不是美术、音乐课，过多使用多媒体，一些基本的语言知识得不到落实，这不仅不能体现语文学科的特点，也降低了语文课堂教学的效率。

二、需要搞清的几个问题

（一）关于"语文"的性质

语文新课标明确指出，语文学科的性质是"工具性与人文性的统一"。直至今日，对这个提法一直是有异议的，尤其是对"人文性"。"人文"是艺术、史学、哲学、法学等人文学科的共有品质，它不是语文学科独有的本质属性。但"工具性与人文性"的统一是以国家意志提出的，我们暂且先接受。

《语文报》创始人、上海大学教授陶本一先生对"语文"有如下表述："作为'天赋'的'语文'，即人类生而获得的语言本能，它是人类大脑里预设的语言器官和文法基因，是习得和学得语言的前提和基础。作为'素养'的'语文'，是指人在言语实践中，通过不间断的、大量的语言刺激——交流和学习，逐渐习得、学得和内化了的一种综合语言素质。作为'学科'的'语文'，是一个系统培养综合语言素质——能够自觉地、理性地、熟练而艺术地运用语言的素质——的逻辑体系，它更强调'学得'，是'天赋'和'素养'之间重要（而非唯一）的通途。"当下我们所说的"语文"，就属于陶教授所说的第三种，其任务是系统培养学生的语言素养。尽管对语文学科的性质有不同理解，但至少以下三点是达成共识的：第一，语文学科是有关母语的学科，对母语的正确理解和运用是它的起点和本位；第二，语文应姓"语"，语文课程与教学的基本取向应着眼于语言运用能力的培养；第三，语言运用的方式主要是听、说、读、写。

至于语文该怎么教，还是那句话：教有法，无定法。教有法，是说教学是有规律可循的；无定法，是说文本内容不同、学生情况有别，不能用单一的方法去组织教学。全国中语界公认的"三老"之一的张志公先生有段话，可看作语文阅读教学的一般规律："首先把语言文字弄清楚，从而进入文章的思想内容，再从思想内容走出来，进一步理解语言文字是怎样组织运用的。"他把这概括成一句话，就是"带着学生从文章里走个来回"。到底怎么"走个来回"，还有个方法问题，但他所说的总原则、总规律，至今仍有现实指导意义。

（二）关于"个性化阅读"

近两三年来，"个性化阅读""多元解读"被越来越多的教师所提倡，但到底什么是个性化阅读，许多老师并没有真正搞清楚。河南师范大学曾祥芹先生认为，个性化阅读"是通过对精神产品的再生产来完善读者自我素质的个性塑造过程"，它体现出"主动探究、充分展示读者个性"的特点。他说，个性化阅读至少有三种形态：①增解。这是顺应作者原意和文本思路所作的延伸，是对作品本意的加深和拓宽。如读《项链》，学生说："项链是一条测量人情、人性的试金棒。"②异解。这是改变作者视角，转移作品重点，生发出不同的主旨和别样的情思。如读《祝福》，学生说："杀死祥林嫂的'凶手'固然是封建礼教和迷信，也可以说是她自己挣扎和抗争的软弱。"③批解。这是反思作者的意图和作品的主旨，对原作内容和形式进行实证的、思辨的、审美的批判。如读《训俭示康》，学生说："作者提倡节俭，真正目的不是树立一种俭朴生活的风气，而是传授保身护官的妙诀。"近年来，在"个性化阅读"的口号下，出现了脱离文本，去文本，反文本的倾向，或随意乱说，或以偏概全，或以今律古。如读《愚公移山》说"愚公破坏生态环境"；读李密《陈情表》，大谈"忠孝思想的现实意义"；读《杜十娘怒沉百宝箱》，说"她拥有这么多珍宝，为什么不另选夫婿？"；读朱自清《背影》，说"父亲爬月台违反交通规则"，等等。这都是没有走进文本的历史情境所作的任意发挥，决不可取。要知道，个性化阅读的原则是"多元有界"。"多元"不是无限的，而是有限的，不是无界的，而是有界的。这个"界"就是文本特定的语境，就是文本的客观意义。"一千个读者有一千个哈姆雷特，但一千个哈姆雷特还是哈姆雷特，而不是别人。"只有在正确"追索原意"的基础上创造性地"重构新义"，才可能产生个性化阅读。"知人论世"是防止多元误读的有效方法。"知人"，就是了解作者的生平、处境和写作意图；"论世"，就是弄清作者写作所处的社会背景和作品在当时历史条件下的客观意义。坚持这么做，就不至于误读，就不至于乱解。

对个性化阅读必须热情鼓励，但对学生的误读、曲解，不能听之任之、廉价表扬，而应在表示宽容的同时给予纠正。要对学生说清"解读"与"感想"的区别。"解读"是对文本固有意义的理解；"感想"是由文本说开去，联系社会现实发表自己的看法。

课堂上有些学生的随性发言，多半是"感想"，而并非本来意义上的解读。

（三）关于"语文训练"

实施新课标以来，在重视人文性的同时，有些教师忽视甚至抛弃了语文的基本训练。这是片面的，也是危险的。北大中文系温儒敏教授指出，语文课实践性很强，必须有反复的训练和积累，训练的过程不可能都是快乐的，甚至不可能都是个性化的。把语文功能无限扩大，到头来只能"淘空"语文。湖北省教研室史绍典先生对语文的"训练"作了比较系统的思考，发表了很好的意见，我非常赞同。他提出，通过训练积累，通过训练感悟，通过训练培养情感。他认为，训练应体现在语文学习的各个方面，包括观察、阅读、思考、作文等等，最终能"自主、合作、探究"，富有个性，有利创新。

从狭义上理解，我认为1992年的中学语文教学大纲中的五句话很好地体现了语文训练的具体要求："字要规规矩矩地写，话要清清楚楚地说，课文要仔仔细细的读，练习要踏踏实实地做，作文要认认真真地完成。"如果一直以来都按此要求去做，那我们的语文训练就到位了，可惜没有。针对目前中学生在语文训练方面存在的缺陷，以下训练亟待加强：

（1）朗读。现在的课堂可以看到热热闹闹的讨论，却很少听到琅琅的读书声。应加强朗读训练，让学生读出抑扬顿挫，读出丰富感情。

（2）精读。不少教师在课堂上安排学生看书，才看了三四分钟就叫学生回答一系列问题，这是对学生精读时间的侵占。要看，就让学生认真地看它八九分钟甚至更长；要让他们读后好好想一想（当然，一些略讲课文可以看得粗一点）：文中的一些重要词语作何解释？一些含义较深的句子怎么理解？文章的主旨是什么？自己有哪些疑问？等等。

（3）写字。现在不少学生的字写得很不像样，有的简直见不得人。包括作文在内的一切书面练习，都要强调书写，对写得好的要及时表扬，写得不好的要随时提醒。写字，既体现学习态度，也是一种艺术熏陶，一定要认真训练。

（4）口语。新课标中有"口语交际"要求，除了回答提问外，教师可通过演讲、辩论等多种途径，训练学生的口头表达，务必使学生的说话主旨明确、条理清楚、语句通畅。要坚持让学生说普通话。只有在重视人文性的同时，扎扎实实进行上述各项训练，语文才算真正学好了。

（四）关于教师在课堂上的作用

许多教师这么想：既然课堂以学生自主学习为主，那我就尽量少讲话。有的甚至叫学生来主持并组织课堂讨论，教师只是最后小结几句。这是对新课改精神的误解。

教师在课堂教学中的作用当然不能像过去那样一言堂、满堂灌，但决不能放弃自己的责任。让学生抒发己见是对的，但教师精当的讲解和适时的点拨仍不能少；让学生想象体验是对的，但教师灵活的启发和方法的指导仍不能少。那么，具体地说，教师该从哪些方面入手去发挥作用呢？

①设置情境，引导学生跟作者对话。不能像过去那样，让教师与作者对话的结论去影响学生与作者的对话。②捕捉亮点，引导学生深入探究。这是指：在与学生的对话中，捕捉学生发言中有价值的东西，教师由此提出新的问题，从而把学生的讨论引向深入。③运用范读，引领学生进入文本。教师充满感情的、抑扬顿挫的范读，能营造良好的阅读氛围，把学生领进文本特定的情境。④变换角度，使文本解读有新意。这是最见教师功底的地方。由于学力和时间的局限，有时要换一个绝对的新角度去解读作品，很可能力不能及，那就借助他人的尤其是一些名家的解读来拓宽自己的视野，选择一个新的切入点，形成自己的新解读，从而给学生以新鲜感。此外，新鲜知识的介绍，学习方法的指导，学生讨论的归纳，阅读练习的设计等，都需要教师发挥作用。

顺便说一下教学模式的问题。教学模式体现教学过程的基本结构，它是教学规律的反映。当然，对规律的认识和反映也有正误之分，因此教学模式也有好差之别。不能因为教学模式中存在不完善因素，就否定教学模式中的合理部分。我们反对模式化教学，但不能反对教学模式。当然，语文课堂教学模式像其他任何事物一样，不能绝对化，不能僵化，不能定于一尊，而应该不断改进，百花齐放，各显其长。

三、语文教师专业发展的途径

虽然新课标已实施了6年，但至今仍有不少教师自身的素养和能力尚不符合新课改的要求。这种状况必须改变。首先，要切实转变教学观念，而观念不是说变就能变的，需要一个较长的过程。每位教师都要重新认真地学习语文课程标准，因为它是教材编写、日常教学、评估和考试的依据，是国家管理和评价语文课程的基础。一定要在认真研读的基础上，准确领会其精神实质，并用它指导自己的教学。其次，要努力提高自身的专业修养。因为新课标对课堂教学要求较高，教材的有些内容难度也较大，且篇目比老教材多得多，教完必修教材又要教多本选修教材，不仅年轻教师很吃力，经验丰富的中老年教师也适应不了。许多时候上课是为了完成进度，至于课上得有没有质量，考虑不多。华师大徐中玉教授说，现在学生不喜欢语文，跟教师有很大关系，怎样提高教师素质，把课上好，是语文教学成败的关键。面对现实的压力，如何在新课标背景下促进自身的专业发展，这是个大课题。我在中学执教45年，对于上述问题，我的体会是：

（1）追求真理。教育需要思想，就像人需要精神。一个好的语文教师，首先应该是一个追求真理的思想者。人的尊严全在于思想，那就看你继承发展了什么，批判否定了什么，是否有科学、民主、博爱的品格。教师唯书、唯上已太久了，缺乏对社会、历史、文化与人性的深入思考，课堂上沉闷单调，效率当然低下。有思想才有高度与深度，才能有创新，才能走得远。要做到有思想，首先要有独立的人格，要有公民意识，要有起码的社会责任感；同时要热爱生活，关注现实，随时注意他人的新视角、新理念、新经验；要坚持用自己的眼睛去观察，用自己的头脑去思考，用自己的嘴说自己的话，不人云亦云，更不趋炎附势，始终唯规律是从，永远与真理同行。要么不说话，要说就说真话，以一个正直的人的形象，为学生树立一个好榜样。

（2）**热爱读书。**一个好的语文教师必须有丰厚的文化底蕴作支撑，这主要来自读书学习。读书是为自己的大脑充氧，是为自己的"先天不足"补钙。读书是完善自我、提升自我的重要途径。学无止境，对于一名合格的语文教师来说，读书是一辈子的事。读什么？第一是读文学作品和理论专著。教育部推荐的中外文学名著用三至四年慢慢读完。理论专著首先读教育理论：要了解传统教育，读叶圣陶教育文选和张志公的书；要了解现代教育，读苏霍姆林斯基的书和郑金洲的《教育碎思》(华师大出版社)。除了上述两类书，阅读的面不妨宽一点，内容不妨杂一点。杂家的好处在于：可以使平静枯燥的课堂变得丰富而活跃，在不经意间点燃学生思维和灵感的火花。我读的书并不多，但每读一本都较认真，都要记下些东西。我决不做"掉书袋"，动辄引经据典，炫耀卖弄，而是用我自己的话说出我的感悟。第二是读语文报刊。可从《语文报》《教育文摘周报》中任选一种，从《语文教学通讯》《语文学习》和《中学语文教与学》中任选一种。这几种报刊我经常看，它们让我及时了解了许多教育信息、新的教育理念、各地的语文教学经验和最新研究成果，使我的思想不至于落伍。试想，没有读过《唐诗三百首》，怎能教得好唐诗？没有读懂鲁迅，怎能讲好鲁迅的小说、杂文？一个连语文核心期刊的名称都说不上两种的教师，能有多少理论？一个连全国、全省语文名师都不清楚的人，能有多少好的教学方法？总之，一个好的语文教师应该在广泛的阅读中不断思考，在思考中找到语文的灵性，从而找到自己的位置，并逐步形成自己的教学风格。

（3）**执着教学。**执着是有信念、有毅力、有个性的表现。执着就要严格遵循教育规律。要反对一刀切，反对整齐划一，因为任何整齐划一都是不符合事物发展规律的。如果教学的空间被僵死的制度和固定的模式所充塞，那么教育的理想魅力和人文的光辉将荡然无存，含有创新精神的个人风格也绝难形成。没有个人风格的教师只能跪着教书。执着分两个层面：一是实践，一是研究。要把教学与研究很好地结合起来。有人说:"教而不研则浅,研而不教则空。"这很有道理。实践抓什么?从备课环节抓起,抓教学常规,抓文本解读,抓方法改进,抓教学效率。研究抓什么?研究从发现问题开始。研究的课题应该从天天接触、参与的教学活动中去找,找贴近课堂教学实际的、自己感到有效或感到困惑而需要解决的问题。教学研究分为"教学行为研究"、"基本理论研究""应用技术研究"等多种类型。可从小课题研究开始,比如某篇课文的研究,某种教法的研究,某种训练手段的研究;稍大一点,可以做阅读教学的研究(可细化到某种文体的研究),写作教学的研究(可细化到某种体裁写作的研究),口语交际训练的研究;还可以对学生的自主学习进行研究,对课堂中的师生互动进行研究,等等。有了一定的实践和理论积累以后,再进行较大课题的研究,如课程结构的研究,教学体系的研究,语文人文性的研究,语文教学艺术的研究,等等。对于辛勤工作在第一线的教师来说,少做纯理论的研究,所做的研究应立足于解决教学中的实际问题。实践和研究都要长期坚持,有了这样的执着,就不愁出不了成果;最怕抓一阵就放弃,那将一事无成。我有今天这点进步,全得益于始终坚持教课,始终坚持研究。

(4)喜欢写作。光会说不会写,是不完整的语文教师。其实,语文教师的写作对学生潜移默化的影响是不小的。写什么?一是"下水"作文。一学期写一篇是完全可以做到的。自己"下水"了,跟学生一同体验写作的甘苦,评讲学生作文就能有的放矢,就能指导得比较到位。如果自己从来不写,或写得不好,那你的作文讲评只能是空洞的说教,甚至把优劣都搞颠倒了。二是教育随笔。或一周写一篇,或一月写一篇,记下一点一滴的教学心得。不必煞费苦心构建什么理论框架,也不借时髦的理论和晦涩的名词来包装,让自己的教育故事和教学体验保留着鲜活的气息。当然也可以写点小诗、散文或杂感。这完全因人而异。要做一名合格的语文教师,应当把写作当作自己专业成长的需要,并养成习惯。60岁前,我平均每年写四五千字文章;60岁以来,时间充裕了,我平均每年写一万字。这几年,我每年写二三十则随感,自得其乐。

(5)重视反思。反思是为了总结,为了提升,为了更好地进步。不作任何反思的教师将碌碌无为,平庸一生,毫无建树。提高有两种:一是自发的,一是自觉的。先说自发的:只要你上课,几年十几年下来,即使不反思,总会多多少少有所提高,但提高的速度很慢,提高的幅度有限。再说自觉的:不仅认真教学,而且经常反思、总结,那提高就快,进步比较明显,甚至能取得开创性成果。反思些什么?①对读书的反思。读了哪些书?有些什么感悟?对教学产生什么影响?如何通过读书加强自身的文学修养和理论修养?等等。②对教学的反思。哪些教法有效,哪些做法收效甚微甚至毫无效果?为什么?学生喜不喜欢我的课?如果不喜欢,为什么?我如何改进?我的同事有哪些长处值得学习?外地优秀教师有哪些先进的经验值得借鉴?等等。冷静反思之余要认真总结，把思考结果用文字表达出来，就成了论文。一个学年写一篇不少于三千字的文章，是能够做到的。经常反思、总结的教师能在一种有成就感的劳动中获得理性的升华和情感的愉悦。

（6）关注健康。当教师很辛苦，从某种意义上说，语文教师尤其辛苦。要想进步，要出成绩，当然要苦，但苦也得有"度"，超过了"度"，往往得不到预想的结果，弄不好，未出成果身体却垮了。所以，既要努力工作，也要重视保健，失去了健康，一切都没有。现在，有些三四十岁的老师不仅工作量大，心理压力也大，不少人已得了慢性疾病。有人说"会拼才能赢"，这话不准确，应改为"只有学会科学的拼，才能最后赢"，身心健康，精力充沛，才能持续发展。我经常对中青年教师说：工作再忙，也要留一点时间给身体；工作再忙，也要留一点时间给家人；工作再忙，也要留一点时间给心灵。身体康健，家庭和谐，才能没有后顾之忧，才能张弛有度地正常工作。

教育有理想的一面，也有功利的一面。从理性上说，教育是超功利、重精神的。社会不讲功利就不能发展，但一味追求功利必将失去理想。我们目前所能做的，是尽量寻找二者之间的平衡。面对社会转型期的复杂环境和浮躁风气，我们应努力以冷静的头脑和平静的心态去做好我们职责范围内的事情。

2008 年 7 月

3. 语文有效教学浅议

问题的提出

先看看现状。

（1）日常教学。虽然新课改实施以来，不少教师的教育理念、教学方式出现了一些可喜的变化，但相当一部分教师仍沿袭长期不变的教学流程：教学导入、作者介绍、段落划分、归纳主题、分析写作特点，一步不少，且每个环节都花了不少时间。"牵牛式"的提问有余，"开放式"的设计不足，自以为是的课文分析有余，"举一反三"的能力训练不足，看得到教师的"苦心孤诣"，却很少看得到学生的"心领神会"，看得到学生在琐碎问题的"轰击"下"频频应招"，却很少看得到他们自主探索、自我发现的热情和智慧，并非没有一点效果，而是效果很不理想。

（2）好课比赛。公开课、示范课、研究课、展示课，尤其是比赛课，经过"精心策划"，几乎都是神采飞扬、气氛热烈。教法设计十分周到，教学步骤环环相扣，教师讲得高雅，师生对话精彩，既有多媒体展示的丰富资料，又有分组进行的热烈讨论，开头有优美的导语，结尾有深度的拓展，总之，密度大，气氛好。但课终人散，稍加思考，若有所失之感油然而生。花里胡哨一阵，学生好像什么都学了，又似乎什么也没学，脑子里没有留下多少痕迹。这种课不能说无效，但绝对谈不上高效，只是"好看"而已。

（3）高考复习。为了追求升学率，要求不断提高，时间不断延长。天天练，周周练，既有月考，也有模考，习题铺天盖地，考试接二连三。学语文应该多读书，而现实是，不要说读经典、读文学作品和科普文章，就连教材中的许多名篇也无暇顾及，几乎整天在练习和考试中翻滚。不能说没有一点效果，但付出的教学成本太高，师生都身心俱疲。

从眼前角度看，研究教学的有效性，对改变教育观念、重返教育正道，对摆脱疲劳战术、减轻师生负担，具有很现实的意义；从长远角度看，对教学有效性的探索，是在新课标理念指导下，对以往教学中行之有效的认识与做法的提炼和深化，有利于教学质量的提高，有利于素质教育的推进，有利于语文教学事业的可持续发展。

弄清几个概念

有效教学，也叫教学的有效性，重点在"有效"二字。其内涵至少包括三个方面：

（1）教学效果。指的是有没有达成教学目标或达成教学目标的程度，也可用来指学生提高的幅度和成长的程度。

（2）教学效率。指的是单位时间的教学效果。一般说来，同样的教学效果，使用的时间越少，教学效率就越高；反之，同样的教学效果，使用的时间越多，教学的效率就越低。

（3）教学效益。指的是单位教学成本上的教学效果，它反映的是教学投入与产出的关系，是教学有效性的核心内容。

以上是对跟"有效"相关的几个概念的字面理解，而在具体的教学实践中，教学的有效性如何体现和评价，远比概念本身复杂得多。一位课改研究专家说的一段话，虽然不很严密，但十分通俗，我们不妨听一听："教学有没有效率，并不是指教师有没有教完内容，或教得认真不认真，而是指学生有没有学到什么或者学得好不好。如果学生不想学或者学习没有收获，即使教得很辛苦，也是无效教学。同样，如果学生学得很辛苦，但没有得到应有的发展，也是无效或低效教学。"看来，教学是否有效，必须全面地看，综合地看。不过，追求教学成本投入少、产出高，追求教学的持续有效，始终是我们努力的目标。

实现有效教学的途径

1. 要对语文课程内容有个明确的定位

新课标把语文学科定性为"工具性与人文性的统一"。如何理解这句话，语文学科的主要任务是什么，对此一直有不同的看法。

新课标实施 6 年来，语文的人文性得到了强化，这是符合时代发展要求的，是十分必要的；但在弘扬人文精神的同时，却弱化了知识与理性精神，对语文的工具性有所忽略。正是针对这种状况，所以不少语文专家和一线的语文名师纷纷表示"双基"并未过时，仍需强调。于漪老师的观点极具代表性。她认为："语文课就是语文课，以语言文字的理解与使用为核心。融合文本固有的情与意，把情感、态度、价值观与语文智育、学习方法指导融合在一起，使学生获得基本的语文素养，并在学习实践中不断提升。"这也可以看作是她对"工具性与人文性统一"的理解。肖家芸老师说得就具体了："语文课堂的实效只能姓'语',一旦淡化甚而脱离语言文字的涵泳品悟,上成纯知识性的、纯政治性的、纯活动性的、纯观赏性的,再华美的包装,再诱人的精彩,也意义不大……没了琅琅书声,没了唰唰书写,没了孜孜思索,没了细细咀嚼,没了欣欣顿悟,总之没了语文的况味,何谈语文实效?"我很赞同以上两位的看法。

2. 对语文学科有效教学的几个方面应该心中有谱

(1)教学目标。教学目标有两个层次:一是基础目标,或称下限目标,是全体学生都要达到的;二是发展目标,或称上限目标,让基础好的学生有充分发展的余地。教学目标的确定,一要考虑教材实际,要精心细读教材,努力与作者对话,与编者交流,抓准文章的基调,欣赏语言的妙处,读出自己的体会,领悟编者的意图,不要一味依赖教学参考书;二要考虑学生实际,把学生通过努力能达到的目标,作为有效目标,要求过高或过低都是无效的。学生实际包括原有基础、认知水平、能力状况、内心需求等。学生已经掌握的还去"炒冷饭"或疑难之处轻易带过,都属无效劳动。具体到一篇课文,"知识与能力、过程与方法、情感态度价值观"这三维目标都得到落实是不切实际的,况且三维目标也难以分解为条款。所以,确立教学目标一定要实事求是,尽量做到重点突出,难点找准,可察可测,一目了然。

(2)教学设计。每一个环节的设计都要考虑是否有效,能否行得通,有效的就保留,无效的就去掉。设计应遵循简明实用的原则,在不影响达成教学目标的前提下,越简明越好。不管如何设计,一定要想方设法引导学生在认真阅读教材的基础上,去感受语言、领悟语言、运用语言,让他们在感悟与运用中养成良好的语文学习习惯。总之,环节不能太多,要尽量减少头绪,删繁就简。

(3)教学手段。教学手段要多样,力避单调。新课可采用讲授、板书、提问对话、多媒体展示等手段。复习课可采用板书、讨论、多媒体和书面练习形式。这几年,多媒体的运用过滥,有的老师一堂课没在黑板上写一个字。应努力把现代教学技术和传统的教学手段结合起来,协同互补,以求实效。

(4)教学运作。教学运作是根据教学设计,使用一定的教学手段的操作过程。分组讨论是在教学运作中经常看到的,其效果不能一概而论。据我观察,多数是低效的,甚至毫无效果。分组讨论要做到以下几点才有效:①分组合理。一是人数不能多,4至6人为宜;二是成员要有层次,基础好的与水平滞后的都要有,以利于以优带差,相互促进。②要求明确。需要学生讨论的问题,事先要认真设计,或有利于培养学生的质疑能力和批判精神,或有利于培养学生的探索创新精神,或有利于培养学生的联想和想象能力。③给足时间。要讨论就要充分,务必让学生在参与过程中充分思考、充分表达。只讨论三四分钟就要学生发言，很容易流于形式。④评价恰当。可以先由学生互评，最后由老师小结。教师要充分肯定学生在讨论中产生的独到见解，同时也要实事求是地指出学生发言中的偏颇，笼统地称赞学生"很好，很棒"，就丧失了教学的有效性。

"精讲精练"是许多语文名师在长期的教学实践中总结出来的有效做法，在当下的语文课堂教学运作中依然有用。精讲，是指对基础知识用少而精的语言，抓住核心，揭示规律，以讲促思，以讲解惑，讲清知识之间的联系，传授科学的思维方法和学习方法，留出时间让学生动脑、动口、动手。精练，是指提供的训练量不能太少，但决不能过多；让学生做的习题，要有针对性、典型性和综合性，使学生在精练中巩固并提升学习效果。

教学运作离不开教与学双方的状态。教师富有激情的教学状态和学生身心投入的学习状态，是实现有效教学的重要保证。

复习迎考同样要讲效率

从20世纪90年代以来，人们对高考冷静分析不够，以至于在认识和实践上陷入了误区。大部分教师满足于多做题，重复劳动、低效劳动的时候多，普遍的做法是：忽视基础，层层加码，搞"地毯式饱和轰炸"，学生不堪重负。短期超量训练是有效果的，但它是不可持续的，是违背教育规律的，所以总体上是绝不可取的。其实学生课业负担过重，跟高考本身没有必然的逻辑联系，而是由多种人为因素共同作用酿成的。高考不仅是个系统工程，也是一门学问。我们不仅不能回避谈高考，而且还得好好研究高考，研究它，是为了科学地指导复习，使学生在负担不重的情况下考出好成绩。教师的责任是坚持以人为本，遵循教学规律，不在时间上拼消耗，而在提高效率上下功夫。其实，这样做的教师大有人在，只是急功近利的浮躁风气把他们淹没了。

我认为，要提高复习迎考的效率，必须做到以下几点：

（1）熟悉考试说明。每年的考试说明公布后，要从头至尾认认真真地读一遍，不仅要熟悉试卷的结构、题型、分值，更要熟悉它有哪些考点及其具体要求。这是命题的依据，也是复习的依据。

（2）回顾三年试题。命题人一般都要考虑命题的连续性和相对稳定性，出题前都要翻一下上一年甚至近三年的试题，看看已经考过些什么，然后制订当年的命题方案。与此相对应，老师们也应把近三年的试题都认真看一遍，以便对试题可能出现的变化有一个比较合理的预测。

（3）确定重点难点。重点是夯实基础，难点是灵活运用。从具体考点来说，现代文阅读的问答题、古诗词鉴赏题、文言文的翻译题是难点。作文靠平时积累，不能搞突击，要坚持记叙文、议论文和散文三种文体的基础训练。

（4）取其类型，教给方法。要认真研究题目类型，同一类型的题目，可先挑三四道典型题让学生做一做，在订正错误的过程中把该类题目的特点和解题思路告诉学生，并指出解题时应注意的事项。练完一种类型，再按此方法讲、练另一种类型。掌握了不同类型题目的特点，又懂得了方法，那就比一味增加题量要有效得多。

（5）精选练习，控制数量。要对照考试说明，精心挑选习题。复习资料一本即可，模拟考试三次就行。要严格控制练习和考试的数量。如果我们把练习量减少一半，而并不影响最终的考试成绩，那我们的教学效率就是原先的一倍。

（6）心理疏导，带动后进。在立足于大面积提高的同时，要对后进生多关心，多鼓励，多作个别辅导，努力调动他们的非智力因素，帮助他们树立自信心，使其不断有所进步而不至于掉队。这既体现以人为本的教育理念，也是提高教学整体效益所必需。

（7）通力合作，整体推进。高三语文备课组的全体教师要目标一致，相互学习，取长补短，协同作战，而不应各自为战，只顾自我。考点的研究、题型的分析、专项的训练、解题的规范、复习的进度，都要达成共识，并明确各自准备的内容。总之，要发挥集体智慧，努力提高复习效率。年级整体水平提高了，均分上去了，大家就能共享有效教学的甜果。

提高教师水平是实现有效教学的关键

无论是日常教学还是高考复习，要想取得实效，关键取决于教师自身水平的提高，包括教育观念、业务水平、教学能力以及对语文学科的热爱。怎么提高呢？

（1）转变教育观念。在认真学习新课程标准的基础上，教育观念应逐步实现以下几个转变：①由"以教师为主"向"以学生为主"转变。以学生发展为根本，教师的教就不是为了彰显自己的学识，而是为了在与学生的共同学习中一道发展，那就需要以真诚、平和之态，用通俗、亲切的呈现方式去贴近学生，而不是以成人的积累体验甚至专家的学术见解去压抑学生的独立思考。这就要求教师由过去的展现自我，转为尽量展现学生，因为学生学的效率是课堂教学的真效率，教得是否有效，全在学生身上体现出来。②由重视训练的"量"向重视训练的"质"转变。训练的有效性和高质量取决于两个要素：一是语文的特点，要利于教；二是学生的实际，要利于学。要改变训练量越大越好的片面认识。训练的"质"要考虑实效。通过训练到底学到了什么，掌握了什么，包括书写的规范、词语的理解、朗读的技巧、分析问题的方法、联想想象的能力等等。当然，有些训练需要经过多次重复才能有一定的"质"，但训练要讲实效是始终要铭记于心的。③由"追求快速"向"适度放慢"转变。"少慢差费"当然不好，但"多快强拉"也不好，尤其是包含浓厚人文因素的语文学科。任何脱离教材内容和学生实际的多快，无异于拔苗助长，很容易使学生思维模式化、呆板化，看似快，实则慢。说话的语速快、推进的节奏快，要求学生回答问题快，学生能否跟上，能否立即运用，教师都得考虑。

（2）深入钻研教材。首先要通览高中阶段的语文教材，对每一册、每个单元、每篇课文的知识点分布要有个总的了解。在此基础上，对教材进行取舍，确定精讲和略讲，否则很难完成任务。教参要看，但更需要仔细阅读课文后的独立思考。有自己的独特体会，上课就不会人云亦云。自己深入钻研所得，虽是不知名的小花，也会因鲜活而散发芬芳。更重要的是，教师的独特体会，也会对学生的个性化阅读产生良好的示范作用。

（3）抓紧读点书。教学的有效性很大程度上取决于教师的学养。教学之余要读点书，读点文学作品和教育论著，常看专业杂志，其他书刊也应广泛浏览。自己所知甚多，功底厚实，教学中就会左右逢源，游刃有余，效率自然不低。

（4）经常练写作。光会说不会写，或者写不好，不是个完整的语文教师。可以写点"下水作文"，也可以写些短篇的教育随笔。常写就手熟，不仅指导学生写作避免了空对空，也对自己阅读理解能力的提高有促进作用。

学无止境，教也无止境。加强自身修养是教师一辈子的事。

应建立并完善有效教学的评价机制

教学必须讲效率，这是毋庸置疑的。效率有高效低效、长效短效、显性隐性之分，我们不能由于显性效果（比如学生考试成绩）不够明显而轻易认为是"无效教学"，因为隐性效果有待观察。就语文学科而言，隐性效果和长期效果更值得关注，这是因为语文能力的提高、独立人格的形成、文化传统的继承、审美情趣的养成，是由多种因素促成的，而且也决不是短期内能见效的。这就必须建立并不断完善语文学科有效教学的评价机制。既要注意当下效果，又要考虑长期效果。要把显性效果和隐性效果综合起来进行考察，才是符合语文学科特点的合理的评价。

提高了效率，就节省了时间、减轻了负担，也就有利于学生学到更多有用的知识，从而促进素质的全面提高。从"以人为本"的角度看，效率的提高是人的生命质量的提升。

20年前，我在《语文·语文教师·人》一文中，曾引用过马克思的一句话："任何一种解放都是把人的世界和人的关系还给人自己。"很长一段时期以来，学生成了知识的奴隶，考试的机器，本来意义上的人被严重异化了，哪里还有正常的"人的世界"和"人的关系"？现在是我们把"人的世界"和"人的关系"还给广大学生的时候了。这是个崇高而伟大的目标。虽然要实现这一目标极不容易，但必须朝这目标迈进，因为我们是人！

2009 年 6 月

4. 如何作交流发言
——在苏、浙、赣三省 18 校第 26 届语文年会闭幕前的讲话

关于研究课

第一，两位老师的课都是常态课，是日常教学的真实反映，但又不完全是日常教学的真实反映，因为：首先，毕竟有人听课，而且听课的都是同行；其次，学生已经放假，不在状态，这就增加了上课的难度。从这个意义上说，上这个课还是要有勇气的。她们都努力了，很不容易。听说昆山中学那位教师才教了一年书，能上出这种课，就更不简单了。

第二，从精益求精的角度去看，这两节课都有可以推敲的地方。我觉得，她们太求全了。一节课什么都想完成，往往什么也不太可能完成。应该突出某一点，使学生确有所得。顺便说一下板书。眼下许多公开课用多媒体代替了板书。昆山中学这位老师虽然板书水平有待提高，但有板书还是很好的。

关于论文

本届年会收到的论文是历届年会中数量最多的一次，共 28 篇，如果把我的 2 篇也算进去，那就有 30 篇。一等奖 6 篇是经过反复斟酌的，它们或有比较深入的理性思考，或有新颖独到的个人见解，或者提供的做法有现实参考价值。

希望明年看到更多的好文章。如果有老师能提供某个专题的调查报告，并附有分析，那同样很受欢迎。

关于交流发言

首先，各校老师的发言热情都很高，都想把自己的好东西提供给大家，这是非常可贵的。尤其是苏州十中徐思源老师，向我们介绍了他们的许多经验，我想，大家一定从中得益不少。

其次，大会交流发言不同于让你一个人开讲座。开讲座可以慢慢讲，可以充分展开。交流发言应注意以下几点：

（1）要看对象。听众都是同行，大家都知道的就不必讲，要讲只讲新鲜的：或者摆出一个别人没说过的观点，或介绍一种别人没用过的方法，或者对某个问题作较为深入的分析。

（2）要守规矩。第一要符合会议的中心议题。本届年会既然是谈教学的有效性，那与此无关的话就不要说。第二要在规定时间内完成。国际会议上的交流发言，一般是 8 至 10 分钟，在还有 1 分钟时提醒你一下。一些知名科学家的发言也只有 15 分钟。这就不能讲任何客套话和废话，一上来就要直奔主题。

（3）要会变通。第一，如果发现大家都喜欢你讲的内容，你稍微多讲一点没关系，但时间也不能太长。第二，如果发现大家对你的发言兴趣不大，而自己想讲的东西较多，那就要舍得去掉非重点内容。第三，如果听众手上有你的文章，那你只需要讲讲重点，或"我要讲的都在我写的文章里，大家可以去看，我只补充说一点。"第四，如果你准备了几个例子，考虑到时间，你只需选一个最典型的说一说就行了。总之，千万不要一味照着稿子念。

为了不超过规定的时间，发言时的用语一定要简练。我举两个例子。二战期间，盟军发动诺曼底战役，最终突破了德军防线，这成了二战的伟大转折。当时的盟军统帅蒙哥马利战前动员只说了一句话——"英勇的将士们：你们今天的壮举将永载史册。出发！"你们看，多简洁有力。当然，这是军事行动，不能简单类比。再举个例子，是我的经历。2001 年，我去日本访问，到最后的一所中学时，正值他们开运动会。在开幕式上，日方校长的讲话只用了 2 分钟，我方团长讲了约 3 分半钟。最后要我讲话，我想："按理说我是不该讲话的，只因我方团长讲话中提到了我，所以人家出于礼貌和尊重，才让我讲话。既然如此，我的讲话要尽可能短。"我走到扩音器前，深深一鞠躬，抬起头来，我看到日本学生都站在太阳底下，不少男生赤脚立在沙土里。当天气温 28℃，很热，于是我说："老师们，同学们：下午好！你们的精神令我感动，我们的友谊地久天长。谢谢！"说完后我便鞠躬转身。翻译跟上我悄悄说："喻老师，你的话非常简要，好！"当然，这也是特定情境中的特定需要。我讲这番话的意思是，作为交流发言，一定要控制时间，语言一定要简练。这应该是语文老师的基本功之一。明年我们想做些改进，约请几位老师做重点发言，每人 15 分钟。

关于明年的年会

地点：江西省九江一中

时间：2010年7月，具体时间由江西九江一中书面通知各校

议题：如何提高语文素养。这个题目比较大，口子开得不妨小一点。可以结合教学实践，谈如何提高学生的语文素养；也可以联系自身进修，谈如何提高教师的语文素养。

我们明年九江见！

现在我宣布：苏、浙、赣三省18校第26届语文年会闭幕！

2009年7月

5. 文章要实而短

今年上半年，习近平同志在《求是》杂志上发表文章，对"长、空、假"的不良文风进行了严肃的批评，并分析了它的危害；同时热情提倡"短、实、新"的优良文风。文风问题引起国家领导人如此重视，可见问题之严重。他虽然主要是针对某些领导干部说的，但带有普遍性。因为领导干部的文风直接影响党风、影响民风，自然也会影响到中小学生。许多人，包括相当一部分中学生对"长、空、假"的文风已习以为常，见怪不怪，甚至麻木不仁了。不良文风在中学生作文中的表现是："长、空、假"。

先说"长"。第一种表现，就全文而言，明明没有什么实际内容，却硬拉成千字以上的文章。第二种表现，就局部而言，多个定语的长句偏多，不必要的修饰过多。定语多、修饰多，不一定是坏事，但把本应简约的语句搞得复杂而疙里疙瘩，就不是好事了。

次说"空"。这在议论文写作中比较突出。第一种表现是，大话套话、表态式的话太多，而真正表达自己见解的话太少。第二种表现是，用"我们"多，用"我"少，往往居高临下教育别人，却很少实事求是地要求自己，空洞的说教难以让人接受。第三种表现是，引文尽是诗文名句，举例全是古代文人，空对空说理，丝毫不接触现实问题。

再说"假"。"假"在中学生作文中几乎无所不在。在记叙文中不少情节是假的。有一次，我对学生说："小学、初中不说了，就我教你们以来，你们在作文中不知骗了喻老师多少次，你们承认不承认？"很多人在下面笑。我说："你们笑，说明你们默认了。"在散文写作中，感情矫揉造作，语言过分修饰，廉价的豪情多，真切的感受少，动不动来几句其实连自己也未必能懂的"哲理"，借以吓人。用美丽的虚假来掩饰内容的苍白。这是不少同学的一个通病。

好文章一定要"实"，首先要有思想，独立的思想，正确的思想。今年"鲁迅青少年文学奖"全国大奖和江苏一等奖获得者，她们的文章均不以语言优美见长，皆以思想深刻取胜。独立的、正确的思想从哪里来？从阅读好书中来，从接触社会中来，从深入思考中来。文章的立意要积极向上，应努力反映现实生活。怎么反映呢？这取决于你对材料的理性选择：正义与邪恶并存，你应选择正义；美丽与丑陋比肩，你应选择美丽；光明与阴影同在，你应选择光明。心中一定要有阳光，青少年要说跟自身年龄相符的带有个性色彩的话。我看到这么一则材料：一次，中国现代著名作家郁达夫应邀去作文艺创作的演讲。他上台在黑板上写了"快短命"三个字。听众觉得很奇怪。他接着说："本人今天要讲的题目是《文艺创作的基本概念》，黑板上的三个字就是要诀。'快'就是痛快，'短'就是精简扼要，'命'就是不离命题。演讲和作文一样，也不可以说得天花乱坠，离题太远。完了。"他从写字到说完，用了总共不到 2 分钟的时间，真可谓"快短命"。这给我们以有益的启示：快，痛快，就是不受拘束地说出自己想说的话，这就是"实"；短，就是简洁，不拖沓。用鲁迅的话说，就是要删去一切可有可无的字、句。这跟习近平同志所说的"实""短"的精神是完全一致的。

除了写教研论文外，我平时写的文章都不长，实话实说，要言不烦。我希望同学们的作文写得实一点，短一点，如果能新颖一点，则更好；如果暂时做不到"新"，那就先做到前两点。

文风关系到作风，关系到做人。文风要朴实，做人要踏实。

2010 年 2 月

6. 写作要知"天·地·人"

前不久，从报上看到一则报道，说某名牌大学毕业生，近几年在某教育培训中心执教，极受欢迎，原因是他的教学极为"高效"。他声称，听他一节课，可使你英语成绩提高 5 分，语文作文提高 5 分，听他三小时课，可提高 30 分。下面还附了几则证明材料，说某学生听了他的课，考试时提高了 38 分，甚至有某某提高了 50 分。读罢，我大为震惊，此乃神人也。如果真有此人，那所有的语文、英语老师全要失业了。其实，稍有常识的人都可能质疑：这可能吗？教育还有规律可循吗？令我不解的是，这等匪夷所思的事情，竟然堂而皇之在发行量极大的一份报纸上介绍了。在全国上下认真贯彻落实科学发展观的今天，这种极不符合科学发展的事竟被大肆宣传，实在令人担忧。

众所周知，教育是门科学，是有规律可循的。有些人潜心研究，按规律不断改进教学方法，是有可能产生比别人好得多的效果的；但在极短时间内飞速提高 5 分乃至几十分，没听说过。我执教中学语文 47 年，一直没有敢松懈对语文教学方法，尤其是对作文教学的研究。长期的实践告诉我：作文水平的提高有赖于多方面的积累和不间断的科学训练，它需要广泛的阅读，它需要生活体验，它需要经常思考，它需要不断练笔。离开了这些，想临时突击提高成绩是不现实的。

从宏观角度看，写作需要一种心境，一种胸怀，一种精神。几天前，我在《教育文摘周报》上读到一篇短文，给我莫大启发。去年，在北京的一次文学座谈会上，一位卓有成就的老作家，在谈到自己的创作体会时说："要想成为一个好作家，一定要做到脚下有地，头顶有天，眼中有人。"在座的文学爱好者们恍然开悟，并对这位老作家由衷而生敬意。我看，这段话不仅是作家文学创作的不二法门，也同样适用于指导中学生写作。

脚下有地，就是要扎根于生活的沃土，从现实中取材，真实地反映社会。头顶有天，就是要敬畏自然，有广阔的胸怀，有高尚的追求。眼中有人，就是要"以人为本"，时时想到文章是给人看的，这就要平等地与读者交流，对读者负责。

按上述要求写作，才能写出真文章，好文章。而要真正做到，则需要有一个过程。想不经磨炼、一蹴而就，那是决不可能的。我认为，写作跟其他科学文化知识的学习一样，必须遵循规律。对处于基础教育阶段的中学生来说，更应从基础抓起，按规律办事。每个学生都应该热爱生活，从丰富多彩的现实世界中汲取营养；要以开阔的视野去观察和思考问题；所写的文章，要既无愧于心，又有益于社会。同时，要始终苦练表达基本功，力求使语言准确、规范、生动。不断练笔，不断修改，不断总结，定能不断提高，绝无捷径可走。

现如今的考试作文，大都已沦为新八股，既脱离现实，又缺乏真情，只图文字华丽，不重内容充实，只求获得高分，较少考虑社会责任。这是教育的失败，也是写作的悲哀。我希望广大中学生心中要有"天·地·人"，去功利之心，走务实之路，在学习写作的同时学会做人。在规律面前，我们还是采取老实态度为好。

2010 年 4 月

7. 要有一点自己的追求

——在苏、浙、赣三省18校第28届语文年会闭幕前的讲话

一天半的会议很紧张，但内容很丰富，有听课，有讨论，有参观，有高考情况交流，有论文评选颁奖，收获是不少的。对于听到的、看到的，大家可以通过自己的思考，择善而从之。在我们18校内部，没有官员，只有朋友。既然都是朋友，为了共同的事业，什么话都可以说。希望在下次的年会上，能听到更多老师的发言。明年江苏昆山年会的主题是：语文教师的专业发展。这是个大话题，长期的话题，但也是个具体的话题。希望大家结合自己的教学实践来谈这个问题。虽然现实有许多不能尽如人意之处，但我们该研究的问题还得研究。

我们的社会有美好的一面，我们的社会在不断进步；但我们的社会也有不美好的一面，有些问题是令人忧虑的。教育就令人忧虑，语文教学尤其令人忧虑。它被严重扭曲了。大约三年前，南京师范大学附属中学一位年轻的语文老师写了一篇文章，他在文章中指出了当前教育的弊端，尖锐批判了教育的异化，最后以《论语》中的"侍坐"章结束全文。孔子的三个弟子在老师面前各述其志，最后一个说：暮春三月，我陪几个好友，到河里游泳，在山上吹风，然后，唱着歌曲，欢乐回家。孔子对此深表赞赏。我看，这就是素质教育的重要组成部分。两千多年前孔子的正确观念却至今实现不了，我们应该感到惭愧。除了教育，其他问题也不少。难怪近几年有些学生在自己的日常作文甚至在高考作文中多次引用英国大文豪狄更斯在《双城记》中的一段话："我们的时代是最美好的时代，也是最糟糕的时代。"学生借这段话想表达的，大概就是我上面所讲的那个意思吧。当然，我们现在跟狄更斯所处的时代大不相同，但在某些方面，还是颇有相似之处的，那就是群体的浮躁和人性的异化。在现实面前，功利不可避免。功利的东西，物质的追求，是社会所必需的：但过于功利，就远离了理想，远离了人性，而教育是最讲理想的。在各行各业中，如果连教育都不讲理想，那还有谁讲理想呢？可现实又那么冷酷，那怎么办呢？我们所能做的，只能在两者之间尽量

寻找一个平衡点。就考试本身来说，它也是一门学问，我们不仅不能拒绝它，相反还得熟悉它，研究它；通过研究，提出改进意见，使之合理而规范，使之符合教育规律。苏州十中的程洪老师的发言我很赞同。他说，从长远的眼光看问题，我们要疏远一点考试，稍微超脱一点，目前最重要的，首先要让学生喜欢语文，喜欢读书。请注意，他说的是"疏远一点"，并不是不要。这是一种无奈的选择，也是现实的选择。我们当然要努力工作，但千万不要把自己搞得太累、太苦。要知道，什么都是别人的，只有身体是自己的。几年前，我在校内的"教师论坛"上曾讲过三句话："工作再忙，也要留一点时间给身体；工作再忙，也要留一点时间给家人；工作再忙，也要留一点时间给心灵。"健康对每一个人都是最重要的。在珍爱生命的前提下，我们要有一点自己的追求，要有一点属于自己的精神生活。我们选择教师职业，就是选择崇高；我们热爱语文事业，就是热爱中国文化。既然如此，那就让我们在美好的追求中去实现自己愉快的人生价值。

2011 年 7 月 17 日

8. 解词义，悟人生

李教授在上完选修课后来我办公室稍坐。我很敬重他的真诚和学识，所以每当他说话，我总是悉心聆听。他说到东大到处贴有"止于至善"的字样，却很少有人去过问，去解释。至，极；善，好；止，停止。只有好到极点，方可停止。而"至善"几乎是不可能的，所以，永远不能"止"。也就是说，人应该不停地探索，不断地奋斗。他这个解释，点到了要害，道出了精髓。他还说到汉语中的一些同义词和近义词，其实，细想一下，是有差别的，如"简练""凝练""洗练"。他没有细说，却促我深思。"简练"一词用得最多，凝练也用得不少，那"洗练"是什么意思呢？关键是个"洗"字。凡"洗"过之物，就干净了，就清爽了，就去掉杂物了，也就纯朴了。洗练表明了语言的运用到了干净利落、自然本真的地步。能够达到这种水平的语言是不多的，但又是我们应该追求的。

比如"生存"与"生活"，二者的区别在于第二个字。"生存"生下来，存在在那里；"生活"，生下来，活泼新鲜。"生存"只是一种物质的呈现，"生活"则是一种生命状态。目前，对绝大多数人而言，首先是"生存"，按百姓的话说，就是要"活下来"；活泼新鲜地活着，就不容易了，它必须有个人追求和精神情趣。不少国人长期把"生存"当作"生活"，生存很辛苦，生活很乏味。说我们现在仍处于"初级阶段"，一点不错。只有在不断创造物质财富的同时，不断丰富精神生活，由"生存"提升到"生活"，这才是真正的人的世界。教育对这种提升有着重要的促进作用。作为教师，不仅要传授知识，更要关注人生。

有个常用字"正"，以它开头可以组成许许多多的词，如正常、正直、正派、正义、正气、正当、正道等等。其中有些词，把它拆开来解释也很有意思。比如"正常"：正，正道，规律；常，常态，长久。正常，走正道，循规律，就能保持常态，就能持续发展。再说"正直"：你行得"正"，必然挺得"直"，这是做人的基本要求。"正义"：正，行为端正，处事公正；义，主义，公理；你行得正就能主持公道，就能扶危济困，甚至除暴安良，"舍生取义"。这是高度社会责任感的体现，也是追求人生价值的最高境界。再如"正气"：行得正，挺得直，严于律己，你就有一股浩然正气，有了这股充斥天地之间的浩然之气，你就是一个有气节的、令人敬仰的高尚的人。可见，做人处世离不开"正"；不"正"，就可能"邪"，"邪"就会干坏事，就会给社会带来祸害。这就违背了最起码的做人道德，断不可取。

以"人"开头的词语多得很，比如人心、人性、人品、人道、人情、人本、人文、人生，等等。"人心"，人的心思，人的意愿。"得人心者得天下"，说的是"得天下"者必须符合人们普遍的意愿，也就是我们现在所说的能"代表最广大群众的最大利益"。"人品"是人的品性，人的品质，它是为人的根本，或者说是人的内在品质的外部表现形态。我们平时说某人"人品好"，说的就是这个意思。"人性"，人的本性，它有善有恶，比较复杂。很长一段时间，一提"人性"就挨批，说什么没有抽象的人性，只有阶级性，要么是资产阶级人性，要么是无产阶级人性，没有调和余地。这就把复杂问题简单化了。

要解释好上述这些词，都得从"人"出发，或多或少跟"做人"有关。诺贝尔文学奖获得者莫言在接受采访时说，他的作品都是从"人"出发，写的是人性，反映的是人类的命运。我很同意他的观点。莫言的获奖，是人性的回归，是文学的胜利。他获奖后不事炫耀的低调和对自己创作所持的谦虚态度，为所有中国作家树立了榜样。我非常赞赏他在平凡中透射出不凡的人生。

中国的文字不仅形式优美，而且内涵丰富，这是其他民族的文字远远不及的。我为此而深感自豪，更为自己是一名语文教师而骄傲。我要向生活学习，向书本学习，向李教授学习，向一切懂得语言丰富内涵的人学习。这不仅是为了教学，更为了读懂人生。

2012 年 11 月 7 日

9. 我有一个愿望
——在南京市中语会换届选举大会上的讲话

各位老师、各位领导、各位嘉宾：

下午好！

我1994年当选为南京市中语会会长，至今已18年了。感谢大家对我的信任和支持，感谢大家对我的一片深情厚谊！我曾三次提出尽快换届，但因种种原因而不断推迟，直至今日，终于如愿以偿，我可以退下来了。

在我任南京市青语会会长期间，举办了首届市青年教师好课评比，发现了白金、袁源、刘凯、邓佳等一批新秀。在我接任南京市中语会会长的头十年里，市中语会做了些工作：①我们每年搞一次论文评选；②搞了几次全市的好课观摩；③请扬州师范学院顾黄初教授为会员开了专题讲座；④组织全市部分语文教师听取了东北师范大学朱绍禹教授的报告；⑤完成了"南京市中学语文教学特色研究"的课题；⑥配合市教研室每月编辑一期《作文选读》。所做的工作不多，近七八年几乎没有什么活动。如果还算做成了几件事，全靠秘书长姜鸿翔老师和毛积源、许秋霞两位副会长以及理事们的辛劳。

回顾18年走过的路，我不会忘记袁金华、钱任初、蒋洪能三任老会长，不会忘记市教研室王宜早、鄂基忠两位主任和语文组的张启、傅泽江、吴福娣三位教研员，不会忘记鼓楼、玄武两个大区的孙和平、何建军两位教研员；不会忘记市教科所的岳子纯所长；同时，我也决不会忘记金陵中学的邓重文、程军、曹扬、彭卫平和语文组全体老师对我的理解和支持，不会忘记南师附中的唐长春、许祖云、徐昭武、王栋生老师，一中（南京市第一中学）的孙芳铭、陈良琨、蔡肇基老师，三中（南京市第三中学）的李大全老师，四中（南京市第四中学）的倪祖坤、柳宁老师，五中（南京市第五中学）的赵志昇老师，南大附中（南京大学附属中学）的虞晔如老师，十二中（南京市第十二中学）的靳贺良老师，十三中（南京市第十三中学）的沈乃璟、胡小林老师，二十九中（南京市第二十九中学）的赵家书、钱小龙老师，三十六中（南京市第三十六中学）的卫德滋老师，五十中（南京市第五十中学）的袁文志老师，南京市中华中学的蔡德伦、姜静芳老师，江宁县中的俞晶晶老师。他们有的参与了中语会有关活动的谋划，有的是中语会活动的中坚力量，有的对中语会的活动表达了支持。他们中有几位已经去世，多数已退休，有的即将退休。我建议让我们用掌声对这些语文界的老前辈、老同志为南京市中学语文教学做出的贡献，表示崇高的敬意和诚挚的感谢！上述这些老师中的部分人，跟我相处较久，联系较多。他们相互支持的合作精神，不图名利的奉献精神，勇于思考的探索精神，令我感动，催我前行。这三种精神在很长一段时间里成了我和市中语会的宝贵财富，它也必将激励后人继续奋发，开辟新路。

我教了近50年语文，虽然进步有限，但思考从未停止过。我有很多困惑，也有不少愿望。有些困惑可能随时代的进步而逐渐消除；而我的愿望恐怕很难在短期内实现，这有待于大家去认真探讨和深入实践。

（1）我有一个愿望，大家能真正认识到教育的意义。教育是一种未来的事业，是一项伟大的工程，是一门崇高的科学，它的核心是育人，其宗旨是培养身心健康的、能用知识造福社会的现代合格公民。眼下的教育，心中只有分数，手段唯有考试，师生被异化，知识被固化，这是莫大的悲哀！其他领域可以不谈理想，而教育的公益性决定了它应该远离功利，追求理想。

（2）我有一个愿望，大家能实事求是地看待基础教育。基础教育不是高等教育，基础教育就是要抓基础，就是要抓基础知识的学习和基本技能的训练。用叶（圣陶）老的话来说，就是要从小培养各种好习惯。用江苏省原教委副主任周德藩先生的话说，就是"起点要低，要求要严，训练要实，方法要科学，要面向全体学生"。现在，调子越唱越高，框框越来越多，教学内容无限扩展，教学要求不断提高，而最基本的知识和技能却掌握得并不扎实。

（3）我有一个愿望，让语文教学返璞归真。60多年来，语文教学经历的磨难太多，受到的干扰太大，附加的功能太重。34年前吕叔湘先生就批评语文教学"少慢差费"，用的课时最多，到中学毕业却过不了关，"岂非咄咄怪事"！这种状况至今未能得到根本性的改变。这跟语文学科未能科学定位有关，一会儿狠抓工具性，一会儿又强调人文性，摇摆不定，进展缓慢。近些年来，在各种所谓好课的诱引下，不少老师对教学形式的重视胜过对教学内容的探讨，应试热更是把语文教学拖入了绝境，除了做题、测验，没有阅读思考。学生对语文丧失兴趣，水平持续滑坡。语文是我们的母语，热爱语文，说到底是对民族文化的认同。我们应该以学好语文为荣，以能从事语文教学为荣。从根本上说，语文教学就是要激发学习兴趣，培养良好习惯，提倡多读书，多写作，多积累，培养语文素养，提升人文品位。就操作而言，应该不忘学科特质，回到语文原点，始终教育学生：字要规规矩矩地写，话要明明白白地说，课文要仔仔细细地读，练习要踏踏实实地做，作文要认认真真地完成。真理往往是朴素的，让人眼花缭乱的东西不仅不是真理，而且很可能带来祸害。

（4）我有一个愿望，让课题研究切实有用。现在的多数课题都很宏观，不切实际。它不是来自教学需要，更不是来自内心的渴求，或为学校争光，或为个人图名，甚至为课题而课题。做课题是为了研究问题，但研究问题不一定非要以课题形式出现。据我所知，发达国家不要求中学老师做课题，也不强调写论文，只要求你把课上好。要做课题也可以，但首先必须来自教学第一线的实际需要，是为了解决教学中遇到的问题；其次要有一个实践检验过程。教而不研则浅，研而不教则空，二者结合才是正道。

（5）我有一个愿望，让每位语文老师能有良好的修养。现在，大批教师尤其是青年教师，忙于应付教学，疏于业余进修，专业水平有限，人文素养欠缺；或者说，有知识而少文化，重方法而少内涵，更缺少独立的精神和自由的表达。这就不可能培养出人格健全、品位高尚的人。我衷心希望包括我在内的所有语文老师多读书、多思考、多实践，不要跪着教书，而要挺胸做人，首先做一个受学生欢迎的人。

（6）我有一个愿望，让每位语文老师都能愉快地生活。语文老师不可谓不辛苦，工作忙的时候几乎成了机器人，远离生活，没有情趣：在近乎僵化的劳作中耗费生命。这是多么可悲！马克思说，世界上的一切解放，归根到底是人的解放。什么是人的解放？就是"把人的关系和人的世界还给人自己。"我们解放不了别人，就自己解放自己吧。工作一定要做好，但生命一定要珍惜。工作再忙，也要留一点时间给身体；工作再忙，也要留一点时间给家人；工作再忙，也要留一点时间给心灵。只有这样，才像个人，工作与生活才有意义。但愿我的愿望不至于成为空想，而能成为温暖人心的太阳。

我们生活的时代十分美好，但也非常浮躁。每个人都是现实的人，很难免俗，但教育不能俗。《论语》中有这么一段话——"子绝四：毋意，毋必，毋固，毋我。"孔子拒绝四种情况：一是主观猜测，二是绝对肯定，三是固执己见，四是唯我独尊。他反对片面性，反对绝对化，提倡不拘一格，提倡相互学习。这就不俗，不仅不俗，而且是一种很高的境界。要做到这"四绝"，非常不易，但我们总得朝这个方向努力才是。教育要想不俗，就要尽量减少浮躁。浮，必然空；躁，必然急。浮躁难免急功近利，而急功近利就难免只图表面，只图表面必然不深刻，不深刻就不能保质量，就不能出精品。近日重读诸葛亮《诫子篇》，其中有些话给我很大启发。他说："学须静也，才须学也。"这就是说，要想成才，必须学习，而要想真正学到些东西、完成些事情，需要心静。他还说："淫慢则不能励精，险躁则不能冶性。"意思是，过于缓慢就不能振奋精神，过分急躁就不能安定情绪，就不可能有良好的修养。说的也是要心静。我的六条愿望是否恰当，恳请各位静下心来好生想一想，说得不对的地方，请大家批评指正。学无止境，教也无止境。我虽 71 岁了，但决不会固执己见，我仍然需要向各位学习，仍然需要各位的帮助。我坚信，新一届南京市中语会理事班子一定比我们干得好，因为他们有全新的思想、广阔的视野和充沛的精力。新一届理事会一定能在集中众人智慧的基础上，高举"以人为本"的旗帜，胸怀创新之志，为推动南京市的中学语文教学改革，为深入实施新课标，做出不负时代的贡献。

各位老师，各位代表，请宽容我 18 年来不太令人满意的工作。今天我虽然退下来了，但心依然是年轻的。我愿意永远做大家的朋友，因为我们都热爱教育、热爱语文。

谢谢大家！

2012 年 4 月 27 日

10. 什么是学问？

什么是学问？说通俗点，就是"肚子里很有货。"什么叫"有货"？就是能记住很多很多知识。一个人如果满肚子都是年号、数字、目录，说得出哪场战争的日期，记得住哪个典故在哪卷书里，就广受尊敬，被誉为'学富五车''满腹经纶'，如果这个人碰巧又多背了几种外文，则更被视为一代大师。（余秋雨语）

记得我刚到金中时：语文组有位刘老先生，大家都说他有学问，你问他一个字，他会马上告诉你在字典哪一页可以查到。我当时真是佩服得五体投地。这算不算学问？我看这只能是"学问"的极小一部分。还有一种说法叫做"学问学问，既学又问"。这比前一种理解进了一大步。这里面有好学和谦虚两层意识。要学的东西很多，是没有止境的；但光"学"还不行，碰到疑难怎么办？那就得"问"。"问"就是询问，请教。可以问师长，可以问朋友，有时候"听君一席话，胜读十年书"。更多的时候应该问自己，这就是思考。学习、思考、请教，周而复始长期坚持，必有学问。

现在看来，光有上述这些还不够。真正有学问，还得有创造，否则，他只能算个死板的学究。有了学问要运用，或培养了英才，或创建了学说，或启发了民智，或推进了文明。当然，十全十美的学问是没有的，而且，有没有学问是在动态中不断变化的，应该像鲁迅所说的那样，"使所读的书活起来"。我们不要死学问，而应注重活学问，要用真学问、活学问去创造新的世界。

我们不妨看看周围。有人虽然读书不多，但很懂得经营，生意做得红红火火，有人会说："这里面大有学问。"有人没上几年学，但很通人情，生活过得快快乐乐，有人会说："这里面大有学问。"有人虽然学历不高，但善解人意，仕途平平顺顺，有人会说："这里面大有学问。"有人虽扎根农村，但很会动脑，发明一个接一个，有人会说："这里面可大有学问哪！"以上所说的"大有学问"，指的是生存之道、科学之道。这在现实世界里比书面学问更重要、更受用，更令人称赞。

拿教学来说。课上得受欢迎，学生能在课堂上学到有用的东西，这里面也大有学问。这种"学问"需要懂得教学规律，需要掌握专业知识，更需要了解学生心理和运用合理的方法，也就是说需要死学问和活学问的有机结合。从某种意义上说，活的学问能解决更多实际问题。这就是为什么有的老师死学问不多而课却上得很受欢迎的重要原因。

2013 年

11. 阅读教学应注入感情因素

近两年，我在校内校外听了不少课，其中大部分是青年教师的课。他们的共同优点是：教学态度认真，教学环节紧凑，教学内容全面，教学手段多样。他们为实践新课标付出的辛劳令我感佩。但静下来想一想，总感到他们的课缺了点什么，那就是一个"情"字。

某老师讲《荷塘月色》，把作者如何写"荷塘"、如何写"月色"，什么"动态美"、"静态美"，正面写、侧面写，用了哪些词语，分析得很细，归纳得很全。但作者通过这些描写表达了什么感情，老师却只用一两句轻轻带过。

某老师讲《祝福》，叫学生快速阅读全文后，老师对学生提出的 8 个问题逐一作了回答，至于鲁迅对文中的祥林嫂、鲁四老爷、镇上的人和"我"各抱什么态度，却基本没有涉及。学生只是知道了一个故事，却未能理解作者的情感世界和课文的深刻内涵。类似的例子恕不赘述，总之，"知识"讲了很多，"感情"投入很少。为了引起大家对这一问题的重视，下面我谈谈由一节课引发的对"感情"的思考。

某老师上《最后一片常春藤叶》，用多媒体打出"一读小说"，解决两个问题；"二读小说"，要学生任选小说的一个人物，说说自己的理解或给自己的启迪；"三读小说"，要学生归纳课文主旨；最后要学生把课文跟作者另外两篇小说作比较，归纳欧·亨利小说的写作特点。整堂课知识点多，容量大，推进快。课后，我跟这位老师交换了意见。在充分肯定其优点后，我说："你今天上的这篇小说极有人情味，为什么不引导学生好好读读小说的最后在感情上给学生一些熏陶呢？"她回答我说："你这种年龄的老师可以，我们不行。"我说："这有什么不行？我在 22 岁上《最后一课》时还比你年龄小呢。"她有点好奇："那你是怎么上的？"于是我对她讲了当年的情景。

学生坐定后，我以平缓的语调说："喻老师读过不少小说，其中有些早就忘记了，而有几篇却令我终生难忘，作家都德的《最后一课》就是其中的一篇。它为什么令我难忘呢？现在请大家先听我把小说朗读一遍。"我感情投入地朗读了全文，当读到"孩子们，散学了，你们回去吧"时，我的声音哽咽了，眼里滚动着泪花，随即转过身去，在黑板上写下了"法兰西万岁"五个字。我俨然成了小说中的韩麦尔先生。这时，学生都注视着我，教室里静得出奇。六七秒钟后，教室里响起了热烈的掌声。我缓过神来，问学生："你们为什么鼓掌？"一男生说："老师读得太好了，故事太感人了。小弗郎茨他们亡国了，我很难过……"我接着他的话说："这故事确实感人。那好，现在就让我们来看看，这篇小说是用什么既打动了喻老师也打动了你们的。"接下来，我多次请学生朗读课文片段，在朗读中品味生动刻画小弗朗茨和韩麦尔先生的动词和形容词，体会韩麦尔先生那段近乎演说的话的深刻含义。在感情的共鸣中，我和学生更爱这篇小说了。

听了我的回忆，这位老师若有所思。我把话题重又拉回到她的课上："你宁可少一两个环节，也要把感情倾注进去。可以在启发学生理解人物的基础上作如下归纳：老画家以生命的热情创造了艺术的杰作（最后一片叶子），艺术的杰作激活了年轻画家的生命。生命创造了艺术，艺术丰富了生命。生命对生命的关爱体现了一种人性之美。而这一切正是通过'最后一片叶子'透露给读者的。这么一来，'知'有了，'情'也有了，二者整合在一起了。这给学生的印象比单纯讲知识要深刻得多。你说呢？"她表示同意，并笑着对我说："我怎么就没想到这一点？"我说："因为你没有把感情投入进去。"

由此我认为：缺乏感情的课，算不得真正的语文课；光有感情却不把它落实到语言的品味上，也算不得真正的语文课。那么两者是什么关系呢？大家知道，课文教学的根本任务，是全面提高学生的语言素养，在积累、感悟、品味、欣赏、运用语言的过程中形成和充实学生的精神世界。但如果只是感知语言而不注入情感，那么语言便会因少了灵气而成了干瘪的文字躯壳。所以，应该把注入感情与品味语言交织起来，唯此才能上出有滋有味的语文课来。目前许多语文课，为了完成进度，为了应付考试，知识灌输很多，感情熏陶很少。这虽然很无奈，但毕竟是莫大的缺憾。

语文老师很辛苦，但缺乏感情地上课，不仅自己无趣，学生也很累。语文老师首先是人，更应该是感情丰富的人。在一般情况下，他是个冷静理智的人，但有时也不妨是个性情中人。他无需是演员，更不要感情作秀；不过，他应该根据课文内容的需要去努力走近作者的感情世界：有时柔情似水，有时激情如火；有时平静叙述，有时慷慨陈词；用感情激起学生共鸣，用感情引导学生探究。词语在带有感情的品味中生动，名句在带有感情的鉴赏中隽永。在感情熏陶中学会运用语言，在语言环境中涵养精神世界。

我历来主张，用带有感情的介绍激发学生学习兴趣，用带有感情的提问引导学生思考问题，用带有感情的小结启发学生深入理解语文，努力把感情熏陶与知识传授有机结合，以实现人文性与工具性的和谐统一。

2013 年

12. 语文课要有语文味

——在南京市高一语文集体备课活动上的讲话

各位老师：

下午好！

今天的两篇课文都很难教，一篇是一看就懂的，一篇是许多有经验的老师上过很多遍的，叫我上也未必上得好。应该说，刚才的两节课基本上是成功的：第一，有文本意识，都紧扣教材内容，没有游离。第二，有主体意识，都能以学生为主体，充分调动学生思考的积极性。第三，有重点意识，都不求面面俱到，而是突出重点，纲举目张。卢老师的课，突出一个"趣"字，与学生共同品味金岳霖先生的个性特点。叶老师的课，突出祥林嫂悲剧的社会原因，与学生共同提炼作品的主题。第四，有平等意识，实际上这是主体意识的一种表现。两位老师的教态都比较自然，都能平等地跟学生进行交流。还有一点，我认为更重要，那就是两节课都很常态，没有刻意追求什么，不搞花里胡哨的形式，平常就这么上课的。这是我们金陵中学语文组一贯的做法，应该永远保持。

也有不足：第一，卢老师对"趣"字的理解还应适当深化。这个"趣"字不是外表上的有趣、好玩、老顽童，而是金先生个性、学养、气质的综合反映，是一代学人独立人格的体现。这堂课结束前也不妨结合写作提一下，用真情实感写平凡小事，往往最容易打动人。叶老师对造成祥林嫂悲剧的社会原因的归纳总体上是正确的，但还可以再深入一步：一个人的悲剧往往有很多社会因素酿成，这些因素的相互作用形成了一张巨大而无形的网，这张网造成了一种无法摆脱的巨大精神压力，祥林嫂就是这种压力下的牺牲品。这种无法摆脱的巨大精神压力的"软刀子"，是由特定的社会文化背景"铸造"的。虽然随着历史的进步，那些旧的文化理念会随之逐渐消亡，但它们会在许多人的头脑里长期存在。我们应对此保持警惕，防止它再来害人。这么点一下，也许能引发学生对现实世界的思考。第二，就教学语言而言，卢老师显得沉稳老练些，不过表述还可以更简练。叶老师显得有激情，但有时语速过快。说的是悲剧，可有些表述缺乏沉重感。另外，两位老师对学生回答问题时所用的语言缺乏评价和具体指导。学生如何回答问题，是需要进行指导和训练的。要肯定他们用词的准确、表述的流畅；同时要指出有些学生的啰唆、词不达意，并告诉他怎样简洁地表达。第三，说一下板书。两位老师的板书都很简明，看得出是动了脑筋的，但字写得都有点潦草。平时两位老师的字都写得很好，但今天写得都不太好。我的字也写得不怎么好，但我的板书却很规矩，写的都是正楷字。不能小看板书，书写是一种文化，甚至可以说是一种艺术，老师的书写应该为学生树立榜样。

现在开一节公开课不容易。中老年教师，评上高级以后的教师，基本上都不开课了。我觉得这不太正常。我 60 岁还开了不少公开课，今年我 72 岁了，还在上课。你不是特级教师吗？那你就上一点体现特级教师水平的课给我们看看！你不是语文学科带头人吗？那你就带个头给大家看看！（掌声）向全市开课，都怕上不好，都不愿意上，敢于接受任务就算勇敢者了。

眼下教师太累。昨天报上报道，一位 33 岁的男老师死了，累是重要因素。我最近写了篇文章，叫《基础教育的问题及出路》，最后我有这么几句话："难道还有什么比人的健康和生命更重要的吗？让教育有一个宽松的环境吧！让师生有一点自由的空间吧！我们再不能靠口号吃饭了。"在当下高速发展、压力沉重的背景下，能完成教学任务已经很累了，要想再用较多时间去研究教学，不太容易。所以敢于开公开课，是一种能力，是一种境界，更是一种勇气。我建议为今天开课的两位老师鼓掌致意！（掌声）

中学是基础教育，基础教育到底抓什么？这个问题必须搞清楚。受经济高速发展的影响，对基础教育的要求也越来越高，以至于到了不适当的地步。基础教育就是要抓基础。拿语文来说，就是要在人文精神的观照下，抓语言训练和思维训练。课堂上要有读、有思、有说，有时还要写。就读来说，要有默读，也要有朗读，读出感情来，读出节奏来。同时，千万不要忘记"语文味"。语文味，就是要有感情，有趣味，有想头。有想头，就是学完一课后，有余味可以咀嚼，越想越有意思。当然要有探究意识，但要求不能高，不要太复杂，更不必求全。这几年我听了许多课，有本校的，有分校的，有市内的，有外地的。有的课上得很好，不仅学到了知识，还很有情趣。但也有不少课，缺乏语文味，听了十几分钟，我就不断看表，希望早点下课。课上得一点味道都没有，学生怎么会喜欢？在数学当头、外语紧跟的情势下，学生本来就不太重视语文，而你的课又上得没味道，他能学好语文吗？所以说，千万别忘了"语文味"。就基础教学而言，我主张，目标简简单单，过程清清楚楚，效果实实在在。

效果有两类：一是显性的，主要是知识性的内容；一是隐性的，如感情的熏陶、审美的情趣等。隐性的不可能立即见到效果，它有个潜移默化的过程，需要长期坚持，而这正是"语文味"之所在。我上过许多课，有成功的，有平平的，也有失败的。若干年后遇到教过的学生，他们仍能记得我的几节课，之所以记得，都是因为有"语文味"。这是对我莫大的安慰。

眼下的社会环境，很不利于语文教学，因为浮躁，因为功利，因为高考，老师和学生都没有时间读书，没有时间思考，这怎么能学好语文？我建议大家，在确保健康的前提下，尽可能读点书，尽可能做点研究，为迎接语文教学春天的到来献上自己一份微薄的努力。祝大家健康、进步！

谢谢！（掌声）

2013 年元月 10 日

13. 语文课要突出语言文字的学习和运用

——在南京市高一语文教研活动上的讲话

各位老师：

　　下午好！

　　我在去年的全市高一语文公开课结束后曾说过，上公开课是件痛苦的事，而评公开课则是件麻烦的事。当然，从好的方面说，上公开课能锻炼人，有助于教学水平的提高。换一个角度看，备好一堂公开课，进而上好一堂公开课，所付出的辛苦是难以言表的，这堂课已不是平常的课。在我的见闻范围里，国外好像不存在什么公开课。每位教师各上各的课，各自对自己的课负责就行。再说评课。现在似乎已形成了一种潜规则，评课只说好话，即使指出不足，也多半一句话轻轻带过，据说是为了调动积极性，不要伤人自尊。这当然也有道理。但我一贯认为，既是研讨，就该在尊重教育规律的前提下各抒己见，这才真正有利于课堂教学质量的提高。

　　拿今天的两堂课来说，我觉得两位老师的课有以下共同优点：①目标定位比较恰当。②重视突出教学重点。都突出了悼词独特的情感。王老师开头对两篇悼词的比较，很精彩，也很大胆，由此引出了对文本感情真实性的关注。③师生互动比较充分。都是在不断的问答中逐步加深对文本的理解。④注意了对文中语言因素的挖掘。两位老师都让学生紧扣有关词语去体会作品的内容。梅老师抓住"饱满"一词，王老师则抓住了几个修饰语。⑤教学语言都较规范。两位老师都吐字准确、清晰，表达简洁、流畅。总之，两位老师的基本素养都很好，上的课各有千秋；不同的是，梅老师显得沉稳，而王老师则充满激情。

　　不过，有些方面还有待改进。先说梅老师。①总是牵着学生鼻子走，与其学生因被动而沉闷，不如让学生在认真阅读的基础上自己提出问题，然后通过讨论去自己解决问题。②与其几次冷场，不如组织学生通过反复朗读去体会作者的感情。③最后要求学生写一段墓志铭，因为时间太短，要求就显得偏高了。至少要让学生首先懂得墓志铭是什么，写墓志铭要注意什么。如果时间来不及，干脆去掉这一环节。再说王老师。①分析有点碎。补充的材料不少，这说明王老师的备课很充分，但补充多了，就冲淡了对主题内容的教学。②让学生读得不够。应指导学生读出感情：对马克思贡献的崇敬和对马克思逝世的悲痛。③有时语速偏快。因为这是悼词，所以教学语言的基调应庄重而缓慢。

尽管我指出了这些不足，但话又说回来，上一堂公开课也真不容易，尤其是像《巴尔扎克的葬词》这样内容丰富的课文。十全十美的课几乎是没有的，教育永远是遗憾的艺术。我提议，用掌声向为我们今天的活动付出辛劳的两位老师表示感谢！

借此机会，我想说两个问题。

第一个问题是，在语文课中如何学习语言文字的运用。去年1月，教育部修订后的《语文课程标准》正式发布。它第一次为"语文课程"下了定义："语文课是一门学习语言文字运用的综合性、实践性课程。"它明确告诉我们：语文课是学习语言文字运用的，这是语文课的目的，没有语言文字运用的综合和实践，就不是语文课。我体会，学习语言文字运用的重要性体现在：①它是培养学生语文基本功的重心。字的认读，词汇的积累，句子的组织，语法修辞知识的了解，都是语文基本功，但都必须在"运用"中掌握。②它是阅读教学的抓手。指导学生读文章，总是由字词到句子，进而由句子扩展到段落、篇章。教师只有抓住文章中以语言文字为标志的思路去设计问题、分析问题，才能切实提高学生的阅读能力，进而提高其语文素养。③它是作文教学的基础。不重视语言文字的运用，句子都不通，写作活动就失去了依托。④它是寓德于教的一种途径。道理从词语的推敲中产生，感悟从作品的解读中体现。语文课的德育不同于政治说教，它经由语言文字而变得具体、形象，因此也最容易进入学生的心灵。总之，我们要重视字词，重视书写，重视朗读，重视口语交际训练，重视各项语言文字运用的实践，引导学生在听、说、读、写中领略中国语言文字的精妙。这是语文原点的回归。学习语言文字运用是一个持续而漫长的过程，应该落实到平时的每节语文课中。

第二个问题是，如何实事求是地确定教学目标。长期以来，我们语文课定的教学目标都比较宏观，比较模糊，难以操作。这是我们语文课堂教学效率低下的重要原因之一。我在各种场合的发言中都反复强调一点：中学是基础教育，基础教育就要狠抓基础；既然是基础，就要面向全体学生，它不培养天才，只培养正常的普通人，因此每节课的目标要求就不能高，一定要努力做到"看得见，摸得着，感觉得到"。一堂课能真正做到有"一得"就不错了。现在有种现象比较普遍：自己读书很少甚至几乎不读书，却要求学生经常读书并做笔记；自己不大能看懂有些文章，却煞有介事地向学生传授阅读方法；自己很少甚至不写文章，却一本正经地向学生讲解写作技巧，甚至要求学生的作文有"哲理"思考；自己并不认同的道理和思想，却违心地要学生坚决接受。时间一长，学生就会厌倦老师的空话、套话和假话，从而也就厌倦语文课。不过，静下来想一想，这也不能全怪老师。目前整个社会都很浮躁，许多人追捧高深理论却忽视平凡的真理。不少官员都好说大话，怎么好听，怎么吸引人，就怎么说，至于能否真正做到，往往是很少考虑的。教育是科学，科学就要实事求是，基础教育尤其如此。所以，我建议各位在多读书、多思考的前提下，放低姿态，少一点架空的分析，多一点师生的共同探讨，在学习语言文字运用的实践中，让语文课有语文味，让学生在"有味"的语文课上真正学到有用的东西。这不仅是对大家的建议，更是对我自己的要求，因为我还在上课。占用了大家不少时间。

　　谢谢！（掌声）

2013 年 4 月 25 日

14. 中学生作文要有良好文风

文风反映作风。文风决定语言表达形式，也最终决定文章的效果。许多同学的文风是良好的：内容实实在在，语言朴朴实实。但确有不少同学的文风不正。以考试作文为例，文风不正有以下表现。

先说内容：

追求"立意高远"，偏爱"重大题材"，拔高人物境界，抒写"宏伟志向"。不少文章以政治的眼光俯视现实，用道德高标裁判别人，却避而不谈自己。

再看表达：

（1）写人物，在动词前加上许多形容词。

（2）写环境，追求丽词佳句，竭尽渲染之能事。

（3）写散文，喜好毫无实际内容的空洞抒情。

（4）写议论文，偏好表达不切实际的豪情壮志。

（5）开头或结尾用排比造势，有的头、尾都用，其内容却跟文章主体没什么关联。

（6）有人文末喜欢发号召，"让……吧！"好像他是领导者。

（7）青少年说成年人的话，故作深沉，老腔老调。

（8）大量引用名人名言，缺乏主见，人云亦云。

（9）明明是判断句，却硬要用感叹号，有的甚至连用三个。

（10）滥用"我们"，而全然忘记了"我们"背后的虚伪与苍白。"我们"中其实没有"我"，话都是说给别人听的，不管对错，"我"完全不负责任。

看两个例子吧。

某初中生的宣誓词："踏过书山漫漫，渡过学海茫茫，我们带着梦想展翅，怀着向往奋飞。今天，创造文明校园，争做文明学生，我们不退缩，不彷徨。让我们燃起青春的烈火，迸发年轻的激情，面对老师和全体同学立下不悔的誓言……"比喻、对偶、排比都用上了，看似充满豪情，却全是套话。

高中学生也犯有同样的毛病。请看一篇高考作文的开头："茫茫书海之中，如果深阅读是大海，那么浅阅读只能是小溪：如果深阅读是蓝天，那么浅阅读只能是浮云；如果深阅读是草原，那么浅阅读只能是绿坪。"太讲究文采了。再看一篇高考作文的结尾："青春要有保尔的精神，要能在绝境中求生，要有爱有痛，不在爱的漩涡中丧生，只在激流中勇进，搏击一生！谁为青春买单？不是家庭，不是学校，更不是社会，而是我们自己！"好个英雄气概！能做到吗？不知道，反正只要读起来响亮、听起来漂亮、能得高分，就行。提倡文章"努力向上""有思想性"是对的，希望文章有点文采，也是应该的，但如果强调过了头，很可能跟预想的结果适得其反。什么都得适度。

造成文风不正的原因是多方面的：有的受官僚习气浓厚的"官话"的影响，有的受报刊上"美文"的影响，有的受社会上"献媚"语言的影响，更受高考评分标准的影响（不少教师就喜欢这类华而不实、哗众取宠的文章）。正因为这种文风影响广泛而深远，所以要改变它绝非一朝一夕之功，需要从上到下齐努力，打一场持久战。早在两年前，习近平在中央党校作了一次讲话，专门谈了文风问题。他旗帜鲜明地提出，写文章要短、实、新。他担任总书记后，又重申了文风问题的重要性，主张开短会，说短语，说实话，不说套话、空话。这虽然主要是对干部说的，但具有普遍的指导意义。长期以来，许多语文老师从文学角度对学生的记叙文写作提要求：从哲学角度对学生的议论文写作提要求，追求华丽，倡导"哲理"。要知道，绝大多数中学生并不是去当作家和理论家，而是首先要做一名融入现代生活的合格的公民。

我认为，对中学生作文的要求，不能忘记基础教育的特点，要求不能太高，而应实事求是。具体说：①从内容上说，应以真诚、务实的态度，取材现实，贴近生活，既可以选重大题材，更应该写日常生活。对大面积同学而言，提倡记真事、说真话、抒真情。至于极少数想搞文学创作的同学，则另当别论。②从语言上说：多用短句，少用长句；多用实词，少用虚词；多一点纪实，少一点夸张：多说自己的话，少引名人的话。用词造句要尽量准确、简明。李白有诗云："清水出芙蓉、天然去雕饰。"语言能做到像出水芙蓉那样清纯、新鲜、自然，那是极高的水平。对于同学们来说，这里的"天然去雕饰"可以理解为质朴而不加修饰的、原汁原味的青少年自己的话。

一位外国作家奥威尔说过这么一段话："清晰的语言最大的敌人就是不诚实。当一个人宣称的目的和真实的目的存在差距时，他会本能地倾向于使用冗长的文字和颇费周章的说法，就像乌贼放烟雾一样，以此扰乱人们的视线。"这段话很形象地说明了使用清晰语言的重要和不诚实语言的危害。同学们可千万不能用"冗长的文字和颇费周章的说法"来"扰乱人们的视线"，败坏社会的风气。文风问题说到底要牢记两点：一是对自己负责，二是对他人负责。

我这个教了 50 年语文、经常写文章的人，愿用下面的话与大家同学们共勉：写实实在在的事，抒真真切切的情，说平平常常的理。为人诚实，文风朴实，作风踏实，人生厚实。

2013 年第 1 期《现代写作报》

15. 语文课靠什么给学生留下深刻印象

上学期末，我给所教的国际部高三中美班的学生出了一道题，要他们按我设计的四个问题，逐条回答，以《我看语文》为题，写成一篇文章。其中的第三个问题是："在以往的语文课中，哪堂课给你留下了深刻印象？请用一段话加以叙述。"读完他们的文章，我很受教育，并促使我对如何上好语文课作了一番思考。

对调查内容的归纳

让学生印象深刻的课有以下几种：

（一）教师讲课生动

"让我印象最深的一堂课是老师教我们成语含义的那堂课。当老师用自己的生活和一些有趣的故事融合到成语的讲解中时，我开始饶有兴趣地了解成语，并学习如何运用它。听完这节课，我第一次感到时间过得如此之快。这样一种幽默而不失严谨的风格，令我至今难忘。"（林雄剑）

"在《阿Q正传》那一课上，胡玮琳老师用通俗的口语作讲解，并配上动作，为我们分析阿Q这一形象，整堂课十分欢快。"（陈笛）

（二）教师鼓励恰当

"那是初中第一堂作文讲评课。我心情忐忑地等着作文分数，我在本子上看到了'继续加油'。这只是一句普通的鼓励，却是对我第一次真实写出自己感受的最好奖赏。其实，那篇作文行文粗糙，缺少章法，得了那句赞扬，只是因为我忠于自己的所想，尽力表达了我的心声。那堂作文课我将永远铭记。"（顾辛怡）

（三）教师批评合理

"初中第一位语文老师是一个很感性，也是真正喜欢语文的人。在他的第一堂语文课上，他问有没有人会背诵《春江花月夜》。我很得意地举起了手，想展示自己的基础很好。我极快地背完了，却遭到一顿狠批：'你根本不喜欢这首诗，背得太没感情了！'

虽然我当时又羞又恼，但是他让我明白，语文不是机械的学科，它要用心去体会。喜欢语文，才会有收获。"（周佳玥）

（四）教师观念新颖

最难忘的语文课是高三的一堂作文课。这堂课以讲解高考作文为始，老师将写高考作文比作'通过日军封锁线'，戏称所谓的高分作文就是将改卷子的老师'忽悠'得'自卑'。他批判了中国的基础教育，嘲讽了某些省的应试教育，最后要我们提高自己的思想境界，将高考作文'踩在脚下'。我上完课后的唯一感觉是：我想把这节课录下来，放给中国正在为高考而努力的中学生看。（唐世尧）

"喻老师的课让我大吃一惊。他是十几年来第一次让我想什么就说什么的老师。以前的老师总是让我们不要涉及'敏感'话题，喻老师却没有。他告诉我们，心里想什么你就写什么，这样的文章才叫好文章。"（周卓伦）

（五）老师朗读动情

"给我印象最深的课，是老师读他自己文章的那堂课。对我来说，我从来没有如此这般享受过自己的文章，只是一味地推卸和自卑，但老师却毫无畏惧地读他自己的文章，就像在大自然里放声朗诵一般，时不时还给自己的文章加点评论。他的文章并没有什么特别亮丽的语句，更多的是生活中朴实的画面。我觉得，老师写文章不是为写而写，而是将自己的感触记录下来，所以这堂课给我的印象特别深。"（李浩天）

（六）师生互动充分

"印象最深的是小学的一堂语文课。这是一位和蔼的新老师，拿出一本《淘气包马小跳》对我们说：'我们来交流交流书中的情节好吗？'大家好奇这种方式，纷纷表示赞同。……新老师既让我们认识了一些生僻的词和新出现的成语，又将书中的道理和人物性格做了充分的分析，这让我受益匪浅。"（原一）

《岳阳楼记》这一课，少了枯燥的逐句翻译，多了对于作者当时情境的重现。我们大胆畅想，积极互动，本来漫长枯燥的语文课飞逝即去。"（李烨旻）

（七）学生训练到位

"苏老师用粉笔将《将进酒》全文抄在黑板上，让全班放声朗读，感情都在朗读的瞬间迸发而出，我们对李白其人的理解也上了一个档次。"（李子垚）

"印象最深的是喻老师让我第一次演讲的课。我是个非常内敛的人，不希望在他人面前张扬自己。但从第一次上台演讲后，我发现演讲也没什么，无非就是把自己心里想的有条理地表达出来。渐渐的我变得外向了，真要感谢那堂课。"（时钟毓）

"记忆中最清晰的是初中上《岳阳楼记》那一课。我被老师点起来翻译了老长一段，这是从来没有过的，所以印象就特别深刻。"（戴申鉴）

（八）放手学生表演

"给我留下深刻印象的是《皇帝的新装》一课。老师让全班同学把它演出来，我们都很享受准备道具和排演的过程。"（刘梦菲）

"令我印象最深刻的是'负荆请罪'那节课。老师让我们几个人一个小组，把课文演出来。每个组的表演都不一样。这节课给我一个启示：语文不仅仅是纸上的，它还可以是戏里的、生活中的。"（严丽珊）

（九）组织学生外出

"某次春游，语文老师带我们去田间看黄灿灿的油菜花。悲哀的是，那次田间欣赏却使校领导大发雷霆，因为老师'擅自带学生外出'。……老师的本意是让我们去发现生活中的美，如何好事变成了坏事？"（陆瞳彤）

（十）课文本身精彩

令学生印象深刻的课文有：小学的《珍珠鸟》（夏肇宏）；初中的《孔乙己》（史映文）；《最后一课》（修玥）；《出师表》（伍笑挺）；《藤野先生》（周卓伦）；高中的《药》（肖靓亮）；《阿房宫赋》和《将进酒》（肖司悦）。

对调查结果的思考

从调查结果来看，上的课能给少数学生留下深刻印象并不难，难的是给大面积学生留下深刻印象。这绝不只是教法问题，关键是对待教学的态度和平时的功力。根据多年来所听的几百堂课，结合自己从教 50 年的实践，我认为，要把课上好，并给大面积学生留下深刻印象，需从以下几方面去努力。

第一，备课要认真，钻研要深入

不能依赖教学参考书，而应备好两头：一头是教材。在细读课文的基础上，要认真想一想文中某些字词的语境义和某些关键句子的深层含义，进而联系作者及写作背景，深入思考一下课文的人文内涵和表达特色。总之，要想一想教参上没有的，那就成了你独到的。另一头是学生。要事先了解课文中哪些知识学生已经学过，哪些是新接触的。要好好揣摩学生的心理需求，想一想采用什么方式是他们乐于接受的。

第二，上课要投入，精神要专注

要在认真备课的基础上，引领学生尽可能地走进作者及课文，怀着真切的情感，以自己独到的见解或新的切入点去讲解课文。有时可以结合自己的经历讲析相关内容，这会使学生感到亲切，并体会到文章与生活的关系。有时可以讲讲自己是怎么读懂课文的，这会使学生感到平等，从而愿意愉快地跟你一起共同讨论问题。有些课文老师应范读，老师充满感情的、抑扬顿挫的范读，能营造良好的阅读氛围，激发学生兴趣，把学生领进课文特定的情境。

第三，重点要突出，表达要准确

对课文，特别是经典课文，可讲的内容很多，千万别面面俱到。重点部分或由老师讲清楚，或由学生讨论搞懂它。老师的教学语言要准确、顺畅，能生动则更好。要尽量少说重复的话，力求使自己的用语成为学生语言表达的榜样。

第四，互动要适当，鼓励要热情

缺乏合理设计的小组讨论，往往收效甚微，甚至毫无效果。互动要紧扣课文重点，同时要认真设计问题。供学生讨论的题目，要尽量有利于培养学生的质疑能力和批判精神，或有利于培养学生的探索创新品质，或有利于培养学生的联想和想象能力。对学生在讨论过程中发表的不同看法，要充分而热情地肯定其合理部分，同时用自己的理解去弥补学生的不足，这会给学生留下深刻印象。

上述四条虽是"家常菜"，似乎无人不晓，但要真正做到并非易事。现在有一种不太好的风气：追捧高深的理论，忽视平凡的真理；热衷形式的翻新，轻视内容的充实；花里胡哨盛行，货真价实缺失，不少语文课已不像语文课。现在是该让语文课回到语文原点的时候了。要想做到这一点，必须牢记一个根本，那就是突出语言文字的运用。

语文课要有语文味。所谓"味"，就是要有意思、有情感、有想头。有意思，是指有趣味，但绝不搞噱头，而是让学生感到有趣而生动；有情感，是指带着感情去教，但绝不感情作秀，而是让师生双方在感情交流中深化对课文的理解；有想头，是指有助于思考，但绝不搞无限拓展，而是让学生感到有余味，有进一步探讨的价值。这一切都要紧紧围绕"语言文字的运用"来进行，通过听、说、读、写来实现。语文课就是要通过默读朗诵、教师讲解、师生互动，去理解语言的内涵，去体会语言的感情，去领会语言的韵味，从而学会用语言去合理地表情达意。语文老师的责任，就是根据"学习语言文字的运用"这一课程宗旨，通过有语文味的、合理而丰富多彩的教学手段，去提高学生的认识水平，培养学生的审美意识，增强学生的文化底蕴和探究能力。这就要重视字词，重视书写，重视朗读，重视口语交际训练，重视各项语言文学运用的实践，引导学生在听、说、读、写中领悟中国语言文字的精妙。这是一个持续的过程，决不能急于事功，而应长期坚持。

研究怎样上课，研究怎样使上的课给学生留下深刻印象，不是我们的根本目的，终极目标是，要使学生能真正学到有用的东西。有用的东西是哪些呢？中学属基础教育，基础教育要使全体学生打好"基础"，所以"有用"的要求不能高。它应该"看得见，摸得着"。就一节课而言，或补充了词汇量，或记住了一首诗或一段美文，或了解了一种和语文有关的新知识，或学到了阅读某种文体的方法，或懂得了口语交际的一种技巧，或掌握了书面表达的一种方式，或领悟了一个做人的道理，等等。就语文学习的整体而言，就是要最终使学生能独立而正确地去读懂各类文章，能独立而恰当地去用文字表情达意，能独立而文明地去跟人沟通。这些对学生终身受用的东西，应该落实到日常教学的每堂课中。如果只是为了给学生留下深刻印象而刻意搞些花样，那效果很可能适得其反。我的体会是：要使上的课真正给学生留下深刻印象，一要有充分自信，二要有鲜明个性，三要能灵活应变。不过，有个前提，首先要让学生喜欢你。古人云：亲其师而信其言。要让学生喜欢你，就要关心他们，爱护他们，就要多跟他们沟通，了解他们的需求。沟通得好，关系就亲，教学效果就好。

作为一名语文教师，努力上好每堂课，是自己的职责所在，丝毫马虎不得。眼下，有些老师忙于参加各种会议，急于撰写教学论文，却对上课着力不够。有的教师评上"特级"后就不再上课。这是极不可取的。不管怎么忙，一定要保证把课上好。在这方面，苏州中学著名特级教师黄厚江是我们学习的榜样。不管怎么忙，他始终坚持上课。他从语文原点出发，用语文的方法教语文，突出语言文字的学习与运用，使学生切实学到了有用的东西。我们要认真学习他的敬业精神和务实作风。

25 年前我就提出：文学是人学，语文教学也是人学。所教的文章中有人的情感，人的活动，人的世界；教文章的人也必须从"人"出发，跟教育对象在共同学习语言文字运用的过程中，营造一个真正属于人的世界。果能如此，我们的语文课能不给学生留下深刻印象吗？我即将步入 72 岁，但仍愿加入中青年教师的行列，通过艰苦的实践，走进那美好的人的世界。

2013 年 4 月

16. 把课上好是第一位的
——在苏、浙、赣三省 18 校第 31 届语文年会上的讲话

我们今年的年会，重点研讨课堂教学的有效性。我说点个人看法。

我们都是语文老师，首先要搞清楚语文课的任务是什么。

语文可从宏观和微观两个角度来看。从宏观看，语文就是生活，就是文化，它与社会的方方面面都有关联，是一辈子也学不完的。我们习惯称它为"大语文"。从微观看，语文就是教科书，就是语文课，它要体现在语言文字的学习和运用上。我们习惯称它为"小语文"。"小语文"离不开"大语文"的宏观观照，但它是学好"大语文"的基础。30 多年来，由于受各种外界客观环境的影响，不少人过分强调"大语文"，看起来有境界，听起来很动人，却因忽视了基础而显得苍白。不要忘了，我们是搞基础教育的。基础教育就要打基础，语文教学就是要帮学生打好语言文字运用的基础。就一节课而言，时间有限，所以所学的知识和技能也有限。这是我们考虑教学有效性必须明确的现实前提。

要使教学有效，总的应做到：真实、平实、扎实。不看形式如何翻新，而要看：①有没有学到新的知识；②有没有训练有关的能力；③有没有让学生主动投入学习；④有没有一定的教学反馈。就能力训练而言，就包括很多内容：根据语境正确理解词语含义的能力，对文本中重要语句的理解能力，对古诗文的初步鉴赏能力，对课文进行有感情地朗读能力，对文章内容的归纳概括能力口头的即兴答辩能力，汉字的规范书写能力，限时的书面表达能力，对问题的质疑能力，等等。对这些能力的训练散布在各节课中，每节课应有自己的训练重点。有些能力的训练要反复进行才能见效。总之，上课之后跟上课之前比较一下，应该有所变化。如果无变化，那就无意义，无效果；如果有变化，至少在某一点上有变化，那就有收获。

为此，教师应努力做到：①教学目标明确。要求不能太高，提出的目标都要能实现。②教学重点突出。不要面面俱到，能解决好一两个重点即可。③教学方法恰当。

要以学生为主体，但决不放弃教师的主导作用，坚持有讲有练，师生互动。④教学训练到位。或口头或书面，务必让学生学到切实的知识或技能。老师一定要跟学生平等相处，跟他一道学语文，而不能一味居高临下。在共同学习的过程中，时时不忘给予学生人文的关爱。浙江的春晖中学曾把他们学校任教过的一批语文大家的经验高度概括成一句话："知"与"情"的结合。用直白的话表述，就是传授有用知识，培养美好感情。这条宝贵经验在当下依然有现实指导意义。

几十年的实践告诉我：像于漪、钱梦龙、魏书生等一批优秀的语文教师，之所以得到社会的公认，首先是课上得好，人品也好。我希望在座的中青年教师，认真上好平时的每节课，尽量使学生每节课都能有所得。我上了51年课，有些课比较扎实，也有不少课没有上好。我用下面的话与大家共勉：不求十全十美，但求实实在在；十全十美很可能作假，实实在在难免有缺憾，宁可有缺憾而决不作假。

还有一点要清醒：语文是慢功，主要靠平时的点滴积累，因此决不能急于事功，而应坚持不懈。不要才教了几年书就急着去写论文、搞课题。要始终牢记：上好课是第一位的。课上好了，有效率了，写论文就有基础了。我衷心希望大家沉下心来，以一颗平常的心，认真上好每节课，努力做一名受学生、家长和社会欢迎的好教师。

2014 年 7 月 15 日

17. 教师的优秀来自长期实践的积累

2018 年是苏联教育家苏霍姆林斯基诞生 100 周年。他的一生，是在教育领域里学习的一生、实践的一生、探索的一生。

他担任农村小学教师，后来当了校长，直至去世，一直从事中小学教育实践。他的影响之所以超过苏联的其他多位教育家，是因为他一辈子踏踏实实做教育，最接地气。他花 20 年时间，观察幼儿园和小学生的集体活动，对 4 000 名 6 至 11 岁的儿童进行研究。他举办了 6 岁儿童预备班，亲自做班主任，直到十年级毕业。他教过 178 名难教育的孩子，走访孩子的家庭、邻居。他是从实践中走出来的教育家。

我想特别提一下他的教育日记。他当校长后，有个记事本，实际上就是教育日记。里面记下引起他注意的，甚至是引起他一些模糊猜想的事。他说，从收集事实、分析事实、研究事实，到做出概括性、抽象性的结论，是自己每天在走的一条路。在一周末，他把日常工作中其他方面的概括性的想法记入记事本；几个星期的末尾，他把关于教育工作的一些具体想法记入记事本。他白天上课、听课、做日常工作，晚上整理资料，次日早晨写作。就这么每天记、月月记、年年记，从不间断。同时，他又非常重视资料的积累。他的实验室（即工作室）里，放着一堆堆笔记本，里面有几千条从杂志里摘录的材料和从报纸上剪下来的资料。有如此丰厚的储备，他的最终成功是必然的。

中国近现代教育家刘百川，虽没有苏霍姆林斯基名气大，但他与苏氏有不少相似之处。他从一个普通的小学教师做起，也当过教导主任和校长。他也坚持写教育日记，并组织教育研究社，开展教育实验，最终成了对中国教育产生积极影响的教育家。

再看当代。成都的李镇西，可以说是苏霍姆林斯基教育思想的积极践行者。他教了好多年语文，后当了校长。他的校长札记中既有对许多教育教学活动的记述，更有对遇到的各种教育问题的思考。他的文章和演讲之所以受欢迎，是因为他不讲空洞大道理，所讲的都是他自己实践的体会，很人性，很亲切。

苏州的黄厚江老师，教了一辈子语文，今年刚退休。他所以备受广大教师推崇，是因为他始终坚持一条：用上课来说明道理。他从不做"高大上"的说教，而是用一份份具体的教学案例来论证自己的理念。

最近，我看了部电视剧《右玉和她的县委书记们》，很受教育。它虽然说的不是教育的事，但有一点令我非常感动，那就是书记们都坚持写日记。从 1948 年至改革开放，右玉的十几任书记，每人都记工作日记。它记下了他们遇到的困难、所做出的努力、开展工作的设想和所取得的进步。这些日记是右玉县 50 年历史变迁的见证，也成了右玉县人民的一份宝贵精神财富。我想，我们搞教育的难道不能从中受到启发吗？

从某种意义上说，教育科学就是经验科学，对教师来说，经验非常重要。经验从哪里来？从长期的教育实践积累中来，它包括一个个课案、一篇篇日记、一份份资料。重视积累和总结，是一切有成就的教师的共同特征。

我教了 51 年语文，执教时间不可谓不长，但对照上述要求，深感惭愧。虽然最近几年写了些回顾自己教学生涯的文章，但因时过境迁，再也还原不了当时教学的原貌了。我曾写过一年教学后记，但"文革"使其中断，后来就再也没有写过。如果我坚持写，也许会进步得比较快。真想再当一次老师，向教育名师们学习，坚持在实践中探索，但年岁大了，只能寄希望于年轻一代了。

眼下，不少中青年教师，都读过苏霍姆林斯基的书，听过李镇西的演讲和黄厚江的课，并在自己的教育实践中坚持做笔记、搞积累，不断改进教学，取得了不凡的业绩。不过，仍有许多老师满足于上完该上的课，实践是有了，但很少思考问题，所以进步很慢。也有不少人有了点思考就创造一套理论，到处宣扬。有的取得了一些成绩，当上了校长，上课少了，甚至不再上课，一心盼望早日被评为"人民教育家"。这种人恐怕很难成为"家"，因为他不是踏踏实实搞教育，仅仅是奔着个人名声去的。

近些年，国家倡导培养"教育家型"的教师和校长。出发点是好的，但是这个要求太高。暂不说校长，单说教师素养的提高，除了需要坚持教育实践，还得有时间读书、思考才行。放眼现实，如今的教师忙得、苦得身心俱疲，哪有时间读书、思考？哪有职业幸福感？

我建议从两个方面入手去改变现状：

（1）教育行政部门。要从减轻教师负担做起，减少对教师的检查、评比，去掉由教师承担的各种非教育类的工作，使他们能有一点静下来自我修炼的时间。

（2）一线教师。在认真上好每堂课的前提下，坚持做两件事：一是读苏霍姆斯基的《给教师的建议》和叶圣陶的教育论述；一是写教育日记，做不到每天记，一周写一次也行，不过要记就要认真，字数不在多，五六百字即可。也许有老师说："我实在太忙，没时间。"要进步，想提高，忙是必然的。苏霍姆林斯基不忙吗？李镇西、黄厚江等一批名师不忙吗？关键是自己要重视，要勤快，要抓紧。同时要清楚，任何一点进步都不可能一蹴而就，都需要一个过程，这就需要有耐心、有定力。

教育教学研究，特别是基础教育研究，决不能从理论到理念，而应始终立足于实践。以苏霍姆林斯基为代表的教育家们的事迹，是值得广大教师学习的光辉典范。只要既读书、又思考，尊重规律，不忘常识，贴近学生，注重实效，持之以恒，就一定能从合格教师提升为优秀教师，即使不是什么"家"，也一定能受到学生、家长和社会的欢迎。能如此，就足以令人欣慰。

2018 年 11 月 5-6 日

18."三老"教导，声犹在耳

从 20 世纪 80 年代以来，由于广大教师的不断探索、实践，中小学语文教学取得了许多进步，但仍存在不少问题。对课文分析太多，是通病之一。

分析太多的主要表现有：①有些词语，搞清其语境义或感情色彩即可，却非要讲出其"丰富内涵"和"巧妙之处"。②有些句子讲清它表达了作者什么感情，或反映了作者当时什么看法即可，却非要讲出它"有何深刻含义"。③分析课文的主旨，讲清其主题或中心论点即可，却非要讲"它给了我们什么启示"。④讲完课文，或朗读全文，或做点语言训练即可，却非得搞一点"挖掘"和"拓展"。而这些"拓展"往往是跟课文若即若离的微言大义，其中包含不少空泛的道德说教。⑤一上来非得有一段引经据典的"导语"，下课前非得来一段语言优美的"发人深思"的结束语。如此这般，好像只有这样才显得"深刻"，才能体现教师的"高水平"。因为社会浮躁和许多人的好高骛远，这种做法一直延续到今天。它不仅表现在参加评比的"好课"中，也反映在教学参考书的编写中。近 10 多年来的教参，对每篇课文的分析、解读都十分详尽，有的还附了相关的各种资料，甚至连板书都设计好了。人变懒了不说，更糟糕的是，教参上的分析套路渐渐形成了一种固定的模式，直接影响了正确的思想方法的诞生。一般教师已不需要再动脑筋，只要按照教参上所写的去讲就行了。久而久之，这种课因套话、大话较多而使学生不爱听、不愿听，白白浪费了许多宝贵时间。

我执教的头 20 年里，教参也有，但写得很简要，不少问题需要自己去查资料、作思考，才能解决。这对当时的我挺有好处。它迫使我慢慢养成了从课文实际出发，有话则长、无话则短，决不多说与课文主旨无关的话的习惯。经典作品，我用一两节课与学生共同欣赏；多数课文，我讲清重点，做点练习就结束；浅显的课文，有的我只用了 10 多分钟就教完。倒是后来，我也"跟风"了，课堂上多了不少无用的套话、正确的废话，损害了语文教学的有效性。每念及此，总觉愧怍。正因为这个，我希望现今的语文教师尤其是青年教师，千万不要再出现像我这样的失误。

在我琢磨如何讲得少一点、精一点的过程中，我想起了一件往事。大概是 1985 年吧，我有幸聆听了语文大家张志公先生在南京的讲座。其中有段话令我至今难忘。他说："现在很多老师把课文分析来分析去，哪有那么多话要讲呀？"他说，他曾叫他的助手查一下当时几种影响较大的语文杂志，看看分析鲁迅、朱自清等名家作品的文章有多少。助手告诉他，在一年不到的时间里，对鲁迅文章的分析有 20 多篇，对朱自清的分析有 10 余篇，这还不包括一些地方性语文刊物上的文章。说到这里，张先生不无调侃地说："如果鲁迅，朱自清地下有知，心里一定很难过，他们会说：'我的文章就这么难懂，要这么多人来分析吗？'" 30 多年过去了，这段话仍令人深思。是啊，为什么一篇课文要那么多人花那么多精力去分析呢？

那么，老师该讲些什么呢？张志公先生的观点是：读文章就是在文章中"走一个来回"，主要是搞清它的思路，即写了什么，怎么写的，细读一遍，再思考一遍。张老的话所言极是。根据我的实践，老师要讲的主要是：①能帮助学生理解作者写作意图的相关背景材料。②学生不易体会到的课文某部分的写作方法。③没有注释、学生难以理解的词语。课文中的以下内容可以少讲甚至不讲：①如果该课作者的另一部作品以前学过，那么"作者介绍"可以不讲。②已有注解的词语，除了对部分词语稍作补充解释外，其他的都可不讲。③对课文思想内容的分析，除紧扣文章主旨的，一般不做拓展。④学生通过查资料能解决的问题，不讲。⑤通过组织学生讨论能当堂解决的内容，不讲。

谈到讲得少、讲得精，我想到了另一位语文大家吕叔湘先生。1978 年 4 月，时任中国科学院语言研究所所长的吕老，在苏州就"怎样区分作文的好坏"，讲了下面的话："好坏的分界在于是不是清通。什么叫'清'？鲁迅先生说过，文章写好后再看一遍，把可有可无的字、词、句、段一概去掉，这就是从'清'字着眼，去掉一些水分。鲁迅先生还说，一些连自己也不懂的字眼就不要用，生造的字不要用。……至于'通'，一般指文从字顺，'字顺'还好讲，'文从'怎么理解？是否可以讲三点：（一）顺序问题，先说什么，后说什么，前后颠倒就不顺了；（二）连贯，上下文句要连得上；（三）照应，前头说了什么，后头要有照应，也不能前头未说，后头冒出来了。这三点是基本的。"吕老的话虽少，但很精，通俗易懂而又实用。同年，他发表短文，严肃批评的语文教学"少慢差费"。

吕老所批评的"少慢差费"现象之所以普遍存在，重要原因之一是教师讲得太多，架空分析太多。叶圣陶先生早就说过："我国有一种至今还相当普遍的观念，认为'教'就是老师讲课给学生听；'学'就是学生听老师讲课本。如果真的照这样做，学生得到的益处就非常有限。"他主张，"教"的最终目的"在于达到不需要教"。具体说，"给指点，讲说，却随时准备少指点，少讲说，最后做到不指点，不讲说。"曾任全国中语会会长的刘国正先生是叶老这一思想的积极宣传者和践行人。20世纪80年代中期，刘先生在参加南京市中语会活动后，在市教研室语文组老师陪同下来我校参观。他在听了我的简要汇报后说，课堂上要少讲、精讲，课外要积极开展各种语文活动，要让学生多读书。令人感动的是，他还兴致很高地为南京中语界题了字，所写内容就是叶老的那句话："教是为了不需要教。"如果我们都能按叶老和刘先生的教导去教，做到突出重点，尽量少讲，要讲也要精讲，且表述简要，那就可以省下许多宝贵的时间。用省下来的时间让学生多读一些好文章，多进行一些有助于提高学生语文能力的各种训练，多思考一些有利于开发学生创造力的问题，那语文课堂教学的效率必将大有提高，"少慢差费"的现象也就不存在了。

1992年，在时任江苏省教委副主任的周德藩的主持下，江苏省下发了《关于改进中小学语文教学的若干问题的意见》的文件。文件明确指出，语文姓"语"，应该围绕语言文字的学习与应用打基础，要防止架空分析，要少讲精讲，务求实效。这跟张志公、吕叔湘、叶圣陶"三老"的主张是一致的。中小学是基础教育，基础教育就要面向全体学生，为他们打好基础知识、技能的基础，一味拔高不是基础教育。每位从事基础教育的老师，应恪守本职，不要"越位"。

在纪念全国中语会成立35周年之际，重温"三老"的教导，倍感亲切。我认为，"三老"有关改进课堂教学、重视基础训练的一系列讲话，仍有现实指导意义。我们必须尊重教育规律，根据学生的年龄特点，从课文实际出发，讲得少一点、精一点，练得踏实一点、有效一点。当然，真正做到这一点并非易事，这需要每位老师加强自身修养，抑制浮躁心，拒绝伪深刻，不避平凡，重视基础。果能如此，定能迎来中小学语文教学的明媚春光。

2015年3月12日

19. 集体打假，培养良好文风

提起眼下的高考作文，心里说不出是什么滋味，反正不是好滋味。沈国全老师文章中所说的三"假"现象普遍存在，且有继续蔓延之势。究其原因，我想大概有两个：

一是受社会浮华之风的影响。当今社会，许多人十分重视"外包装"，物品讲包装，人也讲包装，什么"好看"，什么"吸人眼球"就搞什么；至于内在的东西，往往并不在意，甚至弃之不顾。包装为了什么？无非是或求名或图利，或两者兼有。于是，高考作文也看重"包装"。"每个句子都很漂亮但是放在一起组成段落，却不知所云。"只要能得高分，不知所云有什么关系。

二是受老师阅卷偏好的影响。我这里所说的"老师"并非指全部，而是一部分，不过，这"一部分"数量不小。相当一部分老师都喜欢"美文"，喜欢"丽词佳句"，喜欢"哲理思辨"，喜欢"引经据典"。于是，有些考生就投其所好，百般迎合，"绝招"就是大量引用不知是哪国人的名言，或者说话说得"把你绕晕"。至于这几位"外国名人"是什么生平，所引的话是什么意思，对不起，一概不知，至少知之甚少。

影响所及，关系到做人。用"包装"诱惑人，用"名言"绕昏人，用假话欺骗人，那我们培养的是什么人？看来，今后给高考作文评分，碰到语句特别亮丽、引文特别陌生、句子特别绕人，就得提高警惕了，千万别被这些忽悠了、唬住了。

今年，上海高考语文阅卷组组长、华师大中文系周宏教授在不久前举行的"全国语文名师成长大讲堂"上，对上述现象作了分析。他说，有些高考作文语言很美，但内容极其空洞；举了不少看不懂的外国"名句"，看起来很高深，也极具迷惑性，但观点与材料之间缺乏必然的联系。他认为，这不是作文，而是堆砌。他旗帜鲜明地提出："我们反对华而不实，提倡朴实的文风。"我认为，这应该成为我们的共识。

这使我想起了最近遇到的两件事。一次去理发，店主跟我较熟，他说，这几年的有些高考作文是无病呻吟，"这算什么作文，真是搞不懂"。一次在校内遇到一位老校友。她说现在一些高考作文"太厉害了，看后简直让人大吃一惊"。这不是表扬，而是深深的疑惑。这表明，高考作文中存在的问题，不仅令语文界反思，也引起了社会的关注。我们该怎么办？

我呼吁，所有的语文老师，特别是初三、高三的老师，来个集体打假，并花大力气，共同培养学生良好的文风。当然，这需要一个过程，但我们必须这么做。

在执教的 51 年里，尤其是近 20 年来，我始终坚持一个宗旨：教学生求真理，说真话，抒真情；始终狠抓表达基础：要学生把语句写通顺，把事情说清楚，把道理讲明白；始终朝下列目标努力：让学生有独立的思想，有鲜明的个性，有担当的勇气。总之，坚持作文与做人的有机统一，坚持教学生用自己的语言表达自己的思想，以至诚之心，写至情之文。

我想，如果所有的语文老师都能这么做，那么，不仅能改变目前中学生作文中令人生厌的弊端，而且有助于学生健全人格和纯真品性的形成。

2015 年 9 月 12 日

附：警惕考场作文新三"假"

仿佛突然之间，在某市高考作文中一下子涌现出一批华而不实虚张声势、"不明觉厉"的文章，令人警惕，也让人困惑：这种文章集中出现的背景是什么？原因何在？早在本世纪初，曾经一度泛滥过以古诗文名句堆砌为特征的浮华文章，后在命题、阅卷、授课教师的共同努力下得到遏制。今年，这种风气似乎又卷土重来，不过改头换面，更加"高端"了。到底是世风如此，还是命题导向所致，抑或应试教育变本加厉？

现在有一种"假"叫作：文笔好！

且看下面的文段。

曾感受过诗人辛弃疾"八百里分麾下炙，五十弦翻塞外声"，我为他为百姓立命的"横渠精神"而呐喊鼓舞，但也曾为他"蓦然回首，那人却在灯火阑珊处"的温婉而泪流满面。人心如同夜色，虽是一层层不可捉摸的防护坚硬，但夜空中的点点滴滴繁星闪烁，正是那温情美好的时光的经历。

单看句号前后两个句子，文笔确实好，可谓既深刻又形象。但是，将这两个句子放在一个段落里，阅卷者就糊涂了，作者到底想讲什么？前一句说的是辛弃疾心中的坚硬与柔软分别是什么，大概要表达的是和谐的自我可以呈现出怎样的"坚硬"与怎样的"柔软"；而后一句说的是人心，是指辛弃疾的内心吗？如果是，"夜空中的点点滴滴繁星闪烁，正是那温情美好的时光的经历"尚可以理解为是在分析辛弃疾的"蓦然回首，那人却在灯火阑珊处"，但要说他为百姓立命的"横渠精神"便是"一层层不可捉摸的防护坚硬"，读者便无法理解了，你是在说辛弃疾很假吗？

这是一种现象：每个句子都很漂亮，但是放在一起组成段落却不知所云。还有一种现象，便是：猛一看，好感性；细细读，又似乎什么都没说。且看下面这一段：

我说柔软的东西是永远的湾港，是回头不灭的灯光，是一份确定，一种感受，一个强大的理由。

请问有谁懂"柔软是……一份确定，一种感受，一个强大的理由"？

还有：

"在内心修筑成菊，即使涛声依旧，也一切寂然。"这样的境界似乎很难获得。所以，庄周先生游历无数，才能用怡怡然的濠上之鱼，用翩然的蝴蝶为世人挥洒一片纯白世界；瓦尔登湖河畔的梭罗，历经数年才完成了从物欲的蛹到精神之蝶的蜕变……这种"柔软"是经历人事沧桑后的一种释然，一种"一花一世界，一叶一菩提"的真切而细腻的感悟。

有谁读书多，告诉我引号里的句子是哪位大咖的名言吗？问题还不在于是谁的话，关键是不知所云。而"一种释然，一种'一花一世界，一叶一菩提'的真切而细腻的感悟"，又是"一种"体，阅卷者也是醉了。

更有玩大了的：

纳兰容若的前世，是一朵在佛前修炼过的金莲，贪恋了人间烟火的颜色和气味，注定今生这场红尘游历。所以他有冰洁的情怀，有如水的禅心，有悲悯的爱恋。纳兰容若的一生，沿着宿命的轨迹行走，不偏不倚，不长不短，整整三十一载。在佛前，他素淡如莲，却可以度化苍生；在人间，他繁花似锦，却终究不如一株草木。

文笔"好"得离奇，令人叫绝到这一地步，阅卷教师总会想起自己曾读过的某位网络写手的《西风多少恨，吹不散眉弯》，结局当然很惨。这篇作文里还有这样的句子，请各位看官百度百度是谁的作品：

她是一朵自由行走的花，骑在纸背上，将千山万水行遍。撒哈拉沙漠上她倔强的绽放，波希米亚是她灵魂的原乡。她这一生，不慕世间风物情长，不争凡尘冷暖朝夕，不惧人生悲喜消磨，只为了，心灵可以自由放飞。哪怕和至爱的人，迷散在陌生的风雨里；哪怕从此天各一方，决然相忘。她依然选择远方，选择流浪。她，就是三毛。

据说有一个网站，专门提供这样的句子，什么类型、什么内容的都有，学会组装即可。

还有一种"假"叫作：有思辨！

据说高考阅卷欣赏深刻的文章，又据说所谓的深刻就是具有哲学思辨意味。那么好办，过去堆砌古诗文似乎显得华而不实，现在我"放送"哲学家的故事及其名句，是不是华而又实、格调特别高呢？且看：

往往有很多人，相信信念，不被外物、别人的目光所左右。简·奥斯丁曾说过，我们要坚持信念，不要被别人的目光所左右，哪怕是教条，哪怕是金钱；君特·格瓦斯是20世纪最后一位诺贝尔文学奖的获得者，他造就了自我的和谐，在他的心中有着强大的信念去剖析自己，他不顾别人的谩骂，唾弃，有些人甚至想把他一脚踩死，他把这些"柔软的东西"放在一边，毅然地提起了余笔，书写了在战火纷飞的年代的自我剖析。托马斯·桑巴亦如此，相信金钱乃身外之物，不被妻子所左右，在晚年离家出走，追求内心和谐的自我。反之，则有一些人虽心中有些"坚硬的东西"，但依然抵不住"柔软的东西"，从而达不到自我的和谐。梵高虽一心创作，绘画，但是依然耐不住寂寞、爱情的失落，无法忍受爱情之神的折磨，用自残的方式割下了自己的耳朵。这显然，不能造就自我的和谐；显然，这种方式是愚蠢。

这一段落里，将别人的目光、金钱、教条、别人的谩骂甚至妻子等等看作是"柔软"的东西，说明作者对材料中的坚硬与柔软根本没有理解，也显示出作者缺乏起码的思辨能力：既不能把握住内心的这两种体验，更不能对这两种体验做理性的思考。但是，你看，又是简·奥斯丁，又是君特·格瓦斯，托马斯·桑巴……如果没有足够清醒的判断力，你不冲动地给他高分才怪呢！

现在谁要是再列举苏轼、陶渊明、居里夫人，你都不好意思说自己在写作文！所谓高格的作文，大概就是说话一定得把你绕晕，举例一定得是名字老长的外国人。不是出自《查拉图斯特拉如是说》，你怎好意思写在作文里？

还有一种"假"叫作：读书多！

老师们都欣赏读书多的孩子，尤其是在现今读书愈加稀罕的时代，看到学生在作文里旁征博引，常常会大加赞赏。比如下面这段文字：

在这个辛辣宏奇、自我迷失的年代，我们很难想象川端康成凌晨四点海棠花未眠，而只记得村上春树自己将坚定地站在脆弱的"蛋"的一世，我们读不懂加缪垒山不止的幸福，梭罗垂钓于瓦尔登，却只认得纪德原谅世间一切罪恶，而康德敬畏星空灿烂，道德准则。

这位考生读书多吧？短短的100来字，讨论了6位不同国籍的哲学家、文学家的心灵生活，真是了不起。令人叫绝的是，小作者对于这些文学家哲学家的作品、思想、生活掌故熟悉得仿佛自家邻居大叔一般。但是，且慢，你再读读下面的文字：

在这个诱惑繁多的社会大剧场里，辛辣奇突如电影般唰唰掠过却使人总记起川端康成凌晨四点海棠花未眠，加缪垒山不止的幸福，梭罗在瓦尔登湖垂钓，仓央嘉措白鹿踏雪，汪曾祺的花花草草、瓶瓶罐罐，周国平的煮豆撒盐给人吃，莎翁的飞鸥与海涛相遇，爱默生关于透明的眼球的譬喻，苏子的一蓑烟雨，王维的清泉石上流。这些人即使在缤纷花瓣中走过，依旧掸衣故清辉，如清露晨流，新桐初引；即使在世事纷纭中，依旧立着清朗心，如明月松间，菩提微暖；即使在举世欲狂时，依旧立着修华意，如阳光清风，和光同尘。他们立了心，世界为之鼓掌。

（网传2014某省高考满分作文《世界为立心者鼓掌》）

如果你是阅卷教师，当你知道这一切之后，是否有一种上当的感觉，然后"累觉不爱"了呢？要我说，甚至这一篇来源于网络的据说得到满分的作文，本身也是颇为令人生疑的。你真的认为一名18岁的中学生对相关史料可以熟谙到如此程度然后信手拈来？

更有一种恶俗是：为了表明读书多，部分学生在作文里杨绛不称杨绛，称季康；钱钟书也不叫钱钟书了，改叫默存了。那篇所谓满分作文里就有这样一些句子：

史公在牢狱，屈子被放逐，勾践在卧薪尝胆；嗣同在抗诉，鲁迅在呐喊，觉民在写《与妻书》；马丁·路德在演讲，甘地在印度救赎，特蕾莎修女在炮火里施以爱与恩慈。这些人在路阻且长时，站起来怀着殒身之志；在天命赫赫时，站起来心生坚强希望；在众人无助时，将小儿女情怀变成了大悲悯。他们立了心，世界在为之鼓掌。

当我读到"嗣同在抗诉，……觉民在写《与妻书》"，我只感觉到文字背后的轻佻和做作，丝毫也没有产生"好有学问"的欣赏之情。

（选自《文汇报》2015年7月3日沈国全文）

20. 几个字组成一段话

　　我在求学时期就对"小学"（文字学）有兴趣，刚工作就买了本线装本的《文字蒙求》，后又在图书馆翻了翻《说文解字》。天气炎热，窝在家里，仔细读完了《汉字的故事》一书。书中很多字的构造及本义，我都很熟悉。重温之余，对下列几个字更增添了了解。

　　圣，原为聖。上方左边是"耳"，指博学多闻；右边是"口"指用嘴教育人。下方的"壬"是一个人挺身而出。看来，要达到"圣"的境界是极不容易的，既要有渊博的知识，又要诲人不倦，更重要的是，在关键时刻能挺身而出，勇于担当。只此一点，就可能吓退一大批人。因为挺身而出很可能有危险，甚至是生命的危险。求真理，求自由，均如此。有些志士为了自由，生命、爱情二者皆可抛。这一点，我做不到。

　　直，古代的字形，上方是"十"指某一物；中间是"目"，眼睛；合起来是"眼睛盯着某物看"，故其本义是"直射"。正直的人敢于正视别人，故"直"又指"正直"。鲁迅"敢于直面惨淡的人生"中的"直"就是"正面直接"，引申为"正直"的意思。当下许多人因这样那样的原因，都不敢正直地做人，这是很令人遗憾的。我要求自己做个正直的人，敢于直面生活中的各种无奈。

　　是，古代字形，在"早"下加"止"。上方"早"，是早晨的太阳，表示光明；下方"止"是脚，表示走，可引申为"追求"。合起来讲，就是追求光明，故此字含有"正确"的意思。"实事求是"中的"是"就是"正确"，引申为真理或规律。要做成任何事，实事求是态度是个前提；按规律去办是关键，这是我一贯看重的"求是"精神。

　　本，由"木"下加一横组成。这一横表示树的这个部位是根。因为是树根，故常用来指事物的根基或根源。国之"本"是"民"。教育之"本"是什么？既然"本"即根，那就是基础，就是要打好做人的基础，打好知识与技能的基础。既然是基础，那就得实实在在，不能玩虚的。

　　习，原为"習"。古代字形，上方是"羽"，下方的"白"本是"日"。合起来说，日出之时鸟振羽扑翅，欲离巢而去。要飞起来需要多次振羽，故"习"有"重复"的意思。要想展翅飞翔吗？那就要多做振翅的训练。眼下的教育，学得很多，"习"得太少，所以学生解决实际问题的能力普遍较弱。

孝，古代字形，上方是个"老"简省为"耂"，下方是个"子"。合起来就是子女养老，这就是"孝"。子女孝顺父母，是传统美德，是必须认真传承并加以发扬的。

甘，由"口"中加一横组成。这一横指食物，食物含于口中而舍不得咽下去，表示味道甜美。故"甘"有"甘美""甘甜"之意。因为好吃而舍不得咽下，这就有"情愿"的意思，如"心甘情愿"中的"甘"。能吃到甜美的食物是一种享受，故"甘"又有"欢乐""幸福"的意思，如"苦尽甘来"中的"甘"。我取"甘"的"情愿"之意，自己喜欢的事，甘心做一辈子。

把这几个字的含义连起来，我把它们组成如下短文：我崇敬"圣"人，但"圣"的要求太高，我做不到，我只能做点自己能做到的事。敢于"直"视社会现实，做个说实话的正直的公民，经过努力，我还是能做到的。要想做正直的人，求"是"十分重要，那就是追求真理，遵循规律。求"是"从哪里做起？应从根本上做起。做任何事情，都既不能忘"本"，还得多"习"，通过反复实践，练就真本事。就家庭而言，在爱护妻儿的同时，我要"孝"待老母，让其安度晚年；就事业而言，我将心甘情愿执着于教育，坚守底线，以此为"甘"。

这么一想，这七个字还挺有意思的。

2016 年 8 月 21 日

21. 学习叶圣陶有关语言文字论述的现实思考

《语文课程标准》明确指出："语文课程是一门学习语言文字运用的综合性、实践性课程。"对这句话，已有不少专家、学者和中学名师，作了各自的解读，但大多是宏观层面的理论阐述。这对一线教师虽有启发，但找不到解决问题的抓手。本人试图从基础教育的实践出发，就"学习语言文字运用"，说一点自己的思考。

现状怎么样

为了使问题的探讨具有现实针对性，我向本校从高一到高三的七位语文老师，就学生作文中的语言文字运用状况，做了一次口头调查。基本情况如下。

先看优点。

高二一位老师说，跟高一相比，学生语言文字运用的水平整体上是在进步的。具体表现在：大多数学生的作文能正确地表情达意，语句都较通顺，错别字在减少。高三的情况也大抵如此。一位高三文科班的老师告诉我，说班上约十分之一的学生文章颇有文采。

再说问题。

高一学生的问题比高二、高三要多，具体表现：

①有些学生因缺乏独立思考，所以常常没话找话，作文中套话、大话较多，语句苍白。②不少学生因词汇贫乏，所以语句很平淡；有些学生生造词语，或乱用网络词汇。③部分学生的作文逻辑混乱，想到哪里写到哪里，很随意。④标点符号的正确使用普遍被忽视。逗号太多，句号大多用"."代替。少数学生滥用感叹号。⑤书写的好、差，区别很大。高一老师说，很多学生写的字，间架结构不合要求，80%不正规。一名高二老师说，班上48人中有8人，不是涂改多，就是很潦草，最差的，所写的字让人认不出来。

上述粗略的调查，并不具有典型意义，因为被调查的对象是名校的学生。据我多年的观察了解，大量的非重点中学学生的语言文字运用状况，是很不理想的。不少学生的作文，语句不通顺，甚至语不成句。句子成分残缺、成分搭配不当，是经常的。至于语意不明、上下句不连贯、前后缺照应，也很普遍。标点乱用、错别字多、书写不规范，都是常事。

总之，学生在语言文字的运用上，虽然有进步，但问题仍然不少，有些问题在数量众多的非重点中学的学生身上有一定的严重性。对此，广大语文老师应足够重视，认真对待。

听叶老怎么说

谈到"语言文字运用"，我很自然地想起了中国语文教育大师级人物叶圣陶先生的有关论述。

叶老的教育思想极其丰富，他对教育本质、德育目标、教材编写、教学方法、教师修养等都有精辟的论述。本文仅就"语言文字运用"这一专题，跟大家一起回顾一下他的主要观点。

（一）对学生

叶老在1963年的《认真学习语文》一文中说："写一篇文章，就语文方面说，用一个字，用一个词，写一个句子，打一个标点，以及全篇的结构组织，全篇的加工修改，这些方面都要做到家才算好。这些方面都得下功夫，都得养成习惯。这样，写起文章来就很自由，没有障碍，能够从心所欲。培养这些方面的能力，养成好的习惯，就叫做练基本功。"这是总的要求。就具体运用来说，它包括：

（1）用词。叶老说："用词要用得正确，贴切，就要比较一些词的细微的区别。……用词，有时表示一个人的立场。……用词还有个搭配的问题。"他在回复章熊的信中说："用词用语，务求精简，戒绝滥调，典故成语，切勿乱用。"

我理解，用词的正确、贴切，是指使用时要考虑适用的范围、程度的轻重等。

用词表"立场"，是指词语的感情色彩，褒义、贬义不能搞错。"搭配"是指词语与词语之间的关系，那就要注意主谓之间、动宾之间、定语与中心词之间的搭配是否合理。至于"精简"，这是较高的要求，但一个"戒绝"、一个"切勿"，是应立即做到的。

（2）造句。叶老在1957年的《谈语法修辞》一文中说："造句越自然越好，不要装腔作势，摆出一副架子，用一些不同于平常说话的调子。"他在《漫谈写作》中说："话是一句一句说的，写下来也是一句一句写的，这就有个次序问题。哪一句先说，哪一句后说，必须按适当的次序，不能乱来。"

造句，一要"自然"，二要有序。自然，就是心里怎么想的就怎么写，不装腔作势；每个句子都要意思完整、句意明确、不生歧义。有序，就是要考虑句子排列的先后次序，注意句与句的自然衔接、上下句的连贯和通畅。

（3）修辞。叶老在1979年的《端正文风》中说：修辞，花样很多。用一个比喻，用一个成语，都是修辞的方法。用一个比喻，要能比不用比喻更鲜明、更生动、更能打动读者。这就要挑选适当。

所谓"适当"，我理解，不仅是比喻，所有修辞方法都应适当：比喻的喻体与本体之间应有相似点；成语的运用，首先要搞清该成语的本义，褒义贬义不能混，适用范围不能错；夸张的运用，要把握分寸，不能过分；名句的引用，要服从叙事或说理的需要；等等。

（4）逻辑。叶老在1924年的《作文论》中说："议论一件事物只能有一个判断"，"发议论的人于表示判断之外，…要说出所以得到这判断的依据与路径"。说到"路径"，叶老说了归纳与演绎两种基本的方法，并作了说明："什么是归纳的方法？就是审查许多的事实、事理，比较、分析，求得它们的共通之点。""什么是演绎的方法？就是从已知的事实、事理，推及其他的事实、事理。"

议论，就是作分析、说道理，经过分析得出判断，而判断只能是一个，而且要正确。要正确，就要运用逻辑思维，作合适的推理。对一名普通中学生来说，作文中的逻辑问题，不能要求太高，叙事能讲顺序、说理有层次，表达能尊重常识、合乎常理，就行。

（5）标点。叶老明确指出，文章应有"句读符号"，"依着句读符号说下去，哪里一小顿，哪里该一大顿，不会弄错"。

标点符号是用来断句的，也是配合表情达意的重要手段，不可小视。对全体学生来说，最主要的是，要正确用对逗号和句号，不能一逗到底，一个意思说完了，就该打句号；也不能滥用省略号和感叹号。

（6）书写。叶老对书写一贯很重视。1961年，他在《改变字风》中就呼吁："写字务恳为看的人着想。"早在1948年，他在《中学国文学习法》中，就对书写提出了具体要求："（一）笔笔交代清楚，横是横，撇是撇，一点不含糊。（二）横平竖直，不要歪斜，这就端正了。（三）就一个字而言，各笔的距离务须匀称，不太宽也不太挤。""手写之外，宜乎多看，看人家怎样把这些字写得合适。看与写并行，心与手并用，自然就会逐渐有进步。"

说得够细的了。照叶老的话去做，定有效果。对当下的中学生来说，要把字写好，第一要静下心来，第二要把字一笔一画写清楚。

（二）对教师

1. 认识上

语文教师首先要明确什么是正确的语言习惯。叶老在《拿起笔来之前》中说得很清楚，那就是："说出来的正是想要说的，不走样，不违背语言的规律。……所谓不走样，是语言刚好跟心思一致。……所谓不违背语言规律，就是一切按照约定俗成的办。"总之，他强调思想、语言、文字的一致。

他在《略谈学习国文》中，对为什么要学习语言，有一段精辟的阐述："语言文字的学习，就理解方面说，是得到一种知识；就运用方面说，是养成一种习惯。这两方面必须联成一贯，就是说，理解是必要的，但是理解之后必须能够运用；知识是必要的，但是这种知识必须成为习惯。语言文字的学习，出发点在'知'，而终极点在'行'；到能够'行'的地步，才算具有这种生活的能力。"这跟语文课程标准中对语文教育基本任务的定位，其精神是完全一致的。

2. 实践上

纵观叶老有关语言文字的论述，我发现，他所说的话，决不用大道理忽悠人，更不以权威自居吓唬人，而是把想说的说得清清楚楚，把该做的讲得实实在在。上文对学生的各项要求，其实也是对教师说的。从教学的角度，我把他对教师的希望归纳为以下五条。

（1）注意三个方面习惯的培养。叶老在《中国语文科课程标准》中说："语汇、语法、修辞格三方面，要随时从教材中提出实例，作彼此的比较研究。比较研究不必像专家那么细密，只要使学生养成这个习惯就成。"也就是说，语文老师应通过"实例"培养学生正确运用语汇、语法、修辞的好习惯。

（2）重视自身的语言修养。叶老在《怎样写作》一文中，说了一段既通俗又深刻的话："我们要要求自己，无论何时不说一句不完整的话，说一句话一定要表达出一个意思，使人家听了都能够明白；无论何时不把一个不很了解的词硬用在语言里，也不把一个不很适当的词强凑在语言里。我们还要要求自己，无论何时不乱用一个连词，不多用或者少用一个助词。说一句话，一定要在应当'然而'的地方才'然而'，应当'那么'的地方才'那么'，需要'吗'的地方不可缺少'吗'，不需要'了'的地方不无谓地'了'。这样锻炼好像很浅近、很可笑，实在是基本的，不可少的。"

在谈到读文章时，他提倡"心、眼、口、耳并用"的吟诵，有些文章要"美读"，读出声调、感情，读得自然流畅。这就要求老师讲好普通话，并掌握一定的诵读技巧。

他在一则教育书简中说："教师自己如果说话和作文都不怎么讲究，教学生也就没有把握了。所以教师要永远留意，口头和笔下都要求其准确和干净。"

叶老认为，除了多读书，教师也要多写。"经常动笔是大有好处的，'教师下水'确然是个切要的要求"，因为这样做"可以深知作文的甘苦"，才能给学生"切实的引导和指点"。

以上这些都是对老师语言修养的要求：口头语言，要讲明白每一句话，说话流利，不拿腔拿调，不矫揉造作；书面语言，要简洁明了，不啰唆，不卖弄，干净而文明。

（3）作文批改要实事求是。叶老在《中学国文教师》中讲到了评判作文的标准：简单说来，就是逻辑与文法。不合逻辑不合文法的地方才给修改，其余都得留着。

在《〈文章评改〉序》中，对如何评改，叶老作了具体说明：一方面看这篇文章有哪些优点，为什么是优点，要说出个所以然。另一方面看这篇文章有哪些缺点，为什么是缺点，该怎样修改才成，也要说出个所以然。在另一篇文章中又说："表达得又充分又确切了，就是妥当，否则就是不妥当，需要改。"

这既体现了对学生的尊重，又反映了叶老对语言文字运用的严谨态度。

（4）为学生树立良好的书写榜样。1972年，叶老在答某老师的信中说："字要写得端正清楚些，对学生尤其要清楚，因为你是语文老师，得做学生的表率。"

这涉及板书和给学生写的作文评语，书写都得"端正清楚"。做到这四个字，并非难事，贵在坚持。

（5）引导学生改进文风。当下，许多老师喜欢"语言优美"的学生作文。引用诗文多、语句很华丽，被认为"有文采"。

文采在一定程度上反映文风，它涉及写作态度和语言运用两个方面。

先说写作态度。叶老认为："作文决不是把一些很好听、很漂亮的花言巧语写在纸上就算完事的，必须根据经验，从实际生活里流露出来，那才合乎所以要作文的本意。"也就是说，作文要源于生活、尊重经验。

再说语言运用。叶老在《端正文风》一文中明确指出："干干净净生动鲜明的语言才叫有文采。如果你从古代的仓库里随便找出点破旧的东西放到文章里去，不值一文钱，那还算有文采？"这里的"文采"是与他一贯提倡的说真话、说明白的话紧密相连的。他主张心里怎么想，笔下就怎么写，而心里想的必须是准确的，如果不仅准确，而且鲜明生动，那就是有文采，那就是好的文风。

也许有些老师会说，叶老这些话都很对，但做起来有难度。这确实是客观事实，但作为一名有良知的语文老师，还是应该努力践行叶老的教导，无论说话还是写作，都要从现实生活出发，不花言巧语，不花里胡哨，坚持说真话、抒真情，不断引领学生形成良好的文风。

我们该怎么做

怎么做，要重视相互关联的三点。

第一，关系要理清

语文课程标准规定了语文学科的主要任务是"学习语言文字的运用"，同时也提出了思维发展与提升、审美鉴赏与创造、文化传承与理解的"语文核心素养"。这些都属人文内涵，都很重要，但必须把它们跟语言文字的运用之间的关系理清楚、处理好。于漪老师在最近发表的《语文教学现状的思考》一文中，对此做了极好的阐述："语言文字是'体'，人文内涵是'魂'，二者融为一体，'魂'要附'体'，'体'中有'魂'，硬要剥离开来，语言文字就变成僵死的符号，'魂'就无处安身。只是'训练'与'实用'，远不能适应培养语文素养的要求。至于脱离语言文字，空讲内容，无限拓展、延伸，不是对人文的误解，就是故作高深，那还是什么语文课！"说得非常到位，也十分形象，无需我再说什么。

第二，实践是关键

理清了关系，就要放手去做。作为一名从事基础教育的语文老师，无需"高上大"，重在"打底子"。这个"底子"，就是在敬业的前提下，扎扎实实练好"语言文字运用"的基本功。有些青年教师看到一些观摩课、示范课、优质课上得那么精彩，羡慕之余，竭力模仿。这是有进取心的表现，应予肯定。但不要忘了，这些老师中的多数人首先具备了较好的语言文字运用能力，加上多年的读书、思考、磨炼，才有了今天的成功。作为一名普通的语文教师，还是先从"打底子"做起。具体说，就三句话：懂规矩—勤练习—成习惯。懂什么规矩？用词要准确，造句要自然，修辞要恰当，逻辑要合理，说话要简明，作文要真实，书写要规范。能真正做到这些，就是一名合格的语文老师。学校领导和教育行政部门举办的教师培训，都应对教师提出这些要求，并使之落到实处。

第三，坚持最可贵

养成正确运用语言文字好习惯的过程，是一个缓慢的过程，不能图快，而要耐心。叶老在《认真学习语文》一文中说："希望快，希望马上学到手，这种心情可以理解；可是学习不可能速成，不可能画一道符，吞下去就会了。学习是急不来的，为什么？学习语文目的在运用，就要养成运用语文的好习惯。凡是习惯，都不是几天工夫能够养成的。"上了规矩，勤于练习，持之以恒，才能形成好习惯。最要不得的是，练了一阵就半途而废。从"学无止境"的角度说，学习语言文字的运用是一辈子的事，学好了，终身受用。

叶老离开我们快 30 年了。今天重温他老人家有关语言文字的论述，感到依然那么鲜活，那么亲切。但我遗憾地看到，不少语文老师尤其是青年教师，心中似乎只有外国教育家，却把值得我们崇敬的中国教育家叶圣陶淡忘了。在相当一部分教师的语文素养普遍欠缺的当下，我认为应大力宣传叶圣陶，认真学习他有关语言文字运用的一系列论述，同时融入时代的新需求，赋予叶老的语文教育思想以新的活力，这是当代语文教育工作者应当肩负的历史使命。

社会在发展，语言也在变化，但规范不能丢。身体要健康，必须讲卫生；语言要健康，必须讲规范。就中小学语文教育中的"语言文字运用"而言，打好基础，守住底线，讲究规律，永远需要。

2016 年 12 月

22. 重温叶圣陶先生的教诲

最近一期的《语文学习》上登了范守纲写的《永远的纪念》一文所公开的叶老写给他的 5 封信，回答了有关作文教学的几个重要问题。

第一个问题：为什么要写作文？

叶老认为，"作文是生活的需要，工作的需要。最要认明的，作文绝非人生的点缀，以为能写几句文章就很漂亮，就是超出常人的人"。这段话既讲明了作文的目的，同时也批评了对作文的错误认识。

第二个问题：怎样写作文？

按叶老的观点，作文就是"用笔说话"。因为"语言与思维分拆不开"，所以，"语言训练与思维训练要同时并举"。用作家从维熙的话来说，写作"缘起于自我感情的张弛"。两人的观点，其基本精神是一致的，"用笔说话"和"自我感情的张弛"都是说：作文须发自内心、表达真情。

第三个问题：目前学生作文存在什么问题？

对存在的问题，叶老说了三条："（一）学生作文为了应付考试。（二）作文发一通空议论，说一番虚假话。（三）作文搬弄辞藻，讲究形式和比拟。"这话是 1979 年说的，距今已快 40 年了，但好像说的就是眼前的事。"空发议论，说虚假话"的现象普遍存在，且有不可遏制之势。议论是空洞的，是用来教育别人的；说话是虚假的，是为了骗取分数的。这能写出真正的好文章吗？

第四个问题：怎样进行作文讲评？

他老人家建议："挑选两三篇在课堂内共同讨论，老师当个主席，插几句话，说几句结语……每个学生考虑了别人说话的优劣，也就长进了自己说话的能力。"已有不少老师这么做了，且收到了一定的效果。不过，要使讲评更有效，还得深入研究，并在操作上加以细化。

类似的话，叶老在不同时期、不同场合说过多次，都很朴实、很亲切，但真正听进去并付诸实践的老师不多。在普遍重视应试的大环境下，在追求分数的功利氛围中，要完全按叶老的教导去做，是有难度的；但我们不能因此而离开正确的方向，仍应努力使作文回归本真，让越来越多的学生根据生活的需要去"用笔说话"，去说发自内心的真话，去说自己能说清楚的话，最后使自己成为一个"真正合格的公民"（1979 年）。

重温叶老的教诲，使其正确的思想在教学实践中开花、结果，是对他老人家最好的纪念。

2018 年 3 月 17 日

23. 记住叶圣陶

较长时间以来，搞基础教育的越来越把外国教育理论奉为至宝，却日益远离本国的传统教育理念，甚至完全遗忘。眼下，广大中小学师生只知道曾学过叶圣陶被选入课本的几篇文章，却不了解他对"教育"曾说过什么，这是很令人遗憾的。

叶圣陶先生是现代著名的作家、教育家、出版家。他教过小学，也教过中学，最后当了教育部副部长。他编过教材，办过杂志。任部长期间，他赴多地听课、开座谈会，还跟一大批中小学老师通信。他对教育的一系列论述，立足现实，具体通俗。他是地地道道的具有中国特色的教育家。

在谈及教育的宗旨时，他说："就教育的目标说，一派希望受教育者成为工具，另一派希望受教育者成为人，独立不倚的人，不比任何人卑微浅陋的人。"他终身致力于使受教育者成为人。放眼当前教育，我们不少搞教育的人，在不少时候都有意无意地使学生成了"工具"，没有独立的人格，没有独立的思想。

要使受教育者成为人，必须落到实处，必须有具体措施。他有段有名的话："教育是什么？往简单方面说，只需一句话，就是要养成良好的习惯。"要养成哪些良好的习惯呢？"德育方面，要养成待人接物和对待工作的良好习惯；智育方面，要养成寻求知识和熟悉技能的良好习惯；体育方面，要养成保护健康和促进健康的良好习惯。"就语文教育而言，"教识字、教读书只是手段，养成他们语言的好习惯，也就是思想的好习惯，才是终极的目的"。结合时代需求，他希望学生成为有文化有教养的合格的现代公民。他所说的教育目标和提出的培养好习惯的途径，都是正确的，是符合社会发展需要的，我们应牢牢记住。

最近10多年来，各级教育行政部门日益认识到教育事关民族和国家的未来，"以人为本"的理念也日益深入人心。眼下，从承担"育人"使命的高度出发，国家出台了减轻师生负担、提高教育质量的一系列新政，其精神跟叶圣陶先生的主张是一致的。不过，口号不能解决具体问题，关键是要坚持问题导向，把措施逐一落到实处。

叶圣陶先生在坚持培养有文化有教养的合格的现代公民的总目标下，倡导一种什么样的教学呢？他说："教任何功课，最终目的都在于达到不需要教。假如学生进入这样一个境界，能够自己去探索，自己去辨析，自己去历练，从而获得真正的知识和熟练的能力，岂不是就不需要教了吗？而学生之所以要学要练，就是为了要进入这样的境界。"他从不忽视教师在教学中的主导作用，教师肯定要认真地"教"，但这种"教"主要是适当的引导和点拨，是让学生"自己"去"探索""辨析""历练"，最终形成"能力"。这就要求教师课前要作充分的准备，努力培养学生的自学能力，而不是一味灌输，牵着学生鼻子走。要达到"不需要教"的目的，就要不断改进教学。他坚信："改进教学，提高教学质量，决不应当加重学生的负担，也决不会加重学生的负担。"

要改进教学、提高质量，就要建立平等和谐的师生关系。他认为："教师和学生是朋友。在经验和知识上，彼此虽有深浅广狭的差别。在精神上却是亲密体贴的朋友。""亲密体贴"要求每位教师必须尊重、关心、爱护每一个学生，必须对每个学生满腔热情，使他们程度不等地都有提高。"面向全体"是基础教育有别于高等教育、成人教育的重要标志。在叶老看来，每个学生都有自己的特点和优势，甚至各自懂得一点老师都未必懂的东西。从这个意义上说，他们也可以当老师。所以，他说："只有做学生的学生，才能做学生的先生。"

学了总要考。怎么对待考试呢？叶老说，"我们竭诚地希望负责教育者注意：考试只能在学习的过程中占一个小小的位置，把它过分地重视，甚至忘却了求取知识的本义，对于学生是无益有害的"。眼下，我们把考试"过分的重视"，甚至以考试的成败来评价教育的好坏，这显然是片面的。我们应按叶老的教导，花大力加以纠正，让教育回归本真。

叶圣陶先生有关教育尤其是有关基础教育的论述很多，散见于他的各种讲话中。他在跟数十位中小学教师的通信中，对有关教学的许多具体问题发表了看法。他的话很亲切，很通俗，很具体，很管用，难怪有人说"一大堆论文，比不上叶老三言两语"。

我们要宣传叶圣陶，记住叶圣陶，学习他尊重规律的科学精神和不唱高调、讲求效用的务实态度，通过辛勤的实践，开创符合中国实际的基础教育新局面。

2021 年 9 月

24. 读书的"有用"与"无用"

友人之子让我指导作文。除了详细点评了他的作文，我向他了解平时的学习与生活。他说，他的语文老师曾对大家说："只要你多读书，即使没有人辅导，也一定能写好文章。"我问他对这句话怎么看，他不表态，也许他估计我对这句话有看法，但又不想否定他老师的话，所以他只好沉默。我笑着对他说："古人有句很有名的话前半句，是'读万卷书'，后半句是什么?"他答："行万里路。"我立即说："这就对了。"我告诉他，我教过的学生不知多少，其中有的读了不少书，文章写得很好，但也有的只是把读书当消遣，看看玩玩，很少思考，或根本就没有思考，书根本没有真正读进去，所以最终写不出好文章。

由此想到"读书到底有没有用"。问题是怎么理解这个"有用"。它可以指实用、功用，多指有形的好处，如获得了知识、学到了技能、谋取了职位、拥有了财富，等等。这种"有用"把读书当作工具，带有明显的功利色彩。它也可以指启蒙、觉醒，多指无形的收获，如明白了道理、理解了人生、认识了社会、提高了修养，等等。这种"有用"把读书作为一种生活方式，带有理性思辨色彩。有学者把后者称为"无用之用乃大用"，这说得有点玄，但确是一种境界;不过，这对普通人来说是做不到的，也是没必要的。看来，对读书是否"有用"，不能作简单的回答，而须进行具体分析。

怎么分析? 这要看你读的是什么书，又是怎么读的。如果对所读的书不作选择，读书的方法又不正确，那读书就没什么用。应该尽可能挑选经典的、有益于工作和人生的书来读。但如果即使所读的书是好书，而你只是随便翻翻，不进脑子，那也是没有用的。那该怎么读呢? 我看有两条:一是要懂得出入。出，就是要从书中跳出来，不能全被书牵着鼻子走;入，是要真正走进书中，弄懂书里的意思。二是要进行思考。就是说，要根据自己的经验和周围的现实，去思考书中的内容，看哪些是有道理的，哪些只是部分有道理，哪些是没有道理的。任何一本书，就像一个人一样，都不可能是十全十美的。如果读完一本书之后，不作分析，全盘照收，很有可能被书所误。难怪孟子要说"尽信书，不如无书"了。如果真能按上述两条去做，那读书是肯定有用的，再加上"行万里路"，即关注社会，重视实践，那你的读书就不仅于自身有用，也有益于社会。

这些年来，有一种做法不太好：某个时候出于某种需要，强调某件事情，就把它说得至高无上；另一个时候，出于另一种需要，又把另一件事情强调到至高无上的程度。我曾说过，教育非常重要，但教育也并非万能；读书非常重要，但读书也不是万能的。该做什么事，能做好什么事，都要因人而异、实事求是。

拿我来说，我是教语文的，自然要读书，且越多越好，但也得看情况。大学期间，我读了些书，不仅读，还搞摘抄、写笔记。对书中我认为好的句子或片段，专用一个本子抄下来，不过，每条后面我都加注，或写"好"、"有理"，或写"值得深思"，有时打个"？"表示我看不懂，或是我对这句话存有疑问。我慢慢学着思考。走上讲台后，文艺作品基本不看了，主要读与专业有关的书，读叶圣陶，读陶行知，读当代语文专家写的书。教学很忙，没时间写笔记了，只在书上画杠杠、做记号。遇到读不懂的，就向同组某些老师请教，然后再查相关资料。近几年，岁数大了，读书少了，但阅读语文杂志、看跟教育有关的报纸，从不间断。读了有些文章，或有同感，或有质疑，就写点短文。我的文章很少引经据典，全是实话实说，既是阅读的收获，更是生活的感悟。我读书总量不多，但读一本是一本，不求数量，但求能有所得。一般的书，看看目录，重点浏览其中的某些章节；写得很真切的书，我一字一句仔细读，边读边思考教育与人生，对书中的重要内容，我会过一段时间重新读。

我很敬重认真读书的人，但我看不惯两种人：一种是书呆子，死读书，读死书，不消化，不做事；一种是用读书来炫耀，夸夸其谈，到处卖弄，却很少甚至没有自己的观点。书是一辈子也读不完的，决不能为读书而读书，关键是要"让所读的书活起来"（鲁迅语）。就普通人而言，工作压力大，生活不容易，要经常读书是不太现实的，但读一点书还是可以做到的。遗憾的是，眼下绝大多数人除了低头看手机，已什么书也不读了。我认为，只要是识字的人，应多多少少读点书，且读且实践，搞好自己的学习，做好本职工作，就很不错。至于用读书来陶冶情操、提高修养，这需要慢慢熏陶，长期修炼。

各人情况不同，读了书未必就变得高尚，但有一点是肯定的，那就是：读了些书至少不会使自己流于平庸。

2017 年 2 月

25. 作文教学的几个问题

作文教学现状和应对策略

长期来，中学作文教学状况很不乐观，甚至令人忧虑。原因是多方面的，主要表现是：

（一）认识不到位

首先是没有明确作文教学在语文教学中的地位。虽然大家都说"读写并重"，但在实际教学中往往重阅读而轻写作，没有认识到，写作跟阅读一样，是每个人生活的组成部分。其实，大家都知道，在阅读了别人的文章后，会不会把读后的思想、感悟表达出来，这就要靠写作。在行文过程中，字写得对不对，词语用得恰不恰当，句子通不通顺，上下连不连贯，事情说得清不清楚，道理讲得明不明白，各种语文知识和能力都用上了，所以大家公认写作是语文素养的综合体现。再说，几乎所有重要的历史事件和文明成果，主要靠文字留存于世。从这个意义上说，写作比阅读更重要，至少是同等重要。

其次是没有明确评判作文好坏的标准。不搞清什么是真正的好作文，作文的教与学就无从谈起。作文教学的任务，就是要有效地训练学生的书面表达能力。评判一篇作文的好差，应把"表达了什么"、"怎么表达的"综合起来加以考量。凡是能用通顺清晰的语言抒发真实情感、表达独立思想、富有生活气息、具有时代色彩的作文，就是好作文；凡是为文造情、玩弄文字、缺乏思想、脱离实际的作文，都不是好作文。要大力提倡学生在作文中说真话、讲实话。要求讲真话，就是允许讲错话。作文中有点错话，而说的却是心里想说的话，这比作文中充满伟大的空话、正确的废话，要好得多。

有两种观念长期干扰作文评判标准的正确把握，一是"立意要高远"，二是"语言要优美"。"高远"和"优美"本身没错，问题是，对学生来说，要求太高，不切实际。

老实说，这两条包括我在内的绝大部分老师都做不到。崇尚高雅，讲究文采，是古代文人的追求。这都源于"取法乎上"的观念。不久前，我查了资料才知道，"取法乎上"见之于唐太宗的《帝范》卷四，说的是治国之策；后见于宋代严羽的《沧浪诗话》和清代学者的著作，它是古代文人雅士切磋写作之道的互勉之词。我们一定要冷静区分文人创作与学生习作的不同：古代文人写文章重视观赏性，当代学生写作文注重实用性；前者是提高性的，后者是普及性的。把古代文人的追求作为对当代初学写作的中学生的要求，显然是不合适的。

受上述观念误导，下列几类作文都不是真正的好作文，老师们千万别被他们忽悠了。①唱高调，抒豪情，说的都是大话、套话。②装"深沉"，玩"哲理"，让人云里雾里，不知所云。③摘古诗，引名言，没几句自己的见解。④堆砌辞藻，滥用修辞，没有一点平实有用的语言。我始终认为，中学生的作文训练应面向全体、狠抓基础，先做到立意正确、语句通顺。至于少数学生试着编小说、写论文、搞考证，则另当别论。坚持实事求是的作文评判标准，说到底是坚持作文与做人的统一。

（二）实践缺乏措施

就教学而言，一是没有成体系的严密的习作教材，二是没有相对固定的作文教学时间，三是没有系统深入的作文教学研究。总之，缺乏规划。

就教师而言，一是许多人自己写不好文章甚至从不写文章，二是许多人上不好作文讲评课甚至压根儿不上作文讲评课。总之，缺乏指导。

这样的状况，造成了中学作文教学的随意和低效。那该怎么办呢？

到目前为止，多数老师认可的作文教学经验是：以读带写，以写促读，读写结合。至于如何"带"，怎么"促"，又怎样"结合"，则没有统一的格式，各有各的做法。在缺乏作文教材、学生课业负担较重、没有时间多读书的情况下，我们不妨先从简单可行的做起。具体措施如下：

第一，充分利用课文进行写作指导。每篇课文无非让学生弄懂两点，一是写了什么，二是怎么写的。在与学生一道分析"怎么写的"时，可以联系学生的作文进行指导。教小说和叙事散文，就顺便讲一讲如何写记叙类文章；教论述类课文，就顺便讲一讲如何写议论文。总之，可结合课文范例，简明地讲清相关的文体写作要点。

第二，每个年级突出一个写作训练重点。高一年级重点训练复杂记叙文，写人搞三次，叙事搞三次；高二年级重点训练议论文，文化评论搞三次，时事评论搞三次；高三年级按高考要求作综合训练，命题作文搞两次，材料作文搞三次。之所以每种训练要搞两到三次，是为了通过重锤敲打，使同一文体的训练在重复中巩固、提升。

针对学生实际解决好三个问题

眼下，很多学生怕写作文，写不好作文。要提高大面积学生的作文水平，必须从学生原有水平出发，切实解决好他们的三个现实问题。

第一个问题：我不知写什么

学生自己之所以说"不知写什么"，或者说"没什么好写"，一是因为参加的社会实践太少，二是没有调动自己头脑里的储备。前者对单个学生来说无法解决，后者还是有望做到的。其实学生头脑里的储备还是不少的，大致有两大类：一是知识储备，如语文课本中的一些故事和古诗文名句，自己读过的课外书中的人物和情节，平时读过的报刊上的资料和数据，手机上看到的段子和妙语，政治课上学过的矛盾论、辩证法之类的哲学原理，等等，这些都可以用到自己的作文中去。二是生活储备，如自身的经历，自己的家庭、学校、居住地发生的事。这比知识储备更重要，因为这是真正属于学生自己的东西。要告诉学生，不要以为只有写伟人、名流才行，其实，写自己、写平凡的人，只要倾注了真情，照样可以出好文章。如果能充分调动头脑里的这些储备，就不愁没什么东西好写。

第二个问题：我不知怎么写

这涉及学生所关心的"技法"或"诀窍"。应该对学生说，写文章是有技法的，但绝没有固定不变的技法，更没有一用就灵的技法，跟内容相比，技法永远是第二位的。技法很多，对大面积学生来说，重点要解决结构与语言问题。

先说结构。结构体现思路。文章条理清楚，说明思路清晰。可向学生介绍几种常见的结构方式，基本式（引论—本论—结论，或者说"提出问题"—"分析问题"—"解决问题或总结全文"）、总分式（先总论后分论，或先分论后总论，或先总后分再总）、递进式（一环套一环，一层深一层）。基本式结构中的"本论"部分和总分式结构中的"分论"部分，都可有若干分论点，这些分论点之间的关系有时是并行的，从结构角度看，可称之为并列式结构。这种结构方式近些年来被学生广泛运用。有个问题值得重视：学生的作文虽然总体结构是完整的，但读起来仍感到不够流畅，因为段与段之间缺少自然的衔接。这就需要在段与段之间、一个分论点与下一个分论点之间加一个承上启下的过渡句，使文气贯通。要衔接自然、文气贯通就要讲逻辑。讲逻辑不能死抠概念，只要尊重常识、合乎常理、先后有序、条理清楚，就行。

再说语言。思想和感情都要靠语言来表达，所以正确运用好语言，极为重要。眼下，许多学生都十分关注"文采"，不少老师也很看重"文采"。我们得首先弄清什么是文采。著名语文教育家叶圣陶先生说："干干净净生动鲜明的语言才叫有文采。如果你从古代的仓库里随便找出一点破旧的东西放到文章里去，不值一文钱，那还算有文采？"他所说的"文采"与他一贯倡导的说真话、说明白的话，是紧密相连的。干干净净、生动鲜明，那就是有文采，那就是好的文风。对绝大多数学生来说，作文的语言首先要做到：文通字顺，标点正确，书写规范。具体说，就是：用词要恰当，句意要明确，句与句的衔接要自然，不要生造词语，不要文白夹杂，不能一逗到底，不要滥用感叹号。现在，不少老师批阅作文只打个分数，评语较少甚至没有，对学生作文中的语言问题很少重视，有的老师连错别字都不圈。这是一种失职。对学生作文语言运用能力的训练，一要高度重视，二要长期坚持，因为这是基本功，马虎不得。

第三个问题：我写不出思想

从作文宗旨的角度看，作文缺少思想是个最严重的问题。多数学生的作文，不少高考作文，都存在缺乏思想、"不见自我"的毛病。早在上世纪80年代，我就向学生提出：在生活中思考，在思考中生活。这两句话的次序不能倒，它反映的是感性与理性的关系。思想是在由感性向理性的升华中慢慢形成的，作为一线老师，我们不妨从以下几个方面做些努力。

（1）引导学生剖析自己。可布置些诸如"自我成长的反思"一类的题目让学生写，肯定自己的进步，找出自己的不足，进行自我分析，正确认识自己，在不断反思中逐步形成独立人格。

（2）引导学生评价书籍。可以每个月用一堂课，让学生或推荐自己喜欢的某本书，或交流各自的读书心得，然后写成文章。前者要求说明自己推荐某本书的理由，或者要求畅谈自己读了某本书的真切体会。必须要求学生不脱离书的内容做个性化的合理解读，不管别人如何评价，只说自己想说的话。有时，也可组织学生对报纸上的时文进行评价，让他们各抒己见，决不人云亦云。

（3）引导学生议论社会。可让学生隔周写篇短评，对各种社会热点发表自己的看法，歌赞真善美，抨击假恶丑，在评议中逐步增强社会责任感。不定期的班级小型辩论会最值得提倡。针对一种现象或某个观点，分甲乙两方展开辩论，在充分表达各自看法的过程中，强化独立思考能力。在写短评、搞辩论之前，可介绍一些好的社会时事评论，让学生阅读、借鉴。

提高作文教学水平，关键在教师

要解决好上述三个问题，切实提高作文教学水平，关键要提高教师自身的专业素养。李镇西、程红兵、黄玉峰、程翔、连中国等一批名师都是我们学习的榜样，但绝大多数一线老师不可能都成为他们。他们都有自己的追求、理念、个性、能力，更有过人的胆识。我们能学的只能是他们共同的东西、符合作文教学一般规律的东西和他们不断探索的精神。拿我们江苏来说，黄厚江、曹勇军、姜有荣、唐惠忠、胥照方、严龙文等老师，也很值得我们学习。不过，我们不要机械模仿他们的经验，而应根据本校本班的学情，做自己能做好的事。

为了提高大面积学生的作文水平，我曾采取下列措施，努力提高自身的专业修养。

（一）带头说真话

不管是课堂教学，还是跟学生个别交谈，我都坚持说真话。我极少引用名人的话，说的都是我独立思考过的话，是自己能说清的话，以此为学生树立榜样，努力培养学生用自己的眼睛观察、用自己的头脑思考、用自己的语言表达的良好习惯。

（二）经常写文章

一写教育短文。如教育叙事、教学一得、教育随笔、读书感想。不求高深，但求实在，口子较小，一事一议，平均每月一篇。二写"下水作文"。"下水"，能知学生作文甘苦，增强指导的针对性。我多次把我写的短文放在教室，让学生传阅，请他们评议，听他们意见，师生共同培养写作兴趣。

（三）随时学先进

我订了好几种语文报刊，每收到一期，就及时阅读。我会随时从各地优秀教师的作文教学经验中吸取营养。有时做记号，有时做摘录，只要我认为有用，我会取人之长、补我之短，点点滴滴融合到我的教学实践中去。

（四）不断做反思

有时反思是独自进行的，有时是通过向学生做调查来进行的。我常在心里问自己："学生作文不理想，除了其他原因，我的责任在哪里？""明明能看出学生的作文'作伪'（高大上、成人化），却不能及时指出，这是为什么？"有些反思至今没找到答案，我只能继续进行探索，敦促自己改正。

跟上述举措同步，我在实践中坚持两条：

（1）适当降要求。对全班学生我提出三句话的要求：把语句写通顺，把事情说清楚，把道理讲明白。别以为这三句话要求偏低，其实要真正做到并不容易，是需要花力气的。对这三句话，我从高一起就狠抓不放，基础不打牢，任何高要求都会落空。适当降低要求，是为了扎扎实实一步步提高。我始终不忘作文与做人同步，作文与生活同步，作文与思想同步。我的最终目标是，通过三年的训练，使四分之一左右的学生的作文能做到：有独立的思想，有鲜明的个性，有担当的勇气。说到底是为了培养有社会责任感的合格公民。这是一项艰难的任务。我现在不上课了，已无法完成此项重任，只能寄希望于年轻一代教师了。

（2）上好讲评课。只是布置学生写作文，却不做讲评，学生的作文就白写。所以，宁可少教几篇课文，我也要保证作文讲评时间。每次大作文后，我都要用一节甚至两节课来讲评。执教的头二十多年里，我都是选几篇好文章，读一读，总评一下就了事。这种做法收效甚微。后来我改变了做法，每次讲评决不面面俱到，而是突出一个重点，或立意，或结构，或语言（讨论立意的次数较多），就两三篇作文，组织学生讨论，最后由我归纳小结。问题要实事求是指出，但我更多的是激励。高一到高二上，我重点表扬学生作文中语句的通畅、条理的清晰。高二下到高三，我对学生能联系社会现实、表达真情实感，大加肯定；对合理的独立见解、辩证的说理分析，热情点赞；有时甚至说："你这几句写得很精彩，我喻老师都写不出来！"这使学生倍受鼓舞。老师不吝惜表扬，有利于增强学生写作的自信心。

还有一点，我至今没有做，老师们不妨做一做，那就是：利用班级黑板报、墙报、博客、微信等各种方式，发表学生作文，可以是全文，也可以是局部，甚至是一个小细节，让学生及时获得成就感、分享感，并在与同学的互评交流中提升自己的写作能力。

结束语

长期的教学实践告诉我：基础教育阶段的作文教学必须从实际出发，少一点向上看，多一点向下看，少搞一点高大上，多练一点基本功；不然，就不是基础教育，就对不起大多数学生。中学作文教学不能令人满意的现状，决定了它必须改革，但又不能性急，需尊重规律，稳中求进，耐心等待，因为作文是慢功。目前学生作文患的是思想缺位、内容贫乏的"气血两亏"的慢性体虚综合征，所以不宜用"猛药"，而只能慢慢"调养"。

爱因斯坦有句话说得极好："成果＝艰苦的劳动＋正确的方法＋少说空话。"如果我们记住这个"公式"，并作持之以恒的努力，我相信，中学作文教学定能收获良多。

2017 年 5 月

26. 语文老师必须懂的常识

我是语文老师。下面结合我 51 年的实践，谈谈一名语文老师必须懂得的常识。

（一）写字

语文老师必须把钢笔字、粉笔字练好，能写毛笔字更好。这是基本功。书写不仅是个技术问题，更反映一个人的工作态度，甚至体现一个人的品性。"字如其人"。认真写好每个字，能给学生树立好榜样，其影响不容小觑。

（二）说话

语文老师要坚持讲普通话，把每句话说清楚。这也是基本功。说话要简明，一句是一句，句与句的连接要符合逻辑。不玩弄噱头，不故作深奥。无论是自我叙述，还是跟人交流，都要从实际出发，务必使人听明白你要表达的意思。

（三）读书

语文老师要多读书，除了专业书，不妨读得"杂"一点，这有利于适应学生的各种求知需求。阅读粗分为两个层次：先解决基础问题，弄清文章写了什么，怎么写的；再进入提高层次，懂得鉴赏与评价。不要跳跃，宜由低到高。

（四）作文

语文老师要会写文章，既会写教育叙事、教研论文，也要会写散文、杂感、诗歌。一学期写一两篇"下水作文"，跟学生作交流。自己"下水"了，就知写作甘苦，指导学生作文就有针对性，说的道理才管用。

（五）感情

有丰富感情未必能当语文老师，但语文老师必须有丰富的感情。无论教学语言，还是课文朗读，都应怀有真切的感情。跟学生说话要亲切，多用鼓励语句。课文朗读既要抑扬顿挫，更要以情动人。有些课文，尤其是诗歌和抒情散文，如果老师读得好，教学就成功了一大半，学生会较快地从老师声情并茂的朗读中领悟到作者要表达的思想。

（六）示范

学高为师，身正为范。身教重于言教。要学生做到的，老师首先要做到。作为语文老师，写字、说话、朗读、阅读、写作，都要给学生做表率。如此，学生不仅能从老师身上学到该有的各种规范，更学到了该如何做人，这比学好几篇课文重要得多。

（七）兴趣

兴趣是最好的老师。语文老师应采用各种方式，努力激发学生对读书的兴趣、对汉字的兴趣、对朗读的兴趣、对写作的兴趣、对思考的兴趣，培养他们对祖国语言文字的热爱。有了兴趣，学生会主动地学，专心地做，这比光听老师讲课更有效。

（八）反思

只是一味地上课，从不进行反思，很难有大的提高。提高有两种，一种是自发的，一种是自觉的。自发的提高：只要你教了若干年书，多少总会有些收获，但提高很慢，有时甚至停滞不前。自觉的提高：自己给自己定目标、加压力，并按目标且实践且反思，这种提高就快，有时甚至会有突破性进展，从这个意义上说，反思是进步的阶梯。

（九）总结

教师水平高不高，跟是否善于总结有直接的关系。有水平的老师往往随时注意总结，一个月下来，一学期下来，一年下来，冷静总结一下，哪些做得好，哪些做得不好：好，好在哪里，想一想用了什么方法；不好，又不好在何处，用什么办法补救。想妥了，写下来，就成了经验。几年下来，好的得到了巩固，不好的得到了纠正，自己的水平自然就提高了。

（十）讨教

凡事不可能事事直接经验，许多事情得求助于人。向人讨教，是提高自我水平的重要方法之一。向本校同事讨教，听他们的课，看他们写的文章；向校外同行讨教，听他们的讲座，跟他们交谈。及时学人之长，补己之短，时间长了，必有收获。

（十一）交友

交友是另一种阅读，是读无字的书。有时，"听君一席话，胜读十年书"。交些其他领域的朋友（包括某些家长），有助于开阔眼界。有暇之时，与几个朋友聊聊生活、谈谈人生，交流交流读书心得和对社会现象的看法，不仅能增长见识，还能促进深入思考。知道的事情多了，精神充实了，既有利于教学，也有益于健康。

以上所述，都是老生常谈，但它确实是应该遵循的常识。眼下，有些老师往往置常识于不顾，一味追求理论的"先进"和教法的"新潮"，以至于使不少改革流于形式。回归常识，遵循规律，应是当务之急。基础教育没那么复杂，常识就那么几条，无须多说，贵在实践。

27. 慎重引用名言、警句、俗语

　　中学生写议论文，经常引用名言、警句、俗语来证明自己观点的正确。这是常见的论证方法之一，无可指责。但引用须慎重，因为有些名言、警句、俗语，特别是名言，往往是针对特定环境中特定的人或事说的，是个人特殊经历的特定感悟，它在一定场合有励志作用，但不一定符合逻辑，不具备普适性。现举例说明如下。

（一）强调一点而不及其余，认识容易陷入片面

　　（1）细节决定成败。在某些时候，有些细节确实能决定成败。但决定成败的因素很多，比如性格、心态、机遇等等，细节决不能看作是决定成败的唯一因素。"性格决定命运"也属此类。

　　（2）有志者事竟成。用这句话来勉励人要立志，不要浑浑噩噩度日，这是对的；但并非"有志"就一定成功，促成最终成功的因素很多，如自身能力、外部条件等。一般来说，只有多个因素结合，才能成功。

　　（3）天才在于勤奋。以此强调勤奋对成才的重要，是对的；但把勤奋作为成才的唯一条件，就不妥了，因为促使成才的因素很多。再说既是"天才"，那只是极少数人，这种人天赋条件本来就好，是一般人无法相比的。

（二）只看结果而不管条件，结论很可能不严密

　　（1）逆境出人才。逆境中确实出过人才，但逆境首先是摧残人才；只有意志坚强、有战胜逆境能力的人，才能最终成为人才。类似的还有"苦难是财富"，只有能战胜苦难，并从中总结经验，"苦难"才能化作宝贵的精神财富。

　　（2）知识就是力量。这是被广泛引用的一句外国名言，用来说明学习知识的重要，是可以的。但知识本身不存在任何力量，只有把所学的知识用之于改造社会的各种实践，才能产生力量。离开"实践"这个条件，这句话就极不严密。

　　（3）名师出高徒。强调"名师"的重要，可以这么说；但"名师"未必能出"高徒"。它需要有条件，那就是"徒"必须真正想学、又肯下苦功，才能成为"高徒"。

（三）前提不清，结论往往有误

（1）走自己的路，让别人说去吧。这是一句外国名人名言，多半用来勉励人要有自己的独立思想，不要放弃自己的目标。但首先要搞清前提，那就是你的"路"是否正确，如果走的"路"本身是错的，还硬要走下去，那就是固执而不可取了。

（2）坚持到底，就是胜利。这是俗语，常被引用。如果用来鼓励人在奋斗的路上不要半途而废、轻易放弃，这是对的；但并非坚持到底就一定胜利。如果所坚持的事本身有问题，那就不可能胜利，而很可能越坚持越糟糕，因为前提错了。

（3）退一步，海阔天空。此话多半用来劝告人在遇挫时要冷静面对，以退为进，继续奋斗。但在现实生活中，"退一步"未必能"海阔天空"，有时退一步很可能全盘皆输。那就要搞清"退"的前提。如果所退的一步是关键的一步，那就决不能退，而应通过理性分析，做出科学决策，这才能"海阔天空"。

（四）把比喻当作现实，容易简单化

（1）三个臭皮匠，赛过诸葛亮。这个俗语旨在强调彼此合作的集体智慧，众人之力大于个人。这是个比喻，不等于现实。再说，"臭皮匠"毕竟不能跟"诸葛亮"相比，别说"三个"，更多的也不行。而且，有时人多了很可能互相牵制，办事效率反而更低。

（2）浪子回头金不换。这也是俗语，用以说明犯错的人悔悟改过的价值；但这种价值不一定非得用"金"来衡量。犯错而悔改的人，即使没有"换"到"金"，但能受到众人的欢迎，重新开始新的人生，这比"金"更为宝贵。

（五）把判断绝对化，结论很难成立

（1）人定胜天。用来表达改造大自然的决心和信心，是可以理解的，但"天""定"能战胜吗？这个"定"太绝对太肯定了。过度开发，破坏环境，迟早要受到大自然的惩罚，这已被许多事实所证明。只有敬畏自然，保护自然，人与自然和谐相处，才是科学之道。

（2）失败是成功之母。这是被广泛使用的一句名言，用来鼓励人在失败之后不要灰心，应振作起来，继续奋斗。但更多的时候，失败后并没能取得最后的成功。"是"是判断词，表肯定，失败成了成功的前提。这就把事情绝对化了，从逻辑上是不能成立的。

（六）换个角度，可得出不同结论

（1）喜新厌旧。这是个成语，平时多半用于情感道德领域，是对不良生活作风的谴责，属贬义。换个角度，从事物发展的宏观角度看，"喜新厌旧"则是推动社会不断进步的思想观念。谁不"喜新厌旧"？社会不正是在人们不断的"喜新厌旧"中发展的吗？

（2）吹毛求疵。这个成语原用来批评那些故意找茬的人，属贬义。如果换个角度，从"确保质量"上考虑，不放过一个"疵"（缺陷、毛病），那"吹毛求疵"则成了"严格把关、精益求精"的代名词，好得很，贬义变成了褒义。

（七）目的错了，价值导向往往出问题

吃得苦中苦，方为人上人。这条俗语被人广泛引用，尤其是一些老人在教育后代时常常这么说。要成人，须吃苦，这是对的。但吃苦的目的是成为"人上人"，那就有问题了。每个人都要努力，人与人应互相尊重，彼此帮助，共同进步，这才是正确的价值取向。

（八）不完整的引用，极易产生误导

（1）吾生也有涯，而知也无涯。这是庄子的一句名言，大多用来勉励人惜时勤学，用"有涯"的生命去学习"无涯"的知识。但这句话是不完整的，它后面还有"以有涯随无涯，则殆矣"。意思是：如果用有限的生命去追求无穷的知识，那是很危险的。面对"无涯"的知识，应抓紧时间学习，但不能过分拼命，需适可而止。任何事情，超过了"度"，往往适得其反。

（2）相濡以沫。这也是庄子的话，比喻同处困境，以微薄之力相互救助。但它只是一段话中的一个词组，全句是："泉涸，鱼相与处于陆，相呴以湿，相濡以沫，不如相忘于江湖。"作者从道家"顺应自然"的理念出发，认为"相濡"不如"相忘"。相濡，令人感动；相忘，使人超然。庄子的追求是，按自己的本性自由地生活。单独引用"相濡以沫"时，一定要根据上下文的具体语境恰当使用。

（3）三思而行。这是《论语》中的一句话，指事情经反复考虑后才去做，表示小心谨慎，多属褒义。其实，"三思而行"后还有下文。孔子对此的看法是："再，斯可矣。"意思是说，考虑两次就可以了，不必想得太多。因为想得太多，会犹豫不决，这很容易因过于谨慎而显得保守，此时还可能因该断不断而错失解决问题的良机。这么一想，"三思而行"就含有贬义了。

上述举例告诉我们：在引用名言、警句、俗语时，一定要弄清它适用的对象、场合和范围，否则，不仅不能证明自己观点的正确，还可能因此导致错误的结论。近几年，有些学生在议论文中引用一些外国名言，既不了解作者的生平，也不清楚它的本义，就以此来炫耀自己的"博学"和"深刻"。这种忽悠人的做法是不可取的。

写文章跟做学问一样，一定要严谨，决不能随心所欲。在议论文写作中，引用名言、警句、俗语务必谨慎。第一，引用要完整、准确，不能掐头去尾；第二，对引文要作简要阐释，尤其是古诗文名句，应说明其本义是什么，我为什么要引用它；第三，要使引文成为自己文章的有机组成部分，能上下连贯，文气贯通。只有这样，才能使所引用的名言、警句、俗语真正成为有效的论据而发挥它应有的作用。

2018 年 9 月 12 日

28. 教学基本功永远不会过时

中共中央、国务院《关于全面深化新时代教师队伍建设改革的意见》第二部分"不断提升教师专业素质能力"中有这么段话："强化'钢笔字、毛笔字、粉笔字和普通话'等教学基本功和教学技能训练，师范生教育实践不少于半年。"这表明国家对教学基本功的高度重视。看起来这个要求并不高，但要真正做到却并不那么简单，因为教学基本功在眼下的日常教学中已被严重淡化了。

中国的语文教育历来都很重视基本功训练，它作为一种优良传统延续至今。远的不说了。1962年，时任江苏省教育厅厅长的吴天石，在常州会议上对语文老师明确提出了"一手字、一口话、三百篇"的要求。一手字，就是要能写得一手好字；一口话，就是要能说得一口流利的普通话；三百篇，就是要读好三百篇文章。总之，要加强"双基"（基础知识、基本技能）。时隔30年的1992年，时任江苏省教委副主任的周德藩在南通会议上再次强调"双基"。他们都始终牢记基础教育要狠抓基础。

在他们的引领下，我在担任金陵中学语文组长期间，在校领导的支持下，在校内搞了几次青年教师基本功比赛，内容包括：写一张钢笔字、一张毛笔字，在小黑板上用粉笔设计一个板书，用普通话朗读一段短文。每学期都搞学生书法比赛或师生书法作品展。我任南京市中语会会长期间，搞了一次语文教师基本功大赛，要求参赛者写一张钢笔字、一张毛笔字，并写一篇短文。在上世纪八九十年代，南京市不少学校都先后搞过此类活动。这对提高老师教学技能，起到了一定的推动作用。我在自己的课堂教学中，与学生一道说普通话，板书尽可能规范。我的字并不漂亮，但很规矩。有时我还把自己写的短文或诗歌读给学生听。总之，努力在多方面为学生做出榜样。

说到写字，一段经历令我难忘。2001年，我被学校派赴日本访问四所中学。每到一校，临别前我总要留下题字。日本的学校对书法都很重视。在我落笔时，他们的校长和陪同的教员都围在我旁边认真观看。写大字我尚能悬腕，但毕竟多年不写毛笔字，所以在落款写小字时我的手就有些发抖，只好坐下来用手贴着纸面写。不管我的字最后写得如何，他们都报以掌声，表示感谢。在当地老校长设的私人宴会上，我还用签字笔为当地博物馆和妇幼医院题字。在老校长家做客，我得知客厅里几幅素雅的水彩画是校长夫人所画，深感钦佩。为接待我们，他夫人特地穿上和服，还化了妆，仪态端庄。我为她用钢笔题了八个字："慈颜如佛，懿德若兰。"校长看了非常高兴，说要把我的题字置于镜框中，挂在客厅里。在这种场合，用笔题字，既是一种文化交流，也是美好友谊的留念。如今老了手不大听使唤了，字写不好了，但我依然欣赏别人写得漂亮的字。

看看当下，写钢笔字被电脑打字代替，粉笔字板由现成课件取代，毛笔字已没有几个人会写了。老师的课文朗读多半改为听录音。总之，越来越依赖现代化手段，教学的基本能力日益减退。这是很令人遗憾的。

随着科技的进步，适当运用现代教学手段是情理之中的，但基本功训练始终不能丢。要知道，基本功不只是手段，更是一种工作态度、一种敬业精神。榜样的力量是无穷的。教师的基本功好，学生在赞赏之余会默默仿效。透过扎实的基本功，教师的精神品质和人格力量就会在学生心中扎根、延续。

按中央文件的要求，广大中学教师尤其是语文教师，一定要练书写、练说话。练书写：既要写好钢笔字、粉笔字，还要学会写毛笔字。练说话：既要用普通话说话，还要能带着感情朗读好课文。学校要开书法课，每学期都应举办书法和普通话比赛，并对优胜者加以奖励，务使师生养成良好的书写和说话习惯。

师范院校中的中文专业，要重视对学生语文基本功的训练，毕业前书写和普通话必须过关。中央规定，师范生的教育实践不能少于半年。据我了解，这个要求普遍没有达到。眼下的教学实习虽然有，但往往是放羊式的，老师把学生分到各中学后就基本上不管了，只是在实习结束时到各中学收一下实习鉴定。实习时间多半只有两个月，偏少。应先见习两个月，再实习四个月，要让学生在实习学校上足一定量的课。在此期间，老师要经常与学生在一起，并对试讲作具体指导。现在，不少师范毕业生论文可能写得不错，却不大会上课，甚至根本不会上课，有些人的板书很丑，说话方言较重。这跟实习时间太短又缺乏指导，有直接的关系。

写好字、说好话，练好语文教学基本功，绝非权宜之计，而应长期坚持。我相信，只要各级教育行政部门、师范院校和各中学认真抓，反复抓，抓到底，就一定能使广大教师的专业素养、教学技能和教育质量得到切实的提高。

2018 年 2 月 5 日

29. 教师须在语言运用上多下功夫

　　每个人每天都要说话，有些人经常写文章，语言伴随人一生。平时交谈的口头语言，只要双方能听懂，随性一点，关系不大。但对教师来说，教学和写作的语言，就得有讲究，不能随便。总的要求是首先做到通顺、简明。

　　通顺，是最起码的要求。我这里重点说一说简明。

　　语言学家周有光向来十分"吝啬"自己的笔墨，不肯多写一个字。他的《语文闲谈》一书中的文章都短小精悍、干净利索，又一语中的，被人称为"奇书"。一天，朋友老李来访，周有光起身去泡茶。老李顺手拿起桌上的几页草稿看起来。草稿纸上写的是一篇短文，初稿足有两页半，400余字，上面用笔删去很多。第二份草稿一下子缩减到200多字，也是改了又改。第三份草稿，只剩下半页纸几十个字了。老李忍不住点头："行文短小，通篇没有废话。结尾戛然而止，看似突兀，却意味深长。"这时，周端着泡好的茶走进来，老李晃了晃手中的稿纸，笑着问："不容易啊！一篇文章删去了多半，不觉得可惜吗？"周笑答："不可惜，要说的事情已全部交代清楚，多一个字也显多余。"老李故意说："如此一来，稿费少了好多！"周正色道："那也不能多写一个字！"周有光严谨、专业的治学态度令我由衷敬佩。周有光的"不能多写一个字"，使我想起了鲁迅。写完一篇文章，鲁迅总要再看两遍，把文中可有可无的字、句、段一概删去，毫不可惜。他还在给友人的一封信中说，意思讲完了而硬将文字拉长是最无聊的。在用字的"吝啬"上，这两位文化名人有着惊人的相似。

　　再看看教育家叶圣陶怎么说。1978年，叶老在给一位教师的信中说："教师要永远留意，口头和笔头都要求其准确和干净。"1981年，他在给章熊的信中说："用词用语，务求精简，戒绝滥调，典故成语，切勿乱用。"他在《多说和少说》一文中指出，说话"当然说得简捷些好"，因为"简捷的话必然干净利落"。看来，"干净""精简""简捷"，跟上述二位的精神是完全一致的。要做一名好教师，尤其是好的语文教师，除了人品、学识，语言修养也十分重要。细想起来，在以往的教学中，我曾说了不少啰唆的话，甚至是废话，既浪费了学生的时间，也消耗了自己的精力。近20年来，我一直注意改进，务使自己的语言首先做到既通顺又简明。

近些年来，读了点书，看了许多老师写的文章。就语言表达来说，有不少人言少意深，行文简明，是我学习的榜样。但仍有许多人的文章冗长拖沓，空洞乏味。问题出在哪儿？一是不切实际，二是套话太多，三是语言啰唆。在有些人看来，似乎只有文章长才显得有水平。这实在是个误区。说话、写文章为了什么？无非是为了把事情说清楚，把道理讲明白。从日常需要看，能做到这两点就很好。在多数情况下，我提倡说短话、写短文。

眼下有些人，做报告滔滔不绝一大通，写文章洋洋洒洒一大篇，事情并没有说清楚，道理并没有讲明白，却喜欢玩弄概念，炫耀"学问"，表达求华丽，语言不简明。这是不负责任的表现，对此，我们应予拒绝。

现在，大家都很忙，等着我们去做的事很多，哪有工夫去听空洞的长篇报告、去看不切实际的长篇论文？拿语文阅读教学来说，对课文的解读也应力求简明。这篇课文主要写了什么，是怎么写的，弄懂了，搞清了，就行。分析来分析去，哪有这么多话要说。至于有的老师要对某位作者或某篇课文作深入的专题研究，则另当别论。20世纪80年代，张志公先生在南京给中学语文老师做报告时曾说，一年内对鲁迅的同一篇文章做解读的有20多篇，对朱自清同一篇文章的分析也有10余篇。他不无调侃地说："如果鲁迅、朱自清地下有知，心里一定很难过，他们会说，我的文章就这么难懂，要这么多人来分析？"这话值得我们深思。

说话、写文章，贵在精要。这需要每位老师尤其是语文老师加强修炼。我虽年过古稀，仍愿与广大老师一道，在语言运用上多下功夫，在轻松自然、毫不做作的状态下，首先做到通顺、简明。

2018年元月10日

30. 坚守语文教育朴素的道理

　　新版部编语文教材总主编、北大语文教育研究所所长温儒敏教授，关注语文基础教育 10 余年。前不久，他就基础教育阶段的语文教学接受了记者的专访。

　　在谈及阅读教学时，他指出：老师们太注重一篇篇课文的精读，花大量时间分析文章的主题思想、段落大意、掌握生词，等等。这很必要，但不够。他说，除了精读，还有泛读、跳读、拆读，这些方法都是必备的，新教材都有涉及。步入社会后，人们会发现，日常生活、工作中往往要面对海量的信息，要从一篇篇与一段段文章中进行分析、判断和筛选，然后找到对自己有用的那部分信息。而精读很累，累了就没有阅读面了。如果允许学生有一部分书籍和文章是精读的，更多的是泛读和课外的自由阅读，这样学生就有兴趣了。有了阅读面，再经过老师点拨，就容易提高了。

　　温教授从阅读教学与社会生活需要结合的角度，为我们提供了现实思路。在日常教学中，绝大部分老师几乎每篇课文都搞精读，这固然对学生鉴赏和审美能力的提高有一定作用，但耗时太多，既丧失了阅读面，也容易因千篇一律的分析方法而让学生感到枯燥乏味。宜将每册教材中的课文进行分类，只对少数经典文章搞精读，而且即使精读也无需面面俱到，一篇突出一点即可，或体味作者的丰富情感，或欣赏作品的语言艺术，或探究文章的独特构思；其他文章可泛读、跳读。省下的时间让学生多读文章，多作思考，多进行交流。这样做的效果可能比以往的模式教学要好。

　　在谈到作文教学时，温教授说，相当一部分老师在教学生作文时，常常关注的是篇章结构、字句的优美，让学生花心思把文章写"漂亮"，却忽视了写作文究竟是为了什么。他认为，写作其实是一种思维训练的过程。要让学生在写作过程中学会观察、审美和表达，使形象思维和逻辑思维得到训练，让脑子变"活"。

　　上述这段话虽然只有几句，但内涵很丰富。首先，他对只重方法、一味要求学生写"漂亮"文章的做法，提出了批评；其次，他为学生的作文训练提出了总的思路。眼下，多数老师的作文教学的确不能令人满意：不少老师不太重视作文教学，觉得再怎么指导也提高不了几分；另一些老师虽然认识到作文教学的意义，却不会指导，至少是指导不甚得法。要让学生脑子变"活"，我们不妨从下列三方面做些努力。

第一，命题要活。出题目要从现实生活和学生需求出发，按叶圣陶的话，就是要把题目"出到学生心里去"，让学生对题目有兴趣，愿意写。近几年，有些老师尤其是参与出高考模拟题的老师，往往照搬某些省市高考命题的路子，随意找一句或几句名人名言，让学生写篇文章。长此下去，作文题就成了数学上的"证明题"，只要能证明这句名言有道理就行了。我主张出"情境题"，设计一个来自生活的具体情境，让学生联系实际，运用联想或想象，多方位思考，然后写出自己真切的感悟。

第二，训练要活。不能总是在"结构要严谨、语言要优美"上兜圈子，要允许学生有多种选择。真正的好文章都是灵动的，而并非只是"漂亮"。使学生思想活跃起来是最重要的。要鼓励学生有自己的独立见解和新颖的构思。

第三，讲评要活。满足于读几篇好作文，是懒惰的做法。我以前也是这么做的，后来改了。我组织学生对选评的作文展开对话，让学生在不同评价的"交锋"中碰撞出思想火花，进而领悟该怎么观察事物、怎么展开说理、怎么进行表达。

以上做法需要老师事先认真准备、精心设计。关键是老师自己要会写文章。遗憾的是，许多语文老师很少写文章，甚至从来不写文章（除非为了评职称写论文）。20多年前，苏州中学的闵文老师出了本书，收录了他写的"下水作文"200多篇，惊叹之余，我很受感动。他为学生树立了一个好榜样。我也多次把自己写的短文让学生看、评，学生颇感兴趣。这有助于师生在相互交流中共同提高。建议老师们都来写点"下水作文"，一学期写两篇是完全可以做到的。自己"下水"了，就知道作文的甘苦，对学生的指导就会具体。

记者对温教授专访的标题是《语文教育那些朴素的道理》。温教授有关语文教育的文章我都读过，他所说的确实都是"朴素的道理"，很值得我们经常温习。朴素是返璞归真，是尊重规律，是实事求是。其实，基础教育并不那么复杂，倒是有些专家玩弄"理念"，把一些基本的、常识性的东西搞得玄虚而复杂了。

多年前有个广告词很经典："能把复杂的东西简单化，聪明；把简单的事情复杂化，愚蠢。"我们还是坚守"朴素的道理"为好。

2018 年 1 月 30 日

31. 鼓励学生进步

　　有人来办公室找我，说是新高一学生的家长，姓甘。他是我的学生，我都记不得了，很不好意思。他在为女儿能考进母校而高兴的同时，说起了一些往事。有两类事给他的印象很深：一是我上课，二是我对学生的奖励。他说："那时候，你每节课都要说的'闲话'是用十几分钟讲你遇到的一些事情，或是对社会上某件事发表看法。开始时，我不知道老师为什么要这样，后来慢慢体会到，你是让我们学语文不要脱离社会生活。还有一点，每次考试后，你都要鼓励一些学生，送一本书或一个本子，上面题上字。你奖给我的那个本子，现在还保存着呢。"我真要谢谢他。

　　说到奖励，我确实坚持了将近 10 年。期中、期末各一次。85 分以上的发"语文学习优秀奖"；虽然只考了七十几分，但比上次有提高，就发"语文学习进步奖"；虽然总分不高，但作文写得很好，就发"作文优胜奖"。每次都有十二三人能拿到奖品。奖品是用我的稿费买的，花钱不多，但对学生的鼓励却不小。记得有一次我给一名运动员发"语文学习进步奖"，上一次他只考了 60 多分，这次突破了 70 分，他没想到能获奖。上台领奖时，他向我深鞠一躬，下面的同学给他鼓掌。我和他都很激动。发奖不是目的，主要是为了激励学生热爱语文，不断进步。

2018 年 8 月

32. 努力学做于漪那样的老师

前不久，我写了篇题为《教师的优秀来自长期实践的积累》的文章，其中提到李镇西、黄厚江，他俩都是我学习的榜样。其实，他们二人都曾得益于上海的于漪老师。我执教中学语文 51 年，在教育理念上始终遵循叶圣陶先生的教诲，在教学实践上则深受于漪老师的影响。我在江苏省叶圣陶研究会第三届理事会上说，要学习叶老的"道德文章"。学习于漪老师，也是这两个方面。

高尚的人品

我跟于漪老师只见过一次，那是 20 世纪 90 年代末。当时，她应邀来南京参加中学语文教研活动。在会上，她讲了约半小时的话，没有讲稿，没有大话，联系教学，实话实说，十分亲切。会议间隙，我与南师附中许祖云老师陪她在南师大校园散步。很荣幸，我与于老师在中国近代教育家吴贻芳塑像前合了影。2003 年，我托人把我的《求真学步集》送给她。友人回来说，于老师收到书后说："请转告我对喻老师的谢意。"这体现了她对晚辈的关爱。

提到于老师，上海教育界的人都真心称赞她。她在任上海人大常委期间，曾多次呼吁要重视教育，要改善教师待遇和工作环境，很得人心。

有件事至今让我感动。那一年，我赴南昌参加三省 18 校语文年会，当地一位教研员很有感慨地跟我说起了于老师。江西曾请于老师与另一位著名特级教师去南昌讲学。那位老师通过自己的经纪人收取了不低的讲课费，还顺便推销了自己的书。于老师拒绝收费，她说："江西这地方比较苦，我来讲课是尽义务，是为了交流。"第二天，当地教研部门要用小车送她去机场，她说："不用，我可以乘公交。"考虑到于老师年纪不小了，身体也不是很好，就"强迫"她坐小车。到了机场下车时，她再三对驾驶员说："辛苦你了，谢谢，谢谢！"而那一位比于老师走得早些，也是这位司机送他去机场的。他下车后对司机半句感谢的话也没有。那位教研员说："人跟人就是不同啊，于老师人真好!"

1999 年,我去天津参加了全国中语会第七届年会。当晚,我在住宿地拜访了全国中语会副会长、上海著名特级教师陈钟梁。因为我与陈老师有过多次交往,十分熟悉,所以见面后无所不谈。他告诉我,于漪老师这次没来,但托他把一封信转交给大会。于老师关照他,有人可能会在学会内争地位、争头衔,你都不要管,你只要认真把发言准备好就行。她那封信的最后不像通常那样"祝大会圆满成功",而是"祝大会集思广益"。这体现了她对学术自由的追求和广纳众智的胸襟。

我们江苏去上海拜访过于老师的中语界的人不少,都说于老师待人谦和、平易近人。有一度,于老师心脏不舒服,身体虚弱,但只要有人上门,她仍支撑病体,热情接待。去过的人都说,她从不教训别人,总是认真听取对方意见,共同探讨实际问题。

她的这些美德,她的优良人品,永远是我学习的榜样。

深刻的论述

于漪老师公开发表在语文报刊上的文章我都认真读过。她的文章,既观点鲜明,又不走极端;既有理论高度,又有实践佐证;实事求是,不说空话,语言朴实,读之亲切。给我印象特别深刻的有以下几点。

1. 学习语文是对民族文化的认同

在《语文的尊严》一书中,于老师说:"语言文字是民族文化的地质层,积淀了中华文化的精粹。教学生学习语文,也就是用人类的精神文明,用中华文化的乳汁哺育他们成长。"在她看来,学习语文,归根到底是个文化认同问题。学好语文,就是继承中华优秀文化传统,就是对伟大中华民族的自信。从这个意义上说,钟情语文,就是热爱中华。于老师从增强民族自信的角度来看待语文,从而激发学生学好语文的自觉性,这对我们每一位语文老师都是深刻的教育。

2. 对人文性与工具性关系的正确定位

对语文的人文性与工具性关系的认识,长期以来众说纷纭,摇摆不定,弄得一线教师无所适从。于老师却把它说得很辩证,又很通俗。她说:"语言文字是'体',人文内涵是'魂',二者融为一体,'魂'要附'体','体'中有'魂',硬要剥离开来,语言文字就变成僵死的符号,'魂'就无处安身。只是'训练'与'实用',就不能适应培养语文素养的要求。至于脱离语言文字,空讲内容,无限拓展、延伸,不是对人文的误解,就是故作高深,那还是什么语文课!"她强调说:"语文就是语文,自己一定要有主心骨,不要今天东风,明天西风,东南西北风随风倒,搞得自己晕头转向。"这些话,既纠正了对两者关系的认识误区,也给实际操作指明了途径,真是至理名言呀。

3. 始终重视教师的自我修养

于老师长期从事语文教学，又结合实践进行深入研究，劳作不辍，不断前行。她之所以受到基础教育界的广泛好评，跟她的自我修炼密切相关。

先说她怎样要求自己。她在《岁月如歌》一书中说："不断敲打自己，不断反思、改进，力求有自己的独立见解。""不追风，不沽名钓誉，不乱提口号，不拾人牙慧壮自己的声势，坚持教书育人的方向，在培养与提高学生理解与使用祖国语言文字能力的过程中，撒播做人的良种，熏陶感染，春风化雨"。她还说，要"一辈子做教师，一辈子学做教师"。她的四"不"一"坚持"，展示了她独特的行事风格，她的两个"一辈子"，则彰显了她谦虚好学的真诚态度。

再看她怎样对待他人。这里的"他人"是指语文界的同行。于老师在"加强思想修养，检点自己的一言一行"的同时，要求自己努力做到"待人以心见心，处事开诚布公"。她主张，在教学研究中，在学术交流时，充分尊重对方，尤其是尊重与自己意见不同的人。她说："尊重别人，平等地讨论，才能真正提高'论'的内涵、'论'的质量，使大家心悦诚服，深受其益。"这种以心见心的平等意识，使她赢得了良好的声誉。

于漪老师人品高尚，成果卓著，是当之无愧的语文教育大家。做老师就要做于漪那样的老师。我们要学习她坚持实践的务实作风、实事求是的研究态度、严于律己的做人原则、终身探索的科学精神，即使我们达不到她的高度，至少也要像她那样经常"敲打自己""不断反思、改进"，做一个问心无愧、受人欢迎的好老师。

2018 年 12 月 2 日

33. 不重视语言训练不行

据"中国青年报"社会调查中心对 2002 名受访者所作的一项调查显示，76.5% 的人感觉自己的语言越来越贫乏，表现是基本不会说诗句（61.9%）、不会用复杂的修辞（57.6%）。

当下，年轻人日益倾向于使用网络用语来表达思想感情，有时甚至不再需要用文字来描述。比如看到美景，就把它拍下来，不会去思考怎么创造新的表达方式。夸人，习惯于一套固定句式，或用很夸张的语气词，有时只是简单地给对方发个点赞的表情包。汉语中许多丰富的词汇被简化了，遇到好笑的事只会"哈哈哈"。

75.2% 的受访者建议年轻人独立思考，训练自己的语言逻辑。59.7% 的受访者建议创造鼓励多元表达的平台和氛围，57.1% 的受访者建议多读经典，提高个人文化水平。

南师大文学院副教授张鹏认为，语言贫乏不能单单归咎于网络社会的发展，我们的母语教育里就没有系统的口语培训。怎么说，在整个中小学教育中是缺失的。掌握熟练而容易被理解的话语体系，才是第一步。他呼吁中小学开设母语口语课程，让年轻人做到所思即所说。

张教授的呼吁很正确，也很及时。作为一名中学语文教师，近些年来我也一直在思考这个问题。

必须承认，网络语言是科技发展的必然产物，它对汉语的发展有一定促进，有些网络词语的活泼、幽默，也增强了语言表达的活力和时代气息；不过，它缺乏文化内涵的弱点是显而易见的。

据我观察，眼下人们的语言贫乏有如下表现：①掌握的词汇太少，既缺色彩，也不生动，没有变化，表达单调。②滥用一些不必要的词，一段话中不知用了多少次"然后"或"后来"。③不会根据特定的情境去恰如其分的表达，用词造句不得体。

说到"得体"，且看两个小故事。

一个失明的男孩，坐在街边的角落里，脚边放了一项小帽，手里举了一块纸牌，上面写着："我的眼睛看不见，请帮帮我！"路人似乎忽略了这孩子的存在，只偶尔有人在他的小帽里投下几枚硬币。不久，一女人路过，先在孩子手里放了几枚硬币，然后拿过牌子，在上面写了些字，便走了。很快，孩子的帽子里装满了钱币，越来越多的人愿意给他钱。下午那女人又路过此处，孩子听出了她的声音，便问："你就是上午来过的人吗？请问，你在纸上写了些什么？"她说："我只是改变了一下表达方式，其实跟你原先的内容一样。我写的是'今天是美好的一天，可我看不见'。"这使人感觉到，能亲眼见到这美好的世界，是件多么幸运的事，而这盲孩却享受不到，真是可怜。人们的同情心油然而生，捐钱的善举也就随之而至。

一位黑人出租车司机载了一对白人母子。孩子问妈妈："为什么司机伯伯的皮肤和我们不一样？"母亲笑着回答："上帝为了让世界缤纷多彩，创造了不同颜色的人。"到了目的地，黑人司机坚决不收钱。他说："小时候，我也曾问过母亲同样的问题，但母亲说，我们是黑人，注定低人一等。如果她换成你的回答，今天我可能是另外一个我。"

两个小故事告诉我：不同的语言表达产生不同的效果。善意语言能温暖人，激励人，甚至成就人。这就是语言的力量。这就是文化。当然，要取得这样的效果，绝非一日之功，需要经过长期的语言训练。

由此我想到日常的语文教学。目前，我们对内容的分析太多，语言训练偏少。要知道，语文教学的核心任务，是要让学生能正确地理解并运用语言文字。我们缺乏专项的语言训练，以至于学生的口语表达水平不能尽如人意。

回顾自己的教学，不少课没有上好，但在语言训练方面，我还是尽了力的，有一定成效的。我的主要做法是：

（1）帮学生积累词汇。每教完一篇课文，都要求学生抄写课文中的一些词语，每个词抄三遍，到高三也不例外。每次早读，或听写25个成语，或默写10条古诗文名句，从不间断，直至毕业。

（2）富有感情地朗读。朗读的对象，一是所教课文，二是学生作文。尽量读出抑扬顿挫，读出喜怒哀乐，让学生体味到语言文字是带感情的，是有温度的。

（3）开设口语训练课。每周用一节课搞演讲或辩论，以前者为主，每节课6至8人，按照学号，轮流上台。演讲要求：中心明确，用词恰当，句子连贯，举止文明。

口语训练分三步走：首先，让学生敢于表达，即敢于面对众人说话，想怎么说就怎么说；其次，让学生明确地表达，即有条理地讲清每句话，使人听得明白；最后，让学生优美地表达，即说的话既生动，又有文采。做到第一步并不太难，做到第二步就有一定难度了，而要做到第三步是最难的。拿第二步的"明确地表达"来说，既要每句话意思明确、句与句的衔接符合逻辑，还得既说得"明"又说得"简"，这就不容易了。经过两年半的训练，第一步学生100%做到了，第二步70%左右的学生做到了，能做到第三步的不足10%。

我想强调一下表达的"简明"。现今社会上不少人说起话来海阔天空，漫无边际，随心所欲，没有中心。这既消耗了说话者本身的精力，更浪费了听者宝贵的时间。古人多主张"文贵简"。清代刘大在《论文偶记》中说："凡文笔老则简，意真则简，辞切则简，理当则简……简为文章尽境。"简明，是写文章的最高境界。所以，我要求学生尽量避免重复啰唆、言不及义，提倡能用一句话说清的决不拖成两句。

要学生表达得好，教师要率先示范。我对自己的教学用语有两个要求：一是规范，二是简明。学生难以理解的话不说，前人已说得很明白的话不说，可说可不说的话不说，只说本节课该说而自己能说清的话。要知道，我是花了15年左右的时间，逐步纠正了东拉西扯、卖弄"学问"的毛病，才做到上述两点。

其实，语言训练的重要，每位语文老师都知道，问题是不少人未能认真去实践，或者练了一阵便半途而废。眼下，除了考前要求学生突击背诵古诗文名句外，平时的语言表达训练很少有人重视。我诚恳地建议每位语文老师适当减少头绪，回归常识，狠抓基础，从学生实际和社会需要出发，认认真真在培养学生的语言表达能力上多下点功夫。同时希望高等师范院校在学生毕业前把好语言表达关，使每个师范生不仅能讲普通话，还能有较好的语言修养。

2019 年 4 月 7-8 日

34. 在生活中学语文

　　语文是什么？是语言文字。学语文，就是学会正确使用语言文字。除了课堂上在老师指导下学课文、写作文，课外其实是学习语文的广阔天地。语文学得好不好，不能光看考试分数，还要看能不能在生活中派上用场，看听、说、读、写的能力强不强。书当然要读，而且要多读、认真读，以增长知识，提高修养；但光读书不行。古人说：读万卷书、行万里路。"行路"就是实践，就是运用，就是解决问题。"读"与"行"结合，语文就真正学好了。

　　语文源自生活。生活中时时处处有语文，所以我们时时处处可以学语文。请看——

　　跟人交谈，看对方讲话是否用词恰当、句意明确，如果对方做到了，而自己做得不如人家，就要向人家学习。

　　听人讲座，看开讲人的用词、造句、语调、节奏和情感的抒发，有没有值得自己学习的地方，或者你能发现他的某些不足，这就有收获。

　　参观展览，通过展品说明，既可学到历史，也可学到文字表达的简明。如果你能用简要的话向人介绍某些展品，那就值得点赞。

　　游览名胜，除了欣赏美景，还可以看到亭台楼阁上的对联，你能认识上面所有的字吗？能懂得它的意思吗？能看出它的字体和艺术风格吗？这里面可大有学问。

　　逛街走巷，看店家的招牌写得怎样，看门前的招聘广告或有关启事句子通不通，有没有错别字，如有错，你怎么改？

　　参加聚会，看各人举止是否文明，用语是否得体，从中也可学到语文。

　　访问友人，看对方礼仪是否合规，讲话是否平等、友善、谦虚，你自己是否对人尊重。这可以在"学做人"中学语文。

　　逢年过节，看望长辈，称呼是否恰当，行为是否礼貌；如果给他写信，如何用好敬辞和谦辞，格式是否符合要求，都要细心考虑。这是在"学习传统文化"中学语文。

医院看病，看导医图是否清晰，看药品说明书是否简明，如能发现其中的不妥之处，说明你语文学得不错。

菜场买菜，看菜名写得对不对，发现错了，你能改对吗？

闲看手机，看网络用语有无不当，如能发现它的粗俗并能加以改正，就可以避免它的负面影响。

还有许多方面，不一一列举。如果你能凭学过的语文知识，在生活中时时在意、处处留心，重视运用，那你的语文就学活了，你的听、说、读、写能力就真正提高了。从这个意义上说，从生活中学语文，比从课本上学语文更能入心，更为实用。不过你得首先练好语文基本功：累积一些常用成语，背诵一些精美的诗文，把字写端正，把话说清楚，把文章写通顺。

在所有学科中，只有语文伴人终生，所以，在生活中学语文，是一辈子的事。

2021 年 11 月 12 日

35. 说两个字：诗与史

　　"诗"与"史"是两个常用字，但它们说的到底是什么意思，平时根本没有去想。近日一查，才知道这两个字的含义值得认真看待。

　　"诗"是什么意思?《说文解字》中说："诗，志也。"那"志"又是什么意思呢?在篆文中，"志"的上半部并不是"士"，而是"之"。"之"是到某处去的意思;下半部分是个"心"，"志"就是心灵要去的地方。心灵要去的地方就是心灵的深处，心灵的深处是真实，是真情。既然诗就是"志"，那么"诗"就是心灵的表达、真情的流露。这是"诗"的本质，也是一切好文章的重要标志——求真实，抒真情。

　　"史"这个字跟古代的史官有关。史官是干什么的? 记录国家大事和帝王的言行举止。史官既责任重大，也承受很大风险。篆文中的"史"字，上半部分是个中，下半部分是一只手，史官执笔记录历史，当然离不开手。那上半部分的"中"是什么意思呢?《说文解字》中说："史，论事者也，中，正也。""中"是中正、公允、客观，坚持秉笔直书。"中"的本质也是：求真实，抒真情。

　　古代有些诗人的诗之所以能够流传千古，正是因为他们的作品反映的是真实的生活，抒发的是真挚的情感。屈原、李白、杜甫、苏轼是他们中杰出的代表。

　　司马迁是秉笔直书的史官。他笔下的历史一直写到他生活的当时。汉武帝虽然对他很恼火，但最终没有杀他。因为汉武帝知道，如果杀了司马迁，那自己就成了听不进谏言的昏君，他不想背负这个骂名。可见，至高无上的封建君主也是怕"史"的。

　　诗是文学，史是历史，文史属社会科学。"诗""史"二字告诉我，搞社会科学的人一定要正直，一定要尊重事实、抒发真情。可在现实生活中，由于主客观等多种原因，不少人，都程度不等地忘记了"诗""史"二字的含义，有些人的文章总捡讨人喜欢的话说，甚至胡编乱造，自欺欺人。最令我忧虑的是，中学生的作文普遍失真，明明是十六七岁的年轻人，却偏要用成年人的口气，说些口气很大的话;有的语句虽美，却见不到真人，听不见心声。要好好对他们讲讲"诗""史"二字的含义。

文字学是中华文化重要的组成部分，内容极其丰富，在它面前，我至今仍是个幼稚的孩童，需要永怀敬畏，从头学起。

2022 年 4 月 16 日

36. 由"我"看到"语文"

安徽优秀语文教师程丽华说："'我'的样子就是语文的样子，'我'的形象关乎语文的形象。"这是中语界前辈陈日亮老师"我即语文"理念在今天的生动再现。（见《语文教学通讯》2022年第5期）说到"我即语文"，往事便一幕幕清晰地浮现在眼前……

在教《最后一课》时，我朗读了全文。在读到韩麦尔先生在黑板上写了"法兰西万岁"时，我眼含泪花，声音哽咽，向学生摆了下右手："孩子们，散学了……"课文读完后，教室里一片寂静，继而响起了热烈的掌声。我定了定神问："你们为什么鼓掌？"学生说："老师读得太好了。"我说："不是我读得好，而是小说写得好，老师被感动了。"此时，我俨然成了韩麦尔先生。在教《雷雨》时，我与学生分角色朗读课文，我演周朴园，学生杨玫演鲁侍萍。我和学生都很投入。读到动情处，杨玫声泪俱下，指着我连声责问。此时，我仿佛真成了周朴园。读完，我为杨玫点赞，并说："我今天发现一个人才，你可以进中央戏剧学院。"教何其芳的诗，我以欢快的心情朗读"生活是多么广阔，生活是海洋，凡有生活的地方，就有快乐和宝藏"。此时，我成了诗人。

跟学生讲"对对子"，我举访问日本时送给对方老校长夫人的对子为例。"懿德若兰，慈颜如佛"，用的全是丽辞。我说，这副对子，既词性相对，又典雅庄重，让学生在"对对子"中体会语文的高贵。在讲文言作品时，我常会就文中某些字作仔细讲解，先写出该字的篆文，然后解释其含义。如"史"字，我对学生说："史"字，上半部是"中"，下半部是"手"，史官用手握笔记事。中，中正，公允。史，就是史官以中正、客观的求实态度写历史。经这一讲，学生兴味盎然，终生难忘。

我在指导学生写作的同时，自己也常写文章。有时，我会在班上纵情朗读自己的小诗或短文。有学生说，此时老师似乎忘记了自己，忘记了是在教室里。前几年，我把自己编印的小册子放到教室里，让学生读、评，拉近了我与学生的距离。

教《琐忆》，在讲到文中的肖像时，我用简笔在黑板上很快画了个鲁迅的侧面头像。有学生说："没想到老师画得这么像。"在教完《阿Q正传》后，我告诉学生，陈白尘先生已将小说改编成话剧。我按江苏省话剧团演出结束前的情景，拿起一支粉笔，把它当作香烟，学鲁迅的样子，左臂按胸，举起右手作吸烟状，然后我缓缓说了一句："阿Q已经死了，但他并没有断子绝孙。"此时，我成了鲁迅。我对学生说："鲁迅并没有说过这句话，是陈白尘先生加的。这句话是什么意思？日本文学界说此话意味深长。请问'意味深长'在哪里？"这引发了学生深深的思考。

由"我"看到"语文"，我就是这么做的，但做得还很不够。不少老师尤其是一些前辈做得都比我好，是我学习的榜样。

教语文，免不了要分析文章，也少不了书面作业，但较长时期以来，空洞的分析和应试的作业偏多，以致越来越多的学生对语文失去了兴趣，直接影响到能力的提高。这应该引起我们每位语文老师的反思。什么叫"由'我'看到'语文'"？就是不忘语文特质，牢记语文本色，注重熏陶、感染、共情，用自己的朗读、自己的书写、自己的讲述、自己的形象，使语文摆脱枯燥、死板而变得生动、可爱。你往那里一站，你就是语文，那就成功了一大半。

2022年6月28日－7月1日

37. 从最基本的抓起

　　有篇谈论"语文学习任务"的文章，引经据典，旁征博引，态度之认真、逻辑之严密，令我敬佩。此类阐述某一概念的文章，对提升一线教师的理论素养，是有帮助的，值得一读。不过，这类文章有个共同的不足：程度不等地脱离教学实际。以上文为例，洋洋近万言，对我来说，真正管用的就一段话："语文学习任务，着眼于语言文字运用，立足于培育学生的语文核心素养，实质是真实情境下的语言文字运用。"

　　我教了51年中学语文，对一线教师的教学状况是很了解的。他们没有时间去研究"语文学习任务"之类的理论问题，他们关心的，是如何上好每天的课：上什么，怎么上，眼下考什么，怎么应对。宏观的纯理论的研究，要有人去做，但那只需极少数人；微观的、操作性的探讨，则是广大一线教师时时要面对的。

　　什么是"语文学习任务"？现状就是学生跟着老师学习一篇篇课文，外加写几篇作文，而学课文基本上是听老师讲解。所谓讲解，就是从各个方面对课文进行分析。近20年来的公开课、竞赛课、观摩课，大都在教师的"讲解"上分高下。几乎所有的开课老师都在事先做了充分的准备，用足脑筋，预设了一些"精巧"的问题，在与学生的"互动"中充分展示自己的"讲解"能力。学生基本上被老师的"问题"牵着鼻子走，牵得巧妙，牵得热闹，就是好课，就受点赞。不过，一节课下来，学生到底学到了什么，会不会独立分析文章，那就难说了。

　　有人做了个统计，截至2020年4月，在知网上能查到的对《老王》这篇课文的解析或教学设计，期刊发表的218篇，会议交流的6篇。其实，《老王》是一篇一看就懂的文章，根本没必要做过多的解析。这让我想起了20世纪80年代张志公先生在南京开讲座时说的话。针对鲁迅、朱自清的同一篇文章有几十篇分析文章，他不无调侃地说："如果鲁迅、朱自清地下有知，他们心里一定很难过，一定会说，我的文章就这么难懂吗？"他认为，一篇课文，弄懂两点就行，一是写的是什么，二是怎么写的。"分析来分析去，哪有那么多话要说！"张老的话至今仍有现实针对性。理论要重视，课标要学习，但脱离了实际，一切都很苍白。

在广大一线老师看来，语文学习任务，就是字词句章，就是听说读写。说得具体一点，就是：增加识字量，补充词汇量，字写得规范，词用得恰当，句造得通顺，话说得明白，有看书读报、查阅资料的习惯。大约是 1991 年吧，当时没有课程标准，只有教学大纲。语文教学大纲中有这么段话："字要规规矩矩地写，话要明明白白地说，课文要仔仔细细地读，作文要认认真真地完成。"你看，要求多么具体、实在！别以为这样的要求低，要真正做到，并不容易。

我认为，上述这些就是语文学习最基本的任务，重点是语言文字的正确运用，对文章的深度理解，对作品进行鉴赏和评价，这是基本任务完成后的提高，或者说，它是基本任务完成后的必然结果。眼下，一提到"语文学习任务"，有过于重视文章解析、轻忽语言训练的倾向。实践提醒我们：基础教育阶段的语文学习，还是应从扎扎实实打好基础做起。

2022 年 8 月 2 日

38. 写作的"放"与"收"

怎样指导学生写作才有效？这是许多语文老师经常思考的问题。因为这个问题涉及写作动机、写作兴趣、写作技巧和老师本人的写作水平等诸多因素，所以很难用几句话做出回答。

平时，多数老师都习惯于在学生动笔之前，从内容到写法，提出各种具体要求。有时，这些要求成了"框框"，成了"套子"，极大束缚了学生写作的自由度。

多年前，一位退休的老同事托人送来一篇他的五年级的孙子写的作文给我看。他对他孙子的语文老师评分提出异议，希望我主持公道。当时的题目是：以"为希望工程捐款"为主题写篇记叙文。他孙子作文的内容是：我在校听了动员回到家中，对着小泥猪（储蓄罐）说："小泥猪啊小泥猪，我要给不能上学的小朋友捐钱，没办法，只好把你砸了。"但真要砸，又不忍心，因为小泥猪已陪了我两年了。小泥猪好像很懂我的心思，露出笑脸对我说："砸吧，我为你的行动感到光荣。"第二天，我高高兴兴把从罐中取出的钱交到了老师手上。

这是篇立意很好，颇有童趣的文章，可老师说写得不好，要重写，并规定开头要写听了校长动员后的想法，要说明为希望工程捐款的意义。这种"指导"就是"套子"，让孩子从小就"务虚"、说大话。按此训练，误人不浅。

写作是需要指导的，但首先要尊重学生的个性，激发他的兴趣，特别是在小学三四年级和初一。学生刚开始练写作时，老师不宜多加限制，写什么，怎么写，全由他自己做主，让他找到"随手写、心情好"的良好感觉；写了若干篇后，发现了问题，再适当加以"干预"，做些有针对性的指导。这就叫先"放"后"收"。

"收"什么，怎么"收"，很有讲究。写人的记叙文，学生所写的如果面目不清，就要启发学生用恰当的形容词描绘人物的外貌，用对话体现人物的性格。写议论文，如发现学生论述层次有点乱，就要对他说明先写什么，后写什么，怎么衔接，怎么过渡，尽量做到言之有序；写散文，如果内容空泛，缺乏感情，就要举例启发他如何既言之有物又言之有情；等等。"收"不是强行灌输，而是让学生在符合年龄特征和相应认知水平的基础上"合规范"。

在"收"了一段时间后，为了防僵化、防套路，要再次"放"，让学生敞开心扉，全方位观察，多角度思考，用自己的语言，写出自己真切的感悟。一放一收，一收一放，让放与收进入良性循环，让学生在"自由写"与"规范写"之间找到动态平衡点，我们的写作指导就算成功了。

要求学生按"套路"写作的做法，应尽快结束。要想使学生写作水平不断有所提高，就要多"放"少"收"，多多尊重学生的写作自主权，让他们对写作始终怀有兴趣、充满热情。

2022 年 8 月 10 日

39. 写作须"求真"

陶行知"千教万教教人求真，千学万学学做真人"的教诲我始终牢记于心，并在以往半个世纪的教育生涯中努力践行。

求真的"真"，可以指真理，也可指真实、真相、真情，等等。就做人而言，有了"真"，才有诚信，才有品位；就办事而言，有了"真"，才有效率，才有质量。"真"是"善"和"美"的基础，是做好一切的底线，所以陶先生这句名言具有永恒的意义。

我说说写作的"真"。

《南方周末》9月29日刊登了对74岁作家梁晓声的专访文章。他说，越写到最后，越愿意"把文学从神坛上往下降格，再降格，挪到和生活最近的位置上"。他认为，"当写作不再为了证明自己的才华比人深刻，只剩下'我要表达'，而且是为他人表达，这个时候我觉得和文学的关系相对纯粹了一些"，如果所写的东西能"影响一两个人，都是作家应该感到欣慰的"。吴俊教授在评价80后作家邹世奇的小说时，说她的作品有"人生无处不在的现实困境，生而为人的真实痛感"。我认为，梁晓声说的"纯粹一些"和吴俊说的"真实的痛感"就是"真"，是真实的人生。

今年的诺贝尔文学奖得主法国作家安妮·埃尔诺表示：一名小说家的天职，就是讲述事实。为生活在平凡中的人诠释真实，才是艺术家的最高命题。面对外界对她的追捧，她说："我觉得自己是女人，一个会写东西的女人，仅此而已。"她的"诠释真实""一个会写东西的女人"，就是"真"，是真实的自我。

我又想起了作家叶兆言。他曾说，他写作是因为喜欢，不想证明什么，所写的东西能"有一点人看"就不错，这也是"真"，是真实的想法。

可当下不少人的写作却多多少少被异化了，功利色彩太浓。成人特别是官员的写作有其复杂性，这里暂且不说，只说中学生的写作。在他们平时的作文中，有时也有真实生活、真实思想的展现，这非常可贵；但在竞赛和应试中，大多数文章基本上陷入了僵化的模式，不能说全部失真，但说套话、大话甚至假话颇多，离真情的表达有相当的距离。这很可悲，但又很无奈，因为这是社会大环境决定的。

有良知的语文老师要真正做到立德树人，就要坚持让学生在"求真"中"学做真人"，使学生所写的文章成为真实事物、真实思想的载体。要完全做到这一点很不容易，但必须坚持，因为这才是真正的教育、真正的写作。

2022 年 11 月 3 日

40. 敬畏优良教育传统

　　近些年，每当看到有些语文教研论文中频繁引用外国教育家名句，我心里就不太爽。似乎这样做就是与时俱进，就是与国际接轨。我决不反对这种引用，但决不应忘了我们的基点。各国教育家的理论都立足于本国国情，各有特点，其中不少原理是相通的，都是人类文明的成果，只有相互借鉴，才能促进教育的科学发展。

　　中国的文字形态、表达方式和教育理念，有其不同于其他任何国家的独特性。中文创造了灿烂的中国古代文明，我们应为此深感自豪，而不用有半点自卑。

　　著名特级教师魏书生作为盘锦市教育局局长，曾要求当地老师牢记"有教无类，因材施教，循序渐进，寓教于乐，学而时习，教学相长，学以致用，持之以恒"，并大声疾呼：敬畏传统，敬畏常识。他是对的。往细里说，中国语文教育还有许多值得继承的好传统。

　　在讲具体问题之前，我们首先来看中国古代先贤对教育的重视。宋代欧阳修说："学校，王政之本也。古者致治之盛衰，视其学之兴废。"明代朱舜水说："敬师劝学，建国之大本；兴贤育才，为政之先务。"两人都提到"本"：教育是立国之本。这种认识是深刻而有远见的。

　　下面说些具体的：

　　关于培养目标。《论语·子路》中说，"君子和而不同"。说的是懂得处世之道。《荀子·非十二子》中说，"不知则问，不能则学，虽能必让，然后为德。"肯学习，有能耐，懂谦让，才能成为有德之才。《礼记·表记》中说，"君子不自夸其事，不自尚其功。"不自夸，不炫耀，这是君子之风。总之，要培养品德高尚的"仁"人"志"士。这是高标准的培养目标。

　　关于教学方法。①激发兴趣。"知之者不如好之者，好之者不如乐之者。"（《论语·雍也》）②符合节奏。"循序而渐进。"（朱熹《读书之要》）③严格要求。"不以规矩，不能成方圆。"（《孟子·离娄上》）④重视启发。"不愤不启，不悱不发。举一隅不以三隅反，则不复也"。（《论语·述而》）⑤强调专心。"锲而不舍，金石可镂。"（《荀子·劝学》）⑥及时巩固。"学而时习之。"（《论语·述而》）⑦复习深化。"温故而知新。"（《论语·为政》）⑧学思结合。"学而不思则罔，思而不学则殆。"（《论语·为政》）⑨注重积累。"不积跬步无以至千里。"（《荀子·劝学》）⑩师生交流。"教学相长。"（《礼记·学记》）

关于治学途径。①注重过程。"博学之，审问之，慎思之，明辨之，笃行之。"（《礼记·中庸》）②相互探讨。"如切如磋，如琢如磨。"（《诗经·卫风》）③学人之长。"他山之石，可以攻玉。"（《诗经·小雅》）④提倡质疑。"读书无疑者须教有疑，有疑，却要无疑，到这里方是长进。"（朱熹《学规类编》）⑤知行合一。"读万卷书，行万里路。"（明代董其昌）

中国语文教育的优良传统，全是常识，是规律。从孔子、孟子、荀子、朱熹到梁启超、蔡元培、叶圣陶、陶行知，都是与外国教育家并肩的大师。《论语》《学记》《劝学》《师说》《颜氏家训》都是价值非凡的教育经典。还有一位明代学者李贽，他的"童心说"（"童心者，真心也。"）是重视物质世界，提倡实事求是、呼唤个性解放的学说，也值得我们好好研究。

从古至今，中国教育名家的话，言简意赅，内涵丰富，很亲切，很温暖，且字数少，容易记。它们是我们民族的宝贵精神遗产，具有永恒的生命力。我期盼一线广大教师敬畏传统，敬畏常识。

学习、继承、弘扬我国的优良教育传统，我们责无旁贷。

2023 年元月

41. 倪老师的课为何"火爆"

第 483 期《环球人物》上对倪文尖语文课的报道，引起了我的兴趣。我不认识倪老师。据介绍，他 1985 年保送到华师大中文系，后读博，师从文学理论家钱谷融先生。他并非中学老师，只是有时借中学的班级上课，"火爆"主要是网上的课。

为什么有大批人（包括语文老师、家长）爱听他的课呢？我依据报道，概括成三条：一是细抠文本，视角新颖；二是语言直白，深入浅出；三是师生互动，重视交流。

我没有听过倪老师的课，无法做出任何评价，但上述三条确实很有道理，值得一议。根据我执教 51 年的实践，参考各地优秀教师的经验，对上述每一条作如下阐述。

第一条：细抠文本，视角新颖。关键是"抠"和"新"。"抠"得准，"抠"得深，就必然"新"。"抠"些什么呢？对课本上、教参中没有注释的一些难懂的词语做出合理的解释，对文中重要句子做出有说服力的新解，对教参中的作者生平、写作背景做出生动的补充，对作品体现的思想感情做出富有人性的分析，对该文的价值能适当联系现实做出带有启发性的评价，等等。说实话，做到其中任何一条都不太容易，这就要求我们在备课时在"抠"字上下功夫、动脑筋。这是把课上得受人欢迎的基础。

第二条：语言直白，深入浅出。"直白"并非"白开水"，而是直截了当，简洁明快。深入浅出，指的是：即使含义深刻的内容也能用浅显的语句来表达，让人一听就懂。同时要讲究表达的方式：要有语调，有时低沉，有时高昂；要有情感；有时欣喜，有时悲愤。总之，要尽量使教学语言有变化，有节奏。

第三条：师生互动，重视交流。教学中没有互动，很容易"死水一潭"，但也不能心血来潮，乱动一气。师生互动包括些什么呢？能根据文本内容及时向学生提出有启发性的问题，能就文本中的某个问题跟学生进行平等的对话，能耐心回答学生对自己提出的问题，能实事求是肯定学生对自己观点的质疑，能有效组织学生对文本中某个重要问题展开辩论并适时做出简要的小结，等等。互动得好，不仅能深化对文本的理解，更能激发学生进一步学好语文的兴趣。

这三条对老师来说，都属基本功。第一要有独立钻研的能力，第二要有讨人喜欢的口才，第三要有与生共情的修养。据我观察，到目前为止，能同时做到这三条的老师很少。不过，话又说回来了，现实中哪有十全十美的老师？有点缺憾是难免的，但我们要努力使自己的能力全面一点，以不负学生的厚望。

倪老师在他的《倪文尖语文课》一书中认为，要能真正自觉地学语文，必须做到三个"虔诚"："对祖国语言文字的虔诚之心，对人文经典的虔诚之心，对人与人之间表达和交流的虔诚之心。"最后一个"虔诚"以往没有人说过，我特别欣赏。

搞教育，特别是语文教育，必须十分重视人与人之间的交流。交流得自然、充分，既活学活用了语言文字，也有利于育人任务的达成，前提是"虔诚"。虔诚，是发自内心，是真切诚恳，不带丝毫被动，不求半点功利。老师与老师之间、老师与学生之间，都应如此。

我们应该对语文的学与教永怀虔诚之心。

2023 年 2 月 7 日

42. 中小学语文教学不能再浪费大量时间了

从 1963 年执教中学语文至今，已整整 60 年了。我为此感到自豪，因为我跟其他学科老师一道，共同培养了一批批合格的毕业生。回想起来，前 30 年，我基本上跟其他老师一样，认真上课，批改作业，评阅试卷，高考前跟学生一块拼搏。接下来的 20 年，做了点局部改革，开始对以往的教学进行反思。最近 10 年，较为系统地思考往日教育存在的问题。这期间，遇到一些过去的学生，谈起语文课，对不住，已记不得了，能给他们留下印象的是：①早读听写词语所积累的成语；②早读默写所记住的古诗文名句；③每周一次的口语训练所形成的口语表达能力；④对某些词句的生动讲解；⑤对某些社会现象的即兴评议。概括起来，一是实用的，如①②③，二是有趣的，如④⑤。对投入大量精力的课文讲解，都烟消云散了；也就是说，我白白浪费了大量时间，也白白浪费了学生的大量时间。想想真寒心，但这是事实，无法否认。

看看眼下的中小学语文教学，仍然没有摆脱以往的做法。

课堂：多数情况下，老师的课文讲解仍少不了背景介绍、词语解释、段落结构、中心思想、写作特点，有时还用电脑打出教学目标、教学步骤等，总之面面俱到，花费了大量心血。在讲解某些词句时，还要分析它的"深刻含义"，深挖它的"丰富内涵"。其实，大多数课文学生完全看得懂，不必分析。

课外：让学生做大量的重复性练习，有一课一练，有补充习题，有配套练习，中考高考前更要面对汹涌的题海。还要学生看中外名著，根本没有时间。我的孙子现在小学三年级，每天作业就不少，什么拼音、组词、抄写、作文，项目繁多。花了大量时间，却越做越没劲。

结果怎么样呢？学生日益对语文学习感到无趣，厌学；老师日益对语文教学感到枯燥，厌教。广大师生自由天性受压抑，语文学习整体水平不理想。再加语文教学还得承担思想教育、道德引领等任务，这就更不堪重负。

到底语文该怎么学、怎么教，我思考了好多年。

我首先想，古人是怎么学语文的？司马迁谁教的？李白、苏东坡谁教的？历代名家又是谁教的？又想到鲁迅、钱钟书以及当代那些学者，又是谁教的？我想，他们的老师肯定先教学生识了许多字，然后主要靠他们自己去读、自己去思、自己去悟，决不会有那么多分析、解读。

　　又想到一些专家的话。1978 年，吕叔湘先生就尖锐批评语文教学的"少慢差费"。他说，从小学到中学毕业，语文花的课时最多，却过不了关，岂非咄咄怪事！这里的"费"指的就是花费的时间太多。1992 年，江苏省教委专门就语文教学的改革发了文，指出语文教学低效的原因之一是"架空分析"多。早在 20 世纪 80 年代中期，张志公先生就说："分析来分析去，哪有那么多话要说？讲清两点就行了，一是写了什么，二是怎么写的。"叶圣陶先生更是明确指出，教是为了达到不需要教。他一贯提倡培养学生的自学能力。

　　经这么一理，我多少清醒了一些。基础教育阶段的语文教学必须考虑社会的实际需求和其自身的规律。"社会的实际需求"是什么？看趋势，初中以后就要分流，一部分上普高，一部分上职高；上了大学，进综合性大学的是少数，相当一部分要进职业大学；大学毕业后，多数人是谋个职业，只有少数人从事科学研究。"语文教学自身的规律"是什么？简单地说，就是语文在各个年龄段要解决什么问题。语文有广义和狭义之分。广义的语文包括文字、文章、文学、文化，很长时间被称为"大语文"。狭义的语文专指语言文字，语文教学的主要任务就是解决好"语言文字的学习与运用"。基础教育是面向全体学生的教育，是打基础的教育。基础教育阶段的语文教学就是要练好"语言文字学习与运用"的基本功，文学熏陶、艺术鉴赏可以有一点，但不宜多，它是大学中文系的任务。一搞"熏陶""鉴赏"，话就多了，就没边了，这很容易冲淡基本知识的学习、基本技能的掌握，因为就那么点课时。这就需要去繁就简，保证重点。具体说，能认得并能正确书写常用字，能有一定数量的词语积累，能记住一些文化常识，能读懂常见的各类文章，能用通顺的语言写作记叙文、议论文和常见的应用文，能用文明的语言跟人正常交流，有一定的自学习惯。做到这些就很不错，总的目标是：放宽要求，降低难度，讲求实效。

　　我对高中语文教学的粗线条设想是：基本上靠自学，大幅度减少空泛的分析，代之以"看书—提问—讨论"。看书：当堂看课文，边看边思。提问：学生就课文中不懂的向老师提问，老师向学生提问，学生对老师解答的质疑。讨论：学生与学生的讨论，师生共同的讨论。能达成共识，很好；一时统一不了，存疑。这会节省大量的时间。节省下来的时间干什么？或用来看课文以外的各类文章，或用来进行读书心得交流。考试怎么考：文科只考两项，一段古文的断句、翻译，一篇作文。理科也只考两项：一段现代文的要点分析，一篇作文。

以上是我的主观设想，目的是让中小学语文教学回归本真，使师生都轻松一点、自由一点，能有较多的时间去自主学习、自行思考，永葆求知的兴趣和活力，而不至于像现在这样学得苦、活得累。有人说，眼下的孩子不是输在起跑线上，而是还没跑就已累倒在起跑线上。此种情况该尽快让它结束。

归纳一下，我想说的是：以往的中小学语文教学，尤其是高中语文教学，浪费了太多的时间，消耗了太多的生命，我们务必从基础教育的规律出发，认真练好"语言文字学习与运用"的基本功，不要在课文分析上显能耐，而应在培养自学能力上下功夫，把浪费掉的大量时间还给学生和老师，让学与教都生动活泼、切实有用。

一孔之见，欢迎指正，更希望大家来共同讨论。

2023 年 3 月 29-30 日

43. 讲清字词句是语文教师的一项基本功

从高中开始，我就喜欢文字学。大学三年级时，我特地买了本线装本的《文字蒙求》。当上语文老师后，多次对一些字词进行拆解。现在退休在家，仍时不时会对有些词语琢磨一番，总觉乐趣无穷。

先说字词。

有人说，整部《易经》可用三个字概括：上、止、正。上，左边加一竖，是"止"，"止"上面加一横，是"正"。三个字有何含义？上，上进。做人，当志存高远，永怀一颗上进之心，不断前行。止，知止。做人既要有奋发的勇气，更要有适可而止的智慧，该上则上，该止则止，把握分寸，能成大业。正，守正。做人要顶天立地，持中守正，只有端正人品，方能行稳致远。上为进，止为退，正为守，能进能退能守，这是人生最高境界。

中国文字中有许多同音字、多音字，恰当运用，能使表达丰富，掌握不准，则会出现差错，甚至闹出笑话。举例说明如下。有句话叫"狠毒莫过妇人心"，意思是，没有比妇人心狠毒的。其实，"妇人"应是"负人"。负，辜负。没有比辜负别人信任的人更狠毒的了。还有句话叫"女子无才便是德"，句中的"便"应是"辩"。辩，辨别是非。一个女孩子，即使没有读过多少书，没有多大才干，但只要能辨别是非，也不失为一种美德。遭误解最多的是"人不为己，天诛地灭"这句。"为"是个多音字，可读 wèi，为了，也可读 wéi，行为。此处应读 wéi，一个人如果不懂得不断修为自己、提高自己，那迟早要被天诛地灭。全句意在强调每个人都要加强自我修养。

再说词句。

我们在说话或写文章时，定会引用名言、警句，这是常见的说理方法之一，但引用一定要完整、准确，如果掐头去尾，断章取义，那就会影响正确的表达。

近几年，人们常说"不忘初心，方得始终"，却不知后面还有"初心易得，始终难求"，重点在后一句，强调坚持，如不能坚守，"初心"极易丢失。人们只知"腹有诗书气自华"，不知前面还有"粗缯大布裹生涯"一句。说的是，虽然生活简朴，但气度非凡，为什么呢？因为读的诗书多。大家只知"一寸光阴一寸金"，不知前面还有"读书不觉春已深"。合起来的意思是，只要专心读书，每一寸光阴都会有"金"贵的收获。不要忘记"天涯何处无芳草"的前面还有"枝上柳绵吹又少"一句。

最糟糕的是，因断章取义而曲解了原意。我们常说"三思而后行"，强调"三思"之重要，似乎"思"得越多越好。其实，后面还有"再，斯可矣。"这是《论语》里孔子为纠正季文子的"三思而行"所说的话。再，再次，两次。斯，这，就。可，可以，行。连起来的意思是，作两次思考就可以了。想得太多，左顾右盼，犹豫不决，当断不断，坐失良机，难成大事。不少人都经常用"吾生也有涯而知也无涯"来勉励自己努力学习，殊不知它还有下文："以有涯随无涯，殆矣。"意思是，用有限的生命去追求无限的知识，是危险的。说此话的庄子是要告诉人们，努力求知无可非议，但生命有限，生命宝贵，不必为求知而去拼命，学多少是多少，就可以了。

上面说到"三思后行"，顺便说一下什么是"三思"。三思指：居安思危，欲进思退，欲通思变。这三点类似上文所说的"上、止、正"，是一个人在不同境遇下做人的准则，是一种实事求是的人生态度。

多年前，一位20世纪70年代末毕业的学生对我说："你在一堂课上在黑板上写了'心情愉快'四个字，告诉我们，除'心'学外，其余三字都是竖心旁，都跟"心"有关，心态好，什么都好，就很愉快。"没想到，讲四个字竟给学生留下了深刻印象。这也是在"说字词"。抠字眼，讲词义，说道理，这对语文老师来说，是一项基本功，轻忽不得。

字词里有生命，字词中含感情，这是中国文字独特魅力之所在。广大一线老师应在运用现代化教育手段的同时，守护好我们优良的文化传统。

2023 年 3 月 21 日

44. 语文教学做自己该做的事

——读王俊鸣老师文章有感（一）

近日，把《语文教学通讯》上王俊鸣老师《追求语文教学科学化》一文读了两遍，很受启发，其中许多话"于我心有戚戚焉"。

王俊鸣老师，今年82岁了。他1967年毕业于北大中文系，做过记者，后在丰台二中教语文，最后转到北京十二中，直至退休。通过长期的艰苦探索与实践，他创造了既有个性又有普遍价值的系统的语文教学认识体系和操作体系，为中学语文教学改革做出了重大贡献。

很长一段时间以来，对语文学科的定位始终摇摆不定、争论不休，弄得一线教师无所适从。不解决好学科的定位，就谈不上教学的效率。要给语文学科定位，首先要给教育定位，明确教师是干什么的。

王老师对把教师比作蜡烛、园丁、灵魂工程师等说法提出了批评。把教师比作蜡烛，牺牲精神虽然悲壮，却不利于教师的成长，为什么非得烧毁自己呢？园丁通过修剪，使花园整齐划一，给人一种"整饬美"，而我们要培养学生健康的个性，应体现"参差之美"。工程师，借用的是建筑名头。我们不能像对待建筑那样对待学生，每个学生都是独立的生命。王老师还指出，教师也不是演员、导演。不少教师遇到公开课、大奖赛，既把自己变成了演员，也把学生教成了演员。这种表演看上去热闹有趣，但不过是忽悠人的把戏，对培养学生纯真的心灵是有害的。那教师是干什么的呢？这用得上陶行知先生的一句话：教师应与学生合作，创造出彼此崇拜的人。教师应跟学生相互尊重，一道学习，共同发展。

教师的根本使命是"教书育人"。要"教书"，自己得读书，终身读书，认真读书。要"育人"，首先要"爱人"，热爱每一个学生，呵护每一个学生；其次要"敬业"，对待工作一丝不苟、精益求精；再次要"创新"，要在实践中不断思考，不靠老本，不吃剩饭，既要总结可行的新教法，也要在理论上有所探索。

明确了上述一切，我们可以来谈语文学科的定位了。对语文学科，一会儿强调"工其性"，一会儿重视"人文性"，一会儿两者"统一"。近几年又说什么"民族性""综合性""实践性"。语文学科到底干什么，至今迷茫。王俊鸣老师抛开这些"性"，明确指出："语文，说的就是'听话说话读书作文'这件事，语文课就是教学生'听话说话读书作文'的课程。"总之，就是解决"语言文字的学习与运用"的问题，具体说，就是听、说、读、写。语文学科作为诸多学科中的一科，它只承担自己能承担的任务。当下，对语文学科定位不准确的突出表现之一是："以宏大而庞杂的目标掩盖了学科自身最重要的价值追求。"现在，王老师把这个问题说清楚了，语文学科最重要的任务，就是紧紧抓住"读书作文"四个字，通过具体的训练，为学生今后的学习、工作、成才打下扎实的基础。定位准确了，教学就正常了，效率自然也就提高了。

2023 年 4 月 15 日

45. 语文课堂教学应培养学生"自能读书"能力
——读王俊鸣老师文章有感（二）

　　北京十二中王俊鸣老师对语文课堂教学的认识与实践，很实事求是，十分管用，其核心是让学生"自能读书，自能作文"。

　　1961年，叶圣陶先生就提出，语文教学的最终目的是："学生自能读书，不待老师讲；自能作文，不待老师改。老师之训练必须做到此两点，乃为教学之成功。""自能"的"自"就是强调学习的自主性。不过，中学生的自主学习应在老师主导下进行，逐步养成自主的兴趣、自主的习惯、自主的能力，为日后步入社会时真正的自主学习打好基础。

　　为实现上述目标，王老师的做法是，根据学生的学习心理规律，施行"五子"方针：选例子，指路子，做样子，给场子，挂牌子。

　　选例子：是灵活选用教材，或从课本中择取，或选其他材料作为补充。指路子：是给学生指引方向，引导学生去认识规律，并按规律去进行思考。做样子：是教师就如何分析文章，说自己的真切体会，使学生受到启发，学到方法。给场子：是让学生按老师做的样子去练一练，老师在学生上场练的过程中进行观察、激发、点拨。挂牌子：是讲评，要指出学生不足，不能迁就谬误，但更多的是表扬、鼓励，多挂"金牌""银牌"，以增强学生自主学习的信心。

　　前三点，主要体现老师的主导作用，后两点是给学生动脑动手进行训练的时间。在此过程中，老师要创造条件，使每个学生都有机会展示自己的个性，表达自己的想法。

　　对照王老师的做法，我们有较大差距，表现形态大致有两类：一，仍是满堂灌，老师习惯于甚至陶醉于洋洋洒洒的空泛分析；二，基本上不管，让学生满堂讨论。必须明白，要真正培养学生"自能读书"的能力，必须坚持老师主导下的反复训练。

　　那么，什么样的课算是好课呢？王老师的标准是"四实"：一是忠实，就是要突

三、谈谈语文 ⋯⋯⋯⋯⋯⋯ 289

出让学生"读书作文"这个重点，不旁逸斜出。二是充实，课的内容要丰富、有内涵，有一定的深度、广度。三是扎实，一堂课能实实在在地让大多数学生有所体会、有所收获，而不是表面的热闹，更不是老师的个人表演。四是朴实，指导学生读书踏踏实实，辅导学生作文老老实实，不搞花架子，去除浮躁气。总之，始终强调一个"实"字。

我想特别提一下语言文字的讲解。王老师说："文字，特别是汉字，是一种很精致的表意符号，它表情达意、塑造形象都是间接的，要接受它，有赖于读者大脑的转换。"要完成这一"转换"，就需要老师作恰当的讲解。课文中有些字词一看就懂，有些有注释，而有些字词既无注释也不好懂，这就得由老师来讲。遗憾的是，现在不少老师没有能力或不善于讲解这些字词，而是脱离语言文字拼命地分析来分析去，以致浪费了大量的时间。不重视语言文字，还是语文吗？还能体现它不同于其他学科的独特性吗？

王老师长期在一线执教，又能在实践基础上作深入思考，这是他取得成功的根本原因。他的经验告诉我：不重实践，只发空论，一事无成；定位恰当的长期实践，永远是取得教学实效的基石。

2023 年 4 月 16 日

46. 作文有法而不死于法

——读王俊鸣老师文章有感（三）

时至今日，仍有很多学生怕写作文，或写不好作文。这与不少老师不会指导作文或不善于指导作文有很大关系。首先对作文教学的认识有偏颇，总认为阅读教学是正道，而作文教学只是"附带"，一学期叫学生写几篇作文，收上来打个分数，再挑几篇讲评一下，就算了事。我执教的头二十年也是如此。后来我对指导方法作了些改进，也写了不少文章，自以为很有收获。读了王俊鸣老师的文章，才发现自己远不如人家。

王老师的作文教学好在哪里呢？他讲了五点，概述如下。一是注重积累，引导学生重视现实生活的积累、文化知识的积累、思维能力训练的积累。二是磨炼思维，对学生进行辩证思维的训练，指导学生抓住要点、比较异同、推断因果、引申事理、想象联想。三是注入感情，教育学生用自己的语言去写，带着真情去写，不抄别人现成的话，尤其不用连自己并不理解的"花言巧语"。四是遵循规范，要学生搞清文体与语体，教育学生根据需要，使作文符合规范。五是借鉴成法，措辞有辞法，布局有笔法，成篇有章法，为避免作文"千人一面"，王老师有法而不死于法，很注意变通。

应试作文怎样指导？王老师也很有办法。第一，要学生心理转换，从"要我写"变成"我要写"，就是把作文考题纳入自己的见闻范围中来，在此范围内寻找符合题目要求的、自己最有体会最动感情的话题和材料。第二，要学生树立读者意识，明确自己的文章是给"读者"看的，怎么尽可能让"读者"喜欢。第三，要学生懂得"一材多用"。同一材料，既可用来显示某种精神，也可用来论证某个特定观点，或用来彰显某种价值，总之，要学会灵活运用同一材料。

上述这一切都离不开基本功。王老师说，作文"得会写字，会用词，会造句，会安排篇章"，以达到"表达思想，抒发感情"的目的。这就是说，他十分重视语言文字的实际运用。

王老师作文教学给我的启发是多方面的，针对当下现状，我说三点：①必须给作文教学应有的地位。决不能把它看作是阅读教学的"附庸"，应努力做到有具体计划，有课时保证。②应明确作文的评判标准。要提倡学生写有个性、有思想、文通字顺，情真意切的作文，摒弃矫揉造作、卖弄辞藻的虚空"美文"。③老师要写点"下水作文"。叶老说："教师善读善写，深知甘苦，左右逢源，则为学生引路，可以事半功倍。"教师自己从不写文章，却对学生说要这样写那样写，既缺乏针对性，也说不到点子上。现在的老师确实很忙，但一学期写两三篇"下水作文"还是能做到的。我就多次把自己写的短文读给学生听，跟他们交流，很受欢迎。

广大一线老师都应立足本地本班实际，通过实践、思考、总结，创造出属于自己的经验，而不必跟人攀比，只要在使学生"自能作文"上尽力了，对学生真有帮助了，就好。点滴积累，长期坚持，必有硕果。

2023 年 4 月 18 日

47. 对几句常见名言、俗语的纠失

有三种情况：

（一）有的名言名人并没说过

"每个人都有一个死角。

自己走不出来，别人也闯不进去。

我把最深沉的秘密放在那里。

你不懂我。我不怪你。"

这首小诗，先以余秋雨名义出现在网上，后又成了莫言的作品。他们二人都没说过或写过这首诗。

（二）有些名言张冠李戴

"走自己的路，让别人说去吧！"马克思在《资本论》开篇中说，这是但丁说的话。其实，这是《神曲·炼狱篇》中引路人维吉尔的话。他对但丁说："你随我来，让人们去谈论吧。"

"我不同意你的话，但我誓死捍卫你说话的权利。"这是近几年广被引用的一句名言。此话最早出现在1906年《伏尔泰的友人们》一书，是作者伊夫林·霍尔整理伏尔泰思想后所写，而并非出于伏尔泰之口。作者在书中的话是这样的："'我不同意你的话，但我誓死捍卫你说话的权利。'是他现在的态度。"

（三）有些名言、俗语的导向需商榷

"没有永远的朋友，只有永远的利益。"此话彻底否定了良知和信仰，也背叛了所有的文明，让人走向了极端的自私自利，并为不良之人的不讲信用、不讲道义、唯利是图、毫无底线的行为提供了绝好的借口。

"正义有时会迟到，但决不会缺席。"正义就是在紧急关头能及时挺身而出主持公道；需要你的时候你迟到，悲剧已经发生，你才现身，这还算正义吗？

"退一步，海阔天空；忍一时，风平浪静。"现实却往往是：当你真正受到欺负时，你会发现，你退一步换来的不是海阔天空，而是得寸进尺，忍一时换来的不是风平浪静，而是变本加厉。所以，人不要过分善良。

"吃亏是福。"为了和好，为了双赢，受点气，吃点亏，是可以接受的。人与人是平等的，遇事就想到"吃亏是福"，是消极无能的表现。鲁迅说："这句话不是吃亏的人总结的，而是占便宜的人宣传出来的。"

由上述举例，我想到三点：①不要轻易相信任何名人名言。②自己没有真正弄懂的名言或俗话，不要随便引用。③从自己的从业经历积淀中悟出的道理，胜过任何名言、俗语。

2023 年 4 月 19-20 日

48. 破除儒家文化对写作的束缚

　　在微信里看到一个帖子：马克思·韦伯曾这样评价儒家文化，儒家文化不是实学，而只是维护社会秩序的一整套价值体系，学校既不教数学，也不教自然、科学和地理，培养出来的人毫无逻辑创造的才能。生活里都是些机智的文字游戏、婉转的甚至是转弯抹角的表达方式以及引经据典的考证。这就造成了形式主义的极度泛滥，对经济管理放任自流或者根本就没有能力对其进行管理。这种状况一直从古代持续到近代。我不知道韦伯是谁，也不知道他是否真的讲过这段话。我不唯书，不唯上，只唯实。单就这段话本身而言，我觉得还是比较符合实际的，是值得好生想一想的。

　　"儒家文化"是个内涵极为丰富的大概念，其中的学问可谓博大精深。其伦理是注重自我修炼（"修身齐家治国平天下"，"修身"为先）。其政治思想是"仁政""王道"和"礼制"。"礼制"，就是君臣父子各具其名，尊卑、高低、亲疏、贵贱各按其份，由此形成了一套严格的秩序。汉代开始，独尊儒术，儒家学说成了官方的统治思想，也成了人们日常言行的是非标准。我在以往写的文章中曾论述过儒家文化在健全人格修养和教书育人方面所起的积极作用，本文要说的是儒家文化的消极影响。

　　就写作而言，儒家的"文字游戏""委婉表达"和"引经据典"，对人们尤其是中学生写作的负面影响十分深远。"不能直白""语言要美""多用名言"就是其表现形态。

　　在科技发展迅速的互联网时代，越来越需要直白的表达，而不宜"转弯抹角"，否则将耽误许多问题的及时解决。一位名叫李羿锋的，在他的视频中有这么一段："为什么国外的人表达比较直接呢？因为他们的世界比较简单。我们国内的文化也好，环境也好，都比较复杂……中国人的脑回路都往内，没有向外去发射去应用。我们还没有把聪明才智放在对的地方。"我觉得，这段话实际上指出了儒家文化的消极面：一味"往内"，以致形成了与其他民族不同的特有的"机智"和"婉转"。文章内容不再重要（只要跟"上面"一致就行），日益看重形式的翻新。这就必然写不出真正管用的好文章。

要形成良好的文风，写出鲜活的文字，就必须摒弃儒家文化消极的一面，既要回归本真，又需与时俱进。写作的本质，就是化复杂为简单，注重思想、感情的直接交流。对不同的人用不同的表达，是需要的，这叫"得体"。但在多数情况下，对中学生来说，应该说真话、抒真情、讲常理，而不宜"转弯抹角""引经据典"。用叶老的话说，就是"用我手写我心"。上帖中说得好，脑子要少一点"回路"，多一点"往外发射"，不然，写作就不会有新气象，文章就永远是八股腔。

2023 年

49. 这些字有意思

中国的汉字历史悠久，是世界上独一无二的最优美的文字。我有空就喜欢找些字琢磨一番。对下面这些字的解释，不带学术性，仅属我含有"戏说"成分的自我感悟。

安：上是"宀"，下是"女"，家里有女人，才能安宁。可见，安宁不在家外，而在家里。女人是家庭的主心骨。

富：上是"宀"，屋檐；下是"畐"，酒坛。在古代，家里摆着酒坛，就是富裕人家。不必豪宅，也不求珠宝，有老酒喝，足矣。

正：上面是"一"横，下面是"止"，守"一"而"止"。做人坚守正道，不走邪路。这样的人，才是正派的人。

路：左是"足"，右是"各"。人生之路，在我们"各"自的"足"下，靠自己去走，别人无法代替。

停：左边"亻"，人；右边"亭"，路边的凉亭。人走路时间长了，停下疲累的脚步，在亭中歇一歇，补充一下体力，好让后面走的路更轻松、快捷。"停"是为了更好地走。

舒：左边是"舍"，右边是"予"，"舍得给予"之意。"舍"得给"予"别人，自己就舒心快乐。乐于助人之人是幸福的。

好：左边是"女"，右边是"子"。家中有了女人，就有温度；家中有了子女，日子就有奔头。有子有女才算好。

臭：上面是"自"，下面"大"。但多了一个"、"（点）。这是说，人，自大一点谓之"臭"。它告诫大家，不要自大，要谦虚。

劣：上是"少"，下是"力"。意思是，比别人"少"出"力"，就低人一等。人应努力，偷懒，少出力，必然落后。

尖：上面是"小"，下面是"大"。能"小"能"大"，富于变化，说明能力很强，是个"尖"子人才。

忙：左边是"忄"，心；右边是"亡"，失去，死亡。忙，就是心累了；太忙，命就没了。它告诫人们勤劳的同时要注意劳逸结合。

赢：上面是"亡"，危机意识；中间是"口"，用嘴说话，有沟通能力；下面左边是"月"，有时间观念；中间是"贝"，"贝"是钱币，取财有道；右面是"凡"，怀有平常心。具备了这五种素质和能力，再加上勤奋，就一定能成为最后的"赢"家。

愚：上面是"禺"，下是"心"。在古文中，"禺"就是"偶"，偶像。心上有个偶像，就愚蠢。人应自立、自信，不要盲目崇拜偶像。

怒：上面是"奴"，下面是"心"。怒是"心"中的"奴隶"。就是说，生气、发火、愤怒，是对自己"心"的折磨，有损健康，所以尽量不要发怒。

忍：上面是"刃"，一把刀，下面是"心"，一颗心。心上悬着一把刀，很可怕。《说文解字》中说："忍，能也。"面对挫折、打击、失败，就像心上有把刀，能"忍"住，是一种能力。就某种意义而言，做人就是要有容忍的能耐和包容的心态。

我开头就说了，对这些字的解释，纯属个人感悟，带有自娱成分，但也不乏趣味，其中也多多少少含有为人处世之道。

2023 年 6 月 23-25 日

50. 什么是好作文

随着一年一度高考的结束，"什么样的作文是好作文"的问题再度引发热议。

我看到一个视频，是央视某主持人与一位语文特级教师的对话。主持人说，看到有些高考优秀作文，看得人一惊一乍的。教师说，要写好高考作文，要有四个条件，一要有政治家的情怀，二要有社评家的敏锐，三要有外交家的激辩，四要有小说家的构思。旁边一人补充说，还要有哲学家的思考。试问，有谁能做到这五条？我看，上述对话，与其说是调侃，不如说是对眼下某些所谓"优秀作文"的批评。

多年的教学实践告诉我，到目前为止，大部分中学生的作文水平是不太理想的。原因有二：一是学生的写作主动性、积极性没有被调动起来，多数情况下，写作是被动的；二是老师的写作指导存在误区，对学生要求太高，方法又偏于僵化。

反映在高考作文中，绝大多数是"大路货"，毫无新意；极少数很"优秀"。后者的表现形态是：或学"政治家"，纵论古今，放眼全球，说理想，论抱负，说的是大话，抒的是豪情；或学"社评家"，批评这个，揭露那个，有嘴说别人，没嘴评自己，居高临下，道德说教；或学"哲学家"，广罗名言，旁征博引，好说新概念，常用长句子，有时让人不知所云。应该说，这些都不是好作文，却被不少阅卷老师认为"思想深刻""立意高远"而给高分甚至满分。此类阅卷失误，给学生平时写作造成了很大的负面影响。

那什么样的作文是好作文呢？没有人下过定义。不妨先听听长期负责阅卷工作的北大教授漆永祥的一段话："现在好多人唱高调，对孩子作文的要求很高……能做到文从字顺，说起来是人话，能把一件事情说清楚，把话说通，有一定的连贯性，就可以了。"他提倡"大胆地写自己"。而眼下的高考作文，大多没有"自己"，没有自己的感情，没有自己的思考，没有自己的判断，没有自己的话语，总之，没有青春的气息，没有个性化的表达。要改掉这个毛病，一时很难做到，但必须改，否则，中学生的作文不可能正常，也出不了真正的好作文。

我认为，对广大一线老师来说，在自己学会写好千字短文的前提下，要对学生进行以下几方面的引导：一、写作目的。要告诉学生，写作是为了既认识自我，又跟人交流，是为了更好地学习、生活，而不仅仅是为了考试和分数。二、思想内容。要引导学生在作文中展示对世界、对人生的正确认识，所写内容要积极向上，但不要说大话、唱高调；所作分析要客观、理性，不要片面性、走极端。三、语言表达。要提倡学生用朴素干净的语言说事情、讲道理，做到文从字顺、上下连贯。可以引用名言警句，但不宜多，要用得恰当。不要引用连自己并没有弄懂的外国名言。四、人称运用。要引导学生多用"我"，不要动不动就"我们""我们"。在用"我们"时要想一想，这个"我们"是否代表自己，因为一用"我们"就容易说套话而忘了自己的责任。要让学生多写自己，写自己的经历、自己的见闻、自己的体悟。

漆永祥教授说："重字词，打基础，说实话，写自己，写生活，杜绝虚假，减少套话，应该是中学永远都要抓紧的根本。"我赞同他的观点。

语文要回归本真，写作也应回归本真。"本真"就是自身的规律。从高一到高三，不同年级应有不同要求，所提要求应实事求是，要求太高，往往落空。始终坚持作文与做人的统一，狠抓基础，循序渐进，中学生的作文水平定能稳步提升。

2023 年 6 月 15 日

51. "教师专业发展"之我见

1963年我刚当教师时，压根儿没有"教师专业发展"这个说法。半个多世纪后的今天，不少新概念铺天盖地。眼下，学校有教师发展研究处，区有教师发展中心，市有教师发展学院，教育专家在讲座中也经常说到教师的专业发展，但从实践的角度看，"专业发展"往往只是一句空话，未能落实到教师个体身上。下面，我就教师如何实现"专业发展"谈点肤浅的看法。

首先要搞清"专业发展"四个字的含义。"发展"是核心。发展，就是向前推进，不断成长，持续提升。就每个教师个体而言，"发展"必须紧密结合"专业"，否则，毫无意义。语文教师的"专业发展"，就是要立足于语文学科的教育实践。

根据本人51年的实践，参考各地优秀教师的经验，教师的专业发展包括"师德"和"师能"两个方面。

先说师德。师德是不问"专业"的，它包括职业道德和文明操守。职业道德是教师的底线道德，要求每位教师爱岗敬业、热爱学生、敢于负责、勇于担当。文明操守要求每位教师讲礼貌、守规矩、衣着端庄、用语得体。师德的总体要求，是使每位教师成为有理想、有爱心、为人诚实、做事踏实，受社会欢迎的人。这是保证"专业发展"得以真正实现的前提。

再说师能。以语文学科为例，"专业发展"包括以下内容：

（一）读书

坚持读书，是为精神世界和专业发展"充电""补钙"，非常重要。但书海无边，终其一生也读不完，这就要有所选择。读什么呢？一是专业书籍，二是教育理论，三是文学作品，四是哲学论著。作为语文教师，以下书籍是必读的：《论语》《学记》《史记选读》《唐诗三百首》、唐宋八大家代表性散文、鲁迅小说和杂文代表作、莎士比亚悲剧代表作、叶圣陶语文教育论集、陶行知文选、朱光潜的《谈美》、苏霍姆林斯基的《给教师的建议》。不要追求数量，能真正认真读完上述书籍，就非常不错。

除了读书，还要读报刊。建议从《语文教学通讯》《语文学习》《中学语文教学》《中学语文教与学》(人大复印资料)这四种杂志中任选一至两种，长期订阅，及时了解全国各地语文教育的最新成果。

(二)教学

上好课，是教师的第一要务。任何人都做不到每节课都精彩，但每节课尽心尽力是必须做到的。汉语言文字有其独特性，所以首先应该了解我国优良的语文教育传统，努力将其发扬光大。

备课要既备教材，又备学情。可以看"教参"，但不要一味依赖它，应该有自己对课文的个性化理解。要认真写备课笔记。

每节课要尽量做到：目标明确，重点突出，条理清晰，教法得当。要尊重学生在整个教学过程中的主体地位，跟学生有合理的互动。要重视教学的常规，又不要教法僵化。应在常态中求变，在变化中求实。务必使"语言文字的学习与运用"这一最基本的任务落到实处。为保证上述任务的顺利完成，每位教师都要练好基本功，写好每个字，说好普通话，能独立分析文本，能用通俗流畅的教学语言进行表达。

(三)研究

教而不研，难以提高。要研究，就必须反思。反思，是肯定成绩，看到不足，思考如何改进。它是专业发展的重要内容，是教师进步的阶梯。反思什么? 一是自己的读书，二是自己的教学。

工作的头两三年，应坚持写百把字的"教后记"，每学期写一篇千字的教学工作总结，每学年写一篇两千字左右的教育短论。

应该有自己的研究课题，但初始阶段不宜作纯理论的研究，应把长期困扰自己教学的实际问题作为研究方向。题目宜小，可以从研究课文解读入手，然后进行教法研究、训练研究、某个专题的研究，等等。要理论联系实际，使课题研究真正管用。

(四)进修

这里的"进修"是指课余的继续学习，包括读书、听课和参加校外的教研活动。关于读书，前面已经说了，这里从略，主要说说听课和参加校外教研活动。

要每周听本校同事两节课，看人家是怎么确定教学目标的，是如何抓住语言文字要素的，是如何提出问题的，是如何设计板书的，教学语言有何特点，同时也要想一想，该课有无失误，主要不足是什么。这样的听课才有收获。

市、区组织的教研活动要积极参加，这有助于你开阔眼界，有时会听到大学教授和中学名师的讲座，要认真听。首先要尊重专家，学习他们的新思维、新经验，但又不能被其左右，要独立思考，决不盲从。

教师的专业发展，既是一个大课题，又是一个长过程。它不是仅仅为了评职称或获得某种荣誉，而是为了自身的不断提高，做最好的自己。我提醒老师们注意两条：一是要有重点。在"专业"发展上应突出自身的优势，使自己的发展有个性特点。二是要有恒心。眼下有些年轻教师一心想早日成为优秀教师甚至名师，进取心可嘉，但功利心不可取。教育是最注重过程的。饭要一口口吃，路要一步步走，经验要一点点积累，不要急于求成，而应稳步前行。在教师专业发展的道路上，岁月决不会亏待有恒心、肯努力的人。

2023 年 6 月 25-27 日

52. 听、说、读、写训练需细化

听、说、读、写是每个学生通过语文教育必须养成的四种基本能力。我根据自己51年的实践，简要谈谈如何进行听、说、读、写的训练。

（一）听

对老师。学生朗读时要认真听：读音是否准确，停顿是否合理，语速是否恰当，感情表达是否充分。学生回答问题时要认真听：理解是否正确，用语是否妥当，表达是否流畅，声音是否响亮。在此基础上，给予具体指导：肯定优点，指出不足，教给方法。

对学生。老师讲课时要认真听：能否把握老师讲课的基本思路，能否归纳老师讲课的要点。同学朗读课文或回答问题时要认真听：能否发现同学朗读中的问题，能否判断同学回答的正误。

（二）说

对老师。说话时吐字要清楚，用词要准确，表达要自然，不能有口头禅，有时要庄重，有时要动情。讲课，要紧扣重点字、词、句、段，联系语境去解读，说自己能说清楚的话，不说任意拔高的话，更不说自己并没有真正弄懂的"哲理"。以下几种情况不必说，说了是浪费时间：①学生自己能读懂的不说。②学生通过互相讨论能明白的不说。③学生通过查资料能理解的不说。

对学生。在回答老师问题时，要清楚地表达自己的观点；在评论同学的回答时，要能简要地指出其优缺点。总之，要真实自然地说，不要拿腔拿调，不要年轻人说成年人的话。

（三）读

对老师。先说默读：要认真读课文，把握课文脉络，掌握课文重点，体会作者感情，结合语境搞清重点字词和关键句子的含义。再说朗读：不要动不动就放录音，应坚持范读，或者一上来就范读，让学生对课文有个整体感受，或者在学生朗读后范读，跟学生一起走进作者的感情世界。要坚持用普通话读，读出节奏，读出语调，读出感情，并对学生的朗读进行具体指导。读得投入，读得到位，可省去许多不必要的讲解。

对学生。先说默读：要仔仔细细读课文，边读边思考，并适当做点记号（为重要词句画上浪线，在不懂处打个问号，等等），还要按老师所提的要求，做好回答问题的准备。再说朗读：要读准字音，读出语调，正确停顿，不读破句子，不摇头晃脑，不矫揉造作；要认真听取老师的朗读指导。

（四）写

对老师。一是写字：课堂板书，作文评语，字都要规范，不能潦草，要为学生树立榜样。二是写文章：要经常写"教学反思"（一二百字、四五百字均可），每学期写一两篇"教学叙事"（上课的故事），每个学年写一篇三千字左右的教研论文；平时可写点小诗或随笔。自己写不好文章，甚至从不写文章，怎么指导学生写文章？

对学生。一是写字：无论是练习本上的字，还是作文本上、考试卷上的字，都要规规矩矩地写。对学生的书写，老师要指导、要检查，以培养他们良好的书写习惯。二是写文章：作文要明明白白表达，用朴素的语言，记真实的事物，抒真切的感情，说平常的道理。老师不要从观赏角度，过于看重文采。对少数爱好文学创作的学生，则另当别论。

下面，我想就"写字"这个问题，多说几句。

随着手机、计算机等电子设备的普遍使用，人们写字的机会越来越少，以致许多人写的字越来越不中看，甚至很丑。这是科技发展使然，可以理解。不过，要知道，中国的汉字跟其他任何文字不同，它是有"脸面"的。字写得好，在过去是件非常重要的事情。一个广东的官员，如何让北京的上司对他产生好印象，从而保证仕途通达？是一手好字。同理，生意人之间的往来，老丈人对女婿的印象，等等，不少时候都靠书信，故有"见字如见人"的说法。如果想要别人对自己有个好印象，写一笔好字，是再划算不过的选择了。于是，人们纷纷练书法，字自然越写越好。当下，随着通信手段的现代化，字写得好不好，对维护个人形象的作用，越来越没有以前那么大了。于是，有些语文老师不再重视书写，字写得让人不敢恭维。有的老师一堂课下来，黑板上一个字也没有，这还是语文课吗？

我并不要老师成为书法家，但至少要规规矩矩写好每个字。把字写好，是语文老师的基本功之一。字写得好，是一种文化，彰显了中国文字的独特美感；字写得好，是一种态度，体现了执教老师做事的认真。老师的一手好字，为学生树立了榜样，也是对学生的一种激励。字，横平竖直，端正好看，其实也是在教人做人、修身。在我的见闻范围内，上海的钱梦龙、黄玉峰、陈军和北京的程翔等老师的字都写得极好，他们的字跟他们的课一样，给学生留下了终生难忘的印象。

　　搞好听、说、读、写训练，是语文教学的基本要求，属微观范畴，主要是从操作层面说的。作为一名优秀的语文老师，除了掌握必备的专业知识和切实可行的教学方法，得首先使自己成为一个有理想、有追求、有情趣的人，一个热爱生活、关注社会、敬畏自然的人。这就要多读书，多思考、多写作。只有这样，语文教学中的听、说、读、写才有活力，才有灵气，才能使学生不仅能掌握语文基础知识和技能，而且最终能成为有社会责任感的现代公民。要培养出这样的学生，老师就要展示真实的自我，经常跟学生进行精神世界的沟通，在听、说、读、写的训练过程中，跟学生共享学习的乐趣，跟学生一道健康成长。当然，这需要一个不短的修炼过程，性急不得。有耐心，能坚守，必成功。

2023 年 9 月 24-25 日

53. 浅谈课堂教学中的师生关系

前不久，北京举办了首届全国基础教育数字化论坛，与会者大多是教育局长和中小学校长，议题涉及"数字化教育"和"高质量发展"。特级教师李镇西在论坛上所作的题为《人是教育的最高价值》的演讲引起广泛关注。李老师的演说很长，我将其要点概述如下。

（1）三个一。一个"提醒"："我要特别提醒——在数字化时代，教育要警惕'人'的失落"；一个"警惕"："我们要特别警惕：在'高质量发展'的旗号下，数字化教育成为应试教育的助纣为虐者"；一个"不忘"："永远不要忘记这句话——人是教育的最高价值。"

（2）四句话。"我的教育观：站在人性的高度看教育，站在教育的高度看教学，离开了精神相通就没有课堂，课堂教学的核心是师生关系。"

（3）好课堂。好的课堂教学要有活动、有合作、有反思，既要有意义，也要有意思。我很赞同他的观点，因为他以人为本，不玩概念，据实说理。就拿"数字化"来说，它是科技发展的产物，又节省资源、提高效率，肯定有益；但它仍属于"物"，而"物"是由"人"主宰的。如果老师所教的内容只是僵化的、机械的、现成的死知识和技能，那你肯定被"数字化"淘汰。如果教师不仅仅是传授知识、培养技能，而是与心灵、精神、情感相连，拥有社交能力、爱心和创造性，就永远不会被"数字化"淘汰。

目前，我们离"与心灵、精神、情感相连"的理想目标还有较大的距离。一线教师往往更注重教法的翻新，而忽视教学内容本身的深化。不少信息仍以告知为目的，多数情况下是把课文解读的结论塞给学生，而缺乏心灵的沟通，感情的交流。搞教学论研究的专家往往流于"要"如何如何，"必须"怎样怎样的抽象理论探讨。由于有些专家不很了解一线实践，因此其研究即使有某种理论价值，但其有效性仍需在实践中接受检验，最终都要看课堂教学的效果，而课堂教学的良好效果则取决于和谐的师生关系。

李老师认为："师生之间必须心灵相通、精神相通，这才是教育。"好的课堂教学应该有活动、有合作、有反思。我没有资格去妄评别人的课堂教学，我只能对照自己51年的教学实践，谈点肤浅的感悟。

1. 先说"活动"

课堂不能成为老师的"一言堂"，应根据文本的需要和具体的学情，适时地开展各种活动，如朗读、听写、专题辩论、微型写作、片段"演出"，等等。我的《阿Q正传》第二课时，要求学生用外貌和心理描写介绍一个人，写一则300字左右的短文，时间是15分钟。学生有写同学的，有写父母的，还有写我的。我先后请三位同学朗读自己的短文。他们生动的比喻、适度的夸张和幽默的语言，引发了阵阵笑声。其中一位是写我的。她写我的微笑、我的步态、我讲话的语调、我深蓝色的风衣，以及自己在听课过程中的心理变化。读完后，全班鼓掌。我问："我有她写的那么好吗？"不少同学齐说："有！"我也笑了："好吧，我权且当一回潇洒的人（学生在文中说我'潇洒'）。"接着，我让同桌学生互看短文，进行修改，然后再作交流。像这样的活动我搞过多次，因为要动脑、动手、动嘴，效果不错。

2. 再说"合作"

合作，有时是学生之间的，有时是师生之间的，既是合作，就要平等，就要相互配合，就要真情投入。教《雷雨》时，我让学生在预习的基础上细心听师生合作的朗读。我与几位同学分别饰演剧中角色。我演周朴园，杨玫同学演鲁侍萍。大家都很投入。读至动情处，杨玫同学声泪俱下，指着我（周朴园）连连责问，把全班同学完全带进了剧情之中。再说一堂作文讲评课。班上一位女生写了篇《芝麻，开门》的作文。该生一贯努力，但成绩就是上不去。她在文中把自己写成一个脖子上挂了钥匙的孩子，就是无法打开家门。面对知识宝库的大门，她发出了无奈的呼喊："芝麻，开门吧！"我用沉重的语调读完这篇作文后，教室里响起了热烈的掌声。我说："你们鼓掌，说明你们跟文章发生了共鸣，也说明这篇文章写得很真实，很感人，这当然很好。但你们有没有想过这篇文章带给你们的另一种感觉？"立即有同学说："苦涩，情绪比较低沉，心里不太好受。"我说："对，这正是它的不足之处。"接着，我讲述了"文革"初期挨学生批判的痛苦经历。同学们听得很专注，教室里一片寂静。我说："当时我找出了自己在玄武湖迎着北风拍的一张照片，在背面写了这么句话：'不管生活对我怎样，我始终以微笑面对它。'跟你们一样，我喻老师在不少时候也很脆弱，有时心里也很苦涩。现在，我用这句话跟同学们共勉，希望大家永远以乐观的态度面对人生，面对学习道路上的困难。"我与学生真诚的心灵交流，激起学生又一次响起了热烈的掌声。

3. 最后说"反思"

直至今日，许多语文教研论文只提师生合作，基本上不提反思。其实，只有在师生互动后进行实事求是的认真反思，才能使自己真正有提高。2010年秋，我在本校国际部所教的班期中语文试卷中出了这么一道作文题："请写出本班每位中方教员给你印象最深的一点，要真实、得体。"阅卷后发现，学生不仅写出了每位老师给自己的深刻印象，还对每位老师作了评价。学生对我的总体评价很好，但也有不实之词，有的甚至很离谱。在讲评课上，我对同学们说："我认真看了你们写我的那些话，我感谢同学们对我的信任和鼓励。不过，看了你们对我的评价，我既高兴又不高兴。说高兴，是许多同学根据这次作文'真实、得体'的要求，对我做了实事求是的评价；说不高兴，是有些同学对我的评价不符合事实，把我说得太好，而我没有这么好。我多次对你们说，做人要真实，说话要诚实，可有些同学忘记了，对此我感到很遗憾。徐海惠对我的评价是实在的，她说我'也许不是最好的语文老师，但他是最负责任的老师。'杨之洲说，'语文课增添了许多人文色彩'，这也符合实情。许多同学对我行为细节的描述基本上是真实的，我能接受，但下面两种情况我不能接受。第一种是不够理性的赞颂，有位同学说：'喻老师像一棵万年苍松，平时不动，一遇激动之处，就像一阵狂风扫过，知识像松针一样落下，等待时间的滋润，化作下一代的营养'（不少同学在下面笑）这位同学的心意我能理解，她是在赞扬我，但比喻不恰当，句子有语病，表达不理性。还有一位同学说我是'鲁迅笔下描绘的民族的脊梁一样的人'。这个类比很不恰当，太过分，评价太高。第二种是缺乏论据，乱下结论。有同学说我'学富五车'，有'高超的教学水平'。我离'学富五车'远啦，我的水平也绝不'高超'。有同学说我的造诣是'江苏语文老师的楷模'。这是谁封的？有什么可以证明？这话能随便说吗？看到这些，我心里很不是滋味。我还是那句话：做人要真实，评价人要实事求是。我曾经跟你们一道学过陶行知的生平事迹，他的两句话让我们再重温一遍：第一句是对我说的，'千教万教教人求真'，第二句是对我们大家说的，'千学万学学做真人'。"教室里十分安静，同学们很专注地听我的上述讲评。我用自己的反思推动学生一道反思，在共同反思中努力做个"真人"。

除了活动、合作、反思，好的课堂还应该既有意义又有意思。有意义，是从老师角度说的，就是我们的观念、课程；有意思，是从学生角度说的，就是好玩、有趣。我们大多数课堂之所以程度不等地枯燥无味，重要原因之一就是缺乏情趣。30多年前的一堂课，我至今记忆犹新，因为它有点意思。在引导学生搞清了《装在套子里的人》的主要内容、别里科夫的性格特征及其象征意义后，已40分钟了，我突然停止讲课，慢慢走到南面的窗口，打开窗子，让外面的风吹进来。同学们不知道我想干什么，都惊奇而默默地看着我。我倚在窗边，双手交叉于胸前，呈沉思状。几秒钟后，我走回讲台说："我刚才想起了契诃夫的另一篇小说的结尾，女主人公走到窗口，打开窗子，深深吸了口新鲜空气，心中呼喊：'新生活万岁！'请问，有谁知道这篇小说的名字？"无人回答。我接着说："不知道没关系，每个人的阅读面都是有限的。我告诉你们，这篇小说的名字叫《新娘》。我为什么会想到它呢？因为我向往新生活。长期受别里科夫辖制的人们很压抑、很郁闷，内心都想过上自由的新生活，而要过上这样的生活，就必须铲除滋生别里科夫式人物的土壤，并跟他作长时间的斗争。让我们记住新娘的心灵呼喊：新生活万岁！"最后五个字我是怀着激情大声说的。也巧，此时，同学们的掌声和下课铃声同时响起。课后，好几位前来听课的南师大见习生说："你这堂课的结尾太有意思了，太令人难忘了，没想到课还可以这样上。"

通过对以往部分教学片段的回顾，我想说的是：好的课堂教学在很大程度上取决于好的师生关系，关键在教师。执教 51 年，总共上了多少课，我没有统计。说实话，真正上得好的课不到五分之一，大多数课上得很一般，很普通。每个人的精力、能力都是有限的，即使是名师，也绝不可能把每堂课都上得很精彩。虽然不少课上得不理想，但我"做个好教师"的追求始终没放弃。实践告诉我：要想做个好教师，必须努力做到三条：一是要有平等的意识（充分尊重学生），二是要有诚恳的态度（进行真情交流），三是要有灵活的举措（适时变化教法）。除了要有"把字写好，把音读准，把话说流利，把理说明白"等基本技能外，更要有人文情怀，只要少一点虚头巴脑的空头理念，多一点师生之间的心灵沟通，课堂就有活力，就有情趣，就有效率。

2023 年 11 月

54. 守好语文教师的"看家本领"

说句实在话，语文老师就是干语文该干的事。什么是"该干的事"？就是学习祖国语言文字的运用，就是练好听、说、读、写。语文教师应该有自己的"看家本领"。51年的教学实践告诉我，下面这些"看家本领"，务必坚守。

（一）抄写字词

我每教完一篇现代文，就挑出文中若干字、词，叫学生每个抄写五遍；每教完一篇文言文，要学生整理文中的实词、虚词，从高一到高三，从不间断，不仅要抄得对，字还要写得好。我自己的板书，都规范、清爽。这既是督促学生练字，更是帮助学生积累词语，以便日后运用。

（二）听写成语

每天早读的 20 分钟，我让学生听写 25 个成语，每个 4 分，共 100 分。我报学生写，写完后同桌互查、订正。对其中较难的几个成语，我作简要说明，免得以后再错。从高一到高三，这一做法始终没变，受到学生、家长普遍欢迎。

（三）背诵名句

早读时间，一次用于听写成语，一次用来背诵名句。我编的《古代名句选讲》人手一册，每次先让学生看三至四页，然后合起书，由我抽出 10 个句子，我报上句，学生默写下句，或我报下句，学生默写上句。默完后同桌互批。古诗文名句的积累，增强了学生对优秀传统文化的热爱。

（四）学习朗读

每首古诗、现代文的精彩片段，我都要范读，坚持用普通话读，读出抑扬顿挫，读出喜怒哀乐，努力把学生领进课文。同时，经常让学生在课堂上放声朗读，或个人读，或全班齐读。我肯定他们的优点，也指出他们读得不合要求之处，教给他们正确的朗读方法。

（五）辨析词语

我时不时地对课文中的一些词语，或详解它的含义，或将它跟其他词语进行比较，或让学生讲出它的近义词或反义词，或让学生用课文中某几个词语造句。总之，让学生明白用词要准确，不能随心所欲。

（六）口语训练

即使少数几篇课文，我也要训练学生的口头表达，让学生把话说明白，把理讲清楚。开头几年，我是每节课用八分钟左右让两名学生上台演讲；后改为每周用一节课来训练口语，按照学号，请8位学生先后上台。对每位学生的演讲我都点评并打分。演讲的内容是有计划的：高一是自我介绍、讲一个给自己印象深刻的人；高二是推荐书籍、评论时事；高三是即兴发言，让学生看到我出的题，稍加思考，立即发言。我对学生演讲的评点包括：中心是否明确，内容是否充实，语言是否流畅，条理是否清楚，普通话说得如何，上下台是否有礼貌，等等。三年下来，每个学生都敢于在人前说话，语言都较流畅，且能注意文明礼貌。

（七）作文讲评

执教头几年，我对学生的作文精批细改，有眉批，有总评，有分数，很费精力。后来不再写眉批，只有总评。总评有话则长，无话则短，但都有针对性。后来日益重视作后讲评。有时以我讲为主，有时以学生讨论为主。开始总喜欢面面俱到，什么都讲评，但日益发现效果不佳，后改为一次突出一个重点，力求讲深讲透：或评文章立意，或评结构安排，或评语言表达，以评立意为多。学生的作文有时由我读，然后讲评；多数时候让作者自己读，然后围绕一个问题组织讨论，让大家提出修改的具体方案。不管怎么评，我始终充满信心地去激发学生对写作的兴趣，引导学生热爱生活，敢于独立思考，勇于追求真理，永远不忘做一个对社会有用的"真人"。

（八）周记写作

除每学期六篇大作文外，我提倡学生专用一个本子写周记，内容自定，写法不拘，少则二三百字，多则六七百字。有时我也把自己写的小诗或随笔朗读给学生听，师生共享写作之乐。

教了51年语文，我坚持做的八件事，到底有没有效果，心里没底，还是得问问学生。2023年12月19日，我向不同时期的14位学生发了征稿信："今年是我从教60周年，为了全面回顾半个多世纪的教育生涯，特请同学们为我写点回忆文字。（一）内容：①喻老师给我印象较深的一句话（或一段话）、一件事，一句话可以是对一个词语的解释、对一篇课文的总结、对某篇作文的评点、对学生发言的评价、对某种社会现象的议论，等等。②喻老师的一次失误，可以是对课文讲析的错误，也可以是对学生批评的不当，等等。（二）要求：①不要用形容词，不要做评价，只要用直白的语言真实呈现当时的情景即可。②统一标题：当年的喻老师。标题下一行注明哪届哪班和姓名。③字数：200字左右。④元旦前用短信发给我。希望得到你的支持。恭祝冬安！"

截至2024年元月五日，共收到短文31篇，其中一篇是本校语文老师所写。多数学生只写了我的一句话或一件事，有六位写了我的两三件事。统计一下，学生感到学了以后有用的是：成语、名句的积累，写好作文，口语训练，从写作中领悟做人之道。这些都是进行了反复训练的。训练要用眼、用嘴、用手、用脑，总之，要"动"，动才能活，活才能记住，能记住，才能运用。学生的反馈说明，上述八条，尤其是第1、2、3、6、7五条，是管用的。我把它看作是我的"看家本领"。

我的中年时期，没有什么评比，也没有什么赛课，就是老老实实教好每篇课文，让学生实实在在写好每篇作文，课外再适当搞一点跟语文有关的活动，总之，一切都比较简单。那时没有课程标准，只有教学大纲。大纲也很简单，没什么新概念，因为篇幅短，也容易记。隔了30多年，很多内容都忘了，但下面这几句话我至今记得很清楚："字要规规矩矩地写，话要明明白白地说，课文要仔仔细细地读，作业要踏踏实实地做，作文要认认真真地完成。"这既是对学生的要求，也是对老师的要求。我的"看家本领"都源于此。

教了51年语文，虽不足很多，失误不少，但从未停止探索，最大的体会是：因时间和精力都有限，语文老师只能干自己该干的事，那就是跟学生一起，学习语言文字的运用。学语文是为了用，用于学习，用于交际，用于生活，在学语文中学做人。要想使它真正有用，就要练，练写字，练朗读，练读书，练说话，练写作，没必要在讲解课文上花太多时间。让语文回归语文，删繁就简，返璞归真，这是正道。

当下，在落实新课标精神的过程中，不少老师为教育的高质量发展，闯出了新路，做出了贡献，我向他们致敬；同时我希望大家在与时俱进的同时，守护好对学生有用的、体现语文学科传统特色的"看家本领"。

上世纪50年代后期，在一位同学家中看到一首抒情诗，开头四句，至今没忘："春风吹过草地，我比太阳先起，大地一片青春，青春在我心里。"语文很美好，语文很重要，只有"青春在我心里"的人，才能把它教好。我这个83岁的老语文教师愿以此句与广大一线教师共勉。

2024年元月12日

附：对上文的反馈短信

同意你的教学观点。

——袁金华（江苏省教科所原所长）

"看家本领"，好，踏踏实实。现在是"蜻蜓点水"，主观方面是由于自身基本功不扎实，客观方面是由于社会应景做表面文章的需要。

——徐林祥（扬州大学教授）

喻老好！大作很实用，也有很强的针对性。当下的语文界形式大于内容，喻老大作可以清醒那些误入歧途之人。希望早日见到喻老公开发表。

——程翔（北京特级教师）

这8条是硬道理！

——陈军（上海特级教师）

语文怎么教？教学生什么？一般说来，照本宣科，完成教材要求，这就回答了第一个问题。但是，你却条分缕析地变成了8条，且将8条如何实施落实到每一课时（这就同时回答了第二个问题），并认定这就是语文老师的看家本领。作为你的同行，读完这篇文章，我最深的印象是一个字"实"。你是实实在在想让学生掌握语言文字，提高准确使用祖国语言文字的能力和水平。那八条就是明证，半个世纪的持之以恒的不懈努力也是明证，去年年底的调查、反馈，更是明证，这个"实"是毋庸置疑的！这是你此生品格的表现！我觉得，国家就需要有你这样有看家本领的教师，心无旁骛、不计名利的教书"匠"！

——蔡葵（徐州教育学会原会长）

55. 如何解决"语言文字表达能力下降"的问题

一

据中国青年报 2 月 27 日报道,该报社会调查中心的一项调查显示,超半数受访的青年感觉近几年自己的语言表达能力下降。47.1% 的受访青年感觉自己词汇匮乏,表达单一。35% 的受访青年感到写作困难。其他还有:逻辑比较混乱的(34.9%),经常使用网络语言的(31.1%),等等。

有人称这是互联网时代的"文字失语"现象。暨南大学中文系副教授郑焕钊认为,这对人们的思维方式、价值观念、表达方式等产生了深层影响,不利于青年人素质的提高和社会文明程度的提升。

我觉得,这关乎整整一代人的文化素养,应引起全社会重视。

二

先看看当下青年人,也包括不少中年人在"语言文字表达"方面常犯的一些毛病。

(一)字和标点

1."吗""嘛"不分

普遍把"嘛"当"吗"用。这完全是用法不同的两个字。

《现代汉语词典》对这两个字的解释是:

吗:一是用在句末表示疑问。如:明天他来吗?你找我有事吗?二是用在句末表示反问。如:你这样做对得起朋友吗?

嘛:一是表示道理显而易见。如:有意见就提嘛。她自己要去嘛,我有什么办法?二是表示期望、劝阻。如:你快点儿走嘛!不让你去,你就别去嘛。

现在不少人用错,主要是把表疑问语气的"吗"用成了"嘛"。如:

①这东西是送给我的嘛? ②明知这样做不对,你干嘛还要做?

第①句中的"嘛"应该为"吗",是对这东西是不是送给我的表疑问。如果把句末的问号改为感叹号,"嘛"就不用改,说明这东西确实是送给我的。第②句中的"嘛"也应改为"吗",表疑问,意在责问你为什么还要这样做。

汉字中音同而形不同的字很多,一字多音多义的字也不少,在使用时一定要细加辨析,根据语境,恰当使用。

该用"吗"的地方都用了"嘛",这在平时所写的文句中、电视剧中的字幕上比比皆是,却无人纠正。

2. 慎用感叹号

感叹号是表达惊叹、愤怒、赞颂、呼唤等强烈感情的。现在,许多人在判断句后也用感叹号,甚至连用几个感叹号。如果用强烈感情去读,非把人憋死。

（二）词语误用

词语误用很普遍,类型也很多。我只能举些典型错误加以说明。

（1）近义词误用。如"权利"与"权力",很多人把该用"权利"的地方用了"权力"。对普通人而言,"权利"是公民所享受的利益,它跟"义务"相对。只有各级官员在职责范围内所拥有的支配力量,才用"权力"。再如"度过"与"渡过":"度过"多指时间上的经过,如"他度过了几十年的艰苦岁月。""渡过"多指空间上的经过,如"部队渡过了长江。"当下,许多人把该用"度过"的却用了"渡过"。

（2）成语的误用。多半是因不知成语的确切含义而造成的。如"炙手可热",比喻气焰盛、权势大,指的是"人"。"这玩意一下子成了炙手可热的畅销商品"中的"炙手可热"用来说"物",就错了。再如"无所不至",多含贬义,指干坏事什么手段都使得出来。"他对子女的关心无所不至"一句中的"无所不至"应改为表褒义的"无微不至"。

（三）语法毛病

存在的主要毛病有以下几种:

（1）主谓不配。"很多年过去了,但他伟岸的背影、拼搏的精神依然闪现在我的脑海中。"主语是"背影"和"精神","精神"跟谓语"闪现"不能搭配。

（2）动宾不配。"经过几代人的努力,中国航天事业开创了多项辉煌成就。"动词是"开创",宾语是"成就",两者不能搭配,宜将"开创"改为"取得"。

（3）结构混乱。本来是两种说法或两层意思,却硬把二者揉在一起,弄得不伦不类。如"处理好人与自然的关系,要靠政府的力量,同时也不能不发挥民间力量在舆论动员、监督检查等方面起到无可替代的作用。"此句应改为"……同时也不能不发挥民间力量在舆论动员、监督检查等方面的不可替代的作用",或"……同时民间力量在舆论动员、监督检查等方面也能发挥不可替代的作用"。

（4）指代不明。"我与你认识的时候，还是个十来岁的少年，纯真而充满幻想。""十来岁的少年"是指"我"，还是"我与你"两个人，不清楚。可改为："在与你认识的时候，我还是个十来岁的少年……"

（5）存在歧义。"三个报社的记者走进了会议室。""三个报社的记者"，既可理解为记者来自三个报社，但人数不止三人，也可理解为记者就是三个人。

（四）逻辑错误

眼下，中学语文教学很少讲甚至完全不讲逻辑知识，学生进入社会后，在语言文字运用中出现逻辑错误就在所难免了。常见的逻辑错误有：

（1）分类不当。"教育厅规定，各校学生公寓的生活用品和床上用品由学生自主选购，不得统一配备。""生活用品"包括"床上用品"，种属概念不能并列。这属于概念分类不合逻辑。

（2）主客颠倒。"中山陵对南京人来说是最熟悉不过了。"是南京人对中山陵熟悉，而不是中山陵熟悉南京人，主客关系颠倒了。

（3）否定误用。"为了防止此类交通事故不再发生，我们要加强交通安全教育和管理。"滥用否定词"不"，造成了否定误用的逻辑错误。去掉句中的"不"即可。

（4）互相矛盾。"你要的文件基本上已由他们二位全部打印好了。""基本上"不是"全部"，二者连用，犯了互相矛盾的逻辑错误。只能根据具体情况，从"基本上"和"全部"中选其一。

想在语言表达上少出甚至不出差错，我有如下建议：

①内涵不清楚的词语不要用，尽量做到用词准确、概念清楚。②造句时要注意句中各成分之间的合理搭配。③多用短句，少用长句，句子一长容易出现顾此失彼的错误。④如果写一段话，一定要注意句与句之间的自然衔接和上下贯通。⑤一段话或一篇文章写成后，默默地一字一句念一遍，看看通不通、顺不顺。不要动辄就想文句优美，首先把每句话说明白，这是最基本的。

三

社会上的青年人之所以"语言文字表达能力下降"，除了受大环境的影响和本人认真态度不够外，跟中小学期间没有打好基础有很大关系。从语文教学角度说，我们还是应该做好我们该做的事。下面我从两个层面来讲。

（一）教师个体

总的来说，要坚持语言文字表达的规范化训练。具体说，应努力做好下面这些事：

1. 积累词汇

（1）抄写词语。每教完一篇课文，就挑选若干词语让学生抄写，每个抄三遍，尤其要重视常用常错的词语，抄写既要抄得对，字也要写得好。这一做法，我坚持了许多年，受到学生和家长欢迎。

（2）抄写成语。每周一次，每次20到30个，既要抄得对，也要弄懂其含义。学生在作文中如能经常运用成语，要大力鼓励。我在学生运用的成语下画圈，有几个圈几个。这使学生很受鼓舞，以至30多年后依然不忘。

要不定期地在教室里展示学生的抄词本，以鼓励学生继续努力，争取有更多的积累，更好的书写。

2. 背诵名句

经常让学生背诵中国古代诗文名句，每周抄写一首著名的唐诗或宋词，帮助学生补充文化营养。在口头和书面表达中恰当地引用古诗文名句，可使表达深刻、优美，由此可培养对优秀传统文化的敬畏，增强文化自信。

3. 诵读美文

传统的语文教育极其重视朗读，赞赏"书声琅琅"的氛围。现如今，很少听到朗读之声了，应重拾这个好传统。课文中的古典诗词、现当代的优美散文，都要引导学生感情投入地朗读，读出声调，读出节奏，读出韵味，读得津津有味，所读的内容就入心了。在朗读中促进理解，在记忆中增加积累。

4. 课外阅读

请图书馆配合，为学生配一个专门的阅览室，提供中外优秀散文和报刊优秀时文，供学生阅读。每两周去一次，每次一节课。老师要指导学生做阅读笔记，不定期作阅读交流。对读得多、笔记做得好的要大力表扬，使学生受到鼓舞而保持良好的阅读习惯。

5. 真情写作

引导学生写自己，写家人，写朋友，写故乡，要求语言规范、质朴。鼓励学生把平时积累的词语（尤其是成语）用到文章里去。写作要求不能定得太高，对大面积学生而言，写记叙文能把事情讲清楚，写议论文能把道理说明白，就好。高中老师，要给学生补充讲点语法、逻辑知识，并指导学生正确使用标点符号，尤其不要滥用感叹号。

（二）学校整体

1. 组织课外活动

可不定期地组织成语比赛、诗文朗诵会、专题辩论会、年级或全校的作文比赛，还可以搞由学生主持的读书心得交流会。总之，把"正确使用语言文字"的气氛搞得浓浓的，以引起全校师生对语言文字正确运用的高度重视，小学高年级和初中阶段是关键。

2. 促进教师提高

学校可每年搞一次全校老师的语文基本功比赛，内容包括：板书设计、短文写作、即席演讲。上世纪 90 年代，南京金陵中学曾连续几年搞过这样的活动，效果不错。还可组织语文老师开展"我怎样引导学生加强语言文字基本功训练"的专题论文评比，交流经验，提高水平。

说到底，语言文字表达能力，就是遣词造句的能力。总的原则，按吕叔湘先生的话说，就是"清通"，按叶圣陶先生的话说，就是"干净"。清通，就是清楚、通畅。干净，就是准确、简明。这就要求语文老师不能仅仅满足于对一篇篇课文的讲解，而应少做大而失当的架空分析，多搞切实管用的具体训练。

四

要解决"青年人语言文字表达能力下降"的问题，不能仅靠学校，而应全社会通力合作。出版界、新闻界、网络公众号、广告设计等，都必须在语言文字的正确运用方面做出表率，使每个国人能受到良好的文化熏陶。

同时要认清一点：语言文字本身也在不断变化、发展。在日益注重效率的互联网时代，新词语陆续出现，语言文字的表达也日趋简洁。我们必须紧跟时代，适应变化，否则就落伍了。不过，作为中华文化载体的文字，在运用时还是得尊重其自身规律，那就是规范、得体。要少提口号，多办实事，因为表达能力的提高是一个长过程。

56. 从语言的日常运用中学语言

毫无疑问，语文老师应该引导学生认真学好体现中华文化优良传统的古诗文；与此同时，语文老师也应当引导学生从语言的日常运用中学语言，因为我们毕竟生活在当代的现实世界中。

"运用"是随机的，会遇到各种不同的语境，对此，我们必须仔细辨析，灵活应对。举例如下。

同一句话可以有不同含义。多数人之所以单身，原因不外乎两个：一是"谁都看不上"（指他看不上任何人），二仍然是"谁都看不上"（任何人都看不上他）。"谁都赢不了"也一样：一是指他极有本事，什么人都赢不了他；一是指他能力很差，谁都可以赢他。

有时，不同的词语可以表达相同的意思。"东西摔地上"和"东西摔地下"，是一个意思。"救火"与"灭火"是相同的意思。"注意安全"和"注意危险"是同一意思。"你别做梦了"和"你做梦去吧"是一个意思。

有时，肯定与否定，表达的是同一意思。如"有啥用"与"没啥用"都是指"没有用"。"有你好果子吃"和"没你好果子吃"，都是指"没有好果子吃"。

同一句话从不同人嘴里说出来，意思就完全不同。比如，母亲对儿子说："你想吃点什么就吃点什么。"这是母亲对儿子的无限关爱。如果医生对病人说："你想吃点什么就吃点什么。"那就是暗示病人，属于你的时间不多了，你就遂自己的心愿，想吃点什么就吃点什么吧。

面对不同的境况，同一句话表达的感情色彩不一样。难题解决不了，现在来了个能解决问题的高手，便说："这下可好了！"表示振奋、高兴。看到两艘船快要撞上时，会说："这下不好了！"可真正撞上了，却说："这下可好了！"表示失望、悲伤。

有时，一句话中的词语排列顺序不同，意思就不一样。"屡战屡败"，形容无能，不断失败，属贬义；"屡败屡战"，形容坚强，不怕失败，属褒义。"我喜欢别人怀里的女孩"，显得你很丑恶，欠揍；"我喜欢的女孩在别人怀里"，自己想得到的女孩得不到，显得你很可怜。"白天文明不精神"，是说大白天他显得很文明，但精神不足；"晚上精神不文明"，是说到了晚上他很有精神，但干的是不文明的荒淫之事。这是对某些人白天一套、晚上一套的丑恶行径的无情揭露。

同一句话，加上不同标点符号，句意和感情就不一样。"下雨了。"这是陈述句，告诉你，外面下雨了。"下雨了？"这是疑问句，对是否下雨表示怀疑。"下雨了！"这是感叹句，至少有两种情况：一种是，长时间没下雨了，大家盼着下雨，现在终于下雨了，非常高兴；一种是，眼下正在收割庄稼，绝不能下雨，可偏偏下雨了，十分焦虑。

有时，标点断句的地方不同，意思也完全不同。"看你们村长什么样。"在"村"后断句，是看"村子"什么样；在"长"字后断句，是看"村长"什么样。

有些句子顺过来倒过去，是一个意思。如：上海自来水来自海上、黄山落叶松叶落山黄、山西悬空寺寺空悬西山、三块五花肉花五块三，等等。

遇到有些情况，用语有忌讳。最忌讳的莫过于"死"，一般不能说"死"，而说去世、长眠、安息等等。在上海人面前，不能说"洗"，因为按上海话，"洗"就是"死"。再如"蚀本"也不能说，要说"折本"，这里的"折"读"舌"，所以"舌头"要说成"口条"。

中国人喜欢讨"口彩"，凡事图个吉利。朋友出行，说一句"一路平安"。请出行的人喝酒叫"饯行"，请外出归来的人喝酒，叫"接风洗尘"。过年打碎了东西，不能责备，而说"岁岁（碎）平安"，等等。

上述种种，都偏于日常口语。有时运用些文明词语，会使表达高雅一点。初次见到对方，用"久仰"，很长时间没见到对方，用"久违"。请人指点用"指教"，请对方原谅用"包涵"。看望对方用"拜访"，客人来家用"光临"。等待客人用"恭候"，说对方不必送行用"留步"。问对方姓氏用"贵姓"，回答对方用"免贵"。请对方收礼用"笑纳"，辞谢对方的赠礼用"心领"。向对方祝贺用"恭喜"，回答对方道贺用"同喜"，等等。

最重要的是，许多词语的含意、感情色彩，因时代的变迁而起了变化。如粉丝，过去专指食品，现在也可指人。鲜肉，以往指食品，现在可用于指嫩男。老虎，过去专指猛兽，现比喻贪官。小姐，过去很高贵，现在有时变得很低贱。老板，过去很少，如今遍地都是。"二"，以往仅仅是个数字，如今有时指傻、蠢。当下出现的网络新词语越来越多，不胜枚举。这就要求我们必须紧贴现实，使语言的运用富有时代气息。但像"屌丝"之类的低俗词语绝不能用。

记得上世纪 80 年代，看到一则报道，说法国的法文教员有时会要求每个学生带上录音机上街，录下路人的各种对话。回家后认真听，分析哪些话是符合规范的，哪些是不规范的，哪些很平常，哪些有新意。我并不是说，我们也一定要像他们那样带着录音机上街；而是说，他们从课堂走向社会，从死板走向灵活，从人们日常语言运用中学语言，这一点还是值得我们借鉴的。

　　本文不是学术论文，不想也没有能力论证什么，仅想通过举例，说一点自己的感悟；所举之例之间也没有什么逻辑关系，所以不严密之处，在所难免。

　　如果说，读古代诗文，读经典作品，是"阳春白雪"，那么，本文所谈都属"下里巴人"。懂前者很重要，因为它高雅，令人仰而视之；但后者也不能忽视，它虽"土气"，但生活中常用，不可弃也。其实，要随时随地都高雅，是很难做到的，倒是"看对象、看场合、懂语序、懂情感、会断句、会变通"，恰如其分地运用好日常用语，却是时时少不了的。

　　要问我写这篇文章"是什么意思"，我答"你应该懂我的意思，没有高深理论，只是实话实说，意思意思。""意思"，既可做名词，也可做动词，很多时候是"只能意会，不可言传"，内涵极丰富，用法很灵活，非常有意思。

2024 年 5 月 13-15 日

四

谈谈社会

1. 向丁教授学习

2011年9月17日，诺贝尔物理奖得主丁肇中教授在江苏发展国际咨询会开幕式上发表演讲。他的第一句话是："我的报告时间将是9分38秒。"结果，他的报告时间控制得如航天飞机升空前"读秒"般精确，一秒不多，一秒不少，准时结束。记者向他提了7个问题，他竟在10分钟内说了10多个"不知道"，他说："我对和我一起工作的人有着非常严格的规定，不知道的东西不要乱说。……没意义的事，我不会考虑。……我将所有的时间都放在物理事业上，因此其他的事情我并不了解。"他简洁的表达和实事求是的态度，令我万分钦佩。

演讲只用9分38秒，多少有点"作秀"之嫌。其实，他多讲几分钟决不会有人说什么。不过，这件事至少给我们一种提醒：说话要简明，不要占用别人太多时间。马克思说过："世界上的一切节省，归根到底是时间的节省。"鲁迅更是严肃地指出："无端耗费别人的时间，无异于谋财害命。"现实生活中，啰唆的人不少。我最怕听有些首长的讲话，逮到个机会就死讲，而所讲的内容大多是尽人皆知的道理。这种耗费他人生命的作风非改不可。

我更感慨于丁教授的10多个"不知道"。《论语》中有句话："知之为知之，不知为不知，是知也。"最后一个"知"是"明智"之意。这是诚实的、严谨的、科学的态度，有了这种态度，事情一定能做好。如今社会上有些人，尤其是某些官员，浮得很，似乎当了官就什么都懂，什么都会，夸夸其谈，哗众取宠。对此，明智之人定当嗤之以鼻。

科学发展观就是要讲科学。科学是老老实实的学问，来不得半点虚假。当老师的都应讲科学，不懂决不能装懂。最要不得的是明明不知道或一知半解，却装作无所不知。55岁以来，我越来越感到自己所知甚少，所以不少场合我都不敢讲话，怕讲错了。世界太丰富，自己太渺小，还是先多看看、多听听、多想想再说话为好。低调有时可能有后发制人的内在力量。我要向丁教授学习，低调做人，专心做事。

2011年8月

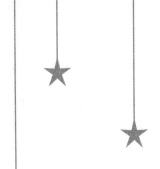

2. 动静相宜

　　动与静是相对的，无所谓对错，各有利弊，就看你如何对待。谈到"动"，人们编了许多话，颇有意思：生命在于运动，脑子在于转动，朋友在于走动，组织在于活动，资金在于流动。"动"确有许多好处；不过，"动"要合理、适度、有规律，不能乱动、瞎动、盲动，否则，有损健康，不利工作，甚至毁掉事业。

　　随便说点常见的事吧，比如，大城市中心区是禁放爆竹的，但几乎每天都能听到某某店开业的爆竹声，想什么时间放就什么时间放，想放多久就放多久；施工噪音也管不住，市内不少地区都被工地包围，挖土机隆隆，打磨声咝咝；公共场所的大声喧哗更管不住，想说就说，且声音洪亮，无人阻止……几年前，我在"病中杂想"中提到：人对闹哄哄都习惯了，不当回事。我对此很讨厌，宴请闹哄哄，聚会闹哄哄，我受不了，所以不少活动我都婉拒。这不仅仅是因为年龄大，而且因为它不够文明。其实社会发展到一定阶段，"静"是文明的标志，是高雅的表征。一个人，一个国家，如果老是"静"不下来，就说明很浮躁，文明程度不高，无真正的幸福可言。就个人而言，读书要静，思考要静，家庭生活要静；就社会而言，学校要静，医院要静，公园要静，一切公共场所都需要静。

　　人活着就要动，在动中增活力，在动中寻乐趣，在动中出成果；同时也要静，在静中做思考，在静中求智慧，在静中获理性。该动则动，该静则静，动静融合，生命无限。我们"动"的时间太长了，现在是该相对静一静的时候了。我坚信，头脑冷静了，方法合理了，关系协调了，行为谨慎了，就一定会"动"得更有活力，更有成效。果能如此，离文明社会就不远了。

2011 年 9 月

3. 话说"过度"

　　某日"新闻夜宴"在谈及医生看病时，用了"过度医疗"一词，觉得很新鲜，也颇为不解：医疗怎么会"过度"呢？听了两位嘉宾的解释，一切都明白了。明明是个小病，而医生非要你做全面检查，从拍 X 光片到 CT 到核磁共振，美其名曰"对你负责"；明明只要服用普通的药就能解决问题，可医生非得给你开贵重的药，美其名曰"疗效好"。总之，想方设法多收你的钱。多费钱还是小事，滥用抗生素，乱吃高档药，有时会引起其他病症，耽误及时治疗的最佳时机，最终酿成悲剧。

　　稍微想一想，发现"过度"现象比比皆是。有"过度包装"，烟、酒、月饼的过度包装，抬高了物价，助长了某些人的过度消费，而过度消费，特别是公款的过度消费，极易滋生腐败；就个人而言，过度消费也会造成不良后果，比如买房吧，只有夫妻两个人，却非要买 100 多平米的房子，结果住了新房子，过着穷日子。有"过度炒作"，如对人物事迹的炒作，对取得成绩的炒作，有时无限放大，有时故意隐瞒，既扭曲了事实，更影响了声誉，甚至败坏了道德。在这一点上，新闻媒体需深刻反思。为了吸人眼球，新闻宣传走极端的事，时有发生。我市有两家报纸，都曾以整版的篇幅登过某培训机构"8 天等于 12 年"的广告宣传，说只要接受它 8 天培训，相当于上了 12 年学。这简直是世界上最大的奇迹！其实，稍有常识的人都知道，这是完全不可能的事。而报纸收了它的版面费，就不顾事实，连续登了好几次。这不害人吗？难怪有人说，成也新闻，败也新闻。看来，新闻媒体的过度炒作该收手了，必须尽快回到实事求是的轨道上来。

　　最可怕的是"过度开发"。这有两类，一类是对自然资源的过度开发，一类是对智力资源的过度开发。前者如对地下水的过度开发，使一些城市地面大面积沉降，直接威胁到人的生存安全；又如对矿产资源的过度开采，破坏了天然矿脉，造成矿产资源的严重浪费。后者如对儿童和青少年智力的过度开发，让孩子在无止境的上课、考试中度过，不断加班，不断施压，不接触自然，不参与实践，结果扼杀了个性，摧毁了创造性，使儿童失去了纯真活泼的童年，使中小学生萎靡了生命活力，从而让民族和国家的未来堪忧。

此外，家长对子女的过度呵护，使孩子丧失了独立生存能力；乱七八糟的过度娱乐，使本应健康的文化堕落成低俗的作秀。

"过度"就是瞎搞，就是蛮干，就是折腾，就是不尊重客观规律，是急功近利心态的反映，是对常态生活的破坏。违背规律，迟早要遭规律的惩罚。各种受非理性观念驱动的形形色色的"过度"，直接或间接地影响了社会的进步。只有认真落实科学发展观，敬畏自然，敬畏生命，尊重事实，尊重规律，凡事不过度，办事求适度，才能保证各项事业健康而持续的发展。

2012 年 5 月－9 月

4. 我是什么

　　早就能背马克思的一句名言："人的本质是各种社会关系的总和。"但始终不大理解其含义。年过 70 了，看得多了，经历得多了，思考得多了，对这句话也慢慢理解了。人有两种属性：一是自然属性，吃、喝、性，是为了延续生命；一是社会属性，学习、工作、交际，是为了人类进步。马克思的那句话，讲的是人的社会属性。每个人都想生活得简单、开心，不想别人打扰，最好凡事一帆风顺，心想事成，而在现实世界里，没有一个人能做到这一点。因为社会是由各种各样的人组成的，人与人之间相互联系、彼此影响：谁都不可能真正独立，当然也不存在真正的自由。每个人从懂事起，就在特定的社会关系网中生活。在家庭里，有父亲母亲，有兄弟姐妹，有各种亲戚；在学校里，有校长、老师、同学；在社会上，有业内同事，有业外朋友。拿我来说，在家有老母、妻子、儿子和两个兄弟及其家庭；在校有所教的学生、语文组的同事、校长和中层领导；在社会上有学会内部的大学教授、中学老师，有民进内部的新老领导、民进会员，有新闻、出版界的记者、编辑，有来校找我帮忙的家长和别校的学生……而这些人又都有各自的朋友，他们也可能为了某件事而跟我联系。近的、远的、熟悉的、陌生的，织成了一张巨大的网，我就在网中。要做成一件事，除了自身的努力，还得靠各种关系；事情办不成，很可能因为没有找到合适的关系。难怪美国著名的成功学、心理学专家卡耐基说："一个人的最终成功，15% 取决于专业知识，85% 取决于良好的人际关系。"真是太有道理了。能协调好各种关系，就顺利、和谐、快乐，各种关系协调不好就忙乱、受挫、痛苦。每个生理、心理正常的人，都是在各种关系的协调、平衡中成长、成熟、成功的。在人生的旅途中，不知要经历多少坎坷、磨难，不同的只是多与少的问题。不少时候，我不想做的事却不能不做，更多的时候，我想做的事却很难做成，因为受到各种关系的牵扯。所以古人云："人者，三分顺七分逆耳。"世人则常说："顺其自然，随遇而安。"这就是人，这就是人生。

　　当然，决不能听天由命，任由"关系"摆布。人总得有自信，有尊严，有追求，有个性。这需要有突破各种不利"关系"的勇气和执着。这种人往往能取得一般人难以取得的成果，做出多数人难以做出的贡献。但同时，这种人也常常会失去一些东西。不少人在事业上是成功人士，但生活却缺乏乐趣。这大概就是有得必有失吧。

　　我是个普通的人，但我又不甘心永远做个普通的人。我曾对学生说过："不要脱离凡人，但不要甘当凡人。"我无法摆脱各种关系，但我努力协调好各种关系，争取为社会多做些有益的事。我是什么？我是"各种社会关系的总和"；但我就是我，而不是别人。每个活得有尊严的人都很累，但唯其有尊严，才是个真正意义上的人。

2012 年 9 月

5. 随想录

只做一件事

每当夫人跟我谈及世故人情，我总是无语。这时，她就说："你什么都不懂。"我仍然无语。其实，我知道，她的意思是，无论跟谁打交道，一定要讲礼数，不然事情就办不好、办不成。这确有道理，不过，我这个书生偏偏不屑此道，生性使然，大概这辈子是改不了。

今天读了著名作家刘震云与崔永元的倾心对话，觉得很有意思。刘说，有两位不识字的"知识分子"对他的影响特别大。其中一位是他舅舅。他舅舅说，不聪明也不笨的人，一辈子就干一件事，千万不要再干第二件事。此话有点绝对，但也不无道理。我就属于既不聪明也不笨的人，我这辈子就只干了一件事：教书。别的确实没干过，至少没干好。一个人的能力是有限的，一辈子能干好一件事就不错了。眼下有些人，其实并不聪明，但自视高强，什么都想干，什么都想"做大做强"，但最终什么也没干好。说到底，这是缺乏自知之明。

记得前年参加金陵中学河西分校迎新聚餐，每位获表扬的人都要讲一句话。后勤处的一位老师说："再平凡的事，你能认真把它做好，你就不平凡；再简单的事，你能真正把它办好，你就不简单。"我看，这是平凡的真理。拿我夫人来说，她能把家里的事处理得井井有条，就很不平凡；拿我来说，能把语文真正教好，就很不简单。好高骛远，眼高手低，虚荣浮躁，是人生的大敌，也是事业的大敌。

说"精明"

有的人看了一眼，就不想再见到他（她）；有的人看了一眼，就再也忘不了他（她）。有的人实诚，让人信赖；有的人虚伪，让人厌弃。有的人率性，让人感到亲切；有的人精明，使人心生警惕。就说说"精明"吧。

"精明"是个中性词，它多半跟"能干"连用。精明的人思维敏捷、办事干练。不过，太过"精明"就不好了。过于精明的人，事事算计，处处为己，为达目的，不择手段，费尽心机。这种人，有时可以"委屈"自己，有时可以"夸耀"别人，有时会挑拨离间，有时会造谣生事。到了这种地步，"精明"便跟"卑鄙"结盟了。最近看电视剧《别样·幸福》剧中的艳红就是这种人，什么好都想得，什么坏话都敢说，虽然她也勤劳肯干，但心术不正，令人厌恶。

大凡善良正派的知识分子，大都没有花花肠子，没有酸酸点子，不会算计，不善变通，一心只想把事做好，一句话，只为谋事。过于精明的人则相反，专门谋人。有人对你特别的好，嘴上尽是甜蜜的话，脸上全是温柔的笑，常常当众说你好，甚至为你打抱不平。对这样的"朋友"，你可要小心了。过于精明的人，能得逞一时，却难以得意一世。别忘了那句话："机关算尽太聪明，反误了卿卿性命。"

静下心来

W老师急急从我面前走过，我问："你在干什么？"答曰："正在忙呢！"又加了一句"静不下来"。今天遇到陈柏华老师，问候健康之余，我问了一句："你在忙什么？"他说要把高一语文教学设计印给每位任课老师。他是个有个性、善思考的人，也十分勤奋，我很敬重他。我说："别那么忙，凡事悠着点，要保重身体。"他笑着回答："不行啊，不赶快做就来不及了。"是啊，谁都不愿落在别人后面，这种进取心值得赞扬。问题是，我们所做的是否都是必要的，是否真有道理，对此，大多数人可能考虑得不多，甚至没有考虑。目前在岗的人，尤其是那些想"活出个人样来"的人，就像上了快车，谁都下不来，至于这车要开向何方，谁也说不清，谁也管不了，反正任车向前飞奔。这种以牺牲健康、盲目前行为代价的"忙"，是很危险的，但现实又决定了你不能不忙，好无奈啊！

最近问了几位老师暑假里干了什么，除了开会、旅游、陪家人看病，没有一个提到读书。大家都静不下来阅读点什么，思考点什么。不少人看报，几乎一目十行；看别人的文章，只找感兴趣的几行看看，重要的内容也许并没在意。我自认为是个认真的人，现在也多少沾上了一点这个毛病，有时会跳着看，不过，多数时候我还是仔细地一字一句地读过去，生怕漏读了重要语句。要想真正读进几本书，干成几件事，非得静心。大家都说浮躁不好，其实，总是静不下心来，就是一种浮躁。什么都急急匆匆，什么都风风火火，看上去做了不少事，静下心来一想，又似乎什么也没做，为什么？因为这些事大多不是自己真正想做的，只是完成上面交下来的任务而已。中国有两个词语，如果拆开来解释，很有意思，值得玩味。比如"成功"，你想"成"吗？那就要努力地做"功"；再如"安静"，你想"安"吗？那你就得把心"静"下来。当每个人都能有时间静下心来读点书报，作点思考，做点自己想做的事，那才真正是"活出了人样"，那才真正是人性的社会。我相信这一天终会到来，虽然时间很长。

2012年8月

6. 相互尊重，好！

习近平在十八届中共中央政治局第一次集体学习时提出，要牢记国情，推动改革。他要求全党既不妄自菲薄，也不妄自尊大。这是非常正确的。如果说这主要说的是国与国的关系，那人与人的关系又何尝不是如此呢？

看看周围，妄自菲薄的不少，但妄自尊大的人似乎更多，问题都出在一个"妄"字上。"妄"是盲目、胡乱，是不冷静、不清醒。不相信自己的水平和能力，就自卑；看不到或不愿看到别人的水平和能力，就自卑。两者都不利于自身的发展和进步。只有以平和心态，跟人相互尊重，才能拥有正常的生活。

前不久，又看了一遍电影《叶问2》。叶问在师父惨死、对手狂傲的忍无可忍的情况下，发起对英国拳王"龙卷风"的挑战。经过极其艰苦的拼搏，终于将"龙卷风"打倒在地，取得了最后的胜利。面对众记者的围问，叶问以疲惫但平静的语气说了这么一番话："我不想证明中国武术一定比西洋拳法优秀。我只想说人的地位可以有高低之分，但人的人格不应有贵贱之别。我希望每个人都学会互相尊重。"说得多么好啊！有些人只想证明自己的"优秀"，一有机会就自我夸耀，却无视别人的长处，甚至想处处压倒别人。这种人迟早会孤立而失败。每个人都必须有自信，但过于自信，很可能成不了大事。因为一个人是否能成功，取决于主客观等诸多因素，其中当然也包括对他人的尊重。

我这个人，所知甚少，欠缺甚多，能力有限，虽不乏自信，但深知人各有长，只有彼此尊重，才能关系融洽，事业顺利。该说的话要说，该干的事要干，但决不以压倒对方为目的。凡事量力而行，做实实在在的事，抒真真切切的情，说平平常常的理，在向各方面的人虚心学习的过程中，使自己不断有所提升，足矣。我坚信，只有实事求是地把自己摆在一个恰如其分的位置上，既不妄自菲薄，更不妄自尊大，才能心态正常，有所作为。

2012 年 11 月

7. 随笔（三则）

关于人生

这几天，我特地留意校园中和院子里的树，才一星期，绿色已布满枝头了，树梢尖上的嫩绿半透明的，甚是可爱。再过两三个月，每棵树都将枝繁叶茂；深秋一到，它又落叶纷飞；雪花一飘，它又寂寞萧条。树就这么年复一年地面对四季，就这么在风霜雨雪中添着年轮。"病树前头万木春"。有些树枯死了，而另一些树则在蓬勃生长着。

人的一生也大抵如此，有嫩绿的时候，有茁壮的时候，也有枯黄的时候。家庭有愁喜，事业有成败，阅尽人间沧桑，尝遍生活甘苦，生命之火也就渐渐熄灭了。人生的价值到底在哪里？我看，既在每一天新鲜的生活里，更在每一天不倦的劳作中。为自己而活，固所当然，却谁都记不住你；在为自己而活的同时，多为别人做点什么，你就活在别人心里，如果你做的有些事有助于社会的进步，那你就没有白活。我将利用我的余生，在珍惜生命的同时，尽我所能，为别人、为社会多做点事。"满目青山夕照明"，那该多么幸福！

关于廉耻

眼下，谦虚、礼让似乎成了"傻帽"的代名词。殊不知，谦虚与礼让是中华民族的美德之一，是有教养的表现，有利于自身的进步和事业的发展。可如今越来越多的人不仅不谦虚，而且十分傲慢甚至张狂，还美其名曰"抓住机会表现自己、推销自己"。这种人往往有一点小聪明，善于察言观色，投机钻营，目的或为了图名，或为了求利。这种人好表现，好吹牛，好出风头；别人比他强，心怀嫉妒，有点成绩，沾沾自喜，到处炫耀，甚至趁机打击别人、抬高自己。到了这个地步，就离卑鄙不远了。这种人的心里缺少一个"敬"字，不敬畏自然，不敬畏规律，不敬畏道德。

不敬，就是不知耻。孔子说："行己有耻。""有耻"很重要，如果一个人过于骄傲，丝毫没有羞耻感，那是很可怕的。清代学者顾炎武就把"耻"与"廉"放在一起来评论为官者。一个人如果无耻的话，将无所不为；一个人如果不廉的话，将无所不取。后来，人们说某人"不知廉耻"，就是说，这个人没有什么不敢干，没有什么不敢贪，那就令人痛恨了。

如今，做广告吹牛，做报告吹牛，写文章吹牛，订规划吹牛，已司空见惯，而真成大事者寥寥，何也？不敬也。从长远看问题，做人还是谦虚一点好，低调一点好。心中有敬畏，实践按规律，果能如此，必然"做人有人缘，办事定成功"。

关于"管"

管，可以做名词，也可以做动词。做动词用时，有管教、管束、管制等含义。

管，分两种，一种是管人，一种是管物。管人涉及两个方面，一是管别人，一是被人管。在中国历史上，管人者居上位，有命令、训诫、支配、惩罚等权利；被管者在下位，只能遵命、服从，受控制、被束缚。两者是一种不平等关系。一些官员习惯于居高临下，盛气凌人，以权吓人，以势压人。官员的这一套也影响到教育领域。不少老师，尤其是部分青年教师，喜欢"管"学生，甚至"管"家长。学生表现不太好，老师不首先反思自己的工作，动不动就通知家长到校，当面训斥家长"管教不严"。这给学生及其家长什么印象？多数家长也喜欢"管"子女，什么都要听他（她）的，学习要管，填志愿要管，找工作要管，谈恋爱要管，管头管脚管到死，而对孩子如何做人，却管得很少，到头来，子女不自由，自己也不自由，何苦！

人性有弱点，人都有惰性，所以人是需要"管"的，问题是怎么"管"。科学地"管"，人性地"管"，能使人变得理性、勤奋、有尊严、有责任心，社会也在这样的"管"中得以进步。如果"管"得过宽、过死，"管"得不科学、不恰当，那就会泯灭人性，扼杀个性，打击积极性，抑制创造性，于个人、于社会都不利。正确的做法是：该管则管，该放则放，少管多放，关键在"导"。作为高等生物的人，不能时时处处要人管，人更需要有属于自己的时间与空间。一个人到了什么都要人管的地步，人就不成其为人了，而是地地道道的奴隶（特殊人群的"管"，另当别论）。人的自由度越大，自觉性越高，社会就越文明越进步。

人人生而平等。从人权出发，不存在管与被管。政府靠法律管人，而不是靠权力压人。中共十八大报告中重申，政府要转变职能，变管理型为服务型。这是巨大的历史性进步。

遗憾的是，现实离此目标较远。我发现，一些官员出于自身利益的考虑，该管的不管，或不认真去管，而不该管的却瞎管、乱管。我还发现，在一些部门，往往是水平不高的人去"管"水平高的人，这不滑稽吗？当了官，就一定什么都比别人强吗？官员只要不犯重大错误，只能上不能下，这谁来"管"？

我不喜欢被人"管"。我虽然水平不高，但我恪守公德，对本职工作很热爱、很努力，为什么要受制于人？我一贯认为，人是需要彼此尊重的。你敬我一尺，我敬你一丈，相互学习，事业顺当。这就不需要"管"，只有合作，共享欢畅。到了人人不需要"管"，人人都能为他人着想，那将是人间天堂。我期盼：变官"管"民为官民互"管"，官尊重民意，民支持公权。这种"管"，靠的是制度，凭的是法律，再加以道德的引领。

2012 年 12 月 5 日

8. 为一点无用的人生

在淮安格林豪泰单人间休息，晚上看电视，电影频道正在放《最后一站》，讲的是大文豪托尔斯泰的"最后一站"，他与妻子闹矛盾，"离家出走"，在一个车站附近的小店住下，最后就死在那里。影片中有一个细节：某出版社要跟托氏签约买下他的著作版权，他夫人很高兴，叫托氏马上签字，而托却愤怒地对妻子说："你就知道钱，我写作不是为了钱！"妻说："那我们怎么生活？"托反问："难道你会挨饿吗？"其妻基本生活条件是很好的，却仍把钱看得很重。这就跟托氏的追求截然不同。

在现实社会里，钱确实很重要，因为它是人的物质生活所必需的；但当物质生活得到基本满足后，精神生活需求应逐渐成为生活的主要内容，否则人与动物就没有区别了。人到无求品自高。托氏之所以享誉世界，因为他越到晚年，越关心社会，越关心人类命运，他的"非暴力"和人类之爱，使他成为伟人。影片结束时，一位托氏的崇拜者，在车站前向记者和各界人士宣布：今天早上 6 点 10 分，一个伟大的灵魂离开了我们……一个多世纪过去了，托尔斯泰这个精神巨人永远活在我心里。

于是又想起了刘禹锡。唐穆宗长庆四年，刘禹锡被贬郎州司马。按当时规定，他应住衙门内三间两厅，但知县是个小人，硬是横加刁难，先是安排他住城南，面江而居。他不但没埋怨，反而写了一副对联贴在房门上："面对大江观白帆，身在和州思争辩。"这一举动可气坏了知县，于是将他的住所由城南调至城北，把房屋缩小到一间半。新宅临河，杨柳依依，刘触景生情，又写了一副对联："杨柳青青江水边，人在历阳心在京。"知县见他仍悠然自得，又把他的住房调到城中，且只留下一间房子。半年之内，连搬三次家，住房一次比一次小，最后仅剩斗室。想想知县实在欺人太甚，于是他愤然提笔写下了传世佳作《陋室铭》："斯是陋室，惟吾德馨。"他告诉大家，我虽住陋室，但很有品位，十分温馨。

人生在世，为稻粱谋，为权力谋，为物欲谋，何时真正为一点"无用"的人生。

2013 年 9 月

9. 尊重内心的选择

每当看到"清宫剧"或其他古装戏中群臣向皇帝跪拜，我心里总是很不舒服。在宫内，皇帝一人端坐，左右两旁的太监和宫女都垂手恭立，不敢抬头直面皇上，直到皇上说："你们都下去吧！"才一齐"嗻"的一声，低头倒退离开。大官在属下面前，也都趾高气扬，一声令下，不得违抗。这是主子和奴才的时代，是人格极不平等的时代，是彻底反人性的时代。电视剧《康熙王朝》里的主题歌中竟然有这么一句："我真的想再活 500 年！"当时我就嘀咕："难道再容忍封建体制 500 年？这还得了！"南大原副校长、文学院院长董健教授曾对我说："我从不看古装戏，看了来气！"看得出他对封建帝制是深恶痛绝的。

"天赋人权"，人生而平等。社会分工不同，绝无贵贱之分。搞专制，搞特权，是极少数人剥夺大多数人的权利。遗憾的是，在几千年的漫长历史进程中，中国的百姓居然甘当顺民，一切听由上面说了算。欧洲也经历了封建时期，但为什么那里的百姓比我们早觉醒了几百年？也许是中国的历代封建统治者太过残酷。官本位，一言堂，不民主，依然存在，有些地方还很严重。要建立真正意义上的民主法治社会，就必须跟形形色色的封建余毒作长期的坚决的斗争。

于是我又想到"反对票"问题。学校对参评高级教师、学科带头人、特级教师、教授级教师的述职进行民意测验时，每次都有人投反对票，少则一两票，多则五六票。我认为这很正常，如果没有反对票，倒是不正常的，这表明我们金陵中学从总体上来说是民主的。虽然几张反对票不足以改变什么，但至少是投票者个人意愿的正确反映。

我曾两次投过反对票。一次是市政协增补一名副主席，被增补者是因为口碑极差、作风不够好的某领导，尽管连我在内只有 10 人左右反对，但毕竟给了这位领导一些提醒。另一次是省政协增补几名副主席。据我对其中一人的了解，我觉得他不够格。当大会主持人说："反对的请举手。"我立即举起右手，而且举得高高的，一共有 14 人反对，而与会者有 400 多人。其余几位增补者都是满票通过，此人虽然也通过了，但心里可能会想，人家都满票，我却有 14 票反对，看来我得好好反思一下。

从某种意义上说，民主就是保护少数人的话语权和监督权。据我所知，那次增补副主席，不少人对被我投了反对票的那位是很有看法的，但真正表决时却因情面和缺乏勇气而没有公开表示反对。这说明我们的民主氛围还不够，相当一部分政协委员的民主意识还不强。我相信，随着时代的进步，随着中国越来越多地融入国际社会，中国的政治民主会不断向前推进。

2013 年 11 月《教师》

10. "欲望"这东西

　　欲望，词典上的解释是：想得到某种东西或想达到某种目的的要求。这是每个生理、心理正常人的一种本能。就物质而言，有食欲、财欲，等等；就精神而言，有性欲、权欲，等等。欲望就是追求，从这个意义上说，没有任何欲望就不是人，他就没有动力，没有进步，也就无幸福可言。不过，欲望也跟许多事物一样，有两面性：恰当的欲望有助于成功，甚至有利于和谐；欲望过强，失去控制，就会既伤人又害己。台湾画家朱德庸在他的《在一个时代里缓慢行走》一文中就提及这种欲望。他说："我们碰上的，刚好是一个物质最丰硕而精神最贫瘠的时代，每个人长大以后，肩膀上都背负着庞大的未来，都在为一种不可预见的幸福拼斗着。但所谓的幸福，却早已被商业稀释而单一化了。市场的不断扩张、商品的不停量产，其实都是违反人性的原有节奏和简单需求的，激发的不是我们更美好的未来，而是更贪婪的欲望。长期的违反人性，大家就会生病。"文中提到的"违反人性的原有节奏和简单需求"，大家就会"生病"，值得当代所有人深思。

　　什么是"人性的原有节奏"？我的理解是：一切顺乎自然，不过分，不刻意，什么时候做什么事，怎么做，都按其自身的规律去办。比如学习、工作，生老病死，等等。什么是"人性的简单需求"？关键是"简单"二字。稍微想一想，人的需求其实的确是很简单的：一日三餐，再怎么吃也吃不了多少；有房子住，睡觉只需一张床；一年四季有相应的衣服穿就行了，有些换洗的，也多不到哪里去；外出游玩，或徒步，或骑车，如果想去外地，全家一辆汽车就够了。对于一个政府、一个国家来说，也没多少特殊需求，只要保证每个公民能过正常的生活即可。这就叫"简单需求"。朱文中提到的"生病"，既指肉体的，也指精神的，且以后者为甚。能按人性的"原有节奏"和"简单需求"去生活，很自然，很本真，我看这就很好。问题是，很多人不这么想。拿个人来说，有钱了，还想有更多的钱；有房住了，还想有更大更多的房；有足够的衣服穿了，还要有更多更名牌的服装；有车了，还想要更高档的车，甚至想全家一人一辆……拿国家来说，GDP已是世界第二了，还想冲全球之冠；马路拓宽了，还想再辟新路；高楼不少了，还要再盖新的大厦；为了鼓励房地产开发，有些地方政府不惜填湖造房，以至于30年内消失了几十个湖泊，……人们在"发展"的旗号下，只看"增长"，不计后果。欲望不断膨胀，事业日益"辉煌"，"辉煌"背后是什么，几乎没人去想。

除了物质上的欲望，还有精神上的欲望。它跟中国人的"面子观念"紧密结合，成了一种畸形的追求。什么都要比别人强，什么都想高人一等。这固然有自强的一面，但失去控制，就会迷失自我。为了满足无止境的欲望，很多人不惜弄虚作假、欺上瞒下，胡作非为，以致道德沦丧，世风日下。这种人都是偏执狂，最终很可能成为寡家孤人，十分凄凉。

看看周围，只有人"教导"我们如何成功，却很少甚至没有人教导我们如何保护自我，如何保护世界。为了"成功"，可以不择手段，肆无忌惮。个人如此，银行、厂家、政府都如此。我们周围的东西都在增值，唯有我们的人生在不断贬值。身边的人都在往前跑，谁都不愿也不敢停下来，最后连为什么要这么快地赶，都说不清楚。欲望在虚荣心的推动下，使人彻底异化了，都忘记自己是谁了。

"征服"的欲望让人类不断扩张自己生存的地盘，而为人类提供生存资源的地球却日益千疮百孔。人类到了该控制自己欲望的时候了！前面我已说过，欲望本身并非坏事，但要有个"度"，要有底线。如果每个人私欲膨胀，社会就会混乱；如果人类征服欲过强，环境和资源都将惨遭破坏，从而导致灾难频发，严重影响人类的正常生活，甚至最终灭了自己。

我们固然要与时俱进，但更要时时回过头去看看以往。我小时候没有任何玩具，只是与小伙伴玩玩弹子，就感到很快乐。妻对我说，每逢重阳节，老人都要给孩子送一块糕，不在乎糕是否好吃，全在乎糕点上那面小旗子，拿在手里真开心。我母亲96岁了，一生与世无争，现在仍每天慢悠悠地散步一小时，多自在！让我们按"人性原有的节奏"和"简单的需求"去经营自己的人生吧。唯此，世界才能安宁，未来才能更好。

如果人人都敬畏生命，敬畏自然，必能抑制欲望，必能心情舒畅。然而，谈何容易！有几个人能听我的？欲望这东西，唉……

2013年

11. 鲁迅精神的现实价值

一家长来校找领导有事，在等待的过程中见到了我，他劈头就问："喻老师，你对鲁迅怎么看？"听得出，他首先是佩服鲁迅的，但对鲁迅也有看法。这很正常，人无完人嘛。不过，正如鲁迅所说："有缺点的战士终究是战士，完美的苍蝇终究是苍蝇。"

鲁迅的思想和言行，跟他所处的时代，跟他的家庭、他的经历、他的性格都有关系。他对中国历史的洞察力，对国民性的深刻认识，对丑恶现象的无情揭露，对自我的冷静解剖，是中国近现代史上很少有人能与之相比的。他直面淋漓鲜血的勇气和决不向黑暗势力低头的硬骨头精神，始终令我敬佩。

尤其令我印象深刻的是，鲁迅对统治者"瞒"与"骗"的揭露。他一贯对统治者及其帮凶歪曲历史、隐瞒真相、欺骗民众的阴谋手段深恶痛绝，或辛辣讽刺，或尖锐批判。瞿秋白在《〈鲁迅杂感选集〉序》中对鲁迅的精神作了精辟的概括，其第一条就是"反虚伪"。瞿秋白是看得很准的。鲁迅对一切"瞒与骗"的虚伪行径丝毫都不容忍，事物的真假一定要首先搞清楚。遗憾的是，在中国的传统文化中，善与恶、忠与奸、君子与小人，分得很清楚，却不大在乎真与假的界线。由于一般民众对虚伪缺乏敏感，又缺乏实证精神，加上统治者本身就很虚伪，以至于形形色色的虚伪行为大行其道。快一个世纪了，"瞒与骗"仍很有市场。鲁迅若地下有知，一定不会沉默。现今的中国，比鲁迅时代清明多了，但明明突发事件出现了，且很严重，却隐瞒真相、欺骗大众的事，仍时有发生。这种为安定而安定的做法，最终可能很难安定。

中国人一向崇尚中庸之道。这有它好的一面，可以缓和矛盾，不使激化，以便赢得时间，把事情办好。但如果一味中庸，不辨真假，不分是非，只会丧失原则，放弃理想，难以进步。从这个意义上说，鲁迅的反虚伪，既有现实的意义，更有永恒的价值。正因为如此，他成了伟人。他毫不妥协地跟虚伪作斗争的巨大勇气，永远在中国文化史上熠熠闪光。

2012 年 8 月

12. 必须重视"感性"

为什么各行各业的调子定得那么高，甚至越来越高？为什么人们对"高调"有看法却不敢批评？这一直困扰着我。记得三年前，我校骨干教师在暑假教学工作会上听了锡山中学校长唐江澎的讲座。他不经意间的一句话引起了我极大的兴趣。他说，我们国家是不大讲感性的。他没有展开，其实此话的内涵是极为丰富的。

什么是感性？词典上的解释是："指属于感觉、知觉等心理活动的（跟'理性'相对）。"而感性认识则指："通过感觉器官对客观事物的片面的、现象的和外部联系的认识。"什么是理性？"指属于判断、推理等活动的（跟'感性'相对）"。而理性认识是"在感性认识的基础上，把所获得的感性材料，经过思考、分析，加以去粗取精、去伪存善、由此及彼、由表及里的整理和改造，形成概念、判断、推理"。感性认识是认识的初级阶段，但它是理性认识的基础，还没有任何"感觉、知觉"，哪有什么"判断、推理"？当然，我们决不能停留在感性层面，不能唯经验论，但经验毕竟是由"感觉、知觉"而来的，是看得见、摸得着的，所以它在一定时期一定范围内是有用的，甚至有很大用处。现在的问题是，在很多时候，很多问题上，有人特别是政府官员，不经过"感觉、知觉"，更没有经过"去粗取精、去伪存真、由此及彼、由表及里的整理和改造"，就拍拍脑袋，直接进入"判断、推理"，很主观地提出一些想法或"理念"，而这些想法和"理念"从表面上看是颇有道理的（用美好的词汇或诱人的口号作装饰），所以虽然你总感到有些"不对劲"，但又很难公开反对。比如，很多官员很喜欢用"高起点"一词。什么是"起点"？起点是开始的地方，它能"高"吗？许多官员很喜欢用"跨越式发展"一词。发展怎么能"跨越"呢？就像一个小孩，才学会走路，你就要他快跑，行吗？"加快"速度也属此类。再比如，政府的规划、纲要、目标，都是很宏伟的、美丽的，你能反对吗？不能。但其中不少内容因缺乏"感性"而难以实施，难以实施却硬要实施，就难免会出现问题甚至是严重的问题。

拿教育来说，素质教育好不好？好。上级要求各校"全面实施素质教育"，明明做不到，却硬要做，那就扭曲素质教育。如果把感性认识比作当下认识、第一认识，那么理性认识则是未来认识、第二认识，没有当下认识，就没有未来认识。当然，如果局限于当下认识，甚至失之平庸，就不能进步，就不能发展。这就需要用未来认识来启发，来引导。仍以教育为例，从感性上说，应试教育是躲不过、绕不开的，但如果滞留于应试教育，那教育就完了。这时候就需要用素质教育来引领，即使马上做不到，至少要在两者之间寻求一个平衡点。再如作文指导。学生作文中的大话、空话属于一种理性认识，其中许多话是理想化的，是目前做不到的，所以虽然明显觉得它空，也无法说它错。但如果老讲这些话，就很容易使学生日益脱离实际而成了吹牛的人。不少老师动不动就叫学生"多用哲理语言"，我往往反问："你来几句哲理给我看看。"什么是哲理？哲理是前人在无数感性认识基础上的理性提炼，其中包含着深刻的人生体验和文化感悟。学生引用它可以，要自己编就难了，因为感性的积累太少。过于或刻意追求理性，很可能成为一个空头政治家和远离现实的理想主义者，这种人很容易犯偏激和冒进的错误。用过去革命导师的话来说，这是"左"派幼稚病，是小资产阶级狂热性的表现。

1957 年的"反右"斗争，1958 年的"大跃进"，十年"文化大革命"和前几年的经济过热，都是貌似理性口号下的非理性盲动行为，它们给民族、给国家造成的损害与灾难是无法估量的。历史的经验值得注意：我们要理性，而决不要伪理性。当务之急是：多一些务实的感性，少一些空洞的理性，至少要坚持把理性建立在感性之上。这至少可以不犯或少犯主观臆断的错误。

2014 年

13. 我感谢夫人

很长时间以来，包括我在内的许多男性都不大看得起"家庭妇女"，认为她们"总是婆婆妈妈，好说家长里短"，档次低，没品位。这样的人当然有；不过，要做一个真正合格的家庭妇女并不容易。家里有做不完的事，只要你想做；就像班主任，班级里要做的工作很多，只要你想做。

以我家为例。我家的那位"家庭妇女"实在了不起。在我"落难"的日子里，她顶着巨大的精神压力，含辛茹苦地把两个孩子抚养长大。这么多年来，家里的吃喝拉撒、日常起居，她全"承包"了。接待亲友、送往迎来，她都考虑得很仔细。她很节俭，买东西都挑便宜的，东西坏了，自己修补。她很爱干净，家里的地每天要拖好几遍，边边角角，一尘不染，东西乱了，非得尽快整理好。她很有爱心，可口的菜总是让我先吃；前几年我生病，她扶我去医院，陪我上公园；甚至对小狗"聪聪"也深怀怜悯。一天，"聪聪"连连咳嗽，颈脖僵硬，大小便都下来了，有立即丧命的可能。她坚持为它全身按摩，硬是把它抢救过来了。她对生活充满热情，每周用半天时间去跳舞，常常汗流浃背。今年春节期间，我三弟夫妇来南京，我们一起逛玄武湖。她几次凑近桃花去，仿佛要把花香全吸进肚里。在合影时，或抱着"聪聪"，或用右手打出 V 字形，以示对未来充满胜利的喜悦。她也很有正义感，经常对电视里报道的不孝之人、作恶之徒，及时进行声讨："这还是人吗？太不像话了！"她孝敬长辈，每年都督促我为我祖父、父亲上坟，为她父母亲祭奠。她对我老母亲很体贴，烧了好菜先让我母亲尝鲜，还为我母亲买衣裤、鞋子，做针线活时不时向我母亲请教。这一切的一切，让我无后顾之忧，我可以全力以赴地投身于学校工作，可以潜心从事教学研究。

共同生活了 42 年，我对她亏欠很多。除了带她游了趟三峡，什么地方也没陪她去过。回想上世纪 80 年代中期有一年的教师节前，南京人民广播电台"万家灯火"栏目采访我。记者听我说了一通教育话题后，要我夫人说几句。她很不好意思，只是说："我不会讲话，反正我保证他的生活，现在每天给他一支中华鳖精。"记者和在场的两位学生都笑了。我接着对记者说："如果教育有奥斯卡奖，如果我有幸获得这个奖，我会高举奖杯对大家说，'这个奖杯的三分之二是属于我夫人的'。"记者连连说："说得好！说得好！"这些话都通过电台播出去了。事后，我的几位大学同学碰到我，都称我夫人为"三分之二"。

曾有人说："一个成功的男人背后，往往有一个伟大的女人。"我自觉不算成功，但我身后有一位了不起的夫人。比我有钱的人很多，比我有地位的人很多。她不慕虚荣，就这么默默地伴着我这个"书生"。几十年的婚姻已渐渐地化作一种相依相伴的亲情。现在，她也不年轻了，但我们的相互扶持是永久的。

要想办成点事，进而干出一番事业，家庭的稳定非常重要。没有夫人的支持，就没有我的今天。我衷心感谢她！

2014 年 12 月

14. 浅谈"爱情"

　　民进庆祝教师节依然是电影招待会。《秋之白华》叙述了瞿秋白短暂而不凡的一生，线索清晰，情节集中，抒情味浓。尤其是最后秋白从容赴难，之华手挖遗骸，非常感人。两人为了革命走到了一起，感情纯真，生死相依。这是真正的爱情。他俩的家境都不错，可他们不图享受，不求安逸，有理想，有追求，很忠诚，很执着，即使献出青春甚至生命，也无怨无悔。这是天地间的大美！看完电影，我对几位民进的朋友说："像瞿秋白、杨之华这样的人，现在几乎没有了……"

　　什么是"爱"？词典上解释："对人或事物有很深的感情。"什么是"爱情"？泛指"喜爱的感情"，专指"男女相爱的感情"，爱情是美好的，因为它必须两情相悦。既要"相悦"，就要有相似甚至相同的追求，就要有让对方满意的行为举止，就要有宽容对方弱点或缺陷的胸怀。总之，爱情是以相互信任、彼此忠诚的感情为基础的。历史上一切伟大的爱情无不如此。

　　现实中的男女之爱，有的只看外表，是否"美"，是否"帅"；有的只看物质，是否有房，是否有车；有的只看地位，是否是"长"，是否有名；多数重第一印象，少有感情基础。对对方了解不够，对婚姻缺乏长远考虑，只图"眼前拥有"，不想"天长地久"，所以闪婚、闪离现象日益增多。这是不理性的，不负责的表现，也不利于社会的稳定。当然，也有虽然刻骨铭心，却不能"终成眷属"的爱。两人志趣相投，共同语言很多，但因父母阻挠，或有缘无分，或其他原因，最后只能将一份深沉的爱埋于心底，有心灵之约，而无肌肤之亲，有深情的守望，而无亲密的拥抱。罗马尼亚民族音乐家波隆贝斯库与同乡一位少女相爱。他父亲代儿子向对方求婚。对方父亲坚定地说："我们分属不同的教派，不能通婚。"音乐家的父亲大声回答："上帝能主宰一切，唯独不能主宰爱情！"最后，音乐家吐血而亡。从理性角度看，爱情是两个人的事，是非常圣洁的；但世俗社会是复杂的，有时甚至是冷酷的。物质的欲念往往扼杀精神的追求，所以世上不少纯净的爱都以悲剧告终，可叹！

还有一种现象叫"忘年恋"。梁实秋与夫人不离不弃，风雨同舟数十载。夫人去世后，梁公十分悲恸。不久，梁公偶遇一中年女性，一见倾心，不到一年，连续给她写了80多封充满爱慕之心的信，最后73岁的梁公与40多岁的她喜结连理。之后，她温情陪伴梁公13年，直至他仙逝。这桩充满浪漫色彩的婚姻被传为佳话。

　　男人几乎都喜欢漂亮的女人，无可厚非。但要知道，美貌是有时限的，人到一定年龄总要衰老，而感情是没有时限的，它能伴人终身。精神的价值超越时空，它不仅能维系婚姻，更能让由真挚感情积淀而成的美德留传后世，就像"秋之白华"。

2014 年

15. 人，主要看品位

七九届（2）班学生聚会，纪念毕业30周年，我应邀赴会。除了在国外的、陪母亲看病的、节日加班的，能来的都来了，畅谈甚欢，好不热闹。主持人请每位老师说几句话。我的话最短："愿大家永远年轻，愿大家始终拥有一颗平常心。"记得本学期我在校内国际部（亚大班）第一次主题班会上朗诵了几句诗（春风吹过草地，我比太阳先起，大地一片青春，青春在我心里），博得一片喝彩。其实，这不是我写的，而是20世纪50年代中期我在同学家的台历上看到的。几十年过去了，我之所以依然记得它，是因为它符合我的个性：也跟我名字的含义暗合。我不会忘记青春的美好，我的爱美之心永远不老。

席间，少不了谈到年龄。这批学生都是四十大几的人了，都有自己的事业。一男生对主持人方向东说：你还是那么年轻、漂亮。方向东异常兴奋："这话我爱听。"她说："人说，男人四十一枝花，女人四十豆腐渣。我不这么看。到我们这种年龄，漂亮并不重要，主要看气质，看品位。"这是观念的更新，是时代的进步。不能永远把漂亮当饭吃，漂亮是有时限的。人到中年，更注重的是干好事业，过好日子。对女性来说，20岁前看是否阳光，30岁前看是否漂亮，40岁后看有无涵养（尤其是知识女性）。男性有所不同，除特例外，20岁是半成品，30岁是制成品，40岁是上品，50岁是精品，60岁后依然有魅力，那是极品。"品"也属涵养。涵养是一种文化，是一种智慧，是一种尊严。

跟学生在一起，我的生命中仿佛注入了活力，我的躯体里好像充满了朝气。

2014年9月

16. 把亲情装在心间

母亲95岁了，虽不算硬朗，但精神依然很好。她生活很有规律：早上6点左右起床，接着就打扫自己的房间；午饭后睡一觉，看电视；晚饭后由我陪她看电视，10点半左右睡觉。最近半个多月，只要不下雨，她早饭后就下楼到学校内教师宿舍旁的园子里去喂猫。有时候，她会兴奋地、滔滔不绝地对我说起家乡的一些人与事。其中有些是我第一次听说，有些我已听过多遍了，但还是得耐心听。这是她跟儿子的面对面交流，不听，她会伤心的。老人最怕孤独，怕没人理她。认真倾听，是对她的尊重，也是对她的慰藉。有时，我换了件衣服，她站在一边看着，觉得不妥帖，她就过来把我的衣角拽直，直到她觉得满意为止。在她眼里，我仍是个孩子，虽然我已71岁了。她一切自理，自己的衣服自己洗，有时还替我们烧饭，帮我们洗碗。她劳动惯了，不让她干点什么，她很不适应，也许这正是她长寿的原因之一。听说我要外出，她总要问："几天回来？"有两次，她慈爱地叮嘱我："以后外地少去，你年纪也不小了，要注意身体。"每当此时，我心里不免有点辛酸，但更多的是温暖。国庆期间，难得抽一天空，我和夫人陪她去莫愁湖赏景，顺便看看中老年小拉舞比赛。我们一路慢走，一路闲聊，凡有台阶处，我都会扶着她。前几天，她回家乡去了，我有事未能送她，心里很内疚。虽然临走前我关照她每天别忘了吃洋参丸和阿司匹林，但心里总放心不下：她回去后会记得吃吗？

夫人常常提醒我换衣服，而我往往忘记。前几天，我原先穿的两双皮鞋后跟下面都通了，下雨就进水。她知道后，一声不响，特地为我买了双新的，还打电话叫我到校门口试穿，如果不行就立即去换。我一穿，很合脚，很休闲，便说："这鞋很好，很舒服。"可以看得出，她听了心里很高兴。她隔天就要为儿子送饭，顺便把洗好的衣服捎去，每次都是大包小包四五个，非常辛苦。我只是说路上要小心，却帮不了她。天气转凉了，她及时把冬衣找出来，又把床垫换成软软的棉胎，然后问我："这样不冷了吧？"她有时说话凶巴巴的，但她内心是热乎乎的，全是为我好。家里没有她，真不行。风风雨雨大半辈子了，我对她唯有感激。

　　10 月 21 日，由夫人提议，我们与两个儿子相聚在饭店，为他俩过生日。起初，他俩推说不必，看我们很诚心，就都来了。菜上来后，我首先讲话："好，让我们碰杯，祝你们生日快乐！祝你们身体健康！祝你们生意兴隆！"大家很愉快，席间我对儿子说："这就是亲情，千万不能忘。平时对你们关心不够，都是妈妈照顾你们。以后我们可以不定期的聚聚。"日常生活很单调，甚至很琐屑，但只要亲情在，就不会寂寞。到我这个年纪，大部分事情都看淡了。在我看来，对老母要孝，对妻儿要好，其他都不太重要。以往一味忙工作，我对他们亏欠太多，慢慢补偿吧，不在乎嘴上说得多甜，重在把他们装在心间。

2015 年 12 月

17. 能否不这么忙

不少官员经常会说："你们不知道，其实我是很苦的，逢年过节都没好好休息过。"有的官员可能的确很辛苦，这个会那个事，接连不断，而且临时突击的事居多，……似乎做了许多事，但多数是表面的、应付式的。正因为如此，所以多数事都没有真正做好，以至于积压的问题越来越多，解决的难度越来越大。这样做，从小的方面说，影响身体健康，损害个人幸福；从大的方面看，助长官僚作风，降低政府威信。看看周围，不少部门、不少企业、不少单位，动不动就加班，其中相当一部分是为了应付临时任务，以至于使许多员工不堪重负。静下心来想想，这是不尊重规律的"游击作风"，是不够成熟的虚浮心态，是跟以人为本的科学发展观背道而驰的。

日本的中学，工作极有计划。学期结束前就组织行政人员认真讨论下学期的工作，细到几月几日上午、下午都有具体安排，一旦定下来，就坚持执行，不再改变。苏华老师在日本访问了几个心理咨询机构，到下班时间，日方人员就不再接待，立即回家，有事明天再说。工作是工作，生活是生活，分得清清楚楚。我们这里就不同了。在多数情况下，生活就是工作，忙个不停，累得要死；即使付加班费，又有什么意思呢？至于个人在工作之余忙他自己喜欢的事，那另当别论。

住同一院子的几位老同事每次对我说："你怎么老是这么晚回家？这么辛苦干吗？"我总是笑着说："习惯了，习惯了。"的确如此。工作了40多年，除了教学，就是看书、读报、思考、写作，这已成了我生活的重要组成部分。我做这些事，不是为了领导，不是为了赚钱，而是一种兴趣。作为一个有文化的人，应该有一点个人的追求，应该有自己的精神家园。每个人都有自己的活法，每种活法都应受到尊重，但决不能把自己的活法强加于他人。别人跳舞、钓鱼、画画、练字、种花、养鸟、旅游、健身，我都支持、赞赏，唯独不赞成打麻将。工作时努力工作，退休后好好生活，天经地义，理应如此。退休前也该这样，上班时专心工作，下班后享受生活。

我有个发现：现在越来越多的老年人和相当一部分中年人，日益重视保健。这是社会进步的标志之一。但同时我也发现，许多人在关注自我保健的同时，越来越不关心国家。记得 20 世纪五六十年代，人们不顾个人的健康，忘我地工作，拼命为国家做贡献，精神何其高昂！如今，人们过于关注自身健康，却时常把国家的事置于一旁。

忙要忙在点子上，不能损害人的健康。生活应该充满情趣，哪怕面对西沉的夕阳。

2015 年

18. 快与慢

我们生活在一个"速度至上"的时代，成名要早，致富要快，学习要速成，婚姻要速配，旅行要速战速决，照相要立等可取，甚至有时连吃饭也成了浪费时间的表现。冲冲冲，赶赶赶，心里仿佛总有一个声音在驱使着人们卖力地工作，拼命地赚钱，辛苦地育儿……越来越多的人开始沦为时间的奴隶。当什么都"行色匆匆"之时，我们的灵魂却往往跟不上身体的步伐。当大自然的野趣和闲情逸致离我们越来越远，当过劳死、抑郁症、亚健康开始笼罩各个领域，当急功近利的教育开始剥夺宝贵的童年，当暴躁的情绪在社会上快速蔓延……诸多不正常状况，使越来越多的人不得不对"生命中不能承受之快"进行深刻的反思。

2007年，《中国青年报》社会调查中心所做的一项调查显示，84%的人认为自己生活在"加急时代"，其中71.1%的人说，"精神高度紧张，压力大"是他们着急上火的主要原因。不错，快节奏的生活给我们带来了比过去丰厚的物质回报，但同时也给我们带来了心理的焦虑、精神的疲惫和健康的受损。这使越来越多的人开始重新思考生活的意义。

早在20年前，西方国家就开始提倡"慢生活"。它注重的是回归传统的生活方式，支持人们在良好的环境中悠闲地生活，反对机械而浮躁的现代生活；它希望认认真真过好每一天的每一时刻，而不要匆匆忙忙掠过每一天。这并不容易做到，但它是绝对正确的。慢，并不意味着懒惰；放慢速度也并非拖延时间，而是一种有利于身心健康的生活状态。它可以让人们在生活和工作中找到平衡。哲学家卢梭说过，生活得最有意义的人，并不是年岁活得最大的人，而是对生活最有感受的人。梭罗在《瓦尔登湖》中说："面前生活的基本事实，看看我是否学得到生活要教育我的东西，免得到临死的时候，才发现我根本就没有生活过。"两位名人的话无疑是值得我们每个人深思的。

慢与快是相对的，它们因现实需要而不断相互交换位置：该快时则快，该慢时则慢，快慢结合，掌握节奏。古人云："一张一弛，文武之道也。"其实，这也是学习之道、工作之道、养生之道。之所以现在要谈"慢"，是因为以往一段时间太"快"了。太快，容易翻车；太快，容易越轨。一个社会太快了容易浮躁，也容易出乱子。有档电视节目中的一个环节挺有意思，也对我们极有启发：孩子根据命题要求在一张白纸上画图，母亲在对面看图猜物，这一切需要在规定时间内完成。一个急性子妈妈一个劲地催："儿子，快一点，快一点啊！"妈妈越催，儿子越紧张，画得越走样，妈妈也越是猜不着。孩子眼泪都要掉下来了。主持人忍不住替孩子说："妈妈，求求你别催我了。"另一对母子正相反。妈妈说："孩子，别着急，慢慢画。"孩子从容不迫，画一幅成一幅。妈妈全部猜完，时间尚有剩余。结果可想而知，"快一点"的母子被淘汰出局。当然，孩子画画与社会发展不能作简单类比，但基本道理是一样的。

两年前，我在校内"教师论坛"上曾说过："工作再忙，也要留一点时间给身体；工作再忙，也要留一点时间给亲人；工作再忙，也要留一点时间给心灵。"这里头就有"放慢"的意思。放慢脚步，是寻求平衡；放慢脚步，是享受人生。只有这样，才能健康地、有效地、持久地学习与工作，社会才能和谐、稳定、美好。

2016 年 9 月

19. "我们"是谁？

"我们"是谁？这个问题的提出似乎很奇怪，其实不然。这的确是一个值得讨论的问题。

"我"是单数，代表个人。"我们"是复数，代表一群人。按理说，这是再清楚不过的事，但在现实生活中，许多人却往往将二者混为一谈。

大家习惯于用"我们"：老师讲课，常常是"我们应该……"；绝大多数学生的作文，也总是以"我们"的口气来发表看法。如此等等，不一而足。这种现象，既是"人是群居动物"的反映，也说明个体精神的缺失。

不少人用"我们"，没有任何别的原因，仅仅是从众，别人都用，我也用，习惯成自然，很难改；不过，还是慢慢改过来为好。让人讨厌的是，明明是个人的行动或看法，却非要冠之以"我们"的名衔，似乎一用"我们"，身后就有千万人作支撑，于是语调高昂了，态度也强硬了。最让人感到可笑的是，喜欢代表全国人民讲话，"我们中国人"怎么怎么。试问，你能代表全中国人民吗？这在不少影视作品的对话中经常出现。

人思考，作决定，一般都是从个体出发的，只有"我"，没有"我们"。只有在众人委托你做他们的代表时，才能用"我们"。在现实世界里，尤其是在特定的政治生态中，有些人出于对个人利益的保护，出于"稳妥"的考虑，往往用"我们"做护身符。这可以理解，但也很可悲。

我一贯使用"我"来表达。上课总说"我觉得""我认为""我喜欢""我痛恨""我体会到"，跟人交谈更是"我"字当头。我要告诉人：我就是我，不能代表其他任何人；我说得对，你不妨听听，我说得不对，欢迎批评。有一年，我刚接高一新班，在第一次作文讲评课上，我请三位同学当众朗读自己的作文。在总体肯定了他们的优点后，我问其中一名学生："你在作文中用了不少'我们'，请问'我们'代表哪些人？"他边摸头边说："我们就是我们呗。"我没有责怪他，只是平静地说："你代表不了别人，今后就不要再用'我们'了，而应该用'我'。"接着，我严肃地提出要求："今后的作文要像我喻老师说话那样，都用'我'，别动不动用'我们'，因为你只能代表你个人。"因为长期的坚持，我的大多数学生都慢慢习惯用"我"来说话了。不久前，路遇本校退休老师莫增慧的先生，他看到我后握住我的手说："见到你很高兴。在我的印象里，你是有独立人格的人。"我微笑回答："谢谢！"这使我颇感欣慰，也更坚定了我坚守独立人格的信心。

当然，对于"我们"的使用者必须作具体分析。并无其他意思，只是习惯于用"我们"的人，潜意识里始终视自己为群体中的一分子，没必要也不可能叫人改口。对于企图用"我们"来压人的人，我奉劝你还是尽快收起"我们"为好，因为你吓不倒人。

据我观察，用"我们"来忽悠人、吓唬人的人，往往声音很大。其实，在很多情况下，声音越大的人越无理，或自以为有理；而掌握真相或真理的人，并不需要靠嗓门助威，因为"有理不在声高"。大声说的往往是大话、空话、假话、套话、废话、漂亮的话、好听的话，而这些话于人无益，于事无补。用"我"说出的真心话、老实话、悄悄话，是不需要大声的，但它有亲切感，有温暖人心的力量。

面对开放的时代，用"我"来表达，是人格独立的反映，是敢于承担责任的表现。用"我"的人越多，社会就越有活力。我由衷地希望大家别老是生活在别人的阴影下，而该用"我"说出自己的心声，抒发自己的感情，维护自己的权益，表达自己的愿望，做一个独一无二的自己。

2016 年 5 月 5 日

20. 弄懂几个概念

易中天教授常讲真话，也常纠正人们对某些问题的误解。今读其《误读中庸》，很受教。

长期以来，"中庸"被误解为不讲原则，不求进取，和稀泥。其实不然。

中，是不偏不倚，不走极端；庸，是平平常常，不唱高调。不走极端，不等于不做到极致，极端是偏激，极致是到位；平平常常不等于没有理想，而是理想不脱离实际。

就拿理想来说吧。对于一个有文化的人来说，理想是必须有的。但过于理想的人，在迈入社会后往往会碰钉子。怎么办？那就退一步。须知，退一步不是放弃，退一步有时会海阔天空。说退一步是妥协，也行。妥协的结果是，你还能实现一部分理想，硬顶着，就什么也实现不了。人与人之间，国与国之间，都是如此。

凡是人，都会犯错误，有理想的人也不例外。易中天认为："小病不断，小错不断，是最佳状态，这是中庸。"犯错不怕，改了就好，怕就怕知错不改，酿成大错。看来，中庸是一种很不错的处世之道，千万别误读了它。

最近还读了篇题为《生活初体验》的文章，也很有意思。文中说到什么是说谎，什么是炫耀。作者说："无中生有是说谎，无限做大是炫耀。"这两种情况都是生活中常见的。

说谎就是欺骗，没有人一辈子从没骗过人。"不过要知道，可以骗别人，不能骗自己"。此言极是。至于炫耀，也是人类的行为之一。真有本事、有学识的人往往不炫耀，甚至不会炫耀，倒是那些"一瓶不满半瓶晃"的人常喜欢炫耀，炫耀自己的"理论""学问""成果"。但奇怪的是：当人在炫耀什么的时候，他所炫耀的恰恰是他所没有的，或是缺少的。对此，你不妨姑妄听之，但心里要有数，此人是在吹牛，完全相信他就上当了。

每个人程度不等都会自夸，但不能过度，千万别骗人。这是老实人、好人应持的态度。

2016 年 4 月 21 日

21. 没有比"诚"更能打动人

最近读报、看电视，多次接触到与"诚"有关的文章和故事，这使我对"诚"有了比过去更明白的认识。

"诚"最基本的意思是"真实"，由此可组成许多词，如"诚恳"（真诚而恳切）、"诚实"（言行与内心思想一致）、"诚心"（诚恳的心意）、"诚挚"（诚恳真挚）、"诚信"（诚实，守信用），等等。

从大的方面说，"诚"是事业成功之基。"诚"，就是敬业，就是真心实意地对待自己的事业。金陵中学校训的第一个字就是"诚"。我理解，它至少有两层意思：第一，对办学校的人来说要"诚"，要全身心地投入；第二，对培养对象来说要"诚"，每个学生都应成为诚实的人。总之，不管干什么，不管从事何种职业，心中有"诚"，事情就好办。

从小的方面说，"诚"是做个好人之本。作为一名合格的教师应该"都有着学生本位的意识，都按照基本的育人规律，与学生坦诚交流"（张贵勇《成功的教育要能唤醒心底的爱》）。对学生"诚"，学生才能"信其言而亲其师"。对家中的亲人，对自己的朋友，也应如此。有了"诚"才会有和谐的家庭，才会有良好的人际关系。电视剧《白鹿原》中有个情节：族长白嘉轩教育长子白孝文要诚心待人。孝文说，对当官的有啥好讲诚心的？白嘉轩说，那你对族人应当讲诚心吧。孝文答，他们有的人对我并不诚心。白嘉轩含怒说：那你至少对自己要有诚心，你可以骗别人，但你骗得了自己吗？白嘉轩的话可以说已把话说到顶了。是啊，自己能骗自己吗？如果连自己也骗，还算是个人吗？

昨天读到周国平的一段话，很通俗，但很深刻。他说："一个人面对自己灵魂的诚实是最重要的，只有这样，才能让生活有一种境界，而且才能写出好文章。"诚实地面对自己的灵魂，这是个严肃的话题。真能这样做的人，不说什么"境界"吧，至少是个敢于直面现实的人，是个心地纯正的人。这种人不作假，不粉饰，实事求是地面对自己的良心和外部的世界。

2017 年 4 月

22. 不能太"书生气"

　　书生，《现代汉语词典》中的解释是"读书人"，而"书生气"则指某些知识分子只重书本、脱离实际的习气。做个"书生"是应该的，甚至是光荣的；但一味"书生气"就不好了。总体上说，"书生"有文化，有思想，既有抱负，又懂羞耻，心地善良，态度谦和，言行得体，举止优雅。而染上"书生气"的人，过于唯书、唯上，对客观世界了解较少，对社会的复杂性估计不足，有时过于善良而吃亏，有时过于天真而碰壁。

　　做了半个多世纪的书生，现在我才认识到，只是读书多、有追求，是远远不够的。社会既有光明面，也有阴暗面，既有通情达理的人，也有蛮不讲理的人。人生之路，既有坦途，也有坎坷。事业之路，既有顺利，也有挫折。人际关系，既有和谐，也有冲突。单就人际关系来说，实在是一门很深的学问。人的生理特征虽然相同，但每一个个体其思想、性格、心理、行为则各不相同。相对而言，在书生群里，人与人的关系比较纯正、文雅；在非书生群中，情况就复杂多了。下列现象屡见不鲜：你不好意思，他好意思；你说不出口，他说得出口；你不敢动粗，他敢动粗；你要脸，他不要脸。不少时候，你要是太文雅，反倒吃不开。粗鄙就像一个恶棍，你跟恶棍讲客气，不仅捍卫不了自我的优雅，反倒很可能斯文扫地。最好的办法是，你比恶棍更恶棍，以你的锋芒，逼退对方的嚣张。我校退休体育老师范琳曾对我说起"文革"后期的一些事。他说："当时有些学生很野，很不听话，怎么办？他说粗话，我比他说得还粗，他就没辙了；他打架逞强，我两下子先把他撂倒，他就服你了。"我曾认为，这么做有点过了。现在想想，他当时那样做也是有道理的。鲁迅说："忠厚是无用的别名。"人不能太忠厚。道理只能跟讲道理的人讲，对不讲道理的人，你也别讲什么道理。我不由得想起了光绪皇帝。他的老师翁老先生曾无奈地对光绪说：我教了你许多做人的道理，却无法教你怎么玩权术、搞阴谋。这话是很沉痛而令人深思的。不少时候，好人斗不过坏蛋，书生斗不过无赖，过于善良往往败在阴险者手下。

马德在《对粗鄙的世界动点粗》一文中有这么几段话:"这个世界常常是,要脸的败于不要脸的险恶里,不好意思的困在不好意思的泥坑中。……文明和野蛮,美好与丑陋,高尚与粗鄙,将会长期在人的心底拉锯与撕扯、对峙与抗衡。该征服的事情,是感化不了的,该动粗的事,客气是没有意义的。……不是让文明走向野蛮,让清雅混于粗鄙,而是让人类崇高的精神品性具备一点韧性和战斗性。"所言极是。

2017 年 6 月

23. 老了也应有个好形象

形象，不仅指一个人的外部打扮，更指人品操守。让自己有个好的形象，乃人之常情，也是立身处世之需。我中青年时期，形象一般；倒是退休之后日益重视形象，不为别的，为的是自己对得起自己。我在心里对自己提出如下要求。

外表：头发要及时梳理，胡须要及时剃光，指甲要及时修剪；衣着要整洁，春秋天要穿西装、打领带，既使自己端庄，也让别人看了舒服。

谈吐：跟人交谈要有礼貌，迎接来访者要说："您好！请进。"客人离开时要说："恕不远送。欢迎有空再来。"对人说话要简明，不浪费对方时间，说话语气要温和。

交友：不论是对年轻人还是同龄人，都要尊重其人格；要耐心倾听对方诉说，决不随意打断对方；充分交换看法，不把自己的观点强加于人；对方需要某种帮助，只要力所能及，尽量答应，并力求办好；如果做不到，就如实告诉对方，决不轻易承诺。

外出：坚持步行，有助健康；乘公交，别人让座，我要立即说"谢谢"；人多，就站着，年轻人不让座，决不怪罪，因为他们比我辛苦。

卫生：每天按时洗漱，经常擦身，每晚洗脚；按时休息，不熬夜，不贪睡，让生活有规律；控制吸烟数量，争取两年内戒烟。

家庭：坚持每天铺床、叠被、倒垃圾，尽量为夫人分担家务；孝敬老母，努力保证她的健康；逢年过节，问候兄弟，相互关心。

学习：每天读报、看教育杂志，有所感悟，及时写点短文；有友人来访，多听少说，尽可能跟社会发展同步，不使自己落伍。

内心：努力保持一颗平常心。不慕虚荣，不逐名利，不巴结有权人，不讨好有钱人，不违背做人底线，始终保持自己的尊严，为自己、为家人、为喜欢我的人，好好活着。保持自己的兴趣，尊重别人的兴趣，知足，乐观，就好。人活一世，物质的东西都是身外之物，最终比的是人品。要牢记莎士比亚的话："一切都将过去，唯有美德能流传后世。"

趁现在头脑清楚，再印两本小册子送朋友、作交流；争取后年正式出两本书，一本谈教育，一本是杂感。80 岁前，再适当做点辅导学生作文的事，再参加两次三省 18 校语文年会。80 岁后，原则上不再参加外界活动，好好陪陪夫人，常回家乡看看，以平静心态安度晚年。

良好的形象凭提高修养去塑造，人生的价值靠勤奋劳作去提升。我以此自勉。

2017 年 8 月 12 日

24. "时代不同了"小议

时下，人们常把"时代不同了"这句话挂在嘴边。年轻人说这句话，是要中老年尤其是老年人不要再用老眼光看待现实；老年人说这句话，往往是对现实的无奈，是对过往的留恋。

静下来想想，时代也确实不同了。我中青年时期所受的教育在许多方面已经起了变化，甚至是颠覆性的变化——

过去是"见荣誉要让，见困难要上"，现在是见荣誉就要，有困难让别人先上。

过去是"向雷锋学习，做好事不留名"，现在是做好事必留名，生怕别人不知道。

过去是"多奉献，少索取"，现在是不奉献也索取。

过去是"先公后私"，现在是先私后公。

过去是"要多做自我批评"，现在是多多表扬自己。

过去是"工作向高标准看齐，生活向低标准学习"，现在是工作上过得去，生活上不吃亏。

过去是"责己严，责人宽"，现在是责己松，责人严。

过去是"要求别人做到的，自己先要做到"，现在是自己做不到也要对别人提要求。

过去是"浪费是极大的犯罪"，现在是"旧的不去新的不来，浪费一点很正常"。

过去是"要一分为二看问题"，现在是以我为中心看问题。

过去是"既要考虑眼前，更要顾及长远"，现在是"不要天长地久，只要眼前拥有"。

还有许许多多"不同"。

面对经济的发展、科技的进步和生活方式的改变，人们的观念也不断更新；但经受了历史检验而被公认是正确的一些观念，是永远不会变的。

时下，有人动不动就说："你的观念有问题，落后啦！"迷惑之余，我一直在思考："观念"从何而来？有些人常挂在嘴边的观念到底指什么？经多年观察，我发现，说这话的人其中有不少是一味追求时尚而视好传统为"落后"的人。

观念来自实践，它决不是头脑中固有的。有些观念是沿袭多年的旧思想、旧习性的产物，有些观念则是传承已久的好传统、好做法的升华，还有些观念是随着时代的变迁而形成的新思维、新需求的反映。总之，对观念要作具体分析，不能简单地判定它是先进还是落后。

上文提到的过去的一些观念，多数属道德范畴，有的则是看问题的方法，应该说基本上都是一种美德或可取的思维方式，至今仍应是精神文明建设的重要内容。社会越是进步，越应彰显这些美德，越应坚持辩证看世界。

当然，我也看到了当代人的许多进步：在公交车上让座的人比以前多了，讲求文明礼貌的人也比以前多了，各种志愿者的无私奉献与经常性的爱心捐款，更是前所未有。这是我们社会的希望所在，我为此深感欣慰。

不过，面对一些人的道德滑坡，我想说的是：人离不开物质需求，但物质至上、一切以我为中心，这绝对是一种倒退。只有物质文明与精神文明同时抓、持久抓，才能使社会在科学观念的引导下健康发展。

2017 年 10 月

25. 街上流行女大衣

　　春节前就发现，街上女的穿大衣的多起来了。穿什么，怎么穿，完全是个人自由，任何人无权干涉。不过，既然穿了，就要让人看，看的人怎么评价，也是他的自由。

　　有文化、有教养的人，穿着打扮追求"合适"，穿什么，怎么穿，一定要适合自己，要考虑与自己的高矮、胖瘦、气质相协调。同样一件衣服，穿在甲身上，很得体、很优雅，而穿在乙身上，很别扭、很难看。

　　大衣，适合身材高挑、不胖不瘦的女性穿。个子矮的、身材偏胖的女性穿大衣，就像一个大木桶，让人看了不舒服。

　　前几年，街上流行高筒靴。有些女性穿了，显得有活力，很精神。而有些女性穿了，就很扎眼。为什么？因为有些女的太瘦，腿过细，像一根棍子插在靴子里；有些女的太胖，腿太粗，像一肉球鼓在靴子里。两者的共同毛病是不合适。

　　求美，是人的共性。美，没有固定标准，全因人而异。但合适得体，应是起码要求。我欣赏清新脱俗之美。衣着打扮，必须从自己的实际出发，贵在自然。不求时尚，合身就好；不图新潮，舒服就行。

　　当下的国人，物质条件改善了，都想打扮得美一点，这是好事，无可指责。但同时也要不断提高自身的文化素养，尽量使自己的外部形象与内在修养相协调。这需要一个过程。我相信，随着社会的进步和文明程度的提高，人们会打扮得越来越漂亮，气质会越来越儒雅。

2018 年 4 月 4 日

26. 走路

我从生下来到现在，一直在走路。有很多人算不上"一直在走路"，因为他（她）们不少时候不是骑车就是开车，双脚已不着地了，我可一直是用双脚着地，从童年走进了老年。

小学时，我每天背着书包，走路上学，放学后，走路回家。初中上的溧阳县中，高中上的江苏省溧阳中学。那时穷，没有钱，每个月用一个星期天，步行 36 华里，从溧阳外婆家走回老家徐舍，跟家里人聚聚，主要是看望母亲。

大学上的是江苏教育学院。天气好时，傍晚从学校出来，跟周国汉等人，漫步秦淮河边；周末，翻过小山坡，去王录祥家聊天。多数星期天，都是从草场门出发，一直步行到夫子庙。没钱买书，就站在旧书店里翻书、看书，直至下午三点多，再从夫子庙走回学校，往返也有 30 里吧。

工作后的头 15 年里，每个星期天，我都会轻松一下自己，或去语文组老师家串门，或在街巷中溜达。庄尚典、沈达信、朱锦颜、杨先园、胡秀琴、张赞阳、金遵汤、庞声闻等老师家我都去过。去老庄家次数最多，跟他的孩子们混得很熟。在沈达信家吃过饺子，在朱锦颜家过过生日。最有趣的是庞老师。别看他平日沉默寡言，一旦开口，却很幽默。他住白下区，房间小，光线暗。他拿出他画的画给我看，还非要我陪他喝小酒。我说"不会"，他就说："那你就喝茶。"这些老师，家境不同，性格各异，一来二往，加深了了解，增进了友谊。而走街串巷，则让我熟悉了市井，感受了民俗。

40 岁至 60 岁期间，我走的路更多了，足迹遍及江、浙 60 多所中学，结交了许多朋友，游览了各地名胜，也增长了不少见识。执教 40 周年前夕，学校为我出了本书，叫《求真学步集》。"学步"，就是学走路。执教 50 周年前夕，我自印了一本书，叫《路，一步一步走过》，说的还是"走路"。在教育之路上走了半个世纪，对自己、对社会总算有了个交代。

今年 2 月，老母离世，令我万分悲痛。她老人家在人生路上辛辛苦苦走了 101 个春秋，真不容易啊！我走在张渚镇的老街旧巷里，追忆往事，难忘乡愁。

我是个凡人，再怎么努力，也改变不了什么。脚踏实地走好每一步，走得心情愉快，足矣。

2018 年 5 月 22 日

27. 简单，是一种幸福

有哲人说，人的幸福有三个要义：健康的身体、宽广的胸怀、简单的生活。

健康对人的重要，尽人皆知，我就不说了。宽广的胸怀，对于包括我在内的许多人来说，是不太容易做到的，我只能努力去做。我感兴趣的，也是最想说的，是简单的生活。

什么是简单的生活？有人说，就是从物质的羁绊、功利的追逐中，找回自己作为人的生活，善于在喧嚣的尘世中找到自己的理性通道。说得通俗点，就是做人最应该做的、又能做好的事。

在充满浮躁而功利的现实世界里，要过"简单的生活"并不容易。因为人不能孤立存在，每个人都受周围环境的影响。不少人想追求的名利太多，如职称、荣誉、地位，等等；另有不少人想追求的物欲太多，如票子、房子、车子，等等。在这些人眼中，地位越高越好，东西越多越好，拼着命挣钱挣钱，向上向上，很辛苦，很劳累。他们日益深陷于繁杂的生活中，内心并不幸福。

其实，除了健康，一切都是身外之物。在温饱得以满足的前提下，生活越简单越好。我看到网上有人说：

追求简单就知足，心情简单就愉快，生活简单就安稳，朋友简单就靠谱，关系简单就牢固，感情简单就持久，衣着简单就大方，装修简单就舒适。

说得很有道理。简单，可使人内心始终平静，目标始终单一，努力始终有效，精神始终充实。始终向善，做个好人，那就"德高人长寿，心宽福自来"了。

我向往简单的生活。但愿我的余生能在享受简单生活的幸福中度过。

2018 年 3 月 31 日

28. 人生随感（三则）

"有趣"小议

大道理大家都懂，也几乎人人能讲，而"有趣"却不一定人人都能做到。"趣"属"走"旁。走，就要动。有趣，是灵动的、活泼的。

对年轻人来说，谈谈情，跳跳舞，到各地玩玩，甚至搞点恶作剧，是有趣的。对老年人而言，会会老友，晒晒太阳，钓钓鱼，养养花，是有趣的。不同年龄的人有不同的有趣。

如果太过认真、太传统、太保守，太一本正经，就无趣了，就没意思了。还有，一说话就上纲上线，一做事就循规蹈矩，也没意思了。

有人说："一个只有好人与坏人两种评价的社会，很难生出有趣的人。在尊重自由与个性解放的社会，人们的创造力会更强，有趣的人会更多。"我赞同这个说法。

当今社会，不少方面的评价标准太过单一。拿教育来说，因评价的单一、教法的僵化，无趣的课堂太多了，无趣的作文太多了，无趣的活动也太多了。

世界是多彩的，文化是多元的，人的性格是多面的。多角度地观察事物、分析问题，尊重每个人的生活方式，培养各种有益的爱好，"有趣"的人、事就无处不在，人们的生活将色彩斑斓。

说"面子"

树活一张皮，人活一张脸。这张脸，就是"面子"。面子，至少有两种解释：一是与"里子"相对，是"表面"的意思；二是与地位相连，是身份的体现。

平时我们说的"以貌取人"，指的就是只看表面，不重实质。大家经常批评的"面子工程"，也是这个意思。

与地位相连的"面子"就比较复杂了。世界各国的人都讲"面子"，中国人尤其看重"面子"，有时甚至到了"死要面子活受罪"的地步。在特讲人情世故的中国传统社会，不看"面子"几乎办不成事。"公对公，不如一张老面孔"，许多事情能办成，都跟看熟人、好友、亲戚、官员的"面子"有关，难怪有"人情大于王法"的陋习。

有时，"面子"又体现了一种优越感、荣誉感。孩子考上了名牌大学，父母亲就很有面子；学生在大赛中获奖，学校领导就很有面子；某人成了腰缠万贯的企业家，亲友们就很有面子；某人住豪宅开豪车，家人就很有面子；某人当了个什么官，乡里乡亲都有面子；等等。这虽然是一种虚荣，但也属人之常情，不必多做指责。但是，如果有"面子"的人太把"面子"当回事，利用"面子"专干不利于他人、不利于社会的事，那最终必将自毁"面子"。

个人讲"面子"，家庭、单位乃至国家，都讲"面子"。对品德高尚、确有贡献的人，我们应敬重他、给足他面子，这是对他尊严的确认与维护；对品行不端、损人利己之人，我们不仅不能给他"面子"，还要揭穿其假面，使其无立身之地。这是起码的是非观。

从做人的角度，每个人都应爱惜自己的"面子"，摒弃虚荣，注重内涵，努力使自己的"面子"与实际的业绩相匹配。不断提升道德修养，做到内外兼修、表里一致，使"面子"成为内在气质的外在形态，那才是真正有"面子"。

我看"享受生活"

近几年，遇到老同事、老朋友、老同学或以前的学生，他们总是这样对我说："你忙了那么多年，现在该好好享受生活了。"看了些有关养生的文章，也都提倡"享受生活"，无非是要"放下""舍得""糊涂"，等等，一句话：心态要好，活着就好。

这有没有道理？有道理。在多数人眼里，"享受生活"就是彻底停下以前的工作，去逛街，去旅游，去聚会，去赏花，去打牌，如此等等。但在我看来，这些"忠告"缺乏个性化思考。

什么是"享受"？享受是指"物质上或精神上得到满足"。既如此，那"享受"就因人而异，就有个性化的选择。退休了，有人选择物质享受，有人则选择精神享受，各取所需。

"放下"与"放不下"是相对的，有些事是要"放下"，而有些事则永远"放不下"。拿我来说，不上课了，这是"放下"，但每天阅读、思考、写作，是几十年养成的习惯，改不掉了，也绝对"放不下"了，一旦"放下"，就很不自在。保留这种习惯，只要不累了自己，这对我其实是一种享受，说不定还有益于我的健康。

我在手机上看到一篇谈论长寿的短文，其中有这么一句："太闲了，就废了。"意思是，即使到了老年，只要还能动，还是该做点力所能及的事，不然就成废人了。比如，带带孙子，做点家务，为原单位帮点小忙，为邻里做点善事。你的付出很有限，但有人感谢你、记着你，你因此心情愉快，这不也是一种享受吗？

人与人，性格不同、爱好不同、习惯不同、健康状况不同，对"享受生活"的理解当然也不同。每个人按自己的方式生活，萝卜青菜，各有所爱，顺其自然，自得其乐，就好。

2018 年 4 月 2-3 日

29. 生死，永恒的话题

母亲走了已一个多月了，我仍时时想念她。我总觉得，她临终前有话要对我说，但已说不出来了。她一定感到遗憾，我更感到痛惜。去年，她曾对我说："活这么大岁数没什么意思，能活到80多岁就行了。"母亲是个好动的人，只要能走动，她一定要出去，只要自己能做，她一定拒绝人帮。100岁时，她不能走动了，就觉得"没什么意思了"。这既反映了她对生命质量的追求，也体现了她不愿让我们受累的一片善心。

正在我要为母亲再写点什么的时候，读到江苏省无锡市锡山中学英语特级教师钱建源的《生命随想》，很有同感，很受启发。

"生"与"命"都与"活"有关。"活"就要动，动了才能活，不动就死了。从这个意义上说，生命的意义就是在生存过程中保持活力、释放光辉。既然要动，就得做点什么。钱老师认为，生命包括两个方面：身与心。一是躯壳，一是灵魂。躯壳会腐朽，但你在世时创造的业绩、你的思想言行，会继续存活在世上。一个人的生命就是依靠这些精神在延续。所以，在世一天，就要努力工作。他还从"好人升天堂，坏人下地狱"的宗教观念出发，对生命进行了思考。为了"来世"，你就得做好事。好事做多了，就能获得心灵的宁静，"现世"就能享受天堂的待遇。"所以，在现世，我不敢做坏事，能做好事时，就多做一些。"做好事对他人有用，最终也对自己有用。"人人都在为别人做贡献，这不就是和谐社会吗？自己不也乐在其中吗？"此言善哉！

生命是一个过程，有生就有死。这是自然法则，谁也逃脱不了。几乎所有的人都怕死，为什么？因为死了就什么也没有了。其实诚如钱老师所说，只要活着的时候努力过，且为别人做过贡献，你就是不死的。死了，人们还会记着你、怀念你。就像我母亲，能活101岁，这本身就是一种幸福，有几人能活过百岁？再说，一个平凡得不能再平凡的女性，凭自己的辛劳，支撑了一个家，培育了三个孩子，其贡献就非同一般，她永远活在后代心中，这不幸福吗？

在65岁以前，我从没想到过"死"，后来颈椎病发得厉害，想到过死。近几年，部分同龄人相继离世，我有时也会想到死。但听得多了，见得多了，也就习以为常了。眼下我想的是，珍惜生命，包容他人，多做善事，顺乎自然，这就够了。至于何时以何种方式结束生命，不去想它，想了也无用。国学大师南怀瑾生前说过，只有"回归本位，均衡发展"，人才能得到"精神的安顿"。这与钱老师的有些观点是一致的，都极看重心灵的纯净。我要以母亲为榜样，好好照顾自己，好好珍惜身边的每一个亲友，尽量"释放生命的光辉"，能做多少好事算多少，就既对得起自己，也不辜负众人了。

2018 年 3 月 20 日

30. 过犹不及

　　半个多世纪，一路走来，我经历了许多"伟大"，伟大的革命、伟大的改革、伟大的成就，真是令人振奋、激动！不少事情确因"伟大"而改变了，其中有些改变是历史性的。人们在诸多改变中也在改变着自身，变得慢慢接近"伟大"所需要的"高度"。不过，我同时也发现，不少"伟大"所需要的"高度"很难在短期内达到，因为能力够不到、精力够不上。

　　伟大的目标使人向上，催人奋进，永远需要；但"伟大"也要立足现实，要求太高，过度超前，"伟大"就很难实现。古人的"过犹不及"说的就是这个意思。眼下，不少事情都超前了，其中有些超前造成了畸形：

　　城际交通，高铁四通八达，地铁遍地开花。其实，大多数地方有动车、大巴就可以了。

　　农村搞城镇化，不少地方一味模仿大城市，搞高层建筑、城市广场，既超越了现实需要，又丢掉了原有特色。

　　各地盖商品房无数，据有人统计，现有商品房给全国每家人分一套还有多余，不少地方的房子卖不出去，空置率很高，造成了资源与经费的巨大浪费。

　　环境综合治理的规格很高，但历史积累的问题较多，政府相关部门的管理水平难以适应。

　　医改了，对医院和医生的要求很高，但对医疗事业的投入不到位，多数医生的专业水平也亟待提高。

　　教改了，课程标准的要求很高，尽管理论上有合理性，但多数教师的素质和能力跟不上。

　　对干部的管理严格了，要求也偏高，不少人的认识水平和办事方式仍停留在过去，造成"口号紧跟，行动滞后"。

　　不少人有房有车了，打扮也时髦了，但言行不文明，普遍缺乏文化气质。

还有许多要求偏高而行动跟不上的方面，这都会拖"伟大"的后腿。

好的理论很多，好的经验也不少，但不能因为它"好"，就全部搬来要求所有的人。拿教育来说，什么样的好理论、好经验，用在什么年龄段的孩子身上最合适，是有规律的。如果把所有的好东西全都集中放在某个年龄段，不仅不会有效果，还很可能因"消化不良"而"生病"。任何好东西，任何伟大蓝图，都要在分步实施的过程中不断提高人的素质，才能有好的结果。

由此我想到 30 多年前有人对"现代化"所做的阐述。现代化有三个层次：生活方式现代化、工作方式现代化、思维方式现代化。生活方式现代化，讲便捷，讲快乐，一般说来，只要有钱，不难办到。这是最低层次。工作方式现代化，讲规律，讲效率，对此我们已部分实现。思维方式现代化，讲理性，讲深刻，这是最高层次，要实现，尚需花大力气。

目前，我们有些事情，是用思维方式现代化的高标准去要求所有的人，难免会欲速不达。直至目前的许多"伟大"，大多是从政治、经济的角度出发而提出的目标，这有相当的合理性；但精神道德层面却或多或少被忽略了，以致造成了政绩观和价值观的失范。应该大力加强精神文明建设，反对一切向"钱"看，防止对表面繁荣的盲目追求。

不要忘了，我国仍处在并将长期处在社会主义的初级阶段。许多一时很难解决的问题，需要经过不断的改革、调整，去逐步解决。还是那句话：过犹不及。什么都要适度，有些事得慢慢来，这不是保守，是稳妥。只有尊重规律，实事求是，由低到高，逐步提升，才能使"伟大"真正变成辉煌的现实。

2018 年 3 月 27 日

31. 启蒙

以前，我只知道王元化是位研究古典文学的专家，近日读了介绍他的文章，才知他是一位了不起的思想家。

他实事求是，不说假话。1955 年，当他因胡风问题被隔离时，审查人员对他说，只要承认胡风是"反革命"，就可以放他出去。他不肯承认，于是被关押数年。其正直之品行非常人能及。

他不慕权位，潜心治学。上世纪 80 年代，胡耀邦建议上海市委请为人正直的老党员王元化出任宣传部长。仅仅干了两年，他就辞职不干，回到心仪的学术领域，直至离世。他一心干自己想干的事的做派，是我的榜样。

他有不少观点我以前从未听说。

比如："长期以来，由于公民权利没有受到应有的重视和维护，以致影响到每个公民对于自己应尽的责任和义务，采取了一种不关痛痒的冷漠态度。这是形成长期缺失公民意识的主要原因。"虽然公民意识的缺失还有其他原因，但王老已点出了要害。为什么"公民权利没有受到应有的重视和维护"？执政为民，那就必须充分尊重并维护每个公民的权利。显然，我们现在还做得不够。

又如："我是一个用笔工作的人，我最向往的就是尽一个中国知识分子的责任，留下一点不媚时、不曲学阿世而对人有益的东西。我也愿意在任何环境下都能做到不降志、不辱身、不追赶时髦，也不回避危险。"这段话令我肃然起敬。很明显，王老是个有追求、有原则、有骨气、有担当的人。环顾四周，当下具有这种品质的人太少了。用他的话说，现今有些人"依傍权威，援经典以自重，而放弃自己的独立见解"，以致个性和创造力丧失殆尽。可悲也夫！话不多，但对我是一种启蒙。它激励我在求索中保持个性，砥砺前行。我会以王老为楷模，不媚时，不降志，活到老，学到老，做一个既对得起自己也对得起社会的独立思考者。

2018 年 5 月 12 日

32. 由 "不敢讲" 说起

在江苏省叶研会（叶圣陶研究会）第三届理事会结束前，我做了个发言，重点讲了叶老的优良文风，其中有些话批评了当前教育界、学术界的某些不正之风。发言虽然只有四分钟左右，却引起不少与会者的共鸣。散会后，好几位理事过来跟我握手，说的最多的是 "你讲得好，你说的全是实话"。老朋友陈光宇说："坚持直言，是你一贯的风格。" 有两位则说："你的有些话，我们可不敢讲。" 既然 "讲得好"，为什么 "不敢讲" 呢？回来后想一想，这可不是个简单的问题。

长期以来，我们进行的都是 "听话" 教育：要听父母的话，要听老师的话，等等。听话，就是好公民、好孩子、好学生。从广义上说，"听话" 并非坏事，至少它可以在表面上维护社会、家庭、学校的稳定。再说，正确的话、符合规律或规矩的话、有利于正常发展的话，确实该听；不仅该听，还得照着去做。但有些话就没什么可听的了，那些大话、空话、套话甚至假话，有什么好听呢？

那么该听谁的话呢？谁说得对听谁的。总的来说，要听正派人的话，要听诚实人的话，要听关心政治的人的话。前两者好理解，为什么要听关心政治的人的话呢？因为，真正关心政治的人，往往是比较有正义感和责任感的人。他们不只具有独立的人格和高尚的追求，也有良知和担当，他们想改变的并非一己之现状，而是要推动社会的进步。

判断一个人是否可靠，可从他是否敢讲真话来定。如果这个人虽然满嘴正能量，但说的不过是空洞的口号标语，那说明他是个缺乏主见的、随波逐流的人。

至于有人有些话 "不敢讲"，并非他们不明事理、不辨是非，而是出于对自身利益的保护。对这些好人不必强求他们非得把 "不敢讲" 的话讲出来。孔子说："己所不欲，勿施于人。" 我改一下："己之所欲，勿施于人。" 你敢于发声，但不要以此强加于人，要求别人也像你一样，毕竟各人性格不同、处境不同；只要他在有人为公众利益发声时，默默地站在正义一边，而不是幸灾乐祸看笑话，就可以了。

2018 年 11 月 27 日

33. 影视剧不能"精神贫血"

在回顾改革开放 40 周年之际，中国文艺评论家协会副主席、清华大学新闻与传播学院教授尹鸿，在"人文清华"讲坛，发表了题为《电影，配得上这个时代吗》的主题演讲。他认为，当下的中国电影真正能在心理上打动大家，让大家觉得代表我们时代呼声的电影还是非常稀缺，票房虽高，却无经典。

他表达了对当下电影的三个不满：第一，现实缺席。新闻比电影好看。第二，时代架空。看不到这个时代巨大的社会发展的张力和时代真正的质感。第三，精神贫血。缺乏能鼓舞人心的价值的传达，缺乏最基本的对自由、平等的价值观的传达。一些电影充满了对阴谋诡计的赞许，权术成了里面唯一骄傲的资本。这些电影传播的是"权力是人生最高价值"，而且可以不择手段。类似这样的东西在我们的电影中非常多。对女性的不尊重，对孩子的不尊重，对社会地位相对较低的人的不尊重，在我们的电影中比比皆是，我们叫它"精神贫血"。

尹教授说，新时期的到来，表现为中国人富起来，现在要让中国人好起来。美好的生活，对社会来讲，就是民主与法治；对人与人之间的关系而言，就是自由和平等。时代影响电影，电影也应影响时代。电影是时代的一面有情的镜子。现在的电影，表现富强、爱国很充分，但是还有很多主题在影视作品中没有传达，而这些恰恰可能是容易引起共鸣的主题。

对尹教授的演讲，我很有同感。他说的是电影，由此我想到电视剧。近两年，我有空闲了，看了不少电视剧，其中不少是反映现实社会的。总的感觉，精品极少。梳理一下，有以下不足。

第一，性格塑造有欠缺。为了突出好人的善良、谦和、宽容、勤劳，往往被塑造成逆来顺受、委曲求全、忍气吞声、只做不说的近乎窝囊的形象。有些电视剧又把好人塑造成大义凛然，处处维护公平正义，不讲任何情面的说教者形象。这都脱离了现实，从而使这些"好人"缺乏亲切感。一些次要人物则性格多变，有时特聪明，有时又很木讷，让人感到莫名其妙。

第二，反面人物过于极端。一些电视剧中的反面人物，心理阴暗，手段卑劣，为达目的，无所不用其极，有时甚至疯狂、变态。这样的形象带来什么效果？另外，绝大多数反面人物最后都变好了，这很不符合实际。

第三，情节设计有悖常理。好多影视剧中的一些情节不按生活常理发展，巧合太多，不少时候靠偷听到、偷看到来推动故事的发展。生活中有时会有巧合，但"巧"多了，让人怀疑其真实性。

第四，人物对话过于文学化。剧中有些人物明明是个文化程度偏低的普通人，竟能常常引用古诗文，表达很文雅，极不可信。而有些人物的语言又插进了不少大话、套话。一个普通人，动不动就代表"中国人"说话，口气太大，好像他是居高临下的领导人，这不合常情。

第五，喜剧成分不自然。为了吸引观众眼球，不少剧中加进了喜剧镜头，但多半是玩弄噱头，太过夸张，极不自然。目的想引人发笑，却让人笑不起来。

第六，豪华场景偏多。不少电视剧中，常有好友相聚或新人结婚的场景。一般人有能力举办豪华婚礼吗？能在高档酒店承办丰盛宴会吗？如果偶有出现，也就算了，但出现的次数多了，就成了一种不好的导向。

第七，故事结局太过雷同。为了彰显家庭的和睦、社会的美好，不少现实题材的电视剧的结尾，都是咔嚓一声，一张全家福，什么问题都解决了，每人都笑，合家欢庆。如此雷同，编剧、导演不觉得单调而虚假吗？

第八，全剧节奏太过拖沓。不少剧作在重要情节上花力气不足，却让次要情节旁逸斜出，东拉西扯，徒费精力。30集即可的剧，非要拉长到四五十集，既糟蹋投资者的钱财，更浪费观众的时间。

第九，过于追求"高大上"。高，是指高境界、高品位；大，是指大题材、大主题。过于追求"高"与"大"，很容易忽略对绝大多数普通人平凡生活的关照。不少剧作时间跨度很大，反映了一个家庭或一个地区几十年的变化，人物众多，头绪纷繁，细节偏少，比较粗糙。

近十几年，影视工作者一直在努力，不能说不辛苦。但由于整个社会的浮躁和功利，加上众所周知的一些因素的制约，以至于从创作到制作，都未能取得突破性的创新，实在令人遗憾。眼下，绝大部分年轻人不看影视、只玩手机。正在忙事业的相当一部分中年人，没时间看影视。看过一点影视作品的人对我说："中国的电影电视剧实在没看头。"这话说得有些偏激，但值得影视工作者深思。我认为，不能真实地反映多样的生活，"精神贫血"是人们不喜欢本国影视作品的重要原因。

我不是研究影视剧作品的专家，我只是从一名普通观众的角度，对中国影视作品的未来提出几点希望：第一，剧本要"求真"。不要拍拍脑袋就编造一个故事，要多多深入观察和了解现实社会，力争用真诚的态度和真挚的感情去反映时代、打动观众。第二，题材要"拓宽"。不要总是一个家庭、一个家族，要更多反映广大民众的各种生活状态。军事题材的作品已够多了，应该有文化题材、科学题材、教育题材、少儿题材。第三，类型要丰富。不要老是故事片，应考虑不同类型观众的不同需求，可以有戏曲片、歌舞片、以抒情为主的艺术片。第四，语言要朴实。人物对话要生活化，而不要文学化，更不要政治化。

我相信，中国的影视工作者是有能力依靠自己的智慧，创造出不负时代的好作品的。

2019 年 3 月 1 日

34. 伸张正义也要讲成本

也许是受鲁迅影响较深，我常常看不惯社会上的各种不良风气，总有一种正义的冲动，但多数时候也只是愤愤然而已。现实中不公平的事多了去了，处在社会最底层的打工者，辛辛苦苦干了一年，拿不到工钱却无法维权；普通百姓势单力薄，无法对抗黑恶势力的欺凌；正派的干部想坚守原则，却无法摆脱官场潜规则的操控；教育不公平，学生、家长只能徒唤无奈；等等。怎么办？那就揭露不公，维护正义。不过，话好说，难呐。

最近看电视剧《精英律师》，其中两处给我印象很深。实习生戴曦很同情受欺辱的底层百姓，常常想为他们"出头"打官司，她的师傅罗律师对她说："社会上不公平的事多着呢，你管得过来吗？你先把你该干的事干好。"罗律师有时也会冲动，当他准备为某件事挺身而出时，主任忙阻止道："你知道挺身而出的代价吗？你付不起！"这都是很现实的考虑，真实可信。

难道就让那些不公平的事永远这么下去吗？当然不能。这需要一个过程，需要做许许多多的铺垫工作。首先要让维护公平正义的人无后顾之忧。当人们维护正义却要砸了饭碗时，人们往往选择饭碗而丢弃正义。因为独自维护正义成本太高，就只能沉默；这一来，因胆怯而沉默就成了罪行和恶人的同谋。

由于中国封建社会历史漫长，普通百姓根本没有维护公平正义的意识，他们指望有个好皇帝和清官。1949 年后，百姓终于把弯的腰直了起来，这是个巨大的进步，这仍需要大力营造维护公平正义的社会环境。要宣传、学习宪法，让大家既知道每个公民的权利和义务，又懂得如何运用法律武器维护自身和他人的合法权益。各级政府要对见义勇为的维护公平正义的人，采取切实有效的保护措施，让每位维护公平正义的人不付出不该付出的代价，并将违法者绳之以法。这需要从上到下、从下到上做出不懈努力。

虽说我国已进入法治社会，但只是"进入"而已，离真正的依法治国，还有很大的距离。到了维护公平正义不再需要考虑成本的时候，我们就真正进步了，公平正义就真正比太阳更光辉了。

2021 年 3 月

35. "人心的现代化"需要补课

早在上世纪 70 年代末,"四个现代化"的口号就提出来了。对"现代化",普通民众想到的是,变富了,有钱了,条件好了,可以享受生活了;至于"现代化"的内涵到底是什么,几乎没有人过问。到了 80 年代中期,我在一本杂志上看到一篇专谈现代化的文章。别的都忘了,只记得文中说,现代化包括三个层面:一是生活方式现代化,二是工作方式现代化,三是思维方式现代化。只有三者都做到了,才能说真正实现了现代化。

30 多年后的今天,我实实在在感到,中国的改革开放,就是在现代化的道路上不断前行的过程。

先说生活方式现代化。由饿肚子到能吃饱,由能吃饱到吃得好,这是个非常了不起的进步。越来越多的人,除了有票子,还有了自己的房子、车子。大楼,立交,高速公路,高铁线路,城乡变化很大也很快,令人自豪。可以说,我们初步实现了生活方式的现代化。但民生改善、脱贫致富,仍有许多工作要做。

再说工作方式现代化。电脑的普及,网络的发达,科技的进步,使不少领域的工作效率得到了提高。但决策的民主化不够,形式主义仍很盛行,很多工作不是用法治去规范,而是靠开会去推动。

最后说思维方式现代化。这一条改变很少,基本上还停留在过去单一、僵化的思维模式。有些普通民众,尤其是有些干部,习惯于躺在既有的思维模式上,对具体问题不愿也不会转换思路、开动脑筋,事事被动应付。

从上到下满足于生活方式的现代化,在物质文明建设取得很大成就之后,许多国人一叶障目,盲目自满,却不愿看到问题:城市高楼林立,却千城一面,缺乏特色;人们比地位和财富,缺乏平和的正常心态;有人跌倒不敢扶,有人有难不敢救,各人自扫门前雪,多一事不如少一事,只想自家好看不得别人好;……总之,缺乏"人心的现代化"。

没有人给"人心的现代化"下定义,只能根据迄今为止世界上现代化国家的现状,来表述"人心现代化"的某些特征。人心现代化，就是要通人性，讲人道，就是要按马克思的理想，解放全人类，使每个人都成为幸福自由的人。这就要做到：在真理面前人人平等，在法律面前没有特权，法律保护每个公民的合法权益，权力的行使受到公民的监督，全社会关心弱势群体。对每个公民来说，要有公共意识，要有道德修养，要有人文情怀，要有悲悯之心，要重视人际关系的和谐，要做有尊严的善良人。

2022 年 7 月

36. 随感

儒家的基本思想是：修身齐家治国平天下。

修身，就是加强自身修养，懂礼仪，守规矩，严律己，宽待人，最终是为了去私欲，求高尚。齐家，就是孝父母，爱妻儿，彼此关心，家庭和睦。治国，如果能当上官，就要承担社会责任，为众生谋福，使国家昌盛。平天下，就是使天下太平，人与自然和睦共处。

修身，是通过修炼自己成为真正的人，是融入社会的起点。家，是国之基。"家国情怀""保家卫国"，"家"在前，"国"在后。"家和万事兴"，"家"兴"国"才能兴。眼下有些人，为显示"爱国"，只说"国"，不提"家"，"国"被架空了，任何事都落不到实处。离开了"修身""齐家"，"治国平天下"就是一句空话。

一位退休干部，回忆他父亲在他离乡进城上中学的头天晚上叮嘱他的三句话：一是热闹的地方不要去，二是钱财万贯不如薄技在身，三是有烧香的心才有吃饭的命。他说，这三句话让他受用终生。

回想一下，我的父母从没有对我叮嘱过什么，不管做什么，全靠我自己去看，去想，去悟。这养成了我独立思考的习惯。不过，如果事先有人"叮嘱"，也许能让我少走弯路。

上面三句话，虽然不是名人名言，但也很有道理。第一句教导我，遇事不要凑热闹、随大流，不要盲目跟风，而要头脑清醒。第二句告诫我，不要贪财，而要好好学门技术，这比什么都重要。第三句启发我，要一心向善，要有敬畏之心，否则就吃不成饭，过不好日子。这三句话没有讲大道理，却是十分实用的平凡的真理。

它给我们搞教育的人同样以深刻的启迪：对学校来说，环境要安静，不能活动不断而图热闹；对校长来说，头脑要冷静，不能为吸眼球而瞎折腾。

2022 年 9 月

37. 他永远活着

从微信里，看到赵普的一段视频，他讲了一个感人的故事：

1988 年，国外某电视台演播厅里，一位 79 岁的老人受邀参加一档节目。他平静地坐在第一排，脸上没有多余的表情。突然，他身边的观众都站了起来，一齐望向他，没人说话，只是默默地微笑着注视这位长者。老人蒙了，诧异地回过头，不知现场究竟发生了什么。沉默几分钟后，演播厅里忽然掌声雷动，经久不息。原来老人身上隐藏了一个秘密，整整 50 年。二战期间的 1938 年，一名 29 岁的普通英国青年尼古拉斯·温顿从纳粹集中营里救出了 669 名捷克儿童。他安排 8 辆列车，接他们送往英国，又拿出自己的全部积蓄，为他们找到新的家庭，让这些孩子都能活下去。他以一己之力，拯救了 669 条生命，在最黑暗的年代，他让人性的光辉发亮到了极致。但他却把照片及相关的全部资料都锁进了一个箱子里，扔到地下室一个积满灰尘的角落里。整整 50 年，他没跟任何人提起此事，连最亲密的人也只字未提。他把自己隐藏在人群中，仿佛此事从未发生过。直到 1988 年，他妻子打扫地下室，发现了那个箱子，秘密才被打开。电视台得知这事后邀请他参加一档电视节目。主持人在台上慢慢讲述当年的故事，忽然他提高了音量，冲着观众席问："请问观众席上有谁是温顿先生救过的孩子，如果有，请站起来。"顿时，在场所有观众都站了起来。此刻，全世界都记着了，仿佛只有他忘记了。当年的孩子如今都年过半百，白发苍苍。秘密揭晓后，英国女王为他授勋，捷克领导人授予他最高荣誉，伦敦车站为他塑了雕像。他却一如往常。他说，做好事不是为了让人知道，我不是故意保密，我只是没说而已。2015 年，他安详地离世，享年 106 岁。

这段视频，我反复看了多遍，心情久久不能平静。温顿给了我三个感动：一是感动于他的善良，他有一颗能温暖世人的博爱之心；二是感动于他的勇敢，他有一股敢于抗恶的浩然之气；三是感动于他的低调，他有一种做好事不留名的谦虚之态。温顿的壮举虽是个例，但对所有活着的人是深刻的教育和无限的激励。臧克家《有的人》一诗说得好："有的人死了，他还活着。"温顿就是这样的人。古语云："仁者寿。"善良的人，做好事的人，必有好报，肯定长寿。温顿就是这样的人。他活到 106 岁，真好！

由温顿想到近日看到的一则短文。作者在文中阐述了什么是"勇"，其中说到孔子之勇是"自反而不缩，虽褐宽博，吾不惴焉；自反而缩，虽千万人，吾往矣"。首先要弄清楚什么是"缩"。它不是退缩，而是古时冠冕（帽子）上的一条直缝，意思是"理直"。整个这段话的意思是：如果理不在我，那么即使对方是草民，也别吓唬人家；如果自己在理，那么即使面对千万人，我也勇往直前，毫不畏惧。这就是说，是否有理，决定能否勇。文章的作者认为：一个人站在明处，面对这个世界，是勇的底线。站在人堆里呐喊，这不叫勇；说话时动不动代表千万人，这更不叫勇。勇者的尊严在于他坚持公平地看待对方。

那"公平"又是什么呢？公平是指：你跟其他人的生命没有区别，自己不该得到额外的东西，自己跟其他人享有同等的一切权利。温顿就是这么一位理在自己一边，怀着一颗博爱之心，敢于挺身而出，"虽千万人，吾往矣"的勇者。他帮 669 人赢得了生的权利而不求回报，体现了最大的公平，彰显了人性的高贵。如今有些人，包括某些官员，做了点好事就到处张扬，生怕人不知道，这跟雷锋、温顿做了好事不留名的忘我精神，实在相去甚远。

说实话，对绝大多数人来说，要像温顿一样，是做不到的，但他至少提醒我们，不要动不动就说"我们"要怎么怎么。我——作为教育工作者，虽然懂得许多大道理，也有维护正义之心，见到不平之事也会义愤填膺，但却不敢挺身而出，因为怕担风险。对照顾温顿，真是汗颜。

不过，我坚信，随着时代的进步和法治的健全，会有越来越多的人像温顿那样为维护公平正义而挺身而出，至少不会不辨是非地站在非正义一边。眼下虽处和平时代，但世界并不太平，现实生活中还有邪恶，还有不公，要真正建成一个文明的法治社会，还需要一个不短的过程。我们永远需要用温顿的故事来温暖人心，也永远需要用法治精神来树立信心。我愿跟大家一起，努力做一个有爱心的、尊重每个人的平等权利的人。

2022 年 11 月 12-17 日

38. 说说"开会"

那是 30 多年前的事了。时任省教委副主任的周德藩跟我同住一个大院。我曾问他："你太忙了，很少有闲的时候，老是开会，哪有这么多会要开？"他说，没办法，我们有些制度还不够健全，就只能用开会去推动工作的开展。他说的是实话。

我不反对开会，开得好的会，能聚人气、造声势、增信心。但不少会未能做到这一点。上面，几乎天天开会；中层，贯彻上面的精神，就要开会；下层，要落实上面的精神，又要开会，花了不少时间，耗费许多精力，实际效果如何，真不好说。

拿学校来说，有些会是必须开的，如中层以上干部每周一次的工作碰头会、各学科的教研专题会；有时为了迎接上级的检查、验收，也不得不开会。眼下不少"会"，往往跟搞"活动"相结合，如校庆、毕业典礼、成人仪式、考前百日誓师，还有什么揭牌仪式、启动仪式、专家讲座、教育高峰论坛，此外，还有法治教育、国防教育、安全教育、禁毒教育，等等。不少活动还要求统一标志、统一服装、统一动作，追求热闹，注重好看，很是费劲。我经常收看某电视台的"教育周刊"，90% 是报道各地各校各种各样的"会"，而这些会大都以花样繁多的"活动"来呈现，看多了就一点不想看了，因为最基本的日常课堂教学没有得到应有的展示。这是令我深感遗憾的。

很长时间以来，我一直在想，为什么要开这么多会？最近，看到一个题为《为什么领导喜欢开会》的视频，其中有这么一段话："一群无能的人，只有在开会的时候，才能给人一种干正事的感觉。大会小会不断的领导，大多数是没有能力的，因为他坐在会议桌上，有一种自己正在做事的感觉。会议两个小时，跟你真有关的不过几分钟。"视频制作者希望减少会议、多办正事的观念完全正确，值得点赞，但有些说法不太客观、理性：一是"大多数（领导）是没有能力的"，很不准确；应该说，大多数领导是有能力的，只是其能力被有些制度限制住了，未能得到正常的发挥。二是开会"才能给人一种干事的感觉"，说法不妥；不少领导在开会以外干了不少正事，只是因为会议多而减少了干正事的时间。不过也确实有不少领导，离开了"会"，不知干什么，开会成了他唯一的工作，开会才有存在感、地位感。此类长期泡在会议中的干部，很容易因脱离实际、远离群众而一事无成。

前面我已说过，我不反对开会，但一定要开有用的会，同时必须讲成本（金钱、人力、时间）。喜欢开会的领导一定要想一想：开会要解决什么问题，与会者要做些什么准备，会上决定的事如何落实。大型的会议，会后应在适当的场合公布会议费用。总之，会还是少开为好，即使要开，也要开有准备的会、解决问题的会、有利于单位或社会健康发展的会。

对一所学校来说，我认为，最应开好的是各学科教研组的会。因为它直接关系到全校课堂教学质量的提高。

我担任金陵中学语文教研组组长20余年，由于全组老师的共同努力，上世纪90年代，曾两次荣获全市先进教研组称号。组里的会有三种，一是开学初讨论学期工作计划，二是期末总结工作，三是不定期的专题研讨。组内安排的对公开课的评议，是活动，不是会。作为组长，每次开会前都要做充分准备。多数情况下，我的讲话不会超过15分钟。讲完后，先听老教师的意见，再请青年教师说说想法。如果没有什么需要补充的，立即宣布散会，决不拖1分钟。我的同事大多对此表示满意。我衷心希望学校的各种会尤其是教研组的会，一定要目的明确，表达简明，注重实效。

2023 年 6 月 19 日

39. 试说三个概念

什么是文化

文化，不同时期有不同的内涵。上世纪50年代初，小学毕业就算"有文化"。到70年代，中学毕业才算"有文化"。90年代，"有文化"必须上完大学。本世纪20年来，有高学历且毕业于名牌大学，才算"有文化"，但同时也出现了白岩松的观点。他认为，一个人有没有文化，并非看他的学历多高，有学历的人不一定有文化；读了很多书，拥有很高的文凭，跟有没有文化完全是两码事。

按白岩松的说法，是否就不要读书、不要知识了呢？非也。知识永远需要，它是文化的基础。但从社会发展的趋势来看，光有知识是远远不够的，还需要运用知识去不断提高自己。要提到什么高度呢？有人提出三条：一是有"为别人着想的善良"，二是有"无需提醒的自觉"，三是有"以约束为前提的自由"。这些往往一下子都看不到，它是根植于内心的修养，是一种隐性的存在，一种做人的准则。

打个比方，如果知识是一个人的骨架，那么文化则是支撑骨架的血肉，有了血肉，人才能有精神地站立起来。拥有一定的知识并不难，"有文化"就不容易了，这需要重视积累，长期修炼，言谈举止，都很文明。

随着历史的进步，人们将赋予"文化"越来越丰富的内涵，它包括人文品位和道德品质。

什么是政治

政治，是个中性词，无所谓好坏；但在现实世界里，它又是一个很敏感的词，不少时候，人们往往用"不谈政治"来回避复杂的时局。

"政"是什么意思？《孔子家语》记载了孔子回答季康子的话："政者，正也。"从字的结构看，正，上面是"一"，下面是"止"，万物皆由"一"化生而来。坚守一条正道，沿着它不偏不倚地走下去，这便是"正"的涵义。这主要是从道德层面上说的，它强调的是从政者的修身。

到了民国，孙中山先生认为，政治就是众人之事。它既指国家大计，也指百姓生活，一句话，就是"天下为公"。

当下，要求是"执政为民"，核心是"为人民服务"。按"政者，正也"的解释，政治应该是注重修身的正直而有正气的人去治理国家。

古今中外，搞政治的人往往玩心计、耍手段、搞欺骗，弄得民众不知所从，常有人因与执政者持有不同看法而遭到打压，所以人们的"不谈政治"是可以理解的。

文明社会需要胸怀天下、爱护人民的政治家，拒绝居心叵测、两面三刀的政客。

什么是知识分子

在绝大多数人的意识里，读过书有了知识的人就是知识分子。现在看来，这显然是片面的。

我曾买过一本《论知识分子》，也读过若干篇专论知识分子的文章，再加上从事了半个多世纪的教育，至今才懂得，能被尊称为知识分子，并非易事。

读了些书，知道了这个，知道了那个，有了不少知识，那只能称为"知道分子"。能在所学知识的基础上，有独立的思考，有深刻的见解，有社会的担当，才配称为知识分子。简言之，知识分子既要有知识，更要有见识。

什么是"见识"？是对社会有较为全面的了解，对事物有独到的分析，能为维护广大人民的权益而大声疾呼，能为坚守公平正义而挺身而出。知识分子应该是"社会的良心"。按此要求来衡量，不少徒有知识的人是不能称为知识分子的。他们中的有些人，或向有权者献媚，或为有钱者吹捧，甚至昧着良心，掩盖真相，为虎作伥。不怪人们把有些专家叫做"砖家"，把有些教授叫做"叫兽"，因为他们都是读书人的败类，知识分子队伍中绝没有他们的地位。

就个体知识分子而言，有时也会看走了眼，也会犯错，但他懂得反思，会在自我检讨中总结教训，纠正失误，继续前行。我一贯敬仰有骨气、有担当的知识分子，总想跟随他们为社会多做点事，但年逾八旬，力不从心，许多事已没有精力去干了，但我始终以他们为榜样，生命不息，学习不止。

有知识未必就是知识分子，就如同有知识未必有文化，一切都看实质。我不听他喊什么口号（口号总是漂亮诱人的），只看他实际上是个什么人。

2023 年 3 月 27-28 日

40. 不必什么都知道（外两篇）

世界上的事，既多彩也复杂，作为个体生命，不可能什么都知道，也不必什么都知道，我只要学会有生之年我需要的东西就行。世上的事太多，即使竭尽全力，个人所知也极其有限，让自己什么都懂，不是傻子就是骗子。不少影视剧中往往有这样的情节：某个长官对某个下属说："你知道得太多了。"随即一枪，结果了下属的命。看来，知道得太多，往往伴随着危险。

不过，话又说回来，该弄清的事，该弄懂的理，还是该努力弄清弄懂，不然会"死不瞑目"，这就是"我死也要死个明白"的由来。对绝大多数普通人来说，凡事适可而止。有人说，知道自己知道什么，是知识；知道自己不知道什么，是智慧。能做到后一句，很不易，它需要清醒，需要承认自己的不足。

想什么都知道，多半是想什么都拥有，就像人们都把幸福理解为"有"，有钱，有房，有车，有权。但真正的幸福其实是"无"，无忧，无虑，无病，无灾。"有"，是给人看的，"无"才是自己的。同理，"什么都不知道"比"什么都知道"好，因为他不牵扯、不打扰、不麻烦任何人，只是享受真正属于自己的时间与空间。

再说"笨"并非贬义词

作家刘震云在回母校北大的讲演中说，中国最缺的是笨人。猛一听，感到不解，因为"笨"在一般人看来是个贬义词，是指不聪明、干不成什么事的人。胡适先生也曾讲过跟刘相似的话，他说，肯下笨功夫的人才能成功。

静下心来想一想，二位所讲的"笨"实指善良厚道、肯下苦功、认真踏实。这很有现实针对性。时下，不少人好夸夸其谈，说话头头是道、漂亮诱人，看似很聪明，却只说不做，或虽然做了，却粗糙马虎，质量得不到保证。还有些人，心气浮躁，只做表面文章，不肯下苦功，凡事应付，投机取巧。这些在刘震云看来，都是为人不齿的。

几年前，刘曾说过，不要小看简单的事。简单的事、单调的事能反复做，你就能成专家；简单的事、单调的事不仅反复做还能认真做，你就能成大家。反复做，认真做，看似"笨"，实则"精"。这种踏实专一的作风，在浮躁之气充斥的当下，显得尤为珍贵。

有句话说得好：做自己喜欢的事是自由，喜欢自己做的事是幸福。善哉此言！这是我对前几年写的《"笨"并非贬义词》一文的补充。

中年以后不妨"浪"一点

有个帖子说，人在中年以后应该"浪"一点。这很有些道理。前天，我把新拍的照片转发给一些友人，其中一位回复问："你今天西装领带，这么正式，是什么日子？"我回答："出版社来为我录视频，我不得不注意外表。"今天再看那张照片，确实不错，西装笔挺，十分精神。这不单是给别人看，更是给我自己看。现在想想，每个人的大半生都是在为别人活着，基本上是为了获得别人的承认、主流的承认、家人的承认、对方父母的承认、同事的承认、朋友的承认、谁谁谁的承认。其实，人过中年，特别是在退休之后，应该开悟了，应该更像年轻人一样，打扮打扮，开心一点，因为让你不开心的人和事基本上都经历过了，还有什么让你大喜大悲呢？应该让自己"浪"一点。浪是一种心情，一种姿态，更是对自身活力的激励，真不必像以往那样严肃沉稳。对此，你赞成或反对都不重要，我健康开心就好。

2023 年 4 月

41. 杂感（三则）

写"简介"当学西南联大

在西南联大自主编辑、发行的《联大八年》一书中，有一篇题为《教授介绍》的文章，对在该校授课的大师分别进行了介绍。摘录两则如下。

金岳霖先生：清华大学哲学系主任及创办人。他的《知识论》已经在国际上有了声誉，头发将近全白，至今独处未娶。金先生因为眼疾，帽子终年不脱，一副眼镜一白一黑。金先生常劝同学念哲学不必读哲学，多读读小说。

闻一多先生：清华大学中文系主任，是研究古代文学最有功夫和见解的一位。《楚辞》《诗经》《乐府》《庄子》，他都下过 7 年以上的功夫，有很多发现将是不朽的。他上课最叫座，没有一节课不拥挤。

上述介绍，虽然字句极简，前者 80 多字，后者 60 多字，但给人的印象却很深刻。为什么？一是因为重点突出，每人的头衔只有一个，是干什么的，十分明确。二是因为生动，外貌、装束很具体，甚至讲了婚姻状况和受学生欢迎的程度。

这种优良文风很值得现在的教育界学习。眼下对各类"名师"的介绍多如牛毛。为了引人注意，内容十分"丰富"，包括各种头衔、所获成就、所出书籍、名人评价等等。虽说是"简介"，但不会少于 200 字，尽管文字也经再三推敲，但很少给人留下深刻印象，因为既无重点，也无个性。这跟西南联大《教授介绍》的极具特色的生动有趣相比，逊色了不是一点点。

既已"最"，就不能加"之一"

最近才知道，广告法规定，禁用"最"字，"独家""首个""第一"也不能用。为了防止夸大其词和绝对化，这是完全必要的。

既然"最"不准用，于是在"最"后面加"之一"便应运而生，"最大的……之一""最好的……之一""最强的……之一"，诸如此类，不一而足。

其实，说"最"是很难的。读过几本书，尝过几种食品，到过几个地方，说"最"是绝对不好意思的，因为底牌太少。另一种情况，读的书太多，尝过的食品太多，到过的地方太多，说"最"也很难。要用"最"，必须限定条件：到目前为止，在某个领域，在某样环境，在某种时刻；还有，从某个角度；等等。"最"只能总结过去，随着时间的流逝、情况的变化，原先的"最"将不复存在。

不过既然用了"最"，就不能用"之一"，因为"最"是"到顶了""无法超过了"。同样，既用了"之一"，就不能用"最"。比如，对一名老师的评价，可以是"受学生欢迎的老师之一。"如果要用"最"，那就要加限制词："在这所学校、在生物学科、在最近一个月，他是最受学生欢迎的老师。"在正式场合，永远需要严密的表达。

两副好对联

沈阳财神庙的二门上有副对联："富而可求，求人不如求己；物惟其有，有德自然有财。"上联有三个"求"，重点是"求己"，一切靠自己；下联有三个"有"，重点是"有德"，美德胜一切。它告诉众人：拥有美德，自力更生，是最大幸福。

华山脚下有个小庙，门前有副对子："家居求安，高处不如低处暖；人生路上，上山容易下山难。"上联将"高处"与"低处"比较，下联把"上山"跟"下山"对照，意在强调：要想家庭平安，应在"低处"，做普通人；要想人生有成，就要"上山"，努力攀登，做奋斗者。

这两副对联，虽然没有一些名联的优美词语，却包含深刻的道理：能心平气和、心无杂念地做一个普通人，不慕权势，不图虚名，勤奋向上，必全家平安、一生快乐。

我会终身铭记："求人不如求己""高处不如低处暖"。

2023 年 6 月

42. 不平则鸣（外一篇）

　　有个视频，讲的是几名演员的豪宅，少则 3 亿，多则 10 亿。谈及身价过亿的演员，还真不少，连长得不美，演得也并不理想的 ××× 都有近 10 亿，真令我吃惊，也让我不解。他们凭什么这么牛？不就是有几个钱吗？问题是演几部戏，就得天价报酬，这是谁定的价？

　　看另一边，哪位科学家在北京有四合院？他们中的许多人有功于国家，却生活简朴，哪里有灾，他们往往捐款大方，而离世后却只有一则简讯。跟那些"明星"相比，他们太暗淡了，这也是我们留不住科技人才的重要原因之一。

　　在历史上，演员被称为"戏子"，是被人看不起的，现如今却是星光灿烂，身价百倍。这是价值观的问题，是社会的悲哀。我无意贬低演员，不少优秀演员，演技好，人品也好。他们塑造的形象，激励人们追求真善美，功不可没。其中一些人不张扬，不炫耀，为人谦虚，行事低调，赢得了广大观众的良好口碑。

　　社会主义核心价值观中有"公平"一词，这应体现在生活的方方面面。对演艺人员的高报酬应作调整，降到一个正常的水平。对科技人员的待遇应予提高，高到一个合理的档次。有了相对的公平，才能顺人气，促和谐。

向平凡的劳动者致敬

　　《午夜外卖》已播了三集，昨晚播出的是在南京送外卖的徐三毛。他是聋哑人，克服了常人难以想象的困难，最后取信于客户，还发展了好多位听障人士加入了送外卖的行列。经过了几年的苦干，他积攒了 20 万元，回老家江西开店去了。还有一位叫洪成木，他在送外卖的过程中，多次为走失的小孩、老人找到了家，是位大善人。午夜送外卖是艰辛的，跟着拍摄的人也挺辛苦，上楼下楼，快速奔跑，令我敬佩。

　　由此想到了另外几种人。一是消防队员，他们抢险救灾，赴汤蹈火，哪里危险他们冲向哪里，经常受伤，有的甚至献出了生命。二是警察，尤其是缉毒警和交通警，前者随时面临着毒贩的持枪顽抗，后者风霜雨雪都执勤。三是手术医生，有时一天连续好几台手术，有些手术一站就是好几个小时。几台手术下来，人都累趴下了。他们拯救了许多人的生命，最终可能损害了自己的生命。四是建筑工人，他们常年在户外劳动，爬高走低，冒酷暑顶严寒，很是辛苦。细说起来，各行各业要想把事情做好，都不容易，都值得尊敬。

眼下的教育，过于重视知识的传授，接触社会太少。应该让学生有机会接触各种劳动者，并为能成为他们中的一员而感到光荣。职业无贵贱，敬业出人才。我向所有平凡的劳动者致敬！

2023 年 8 月

43. "你电视剧看多了吧"

我至少从三部电视剧中听到剧中人物说"你电视剧看多了吧"这句话。剧中说这句话的人多半是批评对方的言行不符合实际，生活中不是这样，只有电视剧中才有。我觉得，用这句话来说明当下某些电视剧的现状，很合适。

撇开古装剧、抗战剧、谍战剧、民国剧不谈，单就反映当代生活的剧作而言，不真实处处皆是，现汇述如下。

（一）走路长谈

边走边聊，很正常，但时间都不长。长谈不可能在马路上、走廊上、大街上，一般都在室内。更大的问题是，长谈的都是重要的事，甚至是机密的事，走不完的路，说不完的话，连《觉醒年代》这么严肃题材的电视剧也免不了这一套，蔡元培校长多次在校园里的走道上跟教授们边走边谈北大的大事。这可能吗？

（二）屋顶密谈

有在屋顶平台谈情说爱的，有在屋顶研究问题的。《巡回检察组》中的政法委书记跟巡查组组长在屋顶交换看法。什么地方不能交谈，非得到几十层高的屋顶上去谈？

（三）饭桌上谈

饭桌上谈笑是常事，但在露天饭桌（大排档）分析案情，在饭桌上谈理论问题，就很不真实了。这在反腐剧和警匪片中经常出现，严重失实。

（四）车里长谈

眼下，几乎每部电视剧里都有在汽车里长谈的镜头，或研究方案，或进行交易，或回忆往事，或谈情说爱，等等。有关法规告诉大众，勿与驾驶员交谈，以确保行车安全。在汽车里长谈镜头的大量呈现，造成的社会影响很不好，不利于交通安全。

（五）海边事多

故事发生地并不在海边，却经常出现海边镜头，或在海边观景，或在海边嬉戏，或在海边垂泪，为取美景而违背真实，不该！

（六）雨中之痛

思想斗争在雨中，发泄愤怒在雨中，激烈打斗在雨中，甚至连优秀电视剧《人生之路》也把主人公高加林高考未被录取安排在雨中，让他坐在雨中痛哭，这不失常了吗？

（七）动辄坐地上

一受欺负，或一有委屈，就一屁股坐在地上。临时无助地坐在凳上是有可能的，但动不动就瘫坐在地上，而且是在办公室、在公共场所，这就失真了。

（八）最后都圆满

绝大多数电视剧，不管几组人物原先多么不堪，最后都很圆满，都是"大团圆"，什么问题都解决了。社会很复杂，许多人事不可料，具体到一个个人，有的很完美，有的部分改变了困境，有的什么也没变，这才真实，怎么可能全都圆满呢？

（九）不可能的事

为了显示喜庆，并非重大节日，却满天美丽焰火；明明文化水平较低，却能口吐优雅成语、引用经典诗文，岂不荒唐！

除了上述种种，几乎每部电视剧里都有不合常理的情节。凡违背生活真实的做法，都是不可取的。难怪有良知的专家说，眼下的许多电视剧都很无聊，看它，是浪费时间。《父母爱情》摄于 10 多年前，已被多地播映多次。《人世间》也是如此，被不断重播。《警察荣誉》也不错。这些电视剧并非十全十美，但它们的主要情节、人物对话、场景设置基本上是真实的，是源自生活的，是接地气的，所以受到欢迎是必然的。

人民教育家陶行知先生要求我们"千学万学学做真人"。这虽然说的是教育，但具有普遍意义。电视剧的编剧、导演们都应"学做真人"，尽最大努力去除虚假，回归本真。

2024 年元月

44. 微信用语需改进

　　每天都要在微信中跟友人互致问候，互通信息。收到的回复是多种多样的。我发现，有些用语已悄悄发生了变化，让我多多少少感到一丝不爽。比如，把"好的"改为"好滴"，这不是别字吗？再说"滴"字笔画多，干吗不用笔画少的"的"却非要用"滴"呢？还有用叠词的，如"嗯嗯""好的好的"。"嗯嗯"可有多种解释：一是表示"我知道了"，一是表示"我接受"（或"我同意"），一是嫌对方烦人，不想听对方再说什么，用"嗯嗯"来敷衍一下。有些友人因为忙，没时间用文字来表达，就用一个表情包代替。有人把上述现象称为"微信文字讨好征"，并解释说："文字讨好"并非贬义，更无关对错，只是为建立良好人际关系的一种聊天方式。对这种说辞，我不做评判，因为没有评判的价值。

　　我也许有点保守，我觉得，既用文字表达，就该符合文字表达的要求，不能乱来。在发展快、讲效率的当下，微信用语应力求准确、简短、通俗。准确，就是无歧义；简短，就是不啰唆；通俗，就是一看就懂。叶圣陶先生在论及语言表达时，提倡语句要"干净"。我理解，这除了准确、简短、通俗外，还包括文明用语，那就要考虑对象和场合。下面是我收到过的符合上述要求的短信：

　　一声问候轻轻送，防寒添衣多保重。老师早上好！（学生）
　　天冷了，您要多晒太阳多喝水。喻老师多多保重。（同事）
　　天寒地冻的日子，真心希望你照顾好自己。（老同学）
　　适当加衣，抵抗寒潮，健康快乐，身体安好。（老朋友）

　　我常用下面的话回复对方：
　　你工作忙，很辛苦，千万别太累了自己，务必劳逸结合。（对仍在上班的友人）
　　你也不年轻了，我们都要保重，健康永远第一。（对以前的学生）
　　开开心心，过好当下每一天，祝你全家安康！（对老同学）

恰当的用语胜过美丽的表情包。我始终认为，文字有温度，文字含真情，文字通人性，文字见生命。

好的表情包照常用，但对父母、老师、长辈问候，最好还是用文字。不过，一句话说完了，意思讲清了，就别在句末加个"哈"，这多少有点调侃成分，失去了表达的文化韵味。

2024 年元月 2 日

45. 春节期间的三段话

春节期间，除了亲朋好友间的相互祝福，就是聚餐吃喝，其中有热闹，也有无聊。但是没想到，在这期间我的三段话能引起部分友人的关注。

第一段话，是初三发给出版社姜老师的："这几天，友人在微信中都用到'龙年'一词。我的回复中一概不用此词。龙，谁见过？到底长什么样？它只是古人创造的一种图腾，表示最大的吉祥。古代皇帝都称自己是'真龙天子'，穿的是龙袍，以此吓人、压人。想到这些，我就对龙没有好感。普通人按传统习惯，用'龙年'互贺，我不反对，但我是坚决不用的。"她回复："有道理。"

第二段话是："'孔乙己'的帖子中用了好多极冷僻的字（四个龙，四个月、四个火），说说玩玩可以，大做文章就很成问题。汉字是世界上独特的文字，历史悠久。它经历了很长的发展过程，总的趋势是去繁就简，便于使用。现在搬出这些根本不用的字，99%的人都不认识，自以为有学问、很高明，其实正相反，因为严重脱离大众，就使自己成了孤家寡人。这是复古倒退。真想体现文化自信，必须展示其优秀的一面，并能为大众接受。"

我把这两段话转发给了若干位友人，收到的反馈都是积极的。一位语文同行说："喻老师快人快语。"一名学生说："老师观点鲜明，自成见解。"还有友人说："喻老师独立思考思想深邃。"

有两位微信朋友认为，"龙"是生肖，使用"龙年"一词"无可厚非"。对此，我作了如下回复："由此我联想到一个问题。在十二生肖中，十一种是世上实有的物种，唯有龙是虚拟的。似乎越是虚拟，越是摸不着的东西，越被人高看。近些年新出现的一些词语，越是空洞、宏大、虚美，越是吃香。这是整个社会虚浮不实风气的反映。我对此深为担忧。我个人一贯务实，不管是教学还是撰文，这一点我会始终坚持。但愿社会在务实中不断进步。"对我这段话，我的一名仍在大学就读的学生回复说："喻老师的担忧不无道理。我也赞同社会应当在务实中进步。因此，我在接下来的一年中也制订了不少计划，希望能够延续过去踏实地学习和工作的节奏，不求荣誉，但求能切实地学到知识，解决问题。"没想到，我的话能对她产生激励作用，真令我欣慰。

第三段话：年初五，一位语文组的同事发来新春贺图。我回复："今日初五，迎财神。俗话说，恭喜发财。我看，发财宜改为发才，发现人才，发掘人才。没有人才，很难发财。当老师的，应以人为本，尊重规律，多多发现人才，培养人才。"得到的回复是"喻老师高见"。我把这段话发给大学老同学，他说我"说得好"。

我想，这三段话之所以能引起友人的关注，甚至得到认同，是因为它多少带有一点新意。时代在变化，社会在发展，不能总是说些已失去生命力的老话，应该说点新的话。说新的话，不能赶时髦、说大话，必须有独立思考，必须有文化含量。新的话要能让人接受，必须跟人真诚交流，并且要通俗好懂。

真实、诚实、朴实，做人做事，都应如此。

2024 年 2 月

一辈子以普通教师为荣

北京四中原校长刘长铭曾说:"我们中国家长和西方家长相比,最大的不同点是,我们无法接受我们的孩子将来可能是一个普通人。但是,对绝大多数家庭来说,孩子是普通人就是现实。"他还说:"最成功的人是很少的,绝大多数人都是普通人,但他们生活很乐观、很幸福。"

国人长期信奉"学而优则仕",读书是为了日后做官,光宗耀祖。记得20多年前,中国青年报有个社会调查,76%的家长希望孩子以后能当官。其实,从学生总量来看,当官能有几个?绝大多数都是普通人。千万别用一个标准去要求所有的孩子。学生成绩固然重要,但它并不代表一切。孩子的个性、天赋、爱好、特长各不相同,有的爱读书,有的喜运动,有的善交际,有的动手能力强,有的口语水平高,有的有想象力,有的有创造力,等等。他们都很普通,都很可贵。正是他们构成了教育的丰富和生活的多彩。

上述道理,人人都懂,但不愿做普通人,至今依然是许多国人挥之不去的心理习惯,不仅家长如此,不少老师也是这样。好在仍有清醒的人在。请看下面的事例。

多年前,钱梦龙曾对李镇西说:"经常有人介绍我是教授,我不接受。我说我就是一名中学老师。我不认为中学教师就比大学教授差。"上世纪80年代中期,钱梦龙来南京上课,省教研室要我作点评。我问钱老师该怎么评,他对我说:"随你。"我说:"你是名家,我不敢随便评。"他笑着对我说:"我和你都是中学教师,在你们江苏上课,任凭江苏发落,你想怎么评就怎么评。"事后,他对我的书面评点一字未改。

李镇西当校长时,要求全体师生不要喊他"校长",一律叫"李老师"。他以做个普通教师为荣。北京101中学的程翔、上海市北中学的陈军都是校长,我跟他们联系,都以老师相称。于漪说:"我一辈子做老师,一辈子学做老师。"她始终把自己当作一名在不断学习的普通教师。

上述这几位都是特级教师,有的还是人民教育家,都乐于做普通人,真了不起。而有些教师却一心想当"官",至少要成为"家"。这有"思进取,有追求"的一面,不可一概加以否定；但只能上不能下，则表明他并非真正为了办教育。我就见过好几位，评上特级就想当校长、局长，当上了就不愿意下来，宁可闲着，也不再上课，最终空有头衔，一事无成。倒是千千万万普通教师，用辛勤的劳动支撑了基础教育的宏伟大厦，与广大学生一道创造了自己的幸福。

由于每个人的能力与贡献不同，人们给其中的极少数人以"能人""强人""名人"等尊称，而他们在生命的本质上仍旧是普通人。拿教师来说，做个普通人，说普通人的话，做普通人都做的事，跟学生平等相处，最容易被学生接受，也最容易产生切实的教育效果。拿我来说，我父母、兄弟都是普通人，我的妻儿也是普通人。我1963年大学毕业后被分配到南京十中（现金陵中学）任教。我认认真真教书，老老实实做人，辛苦31年后被评为特级教师，那时我已53岁了。我知道，特级教师不是学术头衔，而是荣誉称号。"特级"是修饰语，"教师"是核心。特级教师就是要在"教师"的岗位上，在做人、教学两个方面做出榜样。我校丁校长曾打算为我搞个"工作室"，我婉言谢绝了。我仍坐在语文组办公室，跟同事们一起，继续做个普通教师。

10多年前，我从报上看到一则不起眼的报道，说的是一位外国人在中国的见闻。他说：我身边90%以上的人都愿意做个普通人，不懂为什么中国人都想做人上人（大意）。"吃得苦中苦，方为人上人"，是国人用来勉励或教育孩子的一句话。眼下，既不想吃"苦中苦"，却一心想做"人上人"的人不少。孙立平教授曾说过："一个人人都想做人上人的社会是畸形的。"大家不要忘记，人类是由普通人组成的，正是一代普通人接一代普通人的传承，构成了历史，创造了文明。正是无数的普通人，给社会带来友爱，让世界充满温情。

在结束本文前，我想起了大学毕业前在南京十中高一（1）班的教学实习。当时，班上一名叫王卓丰的学生，在元旦前夕送了我一张贺卡，上面写着：

尊敬的喻老师：高尔基说，没有教师，既没有英雄，也没有诗人。

祝您新年快乐！

您的学生　王卓丰

贺卡上的话给我留下了终生难忘的印象，更令我高兴的是，他后来做了我的同行，成了一名受学生欢迎的好老师。

高尔基的话告诉我，虽然每位教师都是普通而平凡的，但其工作的意义却是光荣而神圣的。普通中孕育着不凡，平凡中包含着伟大。

我这个83岁的老教师向所有辛勤耕耘在第一线的普通教师致敬！

2024年8月7日

祝大家青春不老

——在民进南京市委举办的庆祝教师节大会上的发言

各位下午好!

今年是改革开放 40 周年。40 年来,教育取得的成果是前所未有的,我们要无比珍惜它,不断巩固它。40 年来,教育遇到的困惑也是前所未有的,我们要冷静面对它,逐步解决它。

我上了 51 年课,今年 77 岁。经验告诉我,基础教育没那么复杂,它是朴素的,它要求我们回归常识,尊重规律。世界上没有哪个国家的教育像中国教育这样有那么多的口号、理念、模式,有些人还乐此不疲,简直莫名其妙!(笑声,掌声)

学校应该多一点安静,少一点热闹;多一点务实,少一点口号;多一点清醒,少一点浮躁。(热烈的掌声)

搞教育的人,应常怀一颗平常心。学校只做学校该做的事,教师只做教师能做的事。现在的教师太辛苦了。我向你们,并通过你们,向勤劳工作在一线的广大教师致以崇高的敬礼!(掌声)

我多次说过,献身教育的人青春不老。祝大家不断进步!更祝大家青春不老!(热烈的掌声)

谢谢!

2018 年 9 月 6 日

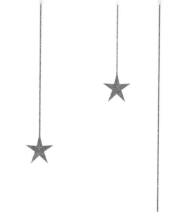

好

　　清晨，打扫朝南的房间，顺手打开电视，电影频道正在播《海鸥老人》：一位老者，须发皆白，骑着电动车，穿越田野，快速向前。老人驻足海边，抓了把鸟食，撒向空中；一群海鸥，上下翻飞，在蓝天的映衬下，显得生机无限。

　　整部电影只有四个人物：老人，小仔，小仔的父母。主要场所也只有四个：老人的房间，小仔家的吊脚楼，田野，大海。影片充满诗情画意，好！

　　小仔是个八九岁的孩子，不会说话，每天都躲在树后，远远地看着老人为海鸥喂食。他母亲是个有心人，每当小仔无事而发愣时便问儿子："我们去看老爷爷，好不好？"儿子会立即笑着嘣出一个字："好！"

　　老人对小仔讲了自己的经历，并为小仔读了他已去世多年的恋人的一封信，其中有这么几句：

　　天是蓝的，云是白的，好
　　山是青的，好
　　水是绿的，好
　　从古到今永远如此，好

　　接着，他对小仔说："人生有真爱就好，你信任他，他信任你，互不伤害，这就好。"小仔睁着双眼，认真地听着。老人问："你听明白了吗？"小仔点点头。老人眯着眼睛说："好。"

　　"好"字贯穿全片，好！赞赏之余，以"好"为题，写下几句：
　　与自然和谐相处，好
　　人与人真诚相待，好
　　内心纯净一点，好

思想自由一点，好
追求朴素一点，好
生活简单一点，好
做人低调一点，好
精神充实一点，好

愿大家一切都好！

写在书末

　　人，长着两只眼睛、两个耳朵，嘴巴却只有一张。细想之下，很有意思。它启示人们：世界丰富多彩，世事复杂多变，要想认清真相，掌握规律，做出成绩，就要多看、多听、少说。

　　每个人的生命都是有限的，要想过得充实，活得舒心，就得用好眼、耳、嘴，就得多观察，多听各种声音，尽量少说话，要说就要准确、简明。我在书中已说得够多了，难免有失，恳请广大读者不吝指正。谈心可以暂停，但交流仍会继续。

　　我虽年过八旬，但只要还能动笔，将继续以文字跟大家谈心，因为于我而言，写作是件愉快的事，跟人交流是件幸福的事。

　　恭祝各位教安！

喻旭初

2024 年春末